知行天下
——高速铁路问答

曲思源———— 编著

上海科学技术文献出版社
Shanghai Scientific and Technological Literature Press

图书在版编目（CIP）数据

知行天下：高速铁路问答 / 曲思源编著 . —上海：上海科学技术文献出版社，2022
ISBN 978-7-5439-8641-1

Ⅰ.①知… Ⅱ.①曲… Ⅲ.①高速铁路—问题解答 Ⅳ.① U238-44

中国版本图书馆 CIP 数据核字（2022）第 151736 号

责任编辑：王　珺
封面设计：方　明

知行天下——高速铁路问答
ZHIXINGTIANXIA: GAOSUTIELU WENDA
曲思源　编著
出版发行：上海科学技术文献出版社
地　　址：上海市长乐路 746 号
邮政编码：200040
经　　销：全国新华书店
印　　刷：商务印书馆上海印刷有限公司
开　　本：787mm×1092mm　1/16
印　　张：29.75
字　　数：519 000
版　　次：2022 年 10 月第 1 版　2022 年 10 月第 1 次印刷
书　　号：ISBN 978-7-5439-8641-1
定　　价：88.00 元
http://www.sstlp.com

序

21世纪的世界高铁进入了新的时代。2021年初,习近平总书记在视察智能京张高铁时指出:我国自主创新的一个成功范例就是高铁,从无到有,从引进、消化、吸收到自主创新,现在许多方面已经领跑世界。要总结经验,继续努力,争取在"十四五"期间有更大发展。

高速铁路发端于日本、发展于欧洲、兴盛于中国,中国高铁不断跃升,已经成为中国一张靓丽的名片。十多年来,中国高铁在动车组研制、线路建设、智能控制等方面逐步实现了"三级跳":从引进国外技术的"跟跑",到消化、吸收先进经验的"并跑",进而在关键领域自主再创新"领跑",走出了一条由中国制造到中国创造的传奇道路。如今,中国是世界上高速铁路发展最快、系统技术最全、集成能力最强、在建规模最大、运营里程最长、运营速度最高、产品性价比最优的国家,已形成完整的高速铁路设计、建设、运营、安全管理标准体系以及铁路装备品牌,拥有高速铁路的自主知识产权,具有领先世界的高速铁路标准体系,包括核心技术、系统集成、成套建造、工业制造、运营维护、人才队伍等。

从饮水思源到同舟共济,从知行合一到思行致远,中国铁路上海局集团有限公司正高级工程师曲思源博士就是这样一位杰出的实践者。他从事铁路运输实践与研究二十多年,曾在北京交通大学、西南交通大学、同济大学三所著名院校国内一流的交通运输专业求学;他结合铁路运输岗位多年的实践积累,笔耕不辍,为普及中国高速铁路科普知识做出了突出的贡献。对这本书的出版表示衷心的祝贺!

如今,中国高铁从国内走向了海外,取得了举世瞩目的发展成就,让国人为之骄傲!让世人为之惊叹!为了满足读者"好读书、读好书"的需求,为了能让专业人士和关注高速铁路发展的社会人士系统地了解中国高铁技术发展特色,如何从一名乘客的角度,让读者看得懂,能够快速地了解和掌握中国高铁建设的起因、技术路线的采用、发展壮大的原因和走出去的战略、组织和管理的特征、客运服务的舒适以及乘客出行的基本规范，作者为此做了很大的努力。本书内容详实，通俗易懂，深入浅出，可以说是"科技高铁"的"活字典"。而且，作者将中国高铁放在全球视野中比较，为读者提供了一个崭新的视角。真心希望更多社会人士关注中国高速铁路事业的发展！期望本书能给读者带来高铁知识的渴望与阅读的喜悦！

同济大学交通运输工程学院

徐行方 教授

2022年9月10日

前言

我国高铁借鉴世界高铁发展的成功经验,通过原始创新、集成创新、引进及消化吸收再创新,成功走出了一条符合国情、路情,并具有中国特色的自主创新道路。我国高速铁路技术已经走在世界前列,成为推动世界高速铁路发展的重要力量。"一日千里"的高铁发展速度,已让世人为之惊叹!中国高铁已成为一张崭新、靓丽的"中国名片"。高铁确实改变了中国!乘坐高铁动车出行已经成为中国人出行的首选方式,高铁也成为中国快速客运体系的主干,其客流量已占铁路客运总发送量的 60% 以上。而且,随着中国高铁高品质网络规模的进一步扩充,所带来的强劲冲击波会加速改变传统的交通格局,会更加改变中国人的生活和时空观念,这种改变将会更加深入地融入政治、经济、社会、文化等各领域,催生出一个由中国引领的高速铁路新经济时代。

高铁发展就是中国发展历程的最好见证。"坐着高铁看中国"已经成为新时代中国人民美好生活的缩影。高铁列车呼啸驶过,一条条产业聚集带、旅游黄金带在沿线逐步形成、延伸,再延伸,"流动的中国"活力四射!高铁让人们的距离越来越近,时空也仿佛在不断缩短。

党的十九大报告指出,创新是引领未来发展的第一动力,是建设现代化经济体系的战略支撑,我国的高铁系统是集举国之力的集大成者,是快速发展后的厚积薄发。中国高铁博采众长,从"和谐号"开始,不断地强大自己,到发展"复兴号",这其中的一个又一个"突破"和"之最",一切背后是中国高速铁路从无到有、中国制造震惊世界的逆袭之路。弹指一挥间,短短十几年时间,从高铁运行"零的突破"到全球高铁大国,形成了世界最大的高速铁路网,总里程超过 4 万公里,逐渐形成"公交化"密集运营,中国已经成为世界上高速铁路发展最快、系统技术最全、集成能力最强、在建规模最大、运营里程最长、运营速度最高、产品性价比最优的国家。高铁不仅以它特有的"颜值"和"气质"改变着人们的出行方式和生活品质,而且对我国经济持续快速发展和国防现代化建设起到了重要作用。

在几代人的不懈奋斗下，在千万个高铁领域的创新者、逐梦人砥砺前行、攻坚克难、努力奋斗下，中国高铁走过了一段从制造到创造、从探索到突破、从追赶到引领的崛起之路。从具体高铁技术看，我国已经系统掌握了艰险山岭、风沙戈壁、黄土湿地、高寒酷热等各种复杂地质及气候条件下的高速铁路建造成套技术，建成了一大批世界级标志性工程；创建了成套的高速铁路列车运行控制技术标准体系、认证体系和仿真平台，具备从列控系统设计、生产制造到工程实施的全过程能力；具有成熟的高速动车组设计、制造、测试技术，构建了科学的高速动车组技术标准体系，打造了规模强大的生产基地和完整的产业链；构建人防、物防、技防"三位一体"的高铁主动安全保障机制，形成了复杂路网条件下长距离跨线运行的高铁运营管理成套技术。

中国铁路人孜孜以求，成功解决了适应多种环境、多种气候下高速铁路列车安全运行问题，"中国标准"正逐渐超越"欧标"与"日标"，成为世界上独有的核心竞争优势，时速350公里的"复兴号"高速列车也进一步验证了中国标准动车组整体技术性能，标志着中国已全面掌握了高速铁路核心技术，达到世界领先水平，中国在高速铁路领域的研究正驶入创新的"无人区"和"未来高速铁路"的"畅想图"，智能铁路技术也在突飞猛进地发展并引领世界。面对日益丰富的运营场景，日益复杂、不断增长的多样化、个性化的旅客需求，中国高铁一直在持续深化技术创新，不断提高运营管理水平。

讲好中国高铁故事，让公众了解我们国家的高速铁路，需要有优秀的出版物。中国人喜爱高铁，凡有机会，都愿与靓丽的高铁动车组列车合影留言，相信您乘坐高铁动车组的时候，会深刻体会到高铁的安全、便捷、绿色、舒适等特征，体验着便捷和快感，在享受舒适的出行体验的同时，我想，越来越多的人自然想知道中国高铁以及背后的故事，而且还带着浓厚的兴趣想要进一步解开高铁之谜或是探索高铁的技术奥秘。"中国高铁为什么发展得这么快？高铁为什么跑得快？跑得稳？安全保障是怎么做到的？高铁列车运行线是怎么设计出来的，又是怎么运营指挥的？遇到大风、大雨等恶劣天气，其他的交通方式都停运了，为什么高铁还能运行，但也有停运的时候，这个阈值是多少？安全风险怎么防控？"然而，中国高铁的科普书籍更新和普及程度却很慢，处于一种信息不对称的状态。在中国高铁的成就走在世界前列、取得举世瞩目的同时，也非常迫切需要从中国高铁技术发展的角度着手进行综合分析、分层分类、总结提炼，需要广度和深度融合的科普知识书，以便让更多的社会人士了解中国高速铁路。

梁文道在《悦己》中说道："读一些无用的书，做一些无用的事，花一些无用的时间，都是为了在一切已知之外，保留一个超越自己的机会，人生中一些很了不起的变化，就是来自这种时刻。"莎士比亚说："放弃时间的人，时间也放弃他"，"智慧里没有书籍，就好像鸟儿没有翅膀。"今年2月份，我在同济大学的校园内，偶然看到了85岁资深院士汪品先冒雨骑车的背影，于是情不自禁地跟着他跑到一个阶梯教室，原来我们可爱的院士拿着一本他著的《深海浅说》书，通俗地给大学生讲解深奥的深海知识，我在感动的同时也萌发了写一本《高铁浅说》的想法。后来我又知此书是汪老在患癌期间住院用了77天完成的科普作品。3月份，我又看到70多岁的胡名正老先生的一本高铁知识普及读物，他并不是交通的专业学者，在虚心学习请教多年后积累写成了《高铁不神秘——高铁科普120问》，令我震惊和汗颜。4月份，我收到一本100多万字的《站细编制与学习问答》（第3版），是年近80岁的曲星照老学长与《站细》同行50年，历经3年的艰辛劳作、日夜兼程的杰作，该书是老前辈从事铁路运输组织工作35年、退休离岗15年来，在车站工作组织中与一起工作、学习的同事们共同的智慧结晶，也是其毕生血和汗所结的硕果。4月份我还读到了一本佟立本教授的《铁道概论》，此书知识点虽多，但语句准确简洁。此时，我想起了20世纪初期我在北方交通大学念书时，此书当时还是1983年第1版，如今老先生已有80多岁高龄，而此书已经成本为第八版，并作为中国"一带一路"走出去的科普书籍，还同期配套出版了英文版本。一辈子做些实事才是硬道理。四位老先生忘我的投入给了我启发和激励。这么多年来，作为高铁的专业技术人员，高速铁路技术发展的知识点交织融合在一起推着我进步、促使我成长，我对高速铁路的认识逐步在加深，视野也在不断扩展，我能否再努力一次？

从2010年7月的长三角沪宁城际高速铁路开始，我就开始紧跟高铁发展趋势和动态，经过多年积累实践，围绕高铁科普书籍，我出版过高校主题出版书——《大国重器——高速铁路技术发展纵横》和大众版的《时代脉动——高速铁路发展简史》，两本书因为非常接地气，受到了读者欢迎，很多人都说我运气好，高铁时代也让我疯狂了多次。但我仍感觉到中国高铁实在是涉及面太广，我自己的笔永远跟不上中国高铁的发展，我还有不少遗憾，高铁新知识点和动态变化的内容非常多，我见到、听到的都多，我应该尽力才是。于是我再次拿起笔，围绕高铁轮轨技术的现状与发展，弥补前两部书的不足，开始酝酿高铁科普第三部曲《知行天下——高速铁路问答》。我又开始收集各类资料，精心设计框架和内容，重新捋清中国高铁技术发展以及世界高铁技术发展脉络和关键细节。作为科普书籍，本书从中国高铁发展写起，并将趣味性、知识性和创新性融合在一起，努力打造精品。

高铁科普并非仅仅是科技知识浅说，还有科学思想、科学精神和科学方法的普及。书的大题目叫做什么呢？我想起了王阳明的《传习录》，我也一直倡行"知行合一"，那就叫做"知行天下"吧。"知行天下"有几个方面含义：一是中国高铁部分指标世界领先，而且在走出去的过程中，天下第一；二是老百姓出行，一本书在手，便可知高铁的若干事，对出行有指导，一本书在手可知天下；三是华东高铁网代表全国高铁最先进的高铁，"世界高铁看中国，中国要看长三角"，长三角高铁一直就是排头兵，可以说是天下第一；四是本书应该是最全面、系统的高铁科普知识书，争当天下最好的高铁科普书的含义。

但浅说不代表讲不透，本书内容来源主要有四个部分。一是自从我办"高铁书院"公众号六年来，不少科普文章的内容非常好，我进行了梳理和分析以及系统整合；二是针对我近六年来给大学、设计院、科学院、铁路现场、交通运输有关大会上讲座、做报告、讲演等时，观众提出的回答，我统一做了整理；三是我又找出近年来，报社和期刊与我约稿的科普文章，我做了补充和修订；四是在以上三个基础上，我认为有必要解答的高铁问题，我把自己当做高铁乘客来杜撰问题，进行补充提问高铁的知识点。

总之，从旅客出行想知道的高铁科普知识入手，结合高铁知识点的技术性特征，我将以上问题综合在一起，正好是300问，在整合过程中速度也非常快，一气呵成。整合也就是创新，等整理完成后，我都吓了一跳，内容这么全，适合老百姓出行需求，又符合中国高铁的需要。同时，我也将中国高铁放到世界大视野中去，比较国内外差距，是为了更好地发展中国高铁。作为大众阅读的科普版，为确保涉及面广，叙述简洁明了，我努力去完成，在高铁浅说中描述的自己为高铁科普知识普及的初心和梦想。本书将成为您了解高速铁路技术发展的窗口，让您对中国高铁乃至世界高铁技术发展的思路、理念和过程有一个整体的认识，体会到高速铁路如何达到提升运营品质的目的。

美国畅销书作家丹尼尔·科伊尔的《一万小时天才理论》核心都是"一万小时定律"，就是不管你做什么事情，只要坚持一万小时，基本上都可以成为该领域的专家。"人们眼中的天才之所以卓越非凡，并非天资超人一等，而是付出了持续不断的努力。一万小时的锤炼是任何人从平凡变成世界级大师的必要条件。"他将此称为"一万小时定律"。按比例计算就是，如果每天工作八个小时，一周工作五天，那么成为一个领域的专家至少需要五年。这就是一万小时定律。"一万小时法则"的关键在于，一万小时是底线，而且没有例外之人。没有人仅用3000小时就能达到世界级水准；7500小时也不行；一定要10000小时——10年，每天3小时——无论你是谁。这等于是在告诉大家，一万小时的练习，是走向成功的必经之路。相信你通过一万小时的问答训练，你也会成为高铁方面的专家。一个人开始提问，他的智慧就已经觉醒了。

在本书写作期间，补充一个轮回的小插曲。我曾经给一位高中同学演唱配器，她前几天用微信转我了一段网上新编《三月里的小雨》摇滚版，我一听就忍不住大笑，纯属巧合，但故事并非虚构！时间仿佛回到30年前，我们在读高二时，学校组织汇演，我俩接受了一个命题作文，就是演唱这首歌。高中当时有2个师资文艺班的同学表演，他们文艺方面很突出，我俩就是匆忙上阵的业余选手，而且在学习之余仅练习了可怜的5次。看到了文艺班同学天天排练，我自然垂头丧气。在全县唯一的俱乐部临时上台时，我问她："我灵感突现，节奏快2拍，把传统温柔的配乐换成摇滚，可否？闯一次。"结果我一上台，又一紧张，电子琴的节奏让我拨的比预想的还快，声音也高了八度，但马上我又冷静下来，我站着弹琴而且手脑并用，并随着节拍有节奏地点头，实际上我是被迫只能往前走。但效果是出奇的好，同学本身嗓音就好，跟着我的节奏当场适应也快。乐曲被我改编成了摇滚曲，观众们先是大惊，忽然感觉到：这个曲子就应该有新概念的感觉，于是就跟着摇滚节奏打节拍，陶醉在欢快乐曲之中，最后拼命地鼓掌叫好！这应该是我人生路上的第一次随机性创新。现在我仿佛回到了高二演奏的那个摇滚曲的时候。突然，我感觉这本书的写作也应该随机创新，中国高铁本身就是在国外先进技术的基础上自主创新，我写这本书是有接地气的底气！这本书也就是在我听这首欢快节拍美感的节奏中，厚积薄发，快速完成，快刀斩乱麻，更不拖泥带水！实际上，整理问答我并不陌生，当初考研准备过程中，针对西南交通大学的铁路运输组织问题包括行车组织和枢纽与站场设计等，我自己给自己出题曾整理出了200问，现在也成了收藏品。

2021年是个好年头，7月我们迎来我国共产党建党100周年，正是由于中国共产党的正确领导，中国高铁才取得了全球瞩目的成绩。本书也献给交通大学成立125周年！"交通大学"四个字的确立今年正好是100周年，当时就是为了"交通救国"而成立的交通大学。母校的高速铁路底蕴雄厚，北京和西南交通大学因铁路而生、因铁路而兴、因铁路而强，本书的写作过程，恰是我面对母校，轻轻地讲述我多年来在高速铁路运营管理工作。

能将个人理想融于党和国家的伟大事业中，亲身见证中国速度的不断刷新，我感到非常的幸运，也非常的自豪。感谢这个高铁时代，它促使我对高铁技术发展认识不断加深。但中国高铁发展的场景太丰富，我发现自己的高铁知识点怎么去补充和追赶，都难以赶上高铁发展的速度。本书信息量大、覆盖面全，而且能做到紧跟高铁发展的动态进行追踪和精准分析，特别是互联网上很多不正确的高铁知识，我对其进行了适当修正。本书写完后，我的心得体会就是：知识的积累唯有学习，创新的起点源于学习，环境的适应依赖学习，应变的能力来自学习。做学问的甘苦，如鱼在水，冷暖自知，不足为外人道尔，但关于做学问的"指导思想"，我愿意在此一披襟怀：写出一些论文或著作并不是目的，这是探索之途上的一小步，仅是高铁知识之海中的一滴水。我深信，一切人生的虚荣浮华都是过眼烟云，只有真正的学术和真知灼见，才能垂诸久远。

感谢互联网络上很多未名作者撰写的高速铁路相关的文章和信息，为本书的内容丰富和充实提供了有利的参考；感谢上海科学技术文献出版社付出的努力！但本人学识有限，书中不妥之处在所难免，敬请广大读者批评指正。本人电子邮箱：syqu0453@163.com。

展望未来，中国高铁以"创新、协调、绿色、开放、共享"五大发展理念为导向，并由此延伸出安全化、智能化、多元化等一系列要求。未来中国高铁在智能建造、智能装备、智能运营、智能养护维修、智能服务等方面不断推进技术和管理创新，全面提升中国高铁智能化水平，从而率先建成国际领先的现代化铁路强国。相信中国高铁发展的明天会更好！为中国高铁加油吧！

曲思源

2022 年 8 月 23 日

目录

第1章 概说高速铁路

第一节 高铁概念与特征 / 2

1. 高速铁路的诞生及影响 / 2
2. 高速铁路的概念 / 3
3. 高速铁路的主要技术经济特征 / 3
4. 发展高速铁路的条件有哪些 / 4
5. 高铁与高速公路和航空的竞争合作关系体现在哪里 / 5

第二节 中国高铁发展与崛起 / 7

1. 为什么世界各国都要发展高速铁路 / 7
2. 为什么说1978年是中国高铁发展的一个起点 / 8
3. 中国高铁的建设为何势在必行 / 9
4. 关于京沪线的世纪论争——磁浮、轮轨，孰优孰劣？采用什么技术 / 9
5. 中国高铁发展规划——从"四纵四横"到"八纵八横" / 10
6. 高铁技术如何成功实现对引进技术的消化、吸收和再创新 / 13
7. 两线并轨，驱动中国高铁加速 / 14
8. 中国高铁从"追赶者"到"领跑者" / 15
9. 按年记录的中国高铁的发展情况 / 16
10. 中国高铁成功经验 / 20
11. 代表"最高水平"的京沪高铁，"高"在哪里 / 21
12. 高铁与经济发展的关系 / 26
13. 中国铁路见证并创造历史 / 29
14. 新时代的中国铁迈进新时代，推进高质量发展 / 30

15. 中国高铁发展模式，能否复制 / 32
16. 中国高铁标准如何定 / 33
17. 怎么看待中国高铁技术标准 / 35
18. "高铁精神"呼之欲出 / 36
19. 中车发展模式 / 38
20. 中国高铁建设与运营理念的独特性 / 40
21. 中国高铁技术优势 / 41
22. 中国高铁主要短板 / 42
23. 中国高铁面临的挑战 / 43

第 2 章　高速铁路是怎样设计和建设的

第一节　基本知识 / 46

1. 中国铁路的 LOGO 是怎么设计的 / 46
2. 钢轨为什么要做成"工"字形的 / 47
3. 为什么钢轨不直接铺设在地面上 / 48
4. 标准轨距为何是 1435 毫米 / 49
5. 客运专线与高速铁路的区别与联系 / 49
6. 我国高速铁路分类 / 51
7. 轮轨高铁内涵与特征 / 52
8. 我国高速铁路线路命名规则 / 54
9. 高铁站的名字为何不能重复 / 56

第二节　高铁设计与选址 / 57

1. 高铁线路选线、选址设计有何规定 / 57
2. 有些高铁站为什么建在离市区较远的地方 / 58
3. 高铁"静态点"的设计理念有哪些 / 59
4. 高铁车站的不同类型 / 64
5. 国外高铁站特色，有何借鉴 / 66
6. 从 1.0 到 4.0——我国四代火车站变迁 / 67
7. 高铁网络的形成过程 / 71
8. "米"字形高铁之争背后什么才是城市的"终极目标" / 75

9. 我国最贵的高铁是哪一条 / 79

10. 中国第一条民间融资的高铁 / 80

第三节　高铁建设 / 82

1. 中国高铁工程建设技术的成就有哪些 / 82

2. 中国建设高铁成本高不高？世界银行这么说 / 83

3. 铁路工程设计与施工为什么使用 BIM / 84

4. 高铁精细化施工组织与管理设计体现在哪里 / 87

5. "四电工程"指的是什么 / 89

6. 盾构机指的是什么，有什么作用 / 90

7. 桥梁架设施工是怎样进行的 / 92

8. "全球首例高铁全封闭声屏障"有怎样的独特魅力 / 92

9. 中国"最东"高铁开始运行，该线路具有哪些特征 / 94

10. 修建川藏铁路意义和难点 / 96

11. 我国高速铁路建设安全保障体系 / 98

12. 铁路全生命周期管理指的是什么 / 99

第四节　联调联试 / 100

1. 什么是联调联试和试运行 / 100

2. 为什么高铁开通前要"联调联试" / 101

3. 高速铁路是怎样联调联试的 / 102

105　第3章　高速列车为什么能跑起来

第一节　基本概述 / 106

1. 高铁列车为什么能跑起来总体因素 / 106

2. 高铁技术是当代高新技术的集成 / 107

3. 中国高铁技术的三大突破 / 108

4. 高速铁路各大系统关系如何 / 109

第二节　高速铁路工务工程 / 110

1. 高平顺的高铁线路的设计标准 / 110

2. 高铁线路的轨道特征 / 111

3. 高铁轨道的结构设计理念 / 112

4. 高铁线路的设计难点 / 113

5. 中国高铁工务工程特征有哪些 / 114

6. 高速铁路线路有哪些要求 / 115

7. 何为路基 / 116

8. 高速铁路路基选料原来这么严格 / 118

9. 高速铁路路基遇到软土、溶洞、寒冷地区怎么办 / 118

10. 高速道岔有什么特点 / 119

11. 何为无砟轨道和有砟轨道 / 120

12. CRTS Ⅲ型板式无砟轨道是中国高铁轨道建设的方向 / 122

13. 何为无缝线路 / 123

14. 高铁列车上不但听不到"哐当"声，还能玩立硬币游戏 / 124

15. 钢轨没了缝隙，铁轨的热胀冷缩问题怎么解决 / 126

16. 钢轨打磨是怎么回事 / 128

17. 列车的超平稳背后原来有这么多秘密 / 129

18. 高速铁路隧道的特征 / 130

19. 我国高铁代表性的隧道有哪些 / 131

20. 在长达十多公里高铁隧道里，一旦发生紧急情况，旅客如何疏散逃生 / 132

21. 桥梁特征 / 133

22. 为何我国高铁桥梁占比高？为何高铁多建在高桥之上 / 134

23. 大海那么深，桥墩是怎样"埋"进水中的 / 136

24. 我国高铁代表性的桥梁有哪些 / 137

第三节　最强的大脑 / 140

1. 列车运行控制系统 CTCS / 140

2. CTCS-3 级列控系统发展历程 / 145

3. 应答器是什么 / 146

4. ATP 系统功能是怎样的 / 148

5. "超级大脑"为什么离不开北斗和 5G / 149

6. 高速铁路通信系统的主要组成 / 150

7. 高速铁路通信技术的特点及发展情况 / 151

第四节　能力强大的牵引供电 / 152

1. 牵引供电的作用 / 152

2. 高铁用的电是哪儿来的，安全与否 / 153

3. 高铁用电会对电网产生影响吗 / 155

4. 牵引变电设备组成 / 156

5. 接触网设备有哪些 / 157

6. 接触网送电后有哪些要求 / 158

7. 摩擦摩擦，受电弓不会被磨坏吗 / 158

8. 牵引供电原理是什么？流传动装置，其牵引电机采用的是三相交流异步电机 / 160

9. 铁道旁的"禁止双弓"是什么意思 / 162

10. 什么叫越区供电方式 / 163

11. 变电所智能巡检机器人 / 164

12. 高铁列车上的"滑板"会被磨坏吗 / 165

13. IGBT 指的是什么 / 166

第五节　高速铁路动车组 / 167

1. 高铁为什么要采用动车组 / 167

2. 动车组技术发展阶段 / 169

3. 高速列车为何为流线型 / 171

4. 动车组设备组成 / 175

5. 动车组车体上有什么学问 / 178

6. 高铁的转向架是怎么回事 / 181

7. 为什么要架起动车组列车 / 182

8. "和谐号"标志含义和动车组谱系 / 183

9. "复兴号"中国标准动车组研发的起因 / 190

10. "复兴号"中国标准动车组研发目标是什么 / 192

11. "复兴号"标识和特征 / 193

12. "复兴号"动车组家族成员 / 196

13. "复兴号"的大事记 / 201

14. "复兴号"双碳新科技 / 202

15. "复兴号"耗电方面的数字说明 / 204

第六节　智能高铁 / 204

1. 智能高铁的概念分析 / 204

2. 我国智能高铁发展现状 / 205

3. 世界第一条智能高速铁路——智能京张 / 208

4. 智能京张高铁动车组创新 / 210

5. 中国高铁的自动驾驶技术取得了哪些成果 / 213

6. 中国高铁智能驾驶保障体现在哪里 / 214

7. 国际上自动驾驶分类 / 215

8. 5G 发展前景如何 / 216

9. 自动驾驶状态下,"司机"在车上主要干什么呢 / 218

10. 智能高铁发展展望 / 218

第七节　轮轨技术提速 / 220

1. 高铁列车运行速度的界定 / 220

2. 如何认识高铁提速 / 222

3. 京沪高铁"复兴号"动车组 350 公里 / 小时运营安全保障体系的构建 / 224

4. 轮轨技术的极限在哪里 / 227

5. 为冲击更高速度,高铁时速能否提升至 400 公里 / 228

6. 400 公里 / 小时是否是高铁轮轨技术天花板 / 228

231　第 4 章　高速列车为什么能安全、正点地运行

第一节　基本常识 / 232

1. 为什么叫铁路？火车的离心力？列车为何是左侧行车 / 232

2. 高速铁路运输组织有哪些模式 / 233

3. 高铁是动车吗？动车是高铁吗？高铁和动车有什么区别 / 235

4. 高铁车次数字编号规则介绍 / 236

第二节　安全保障 / 238

1. 安全本质化含义 / 238

2. 首次高速动车组碰撞试验,我国为何设定为 46 公里 / 小时 / 239

3. 主动安全撞击试验是怎么回事 / 241

4. 如何构建高速铁路运营安全保障体系 / 242

5. 人防、物防、技防"三位一体"总体思路的提出 / 244

6. 安全治理体系建设的要点是什么 / 245

7. 高铁应急处置的发展方向和思路 / 247

8. 高铁安全风险管控的思路和方法 / 248

9. 普速铁路开行动力分散型动车组存在哪些安全风险 / 250

第三节 监测检测 / 251

1. 高速铁路基础设施运用状态检测 / 251

2. 防灾与异物侵限监测系统 / 252

3. 动车组列车运行状态监测 / 255

4. 高速综合检测列车 / 256

第四节 综合维修 / 258

1. 综合维修技术指的什么含义 / 258

2. 基础设施和动车组运用维修以及 PHM 系统 / 259

第五节 运输组织 / 264

1. 我国高速铁路运营环境特点和什么是高速铁路的"公交化"运营 / 264

2. 高速铁路运营组织过程包括哪些内容 / 265

3. 高铁客流特征和客流分析为什么是首要的因素与客流调查及分析 / 266

4. 客流需求预测，有哪些实际做法确保精准预测 / 269

5. 高速铁路运输组织和客流分析的整个过程图解 / 270

6. 高铁客运产品内涵设计策略及方法 / 271

7. 高速列车开行方案概念及优化手段有哪些 / 273

8. 高速列车编组数量指的是什么 / 274

9. 高速铁路列车运行图概念，有何作用 / 275

10. 周期运行图特征以及我国高铁采用周期性运行情况分析 / 277

11. 高速铁路列车运行图的分类、特点及要素 / 279

12. 高铁列车开行时段怎么确定的 / 281

13. 高速铁路列车运行图编制需解决的问题 / 282

14. 铁路调图缘何越来越频繁？揭秘为什么铁路总在调图 / 283

15. 高铁运力调整模式 / 286

16. 动车组运用计划指的是什么 / 287

17. "翼形列车"动态编组指的是什么 / 288

18. 可变动车组是什么含义 / 289

19. 综合施工维修天窗计划 / 290

20. 我国沪杭高铁实现列车运行时间间隔 3 分钟连发 / 291

21. 京沪高铁线上它最忙，平均一分半钟发出一趟车 / 294

22. 高速铁路车站作业的特点 / 295
23. 我国高速铁路到发线合理长度是多少 / 296
24. 高速铁路运营质量评价指标体系构建及实施 / 297
25. 始发站客流大量滞留及解决方法有哪些 / 299

第六节　调度指挥 / 301

1. 高速铁路调度指挥体系构成 / 301
2. 中国高速铁路调度集中系统（CTC）——列车运行指挥官 / 303
3. 高速铁路计划调度有哪些内容 / 305
4. 高铁动车组列车运行怎么组织，怎么调整，列车调度员说的算 / 306
5. 高速铁路设备故障下调度指挥风险 / 307
6. 恶劣天气下调度指挥的风险防控 / 309
7. 高铁异物侵限风险防控 / 311
8. 应急指挥调度中心是怎么回事 / 312
9. 前方线路受阻，火车能"绕路"吗 / 314
10. "复兴号"动车组超员报警和超前防范 / 315
11. 救援列车是指什么 / 318
12. 扣停列车确保安全！突发地震，铁路部门启动应急预案 / 318
13. 遇有中秋小长假长三角铁路迎来客流高峰，怎么去组织的 / 319

第七节　人员培训 / 320

1. 高铁岗位培训标准和规范 / 320
2. 如何完善设施配套的实训基地 / 322

329　第5章　高速铁路为什么能提供快捷方便与舒适出行

第一节　客运服务 / 330

1. 高铁是如何定价的 / 330
2. 高速铁路为什么无座车票不半价 / 331
3. 火车票的变迁 / 332
4. 何为票额分配，有什么作用 / 334
5. "12306"十年成长经历是怎样的 / 336
6. "12306"每天几点放票和车票预售期是多少天 / 338

7. 购票方式的有哪些转变 / 338

8. 城际铁路推出"计次票"和"定期票"的怎么回事 / 340

9. 郑汴焦城际铁路公交化开行的几大看点 / 341

10. 积分换车票是怎么回事 / 342

11. 学生票有何规定 / 343

12. 高铁客站的信息服务和车站咨询服务有哪些 / 344

13. 重点旅客服务有哪些 / 347

14. 国外旅客换乘方式有哪些经验和中国高铁旅客换乘组织便捷化方式 / 348

15. 厕所革命与智慧厕所指什么 / 351

16. 人脸识别含义 / 352

17. 高铁静音车厢含义 / 352

18. "双网融合"指的是什么 / 353

19. 5G 体验是什么样的感觉 / 354

20. "空铁联运"模式是指的什么意思 / 355

21. 何为无轨站方式和高铁便民车 / 356

22. 高铁时代慢火车存在的必要性 / 358

23. 聚焦高铁特色品牌创建,怎样提升乘务服务质量 / 359

24. 创新餐饮服务模式 提升旅客出行品质 / 360

25. 高铁小姐姐下班后都忙些什么 / 362

第二节　出行常识 / 363

1. 动车上是否可以吃榴莲,白酒、大闸蟹能带上高铁吗 / 363

2. 乘坐高铁时这个踏板千万别碰 / 365

3. 乘车忘带身份证怎么办 / 366

4. 哪些高铁 8 号和 9 号车厢不相通 / 367

5. 高铁没电了,你该怎么办 / 368

6. 你买的高铁车票中,有几块钱是电费 / 368

7. 高铁晚点的原因有哪些?列车正晚点如何查询 / 369

8. 受强降雨天气影响,一旦出现列车晚点或者停运情况那么后续如何退票 / 370

9. 为什么火车还没开,就停止检票乘车了 / 371

10. 为什么火车很少提前到站和高铁为什么不能等你 / 372

11. 进站安全检查的作用和二次安检的必要性 / 373

12. 等车的时候我们应注意什么 / 374

13. 假如不慎掉下或被挤下站台，该如何逃生呢 / 375

14. 高铁对人体的辐射 / 376

15. 高铁上遇有手机夹在座椅缝隙中千万不能这样做 / 377

16. 雨天在火车站台上撑伞会触电吗 / 378

17. 高铁为什么不用安全带 / 381

18. 站台上为什么有条白色安全线 / 382

19. 车站站台上的彩色"地标"是什么意思，如何快速找到自己所在的车厢 / 383

20. 坐高铁时，你有过在站台上为找车厢，而跑错方向的经历吗 / 386

21. 为什么高速铁路座位没有 E 座 / 387

22. 为啥普铁座位面对面，高铁却朝前？普速火车上的座位，几乎都是面对面坐着的 / 388

23. 无障碍卫生间一般在几号车厢呢 / 389

24. 哪些物品可以放上行李架 / 390

25. 座椅靠背按钮，到底按哪个 / 392

26. 如何调整动车小桌板，为什么不能趴在动车小桌板上睡觉 / 392

27. 车站里的这个救命神器，你注意到了吗 / 393

28. 高铁上为什么空调这么冷？温度是怎么设定的 / 394

29. 高铁动车白天也开灯 / 395

30. 站内停靠的时候动车司机在干什么 / 397

31. 高铁坐过站了怎么办 / 397

32. 没赶上火车咋办？第一时间就该这么做 / 398

33. 坐在高铁上速度再快也不会有颠簸感 / 399

34. 高速列车进入隧道时，有的乘客耳膜会疼痛 / 399

35. 高铁上的盒饭是要收费的,为什么飞机却不收费,怎样智能取餐 / 400

36. 高铁上为什么不卖方便面 / 401

37. 坐动车组看外面的景物为什么不快也不晕车 / 401

38. 为啥高铁列车越跑越快，手机信号却比以前好 / 402

39. 高铁停运了，火车站在忙什么 / 404

40. 疫情防控期间怎么坐火车和列车空调如何抑制病毒传播 / 404

41. 如何减少高速列车车厢内的动车组运行过程中产生的振动与噪声 / 407

42. 高速列车内电磁干扰有多大 / 407

43. 如何减少车辆振动，保证运行平稳性 / 407

44. 高铁上的热水，能饮一杯否 / 408

45. 高铁站里凉爽的风哪来的 / 408

46. 在动车上如何找到列车长 / 409

第 6 章 如何精心呵护高铁设备设施

第一节 设备管理 / 412

1. 高速铁路为什么实行全线封闭管理 / 412

2. 动车组顶上闪光的是什么 / 412

3. 雷电击中动车组怎么办，动车组有防雷措施吗 / 413

4. 高铁时速 300 公里，为什么车轮却不会磨出火花 / 414

5. 有人在高铁上拿着手电筒照来照去，在干什么 / 414

6. 这些设备绝不能碰 / 415

7. 为什么高铁列车半夜不开 / 417

8. 什么是"重车压梁" / 418

9. 高铁客运站设备设施的维护创新有哪些 / 419

10. 电务检修"四诊合参" / 421

11. 动车吸污情况及关键部位检修你知道吗 / 422

12. "动车医生"们是如何给高铁列车"清肺"的 / 424

第二节 外部环境 / 425

1. 大雨黄色预警该去哪儿 / 425

2. 应对台风的处理措施 / 427

3. 暴雪天气，高铁列车为什么大面积晚点停运 / 428

4. 遭遇雨雪天会打滑吗？原来高铁也会"撒砂" / 429

5. 高铁接触网为何这么怕大风、怕"异物"侵扰 / 430

6. 一根风筝线"挡"了动车 40 分钟 / 432

7. 大风天气吹扬地膜引起动车接触网故障 / 433

8. 高铁沿线环境整治包括哪些内容 / 435

9. 高铁沿线环境整治成效 / 436

10. 安全管理规定有哪些内容 / 437

　　11. 关于驱鸟问题的难点和解决方案 / 438

　　12. 加强路地协作加强综合安全控制的建议 / 441

　第三节　出行规范 / 442

　　1. 在高铁上抽根烟有多大事儿 / 442

　　2. 盘点扰乱车站正常秩序事件 / 443

　　3. 高铁车站为何没装屏蔽门 / 444

　　4. 高铁需要文明乘车 / 445

　　5. 突发事件信息发布和舆论引导的常用策略与方法 / 448

参考文献 / 450

第 1 章
概说高速铁路

第一节　高铁概念与特征

1. 高速铁路的诞生及影响

自 1825 年英国修建了世界第一条铁路以来，由于速度和运能上的优点，铁路在很长的历史时期内成为各国的交通运输骨干。但 1945 年以来由于运营速度慢等综合原因，铁路一度被人们称为"夕阳产业"。

1964 年 10 月 1 日，世界上第一条真正意义上的高速铁路日本东海道新干线（东京－大阪）正式通车，标志着世界高速铁路新纪元的到来。高速铁路的诞生和成功，让世界各国重新审视铁路的价值，建设快捷、绿色、节能、安全、方便的高速铁路已经成为世界性的共识。高速铁路开启了世界铁路史上的一场革命，但发展初期，由于技术层面的问题和建设成本高等原因，高速铁路没有得到大力发展。

后来，由于高速铁路具有明显的经济效益和社会效益，欧洲、北美洲和亚洲等许多国家和地区开始纷纷兴建、改建或规划修建高速铁路。1996 年，法国高速铁路技术成为全欧洲高速火车的技术标准后，世界范围内掀起第二轮"高铁热"，但由于当时发展中国家经济能力有限，高铁只在经济发达的大国之间进行了建设和运营。再后来，由于高铁技术的成熟、经济、适用、可靠，高铁在发展中国家也得到了建设和运营，世界范围内掀起第三轮"高铁热"。

作为近代工业文明的产物，铁路诞生的历史尚不足两百年，但却为社会的发展带来了翻天覆地的变化。高速铁路促进了地区经济的发展，推进了城镇化进程，对经济发达、人口稠密地区的经济效益和社会发展的贡献尤为突出。高速铁路由于具有高端性、快速性、便捷性、安全性、准点性、舒适性、环保性、低碳性等特点，广受各国民众推崇。高速铁路的发展极大地改变了人们的时空观念，提高了铁路在客运市场中的竞争力，也集中反映了一个国家铁路线路结构、列车牵引动力、高速运行控制、运输组织和经营管理等方面的技术进步，体现了一个国家的科技和工业水平。

2. 高速铁路的概念

国际铁路联盟（欧洲主导的非政府铁路组织，简称UIC）是欧洲一些国家的铁路机构以及其他洲的铁路机构和有关组织参加的非政府性铁路联合组织，后来扩大了一些非欧洲国家的组织进来，其宗旨是推动国际铁路运输的发展，促进国际合作，改进铁路技术装备和运营方法，开展有关问题的科学研究，实现铁路建筑物、设备的技术标准的统一。

高速铁路的概念具有国际性，其界定是一个动态过程，并随着时代的发展而更新。20世纪中期，国际铁路联盟把新建速度达到250公里/小时及其以上的客运专线以及旧线改造速度达到200公里/小时及其以上的既有铁路定义为高速铁路。高速铁路除了在列车在运营达到速度一定标准外，车辆、工务工程、列车控制、牵引供电等系统都需要配合提升。中国在2013年发布的《铁路主要技术政策》中将高速铁路定义为：新建设计开行250公里/小时（含预留）及以上动车组列车，初期运营速度不小于200公里/小时的客运专线铁路。

高速铁路的定义并不唯一，因国情不同而不同；随着科技的进步，"高速"的水平还会逐步提高。目前被广泛接受的世界铁路轮轨技术等级划分标准为：0–120公里/小时为常速铁路，120–160公里/小时为中速铁路，160–200公里/小时为准高速或快速铁路，200–400公里/小时为高速铁路，400公里/小时以上为超高速铁路，如图1.1所示。

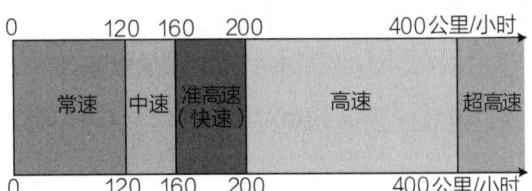

图1.1 世界铁路速度等级（单位：公里/小时）

3. 高速铁路的主要技术经济特征

中国高速铁路的主要技术经济特征体现在：

（1）安全可靠：中国建设了稳固耐久的基础设施，制造了安全可靠的高速列车，建立了性能可靠的控制系统。世界上通用的安全标准是高速动车组列车每运行百万公里故障不多于2件，中国动车组列车平均故障率低于每百万公里0.43件。

（2）平稳舒适：中国高速动车组列车采用了减振性良好的高速转向架，车厢内振动小，车窗大、采光好、视野宽阔，车内环境温度、湿度适宜和空气清新，衡量高速铁路运行稳定的3个指标（纵向、横向及垂直稳定性）都达到世界领先水平。

（3）运力强大：投入运营的动车组列车有8辆和16辆固定编组，还有17辆编组，在客流高峰时还可以实现两列8辆动车组重联运行，使高速铁路具有强大运输能力。

（4）适应性强：中国高速铁路运营环境复杂，运距长，能够满足高寒、高温、高湿、高海拔、高风沙高速、高密度等各种运营场景，能够适应各种复杂的气候环境和地质条件。

（5）方便快捷：运营速度是体现一个国家高速铁路技术水平和综合技术实力的主要指标，中国高速铁路最高运营时速350公里，达到世界上商业运营最高时速。1、2、3小时高铁出行圈正在拓展形成，目前北京乘坐高铁半日内可到达50多个城市。

（6）节能环保：在有条件的路段采用以桥代路，每公里桥梁可节省土地约55亩。动车组列车采用电力牵引，不排放污染。动车组列车以时速350公里运行时，人均百公里能耗仅为3.64度电，仅为客运飞机的1/4、小轿车的16、大型客车的1/3。

（7）性价比高：根据世界银行的专题研究，结果同样速度标准的高速铁路，中国的造价是欧洲的造价的2/3；同样类型的动车组列车，中国的造价是欧洲和日本的3/5；中国高速铁路的平均票价仅为欧洲的1/4、日本的1/3。

（8）兼容性强：中国高速铁路技术标准兼容不同国家铁路制式，可适用世界绝大部分国家。"复兴号"中国标准动车组拥有254项重要标准，中国标准占84%。

4. 发展高速铁路的条件有哪些

高铁发展经历了"从无到有、从有到多、全球共享"的过程，需要满足三个条件："天时""地利""人和"。

（1）"天时"：国家或地区的经济必须发达。因为高铁研发、建设、运营、管理和维护都需要很高的费用。拥有高铁的国家和区域基本上都是经济发达的国家和地区，如日本、法国、德国、西班牙、意大利和中国等国家。

（2）"地利"：国家或地区的地域要辽阔。日本、法国、德国等国家，虽然首先掌握了高铁技术，但受国土面积限制，虽然经济发达，但高铁运营里程较短，即使能够形成高铁网络，但通达性也不够强。

（3）"人和"：要有人口密集的城市群。高铁的载运量大，但运营成本相对也高，需要在人口密集的城市群之间运营，才能有一定的客流量保证的条件下，运营效益才有可能提高。如人口密集的都市圈（日本东京都市圈）、经济圈（中国长三角、珠三角、京津冀、成渝等经济圈）。再如美国、加拿大等国家虽然经济发达，但没有人口密集的城市群，所以很难发展高铁。

5. 高铁与高速公路和航空的竞争合作关系体现在哪里

高铁与公路运输相比，主要表现在：运送能力大、速度快、舒适性好、高铁与城市交通衔接比公路便捷、较好的性价比等方面。在沿线的短途和中长距离运输上，尤其是在高铁 3-4 小时行程范围内，高铁对公路客运量和小汽车交通形成强劲吸引转移，与高铁平行的城际间公路客运大巴和航空公司客流下降幅度较大，不得不缩减班次、降低票价，甚至导致许多城市点对点公路客运班次、班线的停运以及城市间航班的停飞。如石太客专开通后，太原—石家庄以及太原—北京的公路客运价下降了 22%-38%。

高铁与航空运输相比，受天气等自然因素的影响小，时间的可控性较强，也更加安全。如武广高铁开通后，为吸引更多的客流，南航还在武汉、长沙、广州三地开通了"空中快线"，最低票价仅 390 元。实际上，在中长以上距离运输上，高铁对航空客流形成了不同程度的分流。根据有关分析，运行时间小于 4 小时的高铁占据着大于 50% 的市场份额，而且距离越短，高铁的市场份额就愈大；高铁运行时间超过 4 小时，高铁的市场份额小于 50%，而且随着距离的加大高铁的市场份额逐渐减少；高铁与航空市场竞争份优势的临界距离比较而言，在 1000 公里以下的客运市场，高铁占据优势；在 1000 公里远的运输市场上，高铁是航空运输最具替代性和竞争性的运输方式。

在竞争的同时，高铁与民航也展开了广泛的交流与合作。首先，随着时速 350 公里卧铺动车组夜间上线运营，2000-3000 公里全国主要城市之间实现夕发朝至，可以吸引原先乘坐飞机的旅客转乘高铁，使得民航部门可利用释放后的航线资源投向更多的国际航线，开展更多的国际航空运输业务。其次，高铁和民航合力打造"空铁联运"运输体系，实现共赢发展。在硬件和软件上加强建设，对于既有机场则应充分利用地铁、公交、机场大巴实现机场与高铁客站的无缝连接；在软件方面，依托运输服务实现"空铁联运"，积极发展联运信息服务和联运票务服务，协调高铁班次与机场航班时间，尽可能实现旅客一票联程。再次，以沟通合作、携手共促发展为愿景，高铁、民航互学互鉴，在服务质量、安全管理、应急处置等方面交流借鉴，共同提升运输服务品质、安全风险管控水平和突发事件应对能力。

随着中国高铁逐渐成网，高铁对部分与公路形成互补关系，充分发挥高铁准时快速成网的优势，以及公路方便、快捷、"门到门"的特点，开展公铁联运，统筹铁路和公路运输方式间运力、班次对接，提升综合客运能力、更好地满足旅客出行需求。就城市之间而言，高铁网络仅连接了大城市和部分中小市对于其他未通达高铁的城市，发挥城际大巴的作用扩大高铁的服务范围。无论是处于城市中心还是城市边缘的高铁客站，实现城市轨道交通、城市地面公交、出租车等与高铁站"零换乘接驳"，满足旅客便利化服务出行需求。

如今，高铁的"冲击"促使各种运输方式"回归"科学合理的市场定位，发挥各自比较优势形成更有利于节约资源、保护环境的现代综合交通运输体系。高铁沿线大城市主要客站多点布局、深入城市中心，实现多站到发、便捷换乘，最大限度方便旅客出行；在功能设计上普遍采用了多种运输方式立体交叉、无缝接的现代综合交通枢纽模式，充分利用地下、地面及地上空间，发挥交通枢纽的综合效益将城市公交、地铁、出租及公路客运等其他交通设施与高铁客站融为一体，为旅客提供零换乘服务，极大带动了城市综合交通体系建设。例如，上海虹桥综合交通枢集高铁、航空、城际、地铁、公交等设施于一体，铁路车站（包括站房、站台、股道和咽喉区）占地 664 亩，带动了虹桥商务区核心区 26 公里的地开发。广州南站采用全高架设置，充分利用桥下土地空间，与城市交通紧密衔接，形成立体多层集约用地的综合交通设施。另外，部分中间站设置在考虑便利旅客出行的同时，结合城市空间布局、规划发展的需要，为减少大规模拆迁，一般选择在既有城区周边已规划的新城区新建车站。同时，围绕高铁客站建设，各地方政府加大对相关道路、地铁及站场设施投资，积极推进公、铁、航联运，极大提升了城市综合交通服务功能。

在新的交通时代，应该加强高铁与公路、航空的联运，整合资源，优化结构，实现各种交通运输方式的优势互补、提高交通运输系统的效率，努力构建资源节约、环境友好、交通舒畅、经济发展的和谐局面。在高铁与公路、航空的竞合关系中，无论公路、民航还是铁路运输企业，都应立足于改革创新，采取多种积极有效的应对措施。

第二节　中国高铁发展与崛起

1. 为什么世界各国都要发展高速铁路

高铁"始于日本、兴于欧洲、熟于中国、惠于世界"。高速铁路是世界铁路的一项重大技术成就，它集中反映了一个国家铁路线路结构、列车牵引动力、高速运行控制、高速运输组织和经营管理等方面的技术进步，也体现了一个国家的科技和工业水平。高速铁路促进了地区经济的发展，推进了城镇化进程，对经济发达、人口密集地区的经济效益和社会效益的贡献尤为突出。

归纳一下世界高速铁路发展几十年来总结的经验，各国修建高速铁路的目的主要是为了增加客运能力和减少旅行时间。当然，通过提高速度来缩短旅行时间不应作为高速铁路的唯一目标，高铁与本地公共交通的接驳程度（减少门到门的旅行时间）、安全性、舒适性、可靠性也不能忽视。随着高速铁路的建成，各交通方式在沿线客运市场的份额会发生重构，并会有新的客流产生。

高速铁路是现代高科技成果应用于铁路运输的产物，是现代社会的新型运输方式，是交通运输现代化的重要标志。高速铁路技术的日趋成熟，高速化成为当今世界铁路发展的共同趋势，高速铁路迎来发展的黄金期。世界上很多国家，包括日本、法国、德国、美国等将高速铁路视为未来可持续的交通发展方向，并提出了规模庞大的高速铁路建设规划。

从我国高铁发展实践来看，城镇化率的提高，城镇人口的增加，同城化、一体化，将带来客运需求快速增长；区域经济发展的差异，地区人口、资源、生产力布局的不平衡，导致人员流动广泛；生活条件的快速改善，生活水平的逐渐提高，产生大量的假日旅游、休闲旅游和探亲访友等客流。铁路作为交通运输的主要方式，必须提供与市场需求相适应的运输能力。高铁客流的特点是量大、集中、行程较长，基本国情及客流特点决定了中国主要应发展大容量、环保型、适应性强的公共交通体系，集速度快、运能大、低能耗以及占地少等诸多优点为一身的高速铁路就成了首选。发展高铁是中国交通运输领域贯彻可持续发展战略、优化交通运输结构的重要手段，是铁路高层次、大幅度扩大运输能力及提升运输质量的重要途径。中国的综合国力、创新能力也具备了又好又快建设高速铁路实力。

2. 为什么说 1978 年是中国高铁发展的一个起点

1978 年 10 月，邓小平出访日本。彼时，中国改革开放的伟大篇章尚未正式拉开帷幕。期间，邓小平乘坐日本人引以为豪的新干线子弹头列车"光 -81 号"从东京前往京都。当日本广播协会（NHK）的记者问他有何看法时，他幽默地说："快，真快！"

那一年，全世界只有两条高速铁路，都在日本：一条就是邓小平所乘坐的东海道新干线；另一条则是山阳新干线。这时，中国普通铁路的最高时速约为 100 公里，而实际平均运行时速只有区区 40 公里。与之相比，时速高达 210 公里的新干线的确称得上"子弹一般的速度"。

不仅速度跟不上，中国铁路日装载能力弱、事故率高、人员管理松散，是当时众所周知的问题，火车司机随便下车吃饭、列车晚点的情况也常有发生。如科幻电影一般的日本"子弹头列车"，为中国建设现代化铁路打开了一扇新窗，由此播下中国高铁梦的种子。

改革开放后，公路、航空等公共交通运输项目突飞猛进，而中国铁路运输网络的铺设显然没有跟上节奏。1980 年，全国铁路营业总里程为 5.33 万公里；到 1990 年，增至 5.78 万公里。这 10 年，年均新增交付仅有 450 公里，还不敌 20 世纪 50-60 年代的建设速度。并且，铁路运输承载瓶颈问题越来越严重，无法满足经济增长带来的运输需求，列车超员率时常高达 100-300%，南下务工人员不堪其苦。此时，铁路建设和提速成为共识。

3. 中国高铁的建设为何势在必行

20世纪90年代，以京沪高铁建设为焦点，各方接连抛出一连串现实问题，如：高速铁路是否适合中国国情？中国有没有能力跨越技术和生产门槛？投入如此巨大的项目怎样实现盈利？正方以原铁道部提交全国人大的《京沪高速铁路线路方案构想报告》为起点，从技术和资源基础等方面，论述了建设京沪高铁的可行性和必要性。反方认为，高速铁路建设的投资大，回报周期长，当时世界上绝大多数的高铁都在亏本运营；而京沪线能否达到可盈利的实际客运量，更是存疑。因此，中国建设高速铁路应该谨慎，最好是可以找到其他替代方案，或至少是缓建为妥。在争论焦点高铁能否盈利的问题上，以两院院士沈志云为代表的专家团队认为：建设高铁是世界铁路建设的大趋势，比如日本新干线，不仅已有盈利先例，而且，它所创造的巨大社会综合效益是无法估量的。

京沪线的客货运量已经很大，且未来很有可能成为中国最繁忙的一条铁路线路，绝非普通铁路所能承载。这条"大动脉"沿线是中国经济最发达的地区，只有尽最大可能提速，才能赶得上经济发展速度。经过多轮论证，各方基本达成共识：京沪高铁一定要建。1996年，《国民经济和社会发展"九五"计划和2010年远景目标纲要》发布，明确表示要"着手建京沪高速铁路，形成大客运量的现代化运输通道"。

4. 关于京沪线的世纪论争——磁浮、轮轨，孰优孰劣？采用什么技术

京沪高铁是否可以使用磁浮技术？这个问题迅速吸引了多位中国最顶尖专家参与讨论。几轮论争之后，两种技术的比较基本有了结论：

磁浮优点是速度更快，德国和日本的磁浮列车在当时就可以达到最高时速400—500公里，一旦在中国实现运营可以达到"一次到位"的效果。缺点是：该技术尚未走出试验阶段，包括德国埃姆斯兰磁浮试验线和日本山梨磁浮试验线在内，全球没有任何一个国家真正实现了磁浮线路的商业化运营。另外，造价高（当时磁浮的成本比轮轨高2倍以上，约为每公里3亿至4亿元）、与轮轨体系不兼容、现有技术水平无法适应长距离交通、很难成网等。

轮轨技术相对成熟，在全球有商业化运营较为成功的案例。虽然其最高时速比不上磁浮，但以此可改善现有中国铁路运输状况。当务之急是让高速列车尽快在中国大地上跑起来。根据论证，中国如果想要在长距离交通上采用磁浮技术，至少需要10~15年。支持轮轨的专家团队认为，中国高铁建设没有时间去等待一个最成熟、最完美的方案。2004年，国家《中长期铁路网规划》经国务院审议通过，提出建设"四纵四横"客运专线网络，到2020年达成1.2万公里以上。中国要建高铁网络蓝图至此初步绘就。《规划》发出的另一个信号是：中国不仅要建京沪高铁，而是覆盖全国的高速铁路网络。

京沪铁路衔接着20多条干线，但磁浮与这些轮轨铁路不能兼容。因此，很难形成一个完全互联互通的路网，还会产生换乘问题。这时，"弃用磁浮、采用轮轨技术"的专家意见也在最终的项目论证中被采纳。当然，这并不意味着磁浮路线的终结。

2000年初，科技部成立磁浮预可行性研究小组。6月，上海市政府决定在上海建设高速磁浮专线。2003年1月4日，上海高速磁浮专线正式通车投入运营，线路全长29.8公里，运营时速430公里，全程只需8分钟。

随着实践推进和技术进步，轮轨与磁浮之间的优劣渐渐模糊，如何发挥各自优势、无缝嵌入到未来公共大交通系统中才是关键。比如，在重要的干线走廊已经有高铁的情况下，磁浮是对通道运力的补充，是对速度区段的填充；城市群内部也有半小时的可达范围、一小时大都市圈等需要，需要更高速度的运输系统来提供服务。如今，具有点到点优势且时速600公里高速磁浮需要在现有综合交通体系内寻找到它的位置（我国已有车）。而且，高速磁浮与高铁网络不会产生冲突。

5. 中国高铁发展规划——从"四纵四横"到"八纵八横"

2003年，中国政府从落实科学发展观、实现国民经济又好又快发展的战略全局出发，出台了加快发展铁路的重要决策，中国铁路进入加快推进现代化的历史阶段。

2003年3月17日，铁道部发表了题为"抓住新的历史机遇，努力实现中国铁路跨越式发展"的文章。跨越式发展有两大积极意义：一是以较短时间、较少成本走完发达国家的铁路发展历程；二是在发展过程中跳过过渡期的投资，充分利用后发优势赶上国际先进水平。在跨越式发展战略指导下，中国渴望在全球化时代被世界认可，乃至赶超西方发达国家，高铁正是这种渴望的载体。铁路跨越式发展虽然只是一个口号，要想化身为指导中国铁路发展的理论，必须有实体内容做支撑。从2003年6月28日，跨越式发展路线正式抛出，到2006年10月"和谐"口号提出，跨越式口号终止，中间不过短短三年多一点的时间，中国铁路开始以"和谐"铁路建设来概括铁路发展的目标和任务。

2004年是中国高铁建设厉兵秣马的备战年。新的建设目标要有新的质量标准，铁道部修订了《铁路主要技术政策》，制定了《铁路工程建设标准管理办法》《新建时速200-250公里客运专线铁路设计暂行规定》等，完成了京沪高速铁路和时速200-250公里客运专线铁路桥跨结构标准设计，初步建立起客运专线和客货共线分级标准设计体系。

2004年1月，国务院常务会议讨论并原则通过中国铁路史上第一个《中长期铁路网规划》，绘就了超过1.2万公里的"四纵四横"快速客运专线网。3个月后，国务院又召开会议专题研究铁路机车车辆装备有关问题，明确提出"引进先进技术、联合设计生产、打造中国品牌"的基本方针，确定了引进少量原装、国内散件组装和国内生产的项目运作模式；明确铁路网要扩大规模，完善结构，提高质量，快速扩充运输能力，迅速提高装备水平；明确到2020年，全国铁路营业里程达到10万公里，主要繁忙干线实现客货分线，复线率和电化率均达到50%，运输能力满足国民经济和社会发展需要，主要技术装备达到或接近国际先进水平。2004年7月29日，国家发改委与铁道部联合印发《大功率交流传动电力机车技术引进与国产化实施方案》和《时速200公里动车组技术引进与国产化实施方案》。从提出目标到做出决策再到确定具体实施方案，从国务院领导到国家发改委、铁道部，这其中经过了许多次论证研究，经历了许多个环节程序，仅仅用了一年时间，中国高速铁路建设就驶上了发展"快车道"。

2008年10月，国家发改委颁布的《中长期路网规划（2008年调整）》中规划建设"四纵四横"客运专线。其中"四纵"为北京-上海客运专线、北京-武汉-广州-深圳客运专线、北京-沈阳-哈尔滨（大连）客运专线、上海-杭州-宁波-福州-深圳客运专线，"四横"为徐州-郑州-兰州客运专线、杭州-南昌-长沙-贵阳-昆明客运专线、青岛-石家庄-太原客运专线、南京-武汉-重庆-成都客运专线。

2016年7月，国家发改委、交通运输部、中国铁路总公司联合发布了《中长期铁路网规划》（简称"规划"），勾画了新时期"八纵八横"高速铁路网的宏大蓝图。《规划》主要包含以下内容：构筑"八纵八横"高速铁路主通道；拓展区域铁路连接线，规划建设上海-湖州、南昌-景德镇-黄山等高速铁路区域连接线，进一步完善路网扩大覆盖；发展城际客运铁路，在优化利用高速铁路、普速铁路开行城际列车服务城际功能的同时，规划建设支撑和引领新型城镇化发展、有效连接大中城市与中心城镇、服务通勤功能的城市群城际客运铁路。

"八纵"通道为沿海通道、京沪通道、京港（台）通道、京哈-京港澳通道、呼南通道、京昆通道、包（银）海通道、兰（西）广通道；"八横"通道为绥满通道、京兰通道、青银通道、陆桥通道、沿江通道、沪昆通道、厦渝通道、广昆通道。"十三五"期间，将建成北京至沈阳、济南至青岛、商丘至合肥至杭州等高速铁路。到 2020 年，基本形成高速铁路网络，全国高速铁路将达到 3 万公里。同时，根据国家中长期高铁网规划，将建成连接主要城市群，基本连接省会城市和其他 50 万人口以上大中城市，形成以特大城市为中心覆盖全国、以省会城市为支点覆盖周边的现代高速铁路网，实现相邻大中城市间 1-4 小时交通圈，城市群内 0.5-2 小时交通圈。到 2025 年，高速铁路达到 3.8 万公里左右，到 2030 年，高速铁路将达到 4.5 万公里左右。"八纵八横"规划如图 1.2 所示。

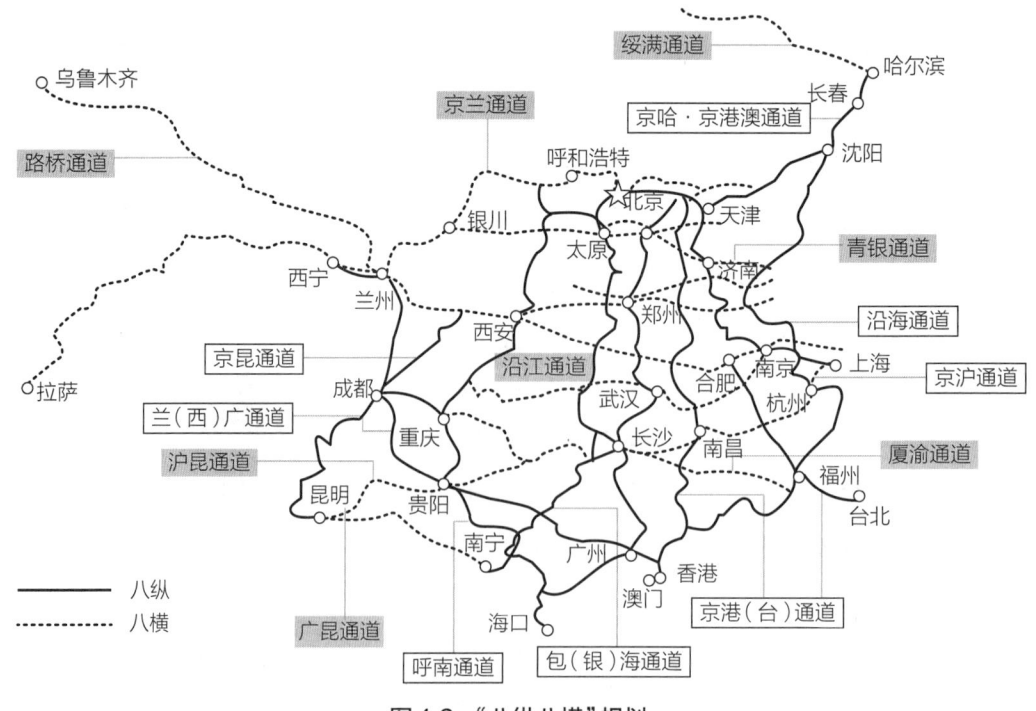

图 1.2 "八纵八横"规划

中国的大地正被一种前所未有的方式连接，从高寒雪山到烂漫花田，再到热带海洋，一张以"八纵八横"为骨架，以区域连接线、城际铁路为补充的全球规模最大的高速铁路网日渐成形。如今，"八纵八横"剩余段落大部分均已开工或即将开工。由于中西部山区线路建设难度大，如西宁至成都铁路、渝昆高铁云南段、西渝高铁、重庆至黔江高铁等，工期需要 5 到 6 年，预计到 2026 年左右"八纵八横"通道将基本建成。

6. 高铁技术如何成功实现对引进技术的消化、吸收和再创新

2004 年 4 月 1 日，国务院会议专题研究铁路机车车辆装备有关问题，印发的《研究铁路机车车辆装备有关问题的会议纪要》中提出了"引进先进技术，联合设计生产，打造中国品牌"的基本方针，确立了中国高铁项目的基本运作模式。6 月，按照这 18 字方针，公开招标采购对企业资格的要求是："在中华人民共和国境内合法注册的，具备铁路动车组制造能力，并获得拥有成熟的时速 200 公里铁路动车组设计和制造技术的国外合作方技术支持的中国制造业（含合资企业）"。

这意味着，中企和掌握先进核心技术的外资企业，必须进行充分绑定，才有资格应标。换言之，我们不要现成产品，而是要把核心技术拿过来、学进去、消化好。只有这样，才能实现打造中国高铁品牌的最终梦想。

中国高铁引进技术的过程，堪称全球商业谈判历史上的经典案例。当时，有能力和资格进行技术引进的国内买家，是南车集团的四方机车车辆股份有限公司、北车集团的长春客车股份有限公司。面对中国高速铁路市场的巨大潜力，德国西门子、法国阿尔斯通、加拿大庞巴迪以及日本川崎重工这四家全球闻名的高铁制造商闻风而动、纷纷上门应标。

买家少、卖家多、市场大，让中方在接下来的谈判中占据了战略高地。中方与西门子公司的商业博弈相当精彩。西门子公司手握享誉全球的 Velaro 高速动车平台，设计时速超过 300 公里，是最有力的竞争者。西门子公司提出 3.9 亿欧元的高额技术转让费，且转让条件十分苛刻。后来，西门子意识到自己错失全球最大高铁市场。在接下来时速 300 公里的动车组采购项目中，西门子主动将每列原型车费用降到 2.5 亿元人民币，技术转让费降

到8000万欧元。

中国高铁首次实现了动车组牵引、制动、网络控制系统的全面自主化，标志着我国已全面掌握高速铁路核心技术，而且体系完整、结构合理、先进科学的高速动车组技术标准体系，标志着我国高速动车组技术全面实现自主化、标准化和系列化，极大增强了我国高铁的国际话语权和核心竞争力。

相比汽车的"市场换技术"，汽车制造产业当时换来的仅限于一般制造技术，并不包括产品开发的技术，换来的这些制造技术，也只有使用权，而没有所有权。高铁并未重蹈其覆辙，反倒挣脱了"越引进越落后"的怪圈，在技术上实现"赶超"，这要归功于中国的战略远见。

7. 两线并轨，驱动中国高铁加速

实践证明，坚持引进消化与自主再创新相结合，是中国高速铁路装备走向现代化的最优路径。中国高铁从一开始就坚持两条腿走路——敞开大门积极引进学习，同时继续培育本国企业自身的技术能力和产品开发能力。中国高铁跑出了大国"加速度"。

技术转让，说起来容易做起来难。怎样让引进技术与本土生产能力和技术基础相结合、为实现再创新持续输入"活血"？中国企业下了大功夫。如四方公司曾采用"三段论"的生产方法。

第一阶段："他们干我们看"，车辆完全在国外生产，国内企业派出员工到国外观摩并参与。

第二阶段："我们干他们看"，从国外进口散件，由国内员工在中国本土完成组装，国外技术专家进行指导。

第三阶段："自己干"，中国企业员工独立完成所有生产流程，并逐步实现零部件国产化。此外，中方企业还将外方提供的技术，与中国高铁运行的现实需求相结合，比如地形和温度条件，以此为起点进行再创新，不断累积技术经验。两线并轨，是中国高铁技术走向世界前端的密钥。以CRH380A为例，中车四方已经成功突破了动车组系统集成、头型、铝合金车体、高速转向架、减震降噪等九大关键技术，且经过美国专业的知识产权评估，证明CRH380A完全是自主产权，技术水平逐步在赶超其他高铁国家。

8. 中国高铁从"追赶者"到"领跑者"

21世纪初，中国铁路在谋划中国高铁引进世界一流先进技术的时候提出了"引进先进技术、联合设计生产、打造中国品牌"的基本方针，确立了"引进先进技术、通过消化吸收再创新实现国产化"的运作模式。

从20世纪90年代初到2008年，是中国高速铁路从"跟跑"到"并跑"的过渡时期。其中在2004年前为孕育阶段，中国主要进行技术引进和学习，尝试自主开发技术，在此期间的成就包括"广深准高速铁路""秦沈客运专线"等线路及"大白鲨""中华之星"等第一代高铁电力机车。2004年到2008年主要为中国高铁的引进消化吸收阶段，在此期间，引进了日本、德国、法国德国国家的高铁技术进行探索和发展，发展步伐明显加快。2008年8月，具有完全自主知识产权且具有世界一流水平的京津城际高铁正式通车运营。

中国高铁从并跑到领跑始于2008年，以科技部和前铁道部联合发起实施的《中国高速列车自主创新联合行动计划》为标志，2008年至2012年为自主创新阶段，诞生了被欧洲人称为"中国高铁革命"的"和谐号"CRH380系列的高速列车。2012年至今为持续创新阶段，在"和谐号"380系列平台技术的基础上继续拓展创新。2017年6月，中国标准动车组"复兴号"在京沪高铁正式双向首发，开启了领跑世界高铁的步伐。背靠日益强大的祖国，中国高铁突飞猛进的发展已成必然。2018-2020年，中国智能高铁核心自主创新上取得了新的阶段性成果，高速及智能化成为中国铁路重要发展方向。

通过自主创新，中国高铁建立了涵盖线路站场、高速列车、列车控制、牵引供电、运营管理、风险防控、系统集成七个方面，较为完备的高铁技术体系，高铁技术水平步入世界先进行列，部分领域技术达到世界领先水平：

（1）工程建造技术世界领先。系统掌握了先进的路基、大跨度桥梁、长大隧道、轨道、大型客站等工程建造技术，攻克了大量关键技术难题，建成了一大批适应特殊气候环境和复杂地质条件的铁路。创立了路基沉降和冻胀控制技术，形成了中国隧道建造理论，成功研制了中国高速铁路标准板式无砟轨道、40米跨度简支梁，修建了南京大胜关长江大桥、武汉天兴洲长江大桥等一大批跨越大江大河的大跨度桥梁，其中有7座位列世界前10名；建成了狮子洋海底隧道、秦岭隧道群等一大批大断面、复杂地质隧道，建成高铁隧道总长约4000公里。

（2）装备技术世界领先。构建了中国动车组标准体系，成功研制了具有完全自主知识产权、达到世界先进水平的"复兴号"中国标准动车组，创造了在运营线路上时速420公里交会和重联运行的世界纪录。16辆加长版、17辆超长版、时速250公里8辆编组、时速160公里动力集中"复兴号"系列动车组相继问世。全面掌握了列车控制系统核心技术，能够满足不同速度等级列车共线跨线运行控制需要；成功研制了大张力接触网、高强度接触导线和远程监控等成套供电装备，建成了世界上规模最大的高速铁路数据采集与监视控制系统（SCADA）、高铁供电调度系统，实现高效智能化远程数据采集、控制。

（3）运营管理世界领先。掌握了复杂路网条件下的高铁运营调度技术，建立了适应大客流、高密度的客运服务系统，构建了高铁安全风险防控体系，为高铁安全运营提供了可靠技术保障。中国高铁在运营过程中，不仅构建了闭环管理的安全保障体系，各种移动设备和固定设施的信息实时采集、实时分析，还建造了庞大的铁路调度指挥系统，有力地保障了列车大密度开行。

从全球范围看，中国高铁发展从"望尘莫及"到"望其项背"，再到"并肩而行"，直到"一马当先"，经历了一个从"跟跑"到"并跑"再到"领跑"的过程，实现了从"技术引进"到"中国制造"再到"中国创造"的跨越。在"引进"到"引领"的过程中，中国不断消化吸收再创新，直至能够自行定义高铁"4.0时代"。

9. 按年记录的中国高铁的发展情况

速度是交通之"魂"。十一届三中全会后，进入20世纪80年代，中国铁路改造提速拉开帷幕。铁路部门先后展开"中取华东""强攻京九""再取华东"等铁路建设大会战，又展开从"南攻衡广、北战大秦、中取华东"三个铁路建设重点战役，到20世纪90年代组织"强攻京九、兰新，速战宝中、候月，再取华东、西南"铁路建设大会战，再到世纪之交铁路建设高潮，我国先后建成了大秦、京九等一大批铁路干线，建成了衡广、兰新等一大批铁路复线以及干线电气化改造项目。其中，具有代表性的是在1996年4月1日，中国第一列快速旅客列车"先行号"从上海站首发，时速140公里，上海至南京全程2小时48分，开创了中国铁路既有线提速先河。

1997年至2004年，我国对主要干线铁路实施大规模技术改造，先后进行5次大面积提速，列车最高时速提至160公里。即使这样，中国铁路仍无法满足中国经济飞速发展的需要。性价比上的优势让铁路成为大多数中国人出行的首选。旅客对铁路最大的意见就是买票难、出行难，春运中购票排队的"长龙"挤得旅客喘不过气来，票贩子屡打不绝。"一票难求"，曾是亿万中国人一提起铁路就能想到的4个字。

1998年5月，广深铁路电气化提速改造完成，设计最高时速为200公里，为了研究通过摆式列车在中国铁路既有线实现提速至高速铁路的可行性，同年8月广深铁路率先使用向瑞典租赁的X2000摆式高速动车组。由于全线采用了众多达到20世纪90年代国际先进水平的技术和设备，因此当时广深铁路被视为中国由既有线改造踏入高速铁路的开端。1998年6月，韶山8型电力机车于京广铁路的区段试验中达到了时速240公里的速度，创下了当时的"中国铁路第一速"。

中国铁路高速化的过渡始于1999年兴建的秦沈客运专线，全长404公里，本线于2003年开通运营。以桥梁工程为代表，秦沈客运专线的线下工程完全符合国际对于高速铁路的定义标准，因为在此线投入运营之前，我国自主研制的高速列车分别在线上高速试验运行，并分别创造出292公里/小时、321公里/小时的试验记录，新线采用了最小5500米（困难区段3000米）和最大9500米的大曲线半径，650米的短站线长度和65公里的长距离站距设计，以及区间不设渡线的创造性建设。由于本线的工程设计和试验速度都超出了既有线的工程限制和承受范围，使得它在很多年成为是否为高速铁路这一话题的争论要点。

然而，尽管没有被列入"高铁"之列，它依然和我国的其他提速线路有着很大的工程设计优势，包括改造后的京广线京武段、沪昆线沪长段、京哈铁路等线路，这要得益于它的线下工程的高标准设计和过硬的工程质量，自2007年CRH动车组被引进我国第六次大提速后，秦沈客运专线可以允许动车组全路以时速250公里甚至270公里的速度持续高速运行，相比于此，其余的提速既有线虽然也可以达到时速200公里/小时，但是由于早期基础设计标准较低，提速改造工程施工难度过大，使得运营速度能真正实现高于200公里/小时的线路长度比例受限。

后期的新建高铁是我国真正意义上的高速铁路，第一条高速铁路为"京津城际铁路"，设计时速为350公里/小时，CRH3高速动车组在此线上最高试验速度394.3公里/小时，远远超过了秦沈客运专线的最高试验记录。

2004年1月，国务院常务会议讨论并原则通过历史上第一个《中长期铁路网规划》，（"四纵四横"快速客运专线网）。同年，中国在广深铁路首次开行时速达160公里的国产快速旅客列车。广深铁路被誉为中国高速铁路成长、成熟的"试验田"。

2004年至2005年，中国北车长春客车股份、唐山客车公司、南车青岛四方、先后从加拿大庞巴迪、日本川崎重工、法国阿尔斯通和德国西门子引进技术，联合设计生产高速动车组。

2007年4月18日，全国铁路实施第六次大提速和新的列车运行图。繁忙干线提速区段达到时速200至250公里。这是世界铁路既有线提速最高值。沪宁段部分区段最高时速达到250公里。但那个时候，中国铁路时速250公里线路的营业里程仅有472公里。建成发达完善的铁路网，是实现铁路现代化的重要标志。

2005年6月11日，石太高铁全线开工建设，中国铁路由此拉开了高铁新线建设的序幕。2008年，中国高铁进入收获期，之后每年都有一批新建高铁投入运营。

2008年2月26日，原铁道部和科技部签署计划，共同研发运营时速380公里的新一代高速列车。

2008年8月1日，中国第一条具有完全自主知识产权、世界一流水平的高速铁路京津城际铁路通车运营。标志着中国高速铁路技术已经达到世界先进水平。

2009年12月26日，世界上一次建成里程最长、工程类型最复杂时速350公里的京港高铁武广段开通运营。

2010年2月6日，世界首条修建在湿陷性黄土地区，连接中国中部和西部时速350公里的郑西高速铁路开通运营。

2010年，时速350公里的郑西、沪宁、沪杭高铁和时速250公里的福厦、昌九、长吉、广珠、海南东环线高铁陆续建成通车，京沪高铁全线铺通，并在先导段创造了时速486.1公里的世界运营铁路试验最高速。

2012年12月1日，世界上第一条地处高寒地区的高铁线路——哈大高铁正式通车运营，921公里的高铁，将东北三省主要城市连为一线，从哈尔滨到大连只需4小时40分钟。哈大高铁将以冬季时速200公里的"中国速度"行驶在高寒地区，成为一道亮丽的风景线。

2013年以来，随着宁杭、杭甬、盘营高铁以及向莆铁路的相继开通，高铁新增运营里程1107公里，中国高铁总里程达到12000公里，"四纵"干线基本成型。

2014年11月25日，装载"中国创造"牵引电传动系统和网络控制系统的中国北车CRH5A型动车组进入"5000公里正线试验"的最后阶段。这是国内首列实现牵引电传动系统和网络控制系统完全自主创新的高速动车组，标志着中国高铁列车核心技术正实现由"国产化"向"自主化"的转变，中国高铁列车实现由"中国制造"向"中国创造"的跨越，大力提升了中国高铁列车的核心创造能力。

2014年4月3日，完全自主化的中国北车CRH5型动车组牵引电传动系统通过了中国铁路总公司组织的行业专家评审。

2014年10月22日，完全自主化的中国北车CRH5型动车组列车网络控制系统（"高铁之脑"）成为国内首个获准批量装车运行的动车组列车网络控制系统。

2014年，我国铁路新线投产规模创历史最高纪录，中西部铁路建设掀起高潮。

2017年9月，"复兴号"动车组在京沪高铁实现时速350公里商业运营，突破世界高铁运营最高速度。

2018年12月，京哈高铁承（德）沈（阳）段等新线开通。

2019年12月30日，京张高铁智能动车组投入运营，中国高铁正式迈入智能化时代，京张高铁也是世界上第一条智能高铁。

2020年12月30日，京雄智能高铁运营开通。

2021年6月25日，"复兴号"智能动车组扩大至京沪、京哈、京广、徐兰及成渝高铁开行，京沪高铁上时速350公里的"复兴号"将由36列调增至最高66列。拉林铁路开通时，我国自主创新研制的"复兴号"高原内电双源动车组将上线运行。自此，"复兴号"已在31个省市全覆盖。

通过风驰电掣的动车组，世界看到了一个在现代化道路上快速奔跑的中国。

可见，特别是党的十八大以来，铁路系统认真贯彻落实党中央、国务院关于铁路建设的决策部署，科学有序、安全优质推进铁路建设，建成了世界上最现代化的铁路网和最发达的高铁网。截止到2021年底，中国高铁运营里程已超4万公里，占世界高铁运营里程的三分之二。

10. 中国高铁成功经验

作为中国的一张亮丽名片，经过多年的发展，中国已成为世界上高铁运营里程最长、在建规模最大、高速列车运行数量最多、商业运营速度最高、高铁技术体系最全、运营场景和管理经验最丰富的国家，成为名副其实的铁路大国。如今，中国铁路进入了"互联网+"时代，智能化、信息化水平不断提升，科技点亮旅途的"智慧"随处可见，网上购票、电子客票、刷身份证乘车、人脸识别、网络订餐等先进智能服务遍及车站，更智能、更环保、更高速已经全面展开，让中国人的出行日益从容、温馨、便捷。

（1）中国高铁从无到有再到步入世界领先者行列，首先应归功于改革开放。正是由于改革开放，中国和其他发达国家之间的交流变得更加紧密。改革开放以来，中国社会经济飞速发展，形成了对高速铁路的大规模的、紧迫的、持续的需求。在需求牵引下，中国政府进行了大规模的投入，形成了全球最大的高铁市场。同时，大规模建设高铁又促进了技术的迅速进步。

（2）中国铁路发展的历史是社会主义集中力量办大事优势的集中体现。这是中国共产党的领导使然，是我们社会主义国家的制度优势使然。同时，中国复杂地质气候条件催生的高速铁路多类型技术适应性改造需求，长距离、高密度、不同速度等级共线跨线运行的运营技术需求，引进技术实现消化吸收过程中引致的多样性试验验证需求，以及高综合性系统集成产生的多层次集成技术研发需求。

（3）政府主导的制度力量。作为高速铁路后发型国家，中国政府基于国情路情审时度势，及时做好顶层设计和有效的产业整体规划，明确自主创新技术路线，超前布局，从国家战略层面上绘制了中国高速铁路"四纵四横"的发展蓝图，明确了"以全面转让技术为前提，以引进核心和关键技术为重点，以国内企业为主体，以国产化为最终目的"的行动方案。企业是市场主体和产业主体，更是技术创新的主体。后来又从制度上进一步推动中国高铁企业主体的市场力量。以原南北车两大企业、三大技术平台为代表，高速铁路企业的开发、试验和制造能力得到全面提升，自主创新的能力、效率和强度得到全面增强。

（4）中国拥有的工业体系、量级、潜力及研发力量综合能力。工业的基础为高铁的持续腾飞提供着以我为主的稳定主导，中国高铁才能持续创新，挑战各种气候、地理等环境，建立全新的高铁创新体系，拥有各种环境下修建高速铁路自主知识产权的成套技术，最终建成京沪、京广、哈大、兰新、沪昆、西成等一批具有世界领先水平的标志性工程，创建世界上第一条智能高铁，发起川藏高铁建设的世纪新挑战等等，稳步助推中国高铁走在世界前列。

（5）产学研"三位一体"的科技力量。国家科技主管部门和产业主管部门能够集中全国优势力量来协同联合攻关，构建产、学、研"三位一体"相结合的开放式创新平台。同时，科技同经济对接，创新成果同产业对接，创新项目同现实生产力对接，着力突破重大关键技术和共性技术，支撑高速铁路产业迅速发展，又超前部署前沿技术和基础研究，引领未来高速铁路产业持续协调发展。中国高铁在列车、线路工程、信息化控制、运营管理与维保四大体系取得成就，还在于拥有一支规模百万、有"十年磨一剑"精神的高铁人队伍。

（6）博采众长的文化力量。中国高速铁路从引进伊始，便确立了"引进先进技术、联合设计生产、打造中国品牌"的基本方针，博采众长，不仅使中国高铁在工程建设、动车组、列控、牵引供电等主要领域与世界先进技术具有良好的兼容性，更重要的是实现了后来居上的集成创新和弯道超车的后发优势。

11. 代表"最高水平"的京沪高铁，"高"在哪里

中国高铁的历史约等于京沪高铁的历史，或者说京沪高铁的发展历史就是一部缩略版的中国高铁发展历史。京沪高铁是新中国成立以来一次性投资规模最大、技术标准最高的国家重大战略性交通工程，也是"八纵八横"高速铁路主通道的重要组成部分，联通京、津、冀、鲁、皖、苏、沪四省三市，四省三市面积占国土面积的6.5%，沿线人口超过全国人口总数的27%。作为我国"八纵八横"高速铁路主通道组成部分，京沪高铁与10多条高铁相连，通达范围基本覆盖全国。这将京沪高铁助推区域经济社会发展的网络辐射效应放大，24城"朋友圈"因这张网变得更加紧密。

喜庆中国共产党百年华诞之际，全长1318公里的京沪高铁是中国运量最大、运输最繁忙的高铁线路——京沪高铁迎来开通运营10周年。2021年6月30日是京沪高速铁路安全运营10周年纪念日。10年里，京沪高铁全线累计开行列车近120万列，日均开行列车数由开通伊始的131列增至568列，累计发送旅客13.5亿人次，列车累计行程超过

15.8亿公里。京沪高铁年运量由2012年的6553万人次增长到最高峰2019年的2.1亿人次，增长了2.3倍；10年来累计行程相当于绕赤道跑了近4万圈。10年来，京沪高铁客流规模、运输效率、经营效益屡创新高，服务质量、安全性能、科技创新持续领先，见证了北京、上海"双城"乃至中国的巨变，代表当今我国高铁建设和运营最高水平，积极打造我国高铁创新发展的新标杆。不仅如此，京沪高铁还被称为"中国最赚钱高铁"。2014年以来，京沪高铁已连续实现盈利，2016年、2017年和2018年京沪高铁分别实现净利润79.03亿元、90.53亿元和102.48亿元。

（1）积累运营维护新经验

堪称"高铁技术博物馆"的京沪高铁，无论是高速动车组研制、列车控制系统还是运营管理模式，起初都无现成经验可以依循。国铁集团通过组织相关科研力量进行科技攻关与自主创新，构建了产学研用相结合的技术创新体系，在京沪高铁安全运营维护方面敢为人先，将京沪高铁作为我国高铁运维体制创新、技术创新的"探路者"。

10年来，我国高铁安全管理、调度指挥、行车组织、设备养护维修等经验在京沪高铁逐渐形成并持续积累。国铁集团充分发挥京沪高铁标准示范线的示范引领作用，总结推广京沪高铁的先进经验，针对技术装备、管理方式、生产和劳动组织等方面的新变化，加强标准、定额管理，科学立标、务实贯标、从严对标，确保标准化管理适应铁路高质量发展需要。

在中国铁路设计集团有限公司档案馆里，收藏着京沪高铁设计阶段共计2533卷、4760册设计资料和6.7万张设计图纸，这些珍贵资料的背后，是京沪高铁设计人员不断攻克难题、刷新世界纪录的骄傲战绩。

京沪高铁的技术难度和复杂性堪称"高铁技术博物馆"，不管是确保京沪高铁不失毫厘的精密工程控制测量技术、解决深厚松软地基沉降控制技术难题的精细化地质勘查技术，还是适合中国国情的现代化车站设计，这些凝聚着中国铁路设计人智慧结晶的成套关键技术设计，使京沪高铁成为中国高铁建设的标杆和典范。

我国高速铁路方面的研究从20世纪90年代初开始，到2008年京沪高铁正式开工，18年间攻克了一项项技术难题，其艰巨性、复杂性、特殊性都是史无前例的。2016年1月8日，"京沪高速铁路工程"被授予2015年国家科学技术进步奖特等奖，标志着京沪高铁攀上了我国科技创新的高峰。

京沪高铁不仅在建造技术、施工装备上取得一大批创新成果，而且为牵引电化、通信信号、装备制造等提供了试验场，建立了新技术、新装备的聚集创新平台，大大提升了我国技术装备水平，拉动了国家新产业、新材料、新技术和新工艺的发展。正是因为拥有了京沪高铁建设运营中积累的经验，近年来，中国高铁建设越来越快，越来越多的城市被高铁网连接起来。

（2）京沪高铁领跑世界，检测工作功在其中

高铁运营最大的考验是安全，成败的关键是实现持续安全。1318公里的京沪高铁安全动态全过程呈现。国铁集团综合运用大数据、GIS+BIM、北斗导航、卫星遥感、无人机智能巡检等新技术，结合传统检测、信息化技术，开发了京沪高铁智能综合运维管理系统，为列车运行安全提供更智能、更高效、更全面的数据和信息支撑，及时发现和解决高铁运行中存在的隐患、缺陷和问题，确保高铁和旅客列车安全万无一失。

高铁检测工程技术人员努力学习和提升技术业务素质，掌握运用检测技术，通过大量数据、波形图像为高铁安全"把脉问诊""开方治病"，以高度的敬畏感和责任感守护安全。国铁集团还有针对性地强化设备维护、人员培训、应急救援等工作，构建起科学严密的安全治理体系和快速高效的应急管理体系。

为重点加强京沪高铁沿线安全管控，国铁集团积极与地方政府和铁路行业监管部门协调配合，深入开展京沪高铁沿线环境排查和整治活动，抓紧建立"双段长"责任制以及会商制度，完善人防、物防、技防"三位一体"安全保障体系，坚持问题导向，为京沪高铁安全运营创造良好条件。

（3）开启美好生活新时空

日常服务高标准、售票服务便捷化、换乘公交无缝化、引导揭示规范化的鲜明特点，让京沪高铁从开通运营的第一天起，就倍受广大旅客追捧。2011年底，京沪高铁开通运营仅半年时间，运送旅客超过2400万人次；2013年2月28日，在开通运营1年8个月之际，旅客发送量累计就突破1亿人次大关。

10年间，人们不会忘记一个又一个标志性的时刻。2017年9月21日，"复兴号"动车组在京沪高铁首次实现时速350公里商业运营，京沪高铁成为世界上技术标准最高、商业运营速度最快的高速铁路。2017年11月，"高铁极速达"产品首次亮相京沪高铁。这个国内乃至世界陆运最快的服务产品以安全、高效、环保等优点赢得社会青睐，相继开行了

樱桃专列、荔枝专列、大闸蟹专列。

2019年1月5日，17辆超长编组"复兴号"动车组在京沪高铁上线投入运营，载客能力较16辆编组提升7.5%，在列车开行数量接近饱和的情况下进一步提升了高铁输送能力。

2021年6月25日，伴随着全国铁路第三季度列车运行图的实施，"复兴号"智能动车组在京沪高铁等线路正式亮相，融合了互联网、云计算、大数据、5G等新技术，让旅客乘坐更加舒适、体验更佳。

10年间，人们也不会忘记一个又一个突破性的数字。京沪高铁以我国高铁3.7%的营业里程完成了我国高铁9.3%、全国铁路6%的旅客运量，平均每年有超过1亿人次选择乘坐京沪高铁，堪称"最吸粉"的交通工具。

京沪高铁最高运行时速350公里，发车间隔最短只有4分钟，京沪两城最快4小时18分钟可达。京沪高铁德州东、济南西、徐州东、南京南等枢纽站逐步推广站内便捷换乘服务，平均换乘时间由20分钟缩短至5分钟以内。

10年间，人们更不会忘记一次又一次舒适性的体验。走进京沪高铁沿途各站，北京南站的视频系统日趋智能化，"润秋服务组"的爱心服务细致周到，一如既往；济南西站在线下推出"母爱十平方"等服务专区，成立了"善辉善行"服务队；上海虹桥站增设商务、急客专用通道，率先实施站内中转换乘、高铁旅客换乘地铁单向免安检等举措，旅客进出、中转、换乘更加便利通畅。同时，周末、假日的列车运行图让旅客有了更多选择的车次；Wi-FI和充电插头的设置让旅客能够安心在火车上办公；"静音车厢"为需要安静的旅客提供了更多选择；"高铁外卖"一键下单，美食即可送达……通过日趋多样化、个性化的列车服务，旅客享受到更加舒适畅快的乘车体验。

（4）实现铁路改革新突破

京沪高铁是一个改革创新的"传奇"。作为世界上一次建成运营里程最长、标准最高的高速铁路，京沪高铁自诞生之日起，仅用了3年时间就实现盈利，创造了长大距离高速铁路经营的奇迹。

2020年1月16日，京沪高铁公司在上海证券交易所主板挂牌上市，首次公开发行A股，上市募集资金总额306.74亿元，是当时A股市场第九大IPO项目，也是当时A股市场近10年来最大的非金融企业IPO项目，成为"中国高铁第一股"。这在我国铁路改革进程中具有里程碑意义，是我国铁路资产资本化、证券化、股权化的重要突破，是国铁集团利用资本市场服务实体经济和国家战略的直接体现。上市后，京沪高铁公司利用募集资金扩大经营范围，收购京福客专安徽公司部分股权，运营管理其管辖的合蚌高铁、合福高铁安徽段、郑阜高铁安徽段和商合杭高铁安徽段等，对推动铁路网进一步完善、带动区域经济社会发展、助力长三角一体化战略实施具有重要意义。

2020年12月23日起，京沪高铁公司对京沪高铁运行时速300公里至350公里的高铁动车组列车公布票价进行优化调整，改变固定票价的做法，根据客流情况，区分季节、时段、席别、区段等，建立灵活定价机制，实行优质优价、有升有降，满足旅客多样化的市场需求。

（5）安全保障的背后

作为中国高铁的代表之作，京沪高铁的"一举一动"注定成为全世界关注的焦点。作为中国高铁标准示范线，京沪高铁在运营维护方面敢为人先，成为我国高铁运维体制创新的"探路者"和技术创新的"试验田"。

① 精准实施"一季一图""一日一图"、率先推行电子客票、推出"静音车厢"等服务，让旅客出行体验更美好。

② 委托管理模式成效显著。委托中国铁路北京局、济南局和上海局集团有限公司对京沪高铁进行运输管理，并将牵引供电和电力设施运行维修委托中铁电气化局集团进行管理，最大限度降低了运营成本，提高了经营效益，保障了运输安全稳定，实现了多方合作共赢。

③ 技术创新强化安全管理。自主研制了中国标准智能钢轨快速打磨车原型试验车，创新研发了一体化智能运维管理系统。还自主研发了无人机巡检、大跨度桥梁PHM2.0监测系统（预测和健康管理系统）等多种高新技术，为中国高铁安全管理工作提供新思路、制定新标准。中国标准智能钢轨快速打磨车原型试验车、无砟轨道结构病害"微创"整治、无人机巡检等新设备、新技术的研发，为京沪高铁运维安全提供了多重保障。

上海高铁基础设施段苏州北综合维修车间，管辖京沪高铁南段，南京南站至上海虹桥站间290公里，工务、电务专业设备，其中桥梁78座、隧道7座、道岔81组，他们守护着京沪高铁丹昆特大桥，全长164.85公里是世界第一长桥。他们是高铁桥梁"医生"，不怕环境恶劣，不怕昏暗阴湿，不怕冬冷夏热。在箱梁内，每天检修6小时，用脚步丈量京沪高铁。他们是高铁钢轨"修复师"，利用夜间天窗对钢轨进行打磨，一次次切割如手术刀般精准，一个个口令如磐石般坚定，吊装钢轨、紧固扣件、焊缝探伤。他们是高铁钢轨

"体检师"，寒来暑往，与钢轨为伴，斗转星移，与探伤仪为伍，精准分析，不放过任何一处隐患。一组组道岔，一根根融雪条，一个个融雪变压器箱，他们守护着650余组道岔融雪装置。锐利的双眼，敏锐的手指，390余台转辙机，几千根电线都由他们的指尖触摸，对每根电线的质量状态洞若观火。

④ 多种交通方式无缝对接。在主要客站实现地铁对高铁安检的确认，与共享汽车、网约车等互联网企业开展合作，在多个车站开通接送站约车服务，实现高铁网与互联网的深度融合。

12. 高铁与经济发展的关系

时光如飞，中国高铁由"四纵四横"走向"八纵八横"，并非一个遥不可及的梦。中国高铁堪称中国速度、中国创造的最佳象征。高铁的确是中国制造的优质产品和高端产业，是值得国人引以为豪的中国品牌。

依照国家"中长期铁路网规划"，中国铁路总公司加快推进以"四纵四横"为主骨架的高速铁路建设，从2002年底秦皇岛至沈阳高铁通车，到2013年天津至秦皇岛高铁投入营运，中国高铁营运里程突破1万公里，历时11年；从1万公里到2万公里，历时3年。

随着京沪、京广、哈大、兰新等一批高铁重点项目建成通车，中国大陆高速铁路"四纵四横"主骨架已基本形成，长三角、珠三角、环渤海等城市群高铁已连片成网，东部、中部、西部和东北四大板块实现高铁互联互通，中国现代化的高速铁路网初具规模。

高铁成网，东西南北"任我行"，一个初露峥嵘的现代化高铁网络，为中国的发展插上了翅膀，为国人带来了切切实实的福利。短短十年时间里，借由高铁效应，中国人的时空观念、通勤方式与生活方式发生巨大变化。坐高铁出行，渐渐成为新风尚，特别是在长三角、珠三角、环渤海等城市群之间，随着高铁"公交化"运营态势既成，人们切切实实感受到了"1-4小时交通圈"的现实便利与生活福祉。

高铁重构了人们的生活，更改变了整个中国的地缘政经形势。随着我国东部、西部、中部、南部以及东北等各大板块实现高铁互联互通，整个中国的发展借由高铁这根红线而更加密切地联系在一起，对于我国在更大范围内实现资源优化配置、产业协同以及区域经济整合，将产生积极意义和深远影响。现以北京为例，除乌鲁木齐和拉萨以及隔海的海口和台北等省会城市外，全国其他省会城市均进入北京 8 小时高铁交通圈，大大增强了全国各地与首都的社会经济联系，这可以说是高铁影响的"时空压缩"效应，如图 1.4 所示。

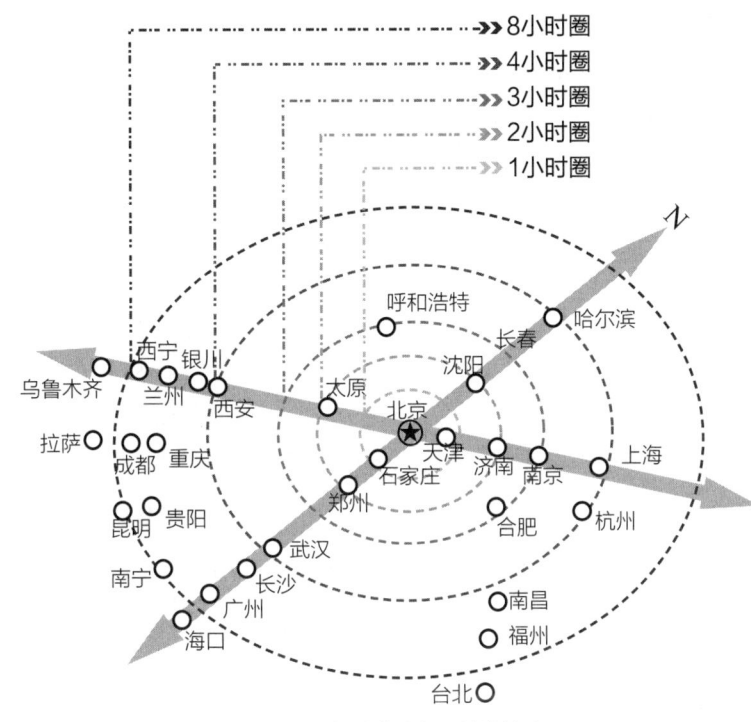

图 1.4　高铁"时空压缩"效应

中国高铁示意图如图 1.5 所示。

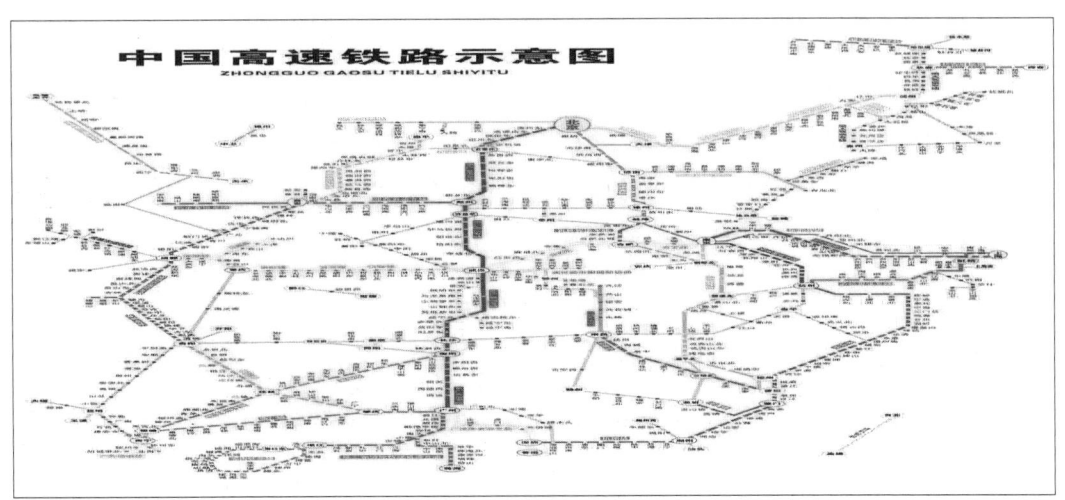

图 1.5　中国高铁示意图

高铁作为交通现代化的重要标志，不仅拉近了地域间的时空距离，让人们的出行更加便捷高效，更对区域经济、文化、生活、观念等多方面都产生着积极而深远的影响。高速铁路不仅是现代社会更高效、快捷、舒适的通行方式，也是一条贯通人流、物流、资金流的"财富之路"。高速铁路带给中国的，不仅是速度的提升、空间的拉近、生活的演进，更有区域的融合与经济的腾飞。高速铁路从无到有的十年也是中国城镇化快速发展的十年，无数大中小城市因高速铁路而串联，人、钱、物在城市间、地区间的流向更加便捷和高效，高速铁路网络正以前所未有的速度改变着中国城市的格局。高速铁路形成的区域串联促进了沿线城市的经济、社会等多要素的整合，成为城市空间演变的助推器。

以京沪高铁为例加以说明。随着东部沿海经济的迅猛发展，21世纪初京沪铁路客货运量猛增，分别为全国铁路客货运输平均水平的5.4倍和3.8倍。"高铁同城效应"优势凸显，"双城生活""候鸟群体"逐渐成为群众生活中的一道风景线。京沪高铁商业运营速度创世界之最，它重构了沿线的城市版图，让数个"1小时经济圈""高铁新区"成为可能，也为"同城效应""双城生活"奠定了基础。京沪高铁贯穿4个省和3个直辖市，沿线人口占全国总数的26.7%，其中人口超百万的城市就有14个，上线运营后不仅使北京、上海两座城市间的联系更加密切，也使沿线多个城市享受到高铁带来的发展新机遇。高铁带来的多重优势，使多个城市重构了各自的经济版图，也带动了沿线经济协调发展。

如今，沿京沪高铁这条经济大动脉，一路向南，上海铁路局集团公司管内的徐州、蚌埠、南京、苏州、无锡、昆山等地区，一座座高铁新城、一个个高铁新区已具规模，重构的经济版图激发了城市发展的潜力，也带动了沿线经济协调发展。让沿线地区共享人才流、技术流、资金流、信息流快速有序流动带来的繁荣富足，构建起支撑东部率先发展的高铁经济走廊，成为经济社会高质量发展的重要引擎。

（1）带动产业结构优化升级。加速了技术、产业、资本等生产要素从京、津、沪等大城市向沿线地区的转移扩散，实现地区专业化分工，同时带动了沿线旅游业快速发展。

（2）促进新型城镇化建设。沿线许多城市以高铁为依托，建设"高铁经济带""高铁新城""高铁新区"，重构了"城市版图"。

（3）支撑国家重大发展战略。服务京津冀协同发展，有力促进了北京非首都功能向沿线的天津、廊坊等地疏解；服务长三角一体化发展，助力上海、南京等中心城市引领能力不断提升，产业结构不断优化。

13. 中国铁路见证并创造历史

上海背靠长江水，面向太平洋，是红色革命的策源地。1876年7月3日，中国第一条通车运营铁路——吴淞铁路（淞沪铁路前身）在上海诞生。汽笛鸣响在这个古老的国度，打开中国近代工业化的大门。此后的风雨百年，淞沪铁路见证了上海城市变迁的荣辱兴衰，也经受了淞沪抗战炮火的洗礼。

上海铁路博物馆，前身是当年上海老北站的原址。作为上海"陆上门户"的铁路老北站，这里是上海近现代百年发展历史的重要缩影，诸多重大历史事件曾在这里上演。1921年8月1日清晨，胸怀千秋伟业的革命先驱，参加中共一大的毛泽东等代表，从这里登上上海至嘉兴的104次列车。蒸汽机车拉响嘹亮的汽笛，沿着沪杭铁路，把一大代表们顺利转移至浙江嘉兴。

有了铁路，便有了铁路工人；中国共产党自诞生起，就把铁路作为重要的阵地，把铁路工人阶级作为最可依靠的力量之一。有了中国共产党，便有了前仆后继的工人运动。追寻铁路红色印记，在党的领导下，铁路工人奋起抗争，投身参与革命运动，一处处光芒四射的站点，一段段血与火的历史，为后人竖起了一座座奋勇前进的精神丰碑。

新中国成立之初，全国仅有2.2万公里铁路，人均只有"半支香烟"的长度。中国铁路不仅里程少，标准低，且近一半处于瘫痪状态，全年旅客发送量只有1.02亿人次。在修复旧中国铁路的基础上，20世纪中叶以后，以沟通西南、西北为重点，相继修建了成渝铁路、宝成铁路、兰新铁路等大量线路和铁路枢纽，但设备和线路与世界先进水平都有差距。

进入20世纪80年代，中国铁路改造提速拉开帷幕。铁路部门"中取华东""强攻京九""再取华东"等铁路建设大会战，加快推进"短平快"扩能改造工程。此后，铁路部门从"南攻衡广、北战大秦、中取华东"三个铁路建设重点战役，到20世纪90年代组织"强攻京九、兰新，速战宝中、候月，再取华东、西南"铁路建设大会战，再到世纪之交铁路建设高潮，我国先后建成了大秦、京九等一大批铁路干线，建成了衡广、兰新等一大批铁路复线以及干线电气化改造项目。

1997年至2004年，我国对主要干线铁路实施大规模技术改造，先后进行5次大面积提速，列车最高时速提至160公里。即使这样，中国铁路仍无法满足中国经济飞速发展的需要。一年年的春运中，一张小小的火车票如同一个最忠实的见证者，见证着国人的匆匆背影，见证着社会的日新月异。

2007年4月18日，全国实施第六次大提速，国内首列动车组在上海站首发运营，开行时速200公里以上的"和谐号"动车组列车，沪宁段部分区段最高时速达到250公里，超越了12级台风风速。十年后，2017年6月26日，"复兴号"在上海与北京间双向首发。以第六次大面积提速为标志，中国铁路跨入高铁时代。但那个时候，中国铁路时速250公里线路的营业里程仅有472公里。

通过风驰电掣的动车组，世界看到了一个在现代化道路上快速奔跑的中国。如今，中国建成了世界上最现代化的铁路网和最发达的高铁网。我国已成为世界上高铁运营里程最长、在建规模最大、高速列车运行数量最多、商业运营速度最高、高铁技术体系最全、运营场景和管理经验最丰富的国家，成为名副其实的铁路大国。作为中国的一张亮丽名片，中国铁路开始全面进入"互联网+"时代，智能化、信息化水平不断提升，科技点亮旅途的"智慧"随处可见，网上购票、电子客票、刷身份证乘车、人脸识别、网络订餐等先进智能服务遍及车站，让中国人的出行日益从容、温馨、便捷。

更智能、更环保、更高速是中国高铁的新目标。到2035年，全国铁路网达20万公里左右，其中高铁7万公里左右，20万人口以上城市实现铁路覆盖，50万人口以上城市高铁通达。到2050年，将建成更加发达完善的现代化铁路网。更高运行速度、更加节能环保、更舒适的乘坐体验、更智能的设备设施、更低的全寿命周期成本，是中国铁路追求的目标。交通强国，铁路先行。站在新的历史起点上，中国铁路正努力开创高质量发展新局面，继续书写中国发展"新速度"。

14. 新时代的中国铁迈进新时代，推进高质量发展

党的十八大以来，铁路系统认真落实党中央和习近平总书记的重要指示，在服务国家

发展中迈入高质量发展阶段。

（1）铁路建设投资持续保持高位，路网规模不扩大。铁路建设投资规模创历史最高水平，哈大、合福、南广、西成、兰新等一批高铁建成，京广、东南沿海、海南环岛、沪昆、京哈等一批长大通道高铁全线贯通。铁路系统贯彻党的十九大精神，提出了"交通强国，铁路先行"的发展战略，加速了高铁网从"四纵四横"向"八纵八横"的过渡。同时完善西煤东运、北煤南运体系，开工建设川藏铁路。

（2）科技创新取得重大突破，支撑铁路高质量发展。坚定不移走自主创新之路，解决了我国铁路技术受制于人的问题。成功研制时速350公里的"复兴号"高速动车组，迈出了从追赶到领跑的关键一步；京张高铁首次在世界上实现自动驾驶；启动时速400公里新型动车组研发，研制高速磁浮列车。推进智能化建设，支撑运输组织、安全生产、客货服务、经营管理、建设管理创新。全面掌握复杂环境下线路建设技术、复杂地质条件下隧道设计技术、深水大跨桥梁设计施工技术，建设了包括寒带、热带、大风、沙漠、冻土等不同气候和地质条件下的高铁线路。

（3）直面运输市场，提高客货服务水平。推进高铁市场化经营，实行"一日一图"，优化产品结构；实行互联网售票、刷脸进站，安全水平持续提升。货运加快市场化运作，取得重要进展。

（4）服务"一带一路"，铁路对外开放不断拓展积极实施"走出去"战略，对外合作不断取得新成效中老铁路、雅万高铁等建设项目取得显著进展。成功打造中欧班列国际物流品牌。中国铁路国际影响力和争力持提升。

（5）加大改革力度，铁路体制机制改革不断深化。2013年按照中央关于铁路体制改革的部署，撤销铁道部，组建中国铁路总公司，改变了长期以来铁路政企合一体制；2019年成立中国国家铁路集团有限公司，在构建现代企业管理制度方面取得重要进展。同时，铁路投融资改革、资产证券化等工作也取得明显成效，进一步实现市场化运作。

中国已经完全能够依靠自身的技术力量，建设"全体系"高铁。在高铁装备和基础设施建设等方面，稳居世界第一梯队，其中整车研发、信号控制与线路建设世界领先。

（1）高铁桥梁、隧道等线路基础设施建设能力居于世界前列。中国高铁勘探、设计、基建队伍有能力挑战绝大多数复杂地质和恶劣气候环境。我国铁路基建施工设备自主化程度高，能够应对各种复杂、凶险的地质条件，被网友昵称为"基建狂魔"。

（2）高铁列车实现了全谱系自主研发，转向架、列车网络控制、车体制造等关键技术都已实现自主掌控，同西门子、阿尔斯通等国外巨头处于同一水平线。对世界先进高铁技术，从以前的"仰望"，发展到当前的"平视"。

（3）列车运行控制系统的关键技术、核心软件、成套列控装备全部实现国产化，对国外产品实现全面替代，能够根据高寒、风沙等不同工况条件提供高速轨道交通控制系统解决方案，能够满足我国复杂的自然气候条件，保证高铁稳定安全运营。

15. 中国高铁发展模式，能否复制

中国高铁模式的成功举世瞩目，具有强大吸引力的不仅是产品与技术，背后的体制机制和商业模式也成为全球热议对象。美国知名智库麦肯锡咨询公司曾这样总结中国高铁成功的"秘诀"：发掘市场需求、推动自主创新、借力外国玩家促成技术和知识转移。麦肯锡认为，中国高铁项目的复杂程度和所涉及的规模范围，由上而下、举全国之力的体制优势，为中国高铁走向成功提供了保障。那么，其他国家或产业领域能否复制中国高铁模式？业界曾从产业政策的作用、基础设施的盈利模式等多维度展开论述。其中最值得关注的一点是，中国高铁项目是国家基础设施、是公共产品，国家意志和产业政策始终扮演着非常关键的角色。

大部分发展中国家，由于资金相对较少，高速铁路需要大规模资本投资的项目，投资回报周期长，如果让民营企业来做主导，风险是非常高的。当然，这并不是否定企业在其他技术创新领域和产业升级过程中的主体地位。更重要的是，不管是在选择外国合作方还是在面对磁浮和轮轨等技术路线之争时，中国高铁的相关产业政策并没有"一边倒"，而是充分鼓励竞争和实践。中国高铁项目初建之时，在引进外国技术、选择外国合作方时所具备的谈判优势和战略视野，与汽车等其他产业的条件和基础并不相同，不可简单类比。

与1978年不同，如今的中国已经站在全球高铁技术与装备的前列，并且仍在继续夯实固有优势、探索新技术和新模式。随着磁浮列车等新技术的不断涌现，我们的出行速度还将不断加快，出行壁垒将被不断打破。未来中国人的出行模式会更多精彩。

16. 中国高铁标准如何定

什么是标准？它象征着一个企业或一个国家在相关领域内的影响力和话语权。中老铁路、中泰铁路等项目的相继开工，标志着中国高铁标准正一步步走向世界。中国高铁正推广中国标准在国际合作项目中的应用，扩大中国标准的"朋友圈"。也只有真正掌握高铁的核心技术，才能为高铁走向世界提供坚实的助力，才能进一步提升中国标准的国际影响力。

作为覆盖世界国民总收入98%和全球人口97%的标准化组织，ISO被称作"技术联合国"。而作为ISO的最高权力机构，ISO大会是世界标准领域最重要的会议之一。2016年9月，在北京举行的第39届国际标准化组织（ISO）大会（以下简称"ISO大会"）再次将中国标准工作聚焦在世界舞台中央。中国在世界贸易格局中也正经历着从"中国制造"向"中国标准"的角色转变。

得标准者得天下。在中国企业"走出去"的过程中，输出"中国标准"一直都被视为最高追求。"标准"一词对普通民众而言可能稍显"无感"。但当提到"ISO9000质量管理体系"、"3C认证"，多数人则会感到熟悉。从某种意义上说，这些认证标准是人们确认产品质量和安全性能的"定心丸"，指导着人们的经济行为。确立标准是企业做大做强的不变信条。国外高铁距离一般只有1000公里左右，中国高铁则一般在2000公里以上，适应中国这种国情、路情的动车标准当然与众不同。从2012年开始，中国铁路总公司在中国开展了"中国标准"动车组研制工作。中国幅员辽阔，地形复杂，气候多变，被极寒、雾霾、柳絮、风沙"淬炼"出的"中国标准"正逐渐超越过去的"欧标"与"日标"，被越来越多的国家采用。如今，中国在国际标准制定方面的影响力和话语权日益增强，由中国提出和主导制定的国际标准数量逐年增加。截至2021年5月，中国已有189项标准提案成为ISO的国际标准，特别是在高铁、核电、通信、汽车等领域，中国在国际标准上实现了从跟随到引领的跨越。高速铁路技术标准体系如图1.6所示。

近年来，中国铁路立足科技创新和建设、运营实践，建立起先进完善的中国高速铁路技术标准体系，同时大力推进国际标准化工作，先后主持和参与了47项国际铁路联盟标准的制修订工作。主持制定的《高速铁路开通运营前的动态集成测试和运行试验》等已经发布的标准中，积极纳入了中国铁路先进的技术和实践经验。作为国际铁路联盟标准工作的重

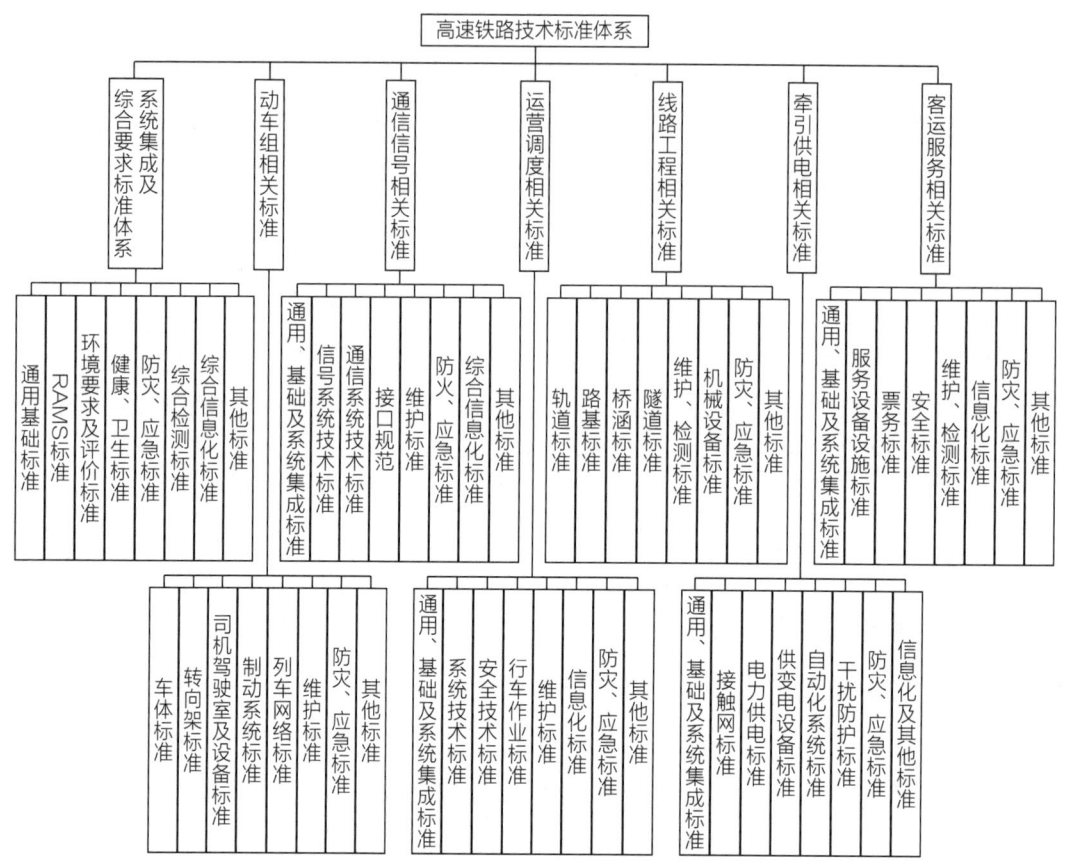

图 1.6　高速铁路技术标准体系

要力量，中国铁路将为世界高速铁路发展贡献更多的中国智慧和中国力量。2021年3月，在第三届国际铁路联盟标准化大会上，由中国铁路主持制定的《高速铁路实施可行性》获标准化杰出奖。国际铁路联盟该奖项旨在表彰由国际铁路联盟发布的、能够提升铁路建设运营效率的新编或从既有标准转化而来的国际铁路标准。该奖项按精准编制、标准兼容、创新增值、商业化应用四类，从已发布的国际铁路标准中评选。《高速铁路实施可行性》标准是中国铁路主导、国外铁路专家参与编制的《高速铁路实施》系列标准之一，内容涵盖高速铁路实施过程中可行性研究、环境影响评价、财务评价和经济评价、综合评估、初步设计和项目审批等方面的有关技术和管理要求。该标准于2020年5月正式发布，纳入了中国高速铁路顶层设计的理念，纳入了中国高铁的关键技术之中。

 17. 怎么看待中国高铁技术标准

技术标准一直是牵制中国高铁"走出去"的一个原因，主要分为国内技术面向国外市场的适应情况以及国际上对中国高铁技术和标准的认可程度。因为中国高速铁路起步较晚，世界高速铁路技术长期被日本和欧洲国家断，其所主导的技术标准已经成为国际标准，形成"技术壁垒"。部分关键参数，是中国铁路主持制定的重要高速铁路国际标准之一。一方面，中国需要在一定程度上向国际标准靠拢，来防止一些市场准入壁垒；另一方面，中国主要是依据国内高铁建设得来的经验建立中国高铁技术标准，"走出去"就难免会遇到各种问题。

在海外项目在建设过程中，大量存在与国外技术标准兼容互通的问题。一是技术标准兼容性的问题；二是设备兼容性的问题；三是设计理念与技术方法联系并存的问题。经过半个多世纪的发展，中国已经逐步形成较为完整的中国铁路标准体系。中国高铁"走出去"，在一定程度上即是中国标准"走出去"。输入国高铁的建设需要根据当地的地势地貌和本国的要求等来选择性采用中国标准，不能完全照搬照抄，这就意味着中国在海外建设高铁时，为满足当地的技术标准，要兼容多个技术标准，面临再设计、技术指标认证等一系列费时费力的烦琐工作。

国际铁路联盟是铁路行业最具影响力的专业国际标准组织。2022年8月，国际铁路联盟（UIC）发布实施由我国主持制定的《高速铁路设计——基础设施》标准和《高速铁路设计——供电》标准，两项标准均是相关领域的首部国际铁路标准。此次发布的两项标准由中国国家铁路集团有限公司组织专家主持，法国、德国、日本、西班牙、意大利等十余个国家的20余名专家参与，历时4年编制而成。两项"标准"在总结世界高速铁路设计成功经验、系统集成先进技术的基础上，引入中国高速铁路总体设计理念，吸纳中国高速铁路列车荷载图式、线间距、路基填料分类、隧道围岩分类等基础性关键指标，推介中国CRTSIII型板式无砟轨道和动车组修程、接触网系统等优势技术，最终确立了国际铁路联盟高速铁路总体设计、线路、路基、桥梁、隧道、轨道、车站、动车组运用检修设施、维修设施、综合防护、环境保护、牵引供变电、接触网、电力供配电和远动系统等领域的设计理念、关键参数和技术要求，为世界高速铁路建设运营贡献了中国智慧和中国方案。

18. "高铁精神"呼之欲出

中国高铁事业发展至今,已孕育形成独具特色的"高铁文化"——产业报国、锲而不舍、改革创新、拥抱世界。针对高铁形象建设等议题,专家建议以"高铁文化"为内涵推动文化品牌建设,擦亮"中国创造"金名片,为经济社会发展注入新的精神动力。

1909年10月,中国人自主设计建设的第一条铁路——京张铁路通车;2019年12月,全球首条时速350公里的智能高铁——京张高铁通车,开启世界智能高铁先河。从自主设计修建零的突破到世界最先进水平,从时速35公里到350公里,京张线见证了中国铁路的发展,也见证了中国综合国力的飞跃。

数量少、布局偏、标准杂、质量差,偌大的西北、西南几乎为空白……新中国成立之初,全国仅有2.2万公里铁路,人均只有"半支香烟"的长度。不仅铁路里程少、标准低,且近一半处于瘫痪状态,中国还没有自己造的机车,工人们只能使用外国的旧零件对机车进行组装和修理。至1949年,全中国可统计的机车有4069台,机车型号多达198种,被称为"万国机车博物馆"。

1952年,朱德视察青岛四方铁路机厂(今中车青岛四方机车车辆股份有限公司)时,提出"四方机厂工人要为中国人争气,造出自己的国产机车",我国自主制造蒸汽机车的征程由此开启,技术人员们争分夺秒学习、摸索、试验、改进。工人们废寝忘食、吃住在厂里,干中学、学中干,经过无数次失败、无数次重来,自主研制生产大大小小的零件达1万多个,终于将制造中国机车的梦想变作了现实。1952年7月26日傍晚,在青岛四方铁路机厂南广场,人们翘首以盼的汽笛声伴着隆隆的车轮声由远及近,中国人不能自己造机车的历史结束了!这是新中国制造的第一台蒸汽机车,被命名为"八一号"。在此后几十年岁月里,"八一号"几乎跑遍了全国各个角落,直到1992年才光荣"退休"。

20世纪60年代,面对运能与运量之间日益突出的矛盾,一大批铁路科技工作者提出增加列车牵引吨位、提高运行速度的设想,"内燃时代"由此到来,先后有东风等几种型号内燃机车投入批量生产。20世纪80年代,国外高速列车时速已达300公里,而中国旅客列车的旅行时速仅为43公里。

经过长期奋斗,我国先后建成了大秦、京九等一大批铁路干线,建成了衡广、兰新等一大批铁路复线以及干线电气化改造项目。1996年4月,中国第一列快速旅客列车"先行号"从上海站首发,时速 140 公里,上海至南京全程 2 小时 48 分,开创了中国铁路既有线提速先河。

我国对于高铁的探索始于 20 世纪 90 年代,1990 年底原铁道部出台了《京沪高速铁路线路方案构想报告》,后续"先锋""蓝剑""中华之星"等国产高速列车研发面世。2003 年 10 月 11 日,我国自建的第一条高速铁路——秦沈客运专线竣工运营。

从 2017 年 6 月 25 日中国标准动车组被正式命名为"复兴号"至今,我国高速、高原、高寒、重载铁路技术均达到世界领先水平,智能高铁技术全面实现自主化,"复兴号"已经形成涵盖时速 160 公里至 350 公里速度等级的系列化动车组。结合改革开放特定历史背景,融合新时代中国特色的"高铁文化"呼之欲出:

(1)产业报国,促中国速度勇攀高峰。高铁产业技术、人才和资本高度密集,中国高铁能够在很短时间内从"并跑"到"领跑"世界先进水平,关键是高铁人从院士到一线工人,都有把国家利益、集体利益放在至高地位的报国情怀。

(2)锲而不舍,科技攻关永不言弃。高铁成就背后,有无数人甘于充当"无名英雄"。发扬"功成不必在我、不惧失败、永不言弃"的奋斗精神,中国高铁才能占领全球产业制高点。

(3)改革创新,打通科学发展快车道。脱胎于老国企的中国高铁产业体系、骨干企业基本打破僵化落后的管理体制,建立了能充分调动人员活力、"能者上、庸者下"的现代管理模式;靠着改革突破传统计划经济思想束缚,探索出一条符合市场经济发展方向的现代化管理之道。

(4)拥抱世界,令高铁成就闪耀全球。在掌握核心技术、形成自主知识产权基础上,中国高铁积极在世界上以开放包容的态度,开展技术交流与合作。在高铁出海的一揽子"中国方案"里,既有工程、技术、装备产品,更有中国标准、中国服务,在塑造国家形象和培养竞争力方面做出表率。

总之,研究、借鉴和融会贯通世界各国的优秀工业文化成果,塑造中国高铁文化自身特色。对博大精深、源远流长的中华民族优秀文化认真整理和总结,结合时代特点和铁路实际,对高铁文化的品质、追求和可持续力加以提升。需要努力探索高铁文化与地域文化的融合,把不同的地域文化体现在高铁的设计、建设、管理、经营、服务的理念与风格之中,并通过加强文化组织、文化引导和大力选树高铁发展涌现出的各类重大典型,在社会上形成崇尚先进的浓厚氛围,增强全民对高铁品牌的忠诚度。还可针对不同人群,组织开展相应的学习、参观和体验，系统介绍高铁给中国经济社会发展带来的深刻影响，在社会各阶层广泛培养中国高铁形象的坚定维护者。

有高铁设计领域相关专家认为，可以设立"中国高铁科技博览馆"，最佳选址是依托长城、北京冬奥和京张高铁三大背景，落户京张高铁智能控制枢纽——八达岭长城站。在此建馆能与中国铁道博物馆的"詹天佑纪念馆"、老京张铁路"人字坡"呼应，中国铁路古典和现代，中国高铁过去、现在和未来因之交相辉映，具有特别意义。

19. 中车发展模式

中国所有的高铁机车都来自中国中车——这家既古老又年轻的企业拥有完整的产品谱系，是全球规模领先、品种齐全、技术先进的轨道交通装备供应商，其旗下子公司最早历史可以追溯至1881年的胥各庄修车厂，现有架构于2015年由原南、北车重组合并合成。拥有140年历史的中国中车不仅见证了中国铁路的发展史，同时也是中国高铁走向世界的主力军。目前，中国中车的产品已出口至全球六大洲109个国家和地区。中国中车始终坚守自主创新意识，把高铁发展和企业发展有机结合起来，承担起振兴国家高端装备制造业、推动高铁走向世界的历史使命。

高速铁路集高新技术为一体，需要复杂的超大规模集成系统，代表了铁路技术的最高水平。中国高铁一路走来，从无到有、从弱变强，从积累、引进到自主创新，从国内走向国外，都堪称世界奇迹。以技术路线、技术系统和技术来源的选择以及相应设计生产的产品为标记，可以将迄今为止的中国高速列车创新划分为3个阶段：

（1）"1元引进、3元消化"

历史的积淀和奋斗的基因造就了当下的中国中车。从仿制旧型起步，经历了半个多世纪的不断摸索、自主设计，中国中车科技创新实力飞速提升。从追赶到超越，中国中车总结的核心方法就是自主创新。中国中车始终坚守自主创新意识，不是简单地"以市场换技术"，而是要掌握关键技术，更要着眼提升自主创新和持续创新能力。

中国中车坚持"以我为主"的创新思维，以实现核心技术独立自主为目的，每花1元钱引进技术，就要再花3元钱进行消化、吸收和再创新，从而跳出了"引进再引进"的怪圈。尽管在高铁技术上，中国是后来者，但以中国中车为代表的中国企业不急不躁，发力于集成创新实现后发优势。虽然"关键核心技术是买不来、讨不来、要不来的"，但只要坚持不懈创新，是能够掌握关键核心技术的，在创新实力、资金实力都比竞争对手跨国公司要弱的情况下，这是一种比较合适的选择，"复兴号"动车组就是典型案例。"复兴号"在我国高铁技术上具有划时代的意义，先紧跟不掉队，实力增长到一定阶段，再发力超越，争取领先。CR400AF/BF型动车组首次以中国标准为主导，按照正向设计思路，以自主化、简统化、互联互通、技术先进为目标，研制的时速350公里中国标准动车组。但集成创新不是简单的技术拼盘，而是在对引进技术充分消化吸收基础上，通过创新体系升级和掌握核心技术的深度融合，进而实现全面自主创新，研发更有技术优势和竞争力的产品。

（2）打造中国标准

中国幅员辽阔，地形复杂，气候多变，被极寒、雾霾、柳絮、风沙等情况"淬炼"出的中国高铁技术标准能够兼容不同国家铁路制式。更高的标准意味着更强的兼容性，"复兴号"动车组透露出我国正在努力建立中国标准体系。中国中车打造中国标准的实施策略是"聚焦优势、三步实施"：第一步是等效采用国际标准，快速提升产品和技术进入全球市场的能力；第二步是攻克核心及关键零部件技术，形成优势，成熟一个、制定一个，打造自己的标准；第三步是由点到面，形成领先的整机及配套产品标准体系。

"三流企业做产品，二流企业做品牌，一流企业做标准"。确立标准是企业做强做优做大的不变信条。中国高铁作为后来者，面临的是的标准挑战。其核心体现就是要打造中国标准，让中国标准和其他标准一样，成为行业的世界通用标准。"复兴号"CR400AF/BF型动车组是完全按照中国标准研制的动车组，目的就是建立动车组的中国标准体系。

相较于国际和欧洲标准，"复兴号"动车组的功能标准和配套轨道的施工标准更高：运营速度由300公里/小时提升到350公里/小时，寿命由20年提高到了30年，运行阻力相比较下降了7%，车辆外形尺寸有所增加。其先进性，即寿命更长、身材更好、容量更大、操作更简便、舒适度更高、安全性更高、适应环境更广、节能环保理念更先进。根据《时速350公里中国标准动车组暂行技术条件》，CR400AF/BF型动车组采用标准或技术文件134项，有101项是中国标准，占75.4%。标准的统一意味着所有标动平台列车都能够连挂运营、互联互通互换。

（3）从本土化到国际化，走向世界有三大关键

从"中国企业"到"跨国经营"，高端装备走向世界要经历几个关键环节。

①"借梯登高"。即用资本运作的方式，实施海外并购，借船出海、借梯登高，既能迅速实现海外市场拓展，又能提升核心技术掌控能力。近年来，中国中车先后在英国、德国、芬兰等发达国家，并购、参股多家优质企业，通过资源互补、协同拓展、产能合作、技术联合等，加快核心能力培育，开拓市场空间，加快中车国际化进程。

②"共享共赢"。海外投资并不是简单地建厂，必须以本地人的思维、习惯、方式、规则去做事，"共享共赢"，积极履行社会责任，实现绿色、健康发展。如波士顿地铁的中标后，其开始筹划在美国建立制造基地。

③服务到位。中国中车"走出去"不仅是产品的走出去，还将服务走出去。如在新加坡市场，中国中车与川崎重工联手提供了先进的地铁车辆产品，在另外一些市场上，中国中车也与西门子一起为当地提供绿色、安全的轨道交通产品。中国中车愿意与各国轨道交通企业合作，为当地用户提供更好的轨道交通产品，为人类命运共同体的打造贡献力量。

站在"十四五"的开局之年，中国中车的未来图景中已聚焦于世界一流：到2025年，将建成以"一核两商"为标志的世界一流中车，即成为以轨道交通装备为核心，具有全球竞争力的世界一流高端装备制造商和系统解决方案提供商；到2035年，将建成以"受人尊敬"为标志的世界一流中车。而彼时，或许高铁市场中中国企业的身影会更加活跃。

20. 中国高铁建设与运营理念的独特性

中国铁路的特殊性在于中国具有其他国家无可比拟的客观条件以及政治、经济等优势。这些条件成为助力高铁发展的坚实基础。

（1）国土面积辽阔。高速铁路有别于传统铁路的是速度。因为速度高，所以线路运营距离长。这些高铁的建设首要条件就是庞大的国土面积，国土面积是一个根本性的前提，国家面积太小，高铁发展规模和运营速度受到限制。

（2）经济实力强大。建设发展高铁，涉及桥隧、站场、线路等基础工程，需要巨大的资金投入，作为重大基建项目，高铁投入巨大且周期很长，如果没有足够的经济实力支撑，将无法实现快速发展。经过40多年改革开放，中国已经成为世界第二大经济体，既为高铁建设打下了良好的经济基础，为高铁短时间内爆发式发展的强劲推力。

（3）工业体系完整。高铁作为庞大的系统性战略工程，涉及机械、冶金、建筑、机电、材料、仪器、电力、通信、化工等诸多工业产业。中国的工业体系、工业量级、工业潜力及研发力量综合能力，是支撑中国综合国力的重要基础。

（4）"大一统"的管理模式。一方面是"大一统"的国家管理模式，另一方面是"大一统"的铁路管理模式，中国高铁建设具有"集中力量办大事"的特殊性，这是别国不一定具备的先决条件。因为集中力量办大事是中国特点社会主义制度优势，在正确的决策保证下，可以最大限度、最大能力集中人财物优势资源，巨量化、高效化发展国家基础建设。基于这样的制度优势，中国铁路的建设速度很快，仅用十几年时间就建成了世界上规模最大的高铁网络。中国高铁硬实力和软实力如图1.7所示。

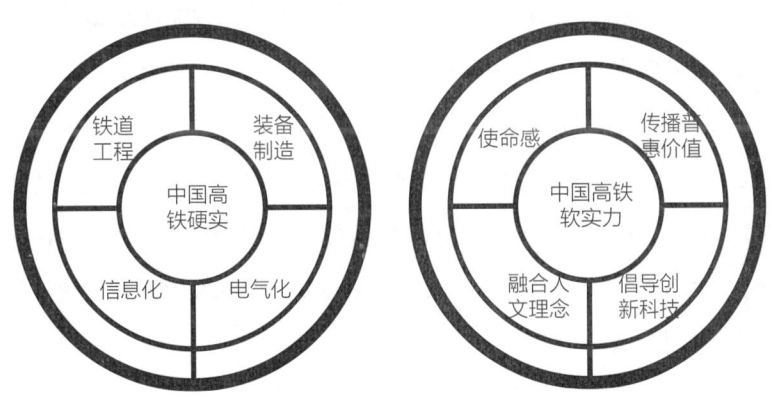

图1.7 中国高铁硬实力和软实力

21. 中国高铁技术优势

（1）设施设备硬件水平处于领先。以"复兴号"中国标准动车组为代表的自主化新技术新装备大量投入使用，整体术装备水平和运营服务品质处于界先进水平。实际上，从

CRH380系列高速列车下线投入运营时起,中国就已经踏入了世界高速铁路先进水平国家的门槛。中国高铁技术在工务工程、通信信号、牵引供电、动车组制造等方面,能够提供一揽子出口,而这是其他国家难以实现的,因为他们的技术往往分别掌握在很多家不同公司手中。中国还建立了从勘察设计、工程建设、设备制造、项目验收到运营维护、人员培训等系统配套的高铁安全保障体系。除成本优势之外,中国高铁还拥有最完备的技术体系和制造体系,拥有大规模建设和运营经验。

(2)主要运输经济指标世界领先。中国高铁通过学习、巩固、吸收、深化,在世界上率先攻克了时速350公里条件下空气动力学、轮轨关系、车体气密强度、减震降噪、大断面车体等一系列重大技术难题,从而使列车速度保持在稳定的范围内,并保证了一定的安全余量,使其控制在30-35%。同时,中国铁路技术经济水平得到大升,铁路旅客周转量、运输密度等主要运输经济指标稳居世界第一,铁路服务供给和支保障能力明显提升,对经济社会发展的支撑作用日益突出。

(3)科技自主创新后发优势明显。深入贯彻落实创新驱动发展战略,加大科技自主创新力度,铁路科技自主创新能力大幅提升,"复兴号"动车组、智能动车组成功研制,智能高铁成套技术加快突破掌握,标志着铁路科技创新迈出从追赶到领跑的关键一步,中国高速铁路、高原铁路等技术达到世界领先。

(4)铁路安全发展水平总体平稳。与法国、德国、俄罗斯、日本、美国等铁路发达国家相比,在铁路网规模快速扩充、内外部环境日益复杂严峻的情况下,近10年来中国铁路10亿吨公里的事故率死亡率等铁路安全指标都比较低,中国铁路运输安全持续稳定,安全发展总体可控并处于先进水平。

22. 中国高铁主要短板

中国高铁基础装备制造、研发仍存短板关键领域需长期攻坚,主要表现在:

(1)目前,一些关键领域的制造材料,受制于我国一些基础工业领域"先天发育不良、后天积累不够",难以满足高铁研发的技术需求,需要长时间的研发攻关。例如,列车转向架对钢材的要求非常严格,比如一些特种钢板的焊接过程中,虽然符合各项验证指标,但经过打磨加工后的稳定性和一致性较差，在耐久性等方面需要进一步发展。

（2）国内高铁新装备的实验验证条件差，一些新技术新装备难以长时间大规模试制，直接削弱了研发能力。例如，我国有近4万公里高铁，但实验用轨道设施却屈指可数，为数不多的几个环形验证轨道常常需要排队几个月，而且适应国外轨距的验证场所更是基本没有，一些项目不得不前往国外验证，成本很高、麻烦也多。

（3）除了大型精密数控机床外，如为确保高铁质量精益求精，厂家选件选料极为慎重。高铁列车部分轴承、车轮、齿轮传动系统、转向架等构件，以及某些芯片等核心零部件还需要靠进口。同时，对于追赶者，西方企业为了保持技术优势，往往对出口设备、技术有所保留。

23. 中国高铁面临的挑战

在全球经济一体化的21世纪的今后岁月里，世界高速铁路谁主沉浮？以法、德为代表的欧洲，目前在最高试验速度、高速运行、运营组织和乘客服务方面具有一定的比较优势，特别是法国别出心裁的技术创意今后也会是保持其竞争力的有力武器；日本在车辆轻量化技术、大量运输、安全运行技术、正点运行方面优于欧洲。中国的潜力以及至于中国能否最终完全胜出，则取决于中国今后的运营业绩以及中国高速铁路的努力。

我国高铁发展面临的挑战有三个方面：新技术的挑战包括新材料、信息化技术、新装备。要创新发展，才能保持先进，包括基础理论、材料、装备、智能化、绿色化方向发展都需要技术创新；安全方面的挑战需要从技术、管理各方面来进行创新，包括设备管理、人员管理、治安、对自然灾害防范；生态环境保护的要求对铁路建设的挑战，如节能、节地、节省材料、减少高铁运行对周围老百姓的影响。高铁未来发展方向将不断智能化、信息化，创新将永无止境。为进一步强基固本，可从以下几方面着力攻关：

（1）联合攻关、分层推进。整合各渠道、各平台研发资源，重视基础研究并加大研发创新力度，集中力量攻克一批当前在基础材料、关键零部件等领域"卡脖子"的短板，如在轴承、芯片等领域，克服国产化率低、质量或者耐用性、稳定性不过关等问题，大幅提高基础工艺和材料领域的制造水平，并建立机制和制定相关政策，促进与国内装备制造行业生产有密切关联的设备开发与研究。

（2）政府发挥"看得见的手"作用，调节市场盲区。需要在更高起点技术上实施"再创新"，加大力度发展、培养研发团队，通过政府、企业、科研院所的紧密结合、集体攻关，发挥各方优势，提升凝聚力和战斗力；并针对薄弱领域，重点寻找一批国外相关企业和研究机构，通过多种方式达成合作研发战略共识，形成共赢局面。

（3）通过重大科技专项选择多个重点领域，通过产业引导基金等方式集中投入。在基础技术研发领域，避免应用和研发的脱节，要发挥好企业作用，从生产最前沿倒推打通研发应用链条。同时，在重要科研机构、技术机构的研发方面，调动一些科研机构全力投入对技术体系、技术标准、产品平台建设与输出等至关重要的技术开发。

（4）加大对技术"无人区"的前瞻性研究，积极进行技术储备。针对我国高速铁路技术储备存在不足等方面，对相关科研项目进行有效梳理，重点支持技术"无人区"探索。同时，在高铁列车、基建等既有优势领域积极统一相关标准。

第 2 章
高速铁路是怎样设计和建设的

第一节 基本知识

1. 中国铁路的 LOGO 是怎么设计的

中国铁路 China Railway，其 LOGO 被誉为"二十世纪中国十大经典标志"之一，堪称为经典中的经典。它的设计者是陈玉昶（1912—1969），满族，辽宁沈阳人，1938 年毕业于日本山口高等商业专门学校，1949 年在中央人民政府交通部任职，LOGO 设计年份为 1949 年。如图 2.1 所示。

图 2.1 中国铁路标识

中国铁路标志由工人、火车头与铁轨的断面相融合而成。设计师匠心独运，将"工人"两个汉字刻意地进行艺术加工处理，合二为一，构成火车头和铁轨断面的形象，使工人、火车头、铁轨三位一体，行业属性跃然之上，形象、简洁、明快，凝练概括，挺拔坚实，寓意深刻。这其中还不乏有一段历史故事。1949 年 1 月，中国人民革命军事委员会铁道部（军委铁道部）成立。5 月，军委铁道部发出通知，在全国征集新中国铁路的路徽图样。在一个月的时间里，共收到应征图案达 3200 多件。铁道部对筛选出来的图案进行审查后，呈请中央人民政府政务院暨财经委员会批准，才确定了所选定的图案式样。

1949 年 10 月 1 日，中华人民共和国诞生。同日，中央人民政府铁道部成立。1950 年 1 月 19 日，铁道部发出"制定中国人民铁道路徽图案式样分发全国各铁路一律制用"的铁道部令。这项部令颁布了中国人民铁道路徽标准式样图案和胸章、帽徽、纽扣、会场及建筑物装饰图式的比例尺寸，并对路徽图案的含义专门作了说明：我国铁路路徽为机车正面轮廓，由"人"字和钢轨横断面的形状构成图案，象征人民铁道的意思。整图意义：表示人民铁道。

1950年1月22日，《人民日报》发表了铁道部公告，确定采用陈玉昶设计的图案作为中国人民铁道路徽。公告中还公布了中选名单和奖励数额：第一名陈玉昶，酬小米800斤；第二名顾刻，酬小米500斤；佳作庐鹤春、冯敬修，各酬小米100斤。

2. 钢轨为什么要做成"工"字形的

因为这种形状使钢轨具有最佳的抗弯性能。钢轨由轨头、轨腰和轨底组成。直接承受车轮压力的钢轨头，做得大而厚实；轨腰要有较大的承载和抗弯能力，因而必须有足够的高度和厚度。轨底比轨头宽得多，是为了保持钢轨的稳定性。从科学的角度来看，工字形的钢轨是非常坚固的，而且工字形也能充分合理地利用钢材，所以工字形的钢轨就成为质量最好的钢轨。一般来说，无论是什么规格或型号的钢轨，断面各部分质量的比例是固定的，底部占37%，顶部占42%、腰部占21%，而且钢轨的高度一定要等于轨底的宽度。

中国最早建成的钢铁厂——"汉阳铁厂"，就是专为京汉铁路（北京至汉口）轧制钢轨而建造的。曾经在京张铁路青龙桥站的线路上发现了1898年由该厂生产的钢轨，一个多世纪了，还在使用着。不过当时铁路使用的钢轨，绝大多数是从各资本主义国家进口的，因为多数铁路靠借外债修筑，借哪国的钱就得用哪国的钢轨和铁路器材，所以新中国成立之前，全国铁路的钢轨类型多达百余种，杂乱无章。直到20世纪60年代初，冶金部对新制钢轨统一规定为3种类型：每米38公斤、每米43公斤和每米50公斤。为适应铁路运量及速度的提高，1965年我国制成了60公斤/米的钢轨。20世纪80年代后期，又制成了75公斤/米的钢轨，最早铺设在重载铁路大秦线上。目前我国铁路的钢轨类型主要有75公斤/米、60公斤/米、50公斤/米及43公斤/米。钢轨"工"字形如图2.2所示。

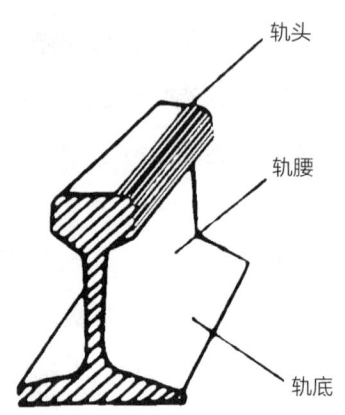

图 2.2 铁路钢轨"工"字形标志

3. 为什么钢轨不直接铺设在地面上

火车轨道铺设的路面多为沙地或泥地,这种路面土质疏松,将火车这种庞然大物放到钢轨上,路面和钢轨都易发生形变。火车运行的安全性大大降低,于是人们利用减小物体对地面压强的原理,来解决这个问题。

物体所受压力的大小与受力面积之比叫做压强。压强用来比较压力产生的效果,压强越大,压力的作用效果越明显。压强的计算公式是:$p=F/S$,压强的单位是帕斯卡(简称帕),符号是 Pa。

增大压强的方法有:在受力面积不变的情况下增加压力或在压力不变的情况下减小受力面积。减小压强的方法有:在受力面积不变的情况下减小压力或在压力不变的情况下增大受力面积。

因此,要减小压强,可以减小压力或者增大受力面积,钢轨下面铺放枕木和道砟,就是通过增大受力面积,来减小火车对地面的压强。利用这个原理,使火车巨大的压力,通过枕木、道砟分散到路基上。路基受到的平均重量小了,就不会产生高低不平的沉陷,火车行走在轨道上也平稳了。

铁路上铺的小石子被称作石砟,铺了石砟的轨道叫有砟轨道,有砟轨道可以将火车的重量均匀地分布到石砟上,减轻地面和轨道的形变,从而提高轨道的稳定性和使用寿命。不仅如此,石砟还有减震效果,最大限度地保证了乘客出行的舒适度。石砟间的缝隙还有利于雨水的排出,减缓雨水对轨道的侵蚀。

既然石砟用处如此之大，高铁轨道下却又为何不铺设石砟呢？这是因为高铁列车的运行速度很快，如果在它的钢轨下铺石砟，石砟容易被风速带动，造成石砟的飞溅带来安全隐患，为了保证高铁列车的安全运行，高铁轨道下不铺设石砟，而是改为使用无砟轨道。无砟轨道一般采用混凝土、沥青混合料等材料，整体取代有砟轨道的结构，它的轨枕也是由混凝土浇灌而成，并且直接平铺在混凝土路基上，既平稳又安全。无砟轨道是当今先进的轨道技术，不但能减少粉尘，还能提高列车的运行速度与安全性，且能减少维护成本，从有砟轨道到无砟轨道是科技发展的直观体现。

4. 标准轨距为何是 1435 毫米

很早以前，各国铁路的轨距各不相同，窄的为 610、762、891 毫米，中等的有 1000、1067、1372、1435 毫米，宽的甚至达到 1524、1880、2141 毫米。

1937 年，国际铁路协会做出规定：1435 毫米的轨距为国际通用的标准轨距，1520 毫米以上的轨距是宽轨，1067 毫米以下的轨距算作窄轨。现如今，尽管多数国家采用的是 1435 毫米宽的轨距，但仍有 30 多种不同的轨距。

现代铁路的铁轨间距是四英尺又八点五英寸，其原因是因为铁轨间距采用的是电车轮距的标准。那么电车的标准又从何而来呢？原来电车的标准又是沿袭马车的轮距标准。那么马车为何要采用这个标准呢？原来英国马路辙迹的宽度正是四英尺又八点五英寸。如果马车改用其他轮距，轮子很快会在英国的老路上撞坏。那么英国马路的辙迹宽度又从何而来呢？答案是古罗马人。整个欧洲，包括英国的长途老路都是罗马人为其军队铺设的，而四英尺又八点五英寸正是罗马战车的宽度。可以再追问一句，罗马战车的宽度又是怎么来的？答案非常简单，因为它正是牵引一辆战车的两匹马屁股的宽度。

5. 客运专线与高速铁路的区别与联系

根据线路功能属性命名的铁路，有一个名词—客运专线，字面的意思就是指铁路线路中专门运输旅客的线路。当客运专线的设计速度在200公里/小时以上，其性质是属于高速铁路的范畴，而高速铁路若从专门运输旅客的角度讲也可称为客运专线。我国现阶段的客运专线均指以输送旅客为目的的高速铁路。2009年12月铁道部修改并正式以高速铁路定义设计250公里/小时及以上铁路之前，客运专线跟高速铁路定义基本重叠。2009年12月1日，铁道部发布《高速铁路设计规范》，全面使用"高速铁路"取代"客运专线"这一称谓。目前，除胶济客专、石太客专还在使用客运专线这一名称外，其余建设线路均以XX线、XX高速铁路命名。需要指出的是：根据国家《中长期铁路网规划》，许多线路因没有完全修通或者还会与其他同等级线路相连，所以部分线路的名称还可能因为延长或运营属性改变而修改名称。

目前，存在一些概念的误解，如以为客专即高铁，把城际铁路等同于高铁；把很多客货兼跑的区域快速铁路称为中国高铁，厦深铁路、兰新二线、海南东环铁路等等都规定为客货两用，也被称为高铁、客运专线等等。

客运专线（客运列车专线铁路）是指专供旅客列车行驶的线路。通俗地说，客专就是只跑客车、不跑货车的铁路，它在铁路等级里的地位高于客货共线和货运专线。广义上的客运专线包括城市轨道交通线路：比如地铁系统，只开行客运列车不运行货物列车，符合客运专线的基本定义；狭义上的客运专线仅指国家铁路（含国铁制式的地方铁路）中只跑旅客列车的线路，如各地的高快速城际铁路。

国家铁路局明文规定，客运专线可以有不同速度等级。确定的客运专线种类有三个，分别是高速铁路、城际铁路和市域铁路。相应的文件有《高速铁路设计规范》、《城际铁路设计规范》和《市域铁路设计规范》，共同构建国内高铁（区际客运铁路）、城际铁路和市域铁路"三位一体"完整的客运专线铁路技术标准体系。

高速铁路是新建设计速度250公里/小时（含预留）及以上，动车组列车初期运营速度不小于200公里/小时的客运专线铁路。城际铁路是专门服务于相邻城市间或城市群，设计速度200公里/小时及以下，快速、便捷、高密度的客运专线铁路。市域铁路是位于中心城区与其它组团间、组团式城镇之间或与大中城市具有同城化需求的城镇间，服务通勤、通学、通商等规律性客流，设计速度100-160公里/小时，快速、高密度、公交化的客运专线铁路。

中国建高铁的规律是新建某铁路连接区的客运专线，前提是已有该铁路且运能严重不足。中国高铁项目批文里的铁路等级（有的写线路等级），有的注明高速铁路、有的注明客运专线，角度不同。通常来说，中国铁路第一条客运专线为秦沈客运专线，第一条高速铁路一般认为是京津城际高速铁路。

6. 我国高速铁路分类

（1）根据线路所在高速铁路网中的功能分类。我国高速铁路可分为通道型和城际型高速铁路，前者如京沪、沪昆、哈大高速铁路等；后者如京津、沪宁城际铁路等。

（2）根据速度等级分类。我国的高速铁路通常有四种标准：第一种是设计速300-350公里/小时的高速铁路，如京沪、武广高速铁路；第二种是设计200-250公里/小时的高速铁路，如京哈线秦沈段；第三种是设计200-250公里/小时的客货混跑铁路，如汉宜、新湘桂铁路；第四种是改造后达200公里/小时既有线路，在2011年8月28日全国铁路大降速前，部分既有线运行动车组的有京沪线沪宁段、沪昆线浙赣段等都可以纳入这个范畴。2016年5月，宁启既有线南通-南京间设计开行250公里/小时动车组列车，列车运行时间从原来的4小时缩短为2小时以内，属于第四种高速铁路。

（3）根据跨线和本线列车分类。为给旅客提供直达运输条件，新建高速铁路还考虑了跨线列车的运输，存在本线与跨线列车的速度匹配问题，如存在350、300公里/小时、300、200公里/小时的匹配关系。

（4）根据采用基本运输组织模式分类。我国高速铁路分为纯客运专线和客货混运的客运专线。一种是纯客运专线，如武广、京沪、京津等高速铁路；一种是近期采用客货混跑模式的客运专线，如石太、合武、合宁、福厦等客运专线。在这类客运专线中，又可分为两类，一类是有平行的货运通道的客运专线，如石太客运专线；另一类是该地区目前尚未建有铁路线的客运专线，如合武和合宁、福厦高速铁路等。

如果从中国高速列车运行种类上分析，可分为以下几种：

（1）采用的动车组列车从运营的层面主要分为高速列车（G字头列车）、城际列车（C字头列车）和动车组列车（D字头列车）。

（2）高速列车速度等级主要有250公里/小时和350公里/小时两大类，在列车运行图上呈现为D字头列车和G字头列车。另外，同一等级速度列车，由于其停站次数的不同，其在途旅行速度也有较大区别，通常根据停站次数的多少划分其等级，停站次数越少则等级越高，停站次数越多则等级越低。

（3）根据客运市场的需要，高速列车有不同的停站方案，根据不同的停站方案，形成了"一站直达、大站停、择站停以及站站停"列车。

7. 轮轨高铁内涵与特征

高铁是一个复杂系统，其中轮轨高铁就是轮轨式高速铁路，主要在轨道上运行且靠轮子驱动的高速铁路运输系统，简称轮轨高铁，也叫常规高铁，其类型主要有，如表2.1所示。

表2.1 轮轨高铁的类型

序号	类型	速度（公里/小时）	名称	主要国家	备注
1	第一类型	200-300	低速轮轨高铁	日本、德国	400公里/小时是轮轨高铁运营速度极限值
2	第二类型	300-350	中速轮轨高铁	法国、中国	
3	第三类型	350-400	高速轮轨高铁	中国	

速度是人类的永恒追求，没有最快只有更快。高速铁路作为一种运输方式，不断挑战速度极限。而高铁技术作为一种尖端技术，不同国家也不断追求着新技术。目前，日本、法国、德国、中国等国家分别拥有不同高铁技术。因此，不同国家采用不同的高铁技术来构建自己的高速铁路。轮轨高铁的主要特征有：

（1）轮轨高铁的运营速度：200公里/小时-400公里/小时之间。不同国家和地区，根据本国和地区情况，采用不同的运营速度，一般都在200公里/小时-300公里/小时之间运营。

（2）轮轨高铁的预警阀值：400公里/小时。预警阀值上限是400公里/小时，超过该值轮轨高铁容易脱轨，发生交通事故。

（3）轮轨高铁的阻力：摩擦阻力和空气阻力。主要阻力是空气阻力，而且当高铁速度大于 300 公里／小时，空气阻力成指数增加。如：200 公里／小时-250 公里／小时，空气阻力占 60% 以上；250 公里／小时-300 公里／小时，空气阻力占 80% 以上；300 公里／小时，空气阻力占 90% 以上。

轮轨高铁使用广泛，技术比较成熟。其中比较典型的技术有：日本新干线（Shinkansen）技术、法国 TGV 技术、德国 ICE 技术和中国 CRH 和 CR 技术。

（1）新干线技术。新干线是日本技术。新干线是贯通日本全国的高速铁路系统。新干线以"子弹列车"闻名，轨距属于标准轨（1435 毫米）。除了迷你新干线的路段外，列车运行速度可达到 270 公里／小时或 300 公里／小时，但在进行高速测试时，则曾创下 443 公里／小时的最高纪录（新干线 955 型电力动车组在 1996 年时所创）。新干线的稳定运行全靠日本成熟的高铁控制技术，列车发车间隔可以缩短至 3-5 分钟。由于全部列车都采用动力分散式设计，新干线也是世界上行驶过程最平稳的列车之一。

（2）TGV 技术。TGV 技术是法国的技术，TGV 是法文单词（trainàgrandevitesse）的缩写，翻译过来是高速列车的意思。TGV 列车最早的原形是 TGV001，它以燃气涡轮发动机为动力，在 1972 年 11 月 8 日创造了时速 318 公里／小时的世界纪录。2007 年 4 月 3 日，在法国一段经过特殊加固的铁路线上一列名为 VH150（veryhighspeed150 米／秒即 540 公里／小时）的双层 TGV 列车，经过 14 分钟的连续加速，达到了 574.8 公里／小时的超高瞬时速度，也是目前轮轨高铁最快的试验速度。

（3）ICE 技术。ICE 技术是德国的技术。德国 ICE 城际特快列车，ICE（Inter City Express）是德国国铁为迈向国际化所注册的英文名字。ICE 系统是一个连接各大城市的高速铁路系统。在整个路网中，高速列车只可以在两段高速路线上达到 300 公里／小时的最高营运速度。早在 1980 年代德国已经研究并开发 ICE 高铁系列列车，其服务范围除涵盖德国境内各主要大城外，还跨越邻近国家行经多个城市。2021 年 3 月，西门子在纽伦堡—英戈尔施塔特高速铁路上对 Velaro Novo 进行了首次高速试验，并达到了线路所许可的最高运营速度 360 公里／小时。

（4）CRH 和 CR 技术。CRH 是 China railway high-speed 的缩写，翻译过来是中国高铁的意思。从 2008 年 8 月 1 日，中国第一条北京到天津的城际高铁运营以来，中国高速铁路发展迅猛。如今，中国拥有 4 万公里的世界最发达高铁网，每天约有 7000 列动车组列车奔驰在祖国广袤的大地上。CR 是中国标准动车"复兴号"的标识。中国铁路坚持原始创新、集成创新和引进消化吸收再创新相结合，掌握了时速 250 公里 / 小时和时速 350 公里 / 小时及以上速度等级的高速铁路成套技术，构建了具有自主知识产权和世界先进水平的高铁技术体系。

8. 我国高速铁路线路命名规则

一般而言，线名排字顺序以线路两端等级高低为序，依次为直辖市、省会所在地、地级市、县级市和县城；等级相同的以首都北京为基点，北京以北按从南向北（如图佳铁路），北京以南按从北向南如（武广高速铁路）、北京以东按从西向东排列（如京沪铁路）、北京以西按照从东向西排列（如太中银铁路）。以两端接轨点重要性为序，自主要干线向一般干线、自干线向支线、自接轨点向尽头端排列；以方向为序，由北向南、由西向东或按下行方向排列。

现以 2017 年 12 月 6 日开通运营的西成高速铁路为例。按照上述规则，西安与成都同属省会城市，等级相同，因此，名称的顺序应以首都北京为参照点，由于西安与成都同属北京西侧，因此命名应遵照：北京以西按照从东向西排列。所以，西安在前，成都在后，取名西成高速铁路。

但重庆直辖市的等级在省会城市成都之前，为何成渝高速铁路不叫渝成高速铁路呢？这里就还有另外一套规则了。除了以北京为参照，按照方位以及行政级别来命名外，还可以有以下参照：

以接轨点附近城市简称连缀为线名，如与既有线名重复，或不易记忆，顺序取城市名第一字、第二字、第三字；以起讫点所在省、市或自治区简称连缀为线名；以起讫点简称、第一字、第二字或第三字连缀为线名；尽头式支线以接轨点和终点站名简称、第一字、第二字、第三字连缀或主要车站名称为线名。

特殊线路名称加字表示，如 XX 客运专线、XX 高速铁路、XX 铁路轮渡、XX 环线、XX 支线等。若按以上原则仍与既有线名或地名重复，或有忌讳，特案处理。如由于成渝高速铁路是明确了成都为始发站，重庆为终点站，因此命名为成渝高速铁路。

上述铁路线名称的优点在于：在地名上具有很强的指位功能，能够让人们在看到起始站与终止站简称的同时，也认读了行政区域（绝大部分是城市）的简称，又可联想到该行政区域的全称，强化并方便了乘客对铁路的始发站、终点站及其整条线路的记忆。

那么？高速铁路车站命名规律又如何呢？高速铁路站命名规律的分析蕴含着丰富的铁路规划与地理知识。有时候，通过一个高速铁路站的名称，甚至可以对一座城市所处的地貌做出基本判断。高速铁路站的命名好像存在这样一些规律：住在华北的人认为"东站西站"多、住在东北的认为"北站西站"多、住在西北的认为"南站"多、住在华东的认为"南站"多、住在华南地区的认为"北站南站"多。这是一种较为普遍的主观感觉，它与事实相符吗？

高速铁路站的命名跟线路的走向以及当地地理条件密切相关。比如，南北向的高速铁路，肯定是"XX东/西站"偏多，但如果西侧有山脉、大湖，则常常选择靠城市带的东侧走，导致"XX东站"变多。反之亦然。

高速铁路站中的XX东站、南站、西站、北站，到底哪个最多呢？这是一个很有趣的统计结果，从全国范围来看，没有明显的倾向性，东南西北的名称比较均衡，但是不同地区却有明显的倾向性。

总结：规律显而易见，有如下几条：

（1）南北向高速铁路"XX东/西站"偏多，如果西侧有山脉、大湖，则常常选择靠城市带东走，导致"XX东站"变多。反之亦然。

（2）东西向高速铁路"XX南/北站"偏多，如果南侧有山脉、大湖，则常常选择靠城市带北走，导致"XX北站"变多。反之亦然。

（3）沿海区域各三线城市由于没有普速铁路发展不好，基本只有高速铁路，对数据很难造成影响，大部分没有东西南北。

（4）西北地区由于山脉的一侧往往是戈壁滩，避开狂风狂沙的戈壁滩比避开山脉重要得多，所以选择贴着山脉走，成为上述规律之特例。

所以，线路走向＋山脉、河流影响＝东、西、南、北的比例变化。住在华北的人认为"XX东站"多，住在东北的认为"XX西"站多，住在西北的认为"XX南"站多，都是正常的现象。地域差异是也，若以此推全国，才是不当的。

9. 高铁站的名字为何不能重复

一个城市如果有多个火车站，人们往往习惯于用东南西北四个方位来区分。客观上说，随着中国高铁大发展和城市边界的不断外延，这种方式有时不再适合。主观上，地方政府往往希望借助高铁，为本地的发展"添把火"。各种因素叠加，导致目前高铁站改名已不算新鲜事。但高铁站名也不是想改就能改的，高铁站改名分几步？谁负责审批？高铁站改名事宜的审批权在国铁集团。高铁站改名大概有几个步骤：地方达成共识，向上级行政单位申请，与地方铁路部门和高铁建设方协商，地方铁路部门向铁总提出申请，国铁集团做出最终决定。地方政府希望改站名的核心只有一个，提升地区知名度，继而带动整个地区的发展。

但在实际改名操作中，却有两种不同的"路径"。一种是"改大"。如将玉屏东站改为铜仁南站，就是一个典型"改大"的例子。在官方作出的改名说明中，一般都会提到，为了提升当地的知名度和形象。南宁铁路部门2015年为了满足"大南宁"发展的需要，申请将以镇命名的坛洛站改为了南宁西站。同样在2015年的南宁市，已经安装好的"黎塘西站"标牌被拆除，改为"宾阳站"。黎塘镇仅是宾阳县的16个镇之一，改为"宾阳站"有利于打造宾阳县域品牌。

另外一种路径是"改小"，一般是利用地方文化上的知名度。例如，山东省济南市在建的高铁新东站，名称与已经存在的济南火车东站有冲突。2018年6月1日起，济南东站将更名为大明湖站，新建车站名称为济南东站，济南东站改为大明湖站就属于这种。现在的济南东站紧邻著名的大明湖景区，更名后可以起到"地物人文和谐的效果"。安徽省巢湖市将商合杭高铁"巢湖北站"申请更名为"柘皋站"，为了发挥柘皋千年古镇的影响力；长株潭城铁株洲段为了让站名更能彰显株洲地域特色，更改了3个站的站名。确定更名后，就进入实际落实阶段。车站方面，包括站名、站牌、电子显示屏等需要调整更换。当地媒体一般也会报道改名事宜，提醒乘客注意。同时，铁路售票系统要就车站更名进行系统升级。金华西站更名为金华站时，共暂停售票8小时，从前一天晚上10点到第二天早晨6点，完成了系统升级。

第二节　高铁设计与选址

1. 高铁线路选线、选址设计有何规定

建设一条高铁首先需要做好设计工作，高铁设计是一项庞大复杂的工程，涉及线路、车站、桥梁、隧道、动车组、供电、轨道、信号等诸多专业，还需要充分考虑地形、人口、城市、环保、风俗习惯、施工难度等因素，工程师通能过大量的调研、勘测，为工程施工涉及提供最科学可靠的方案，这样才能让高铁受惠更多人，又能节约建设开支，保护环境。

高速铁路主要以城市间旅客运输为服务对象，在进行线路规划时首先要考虑线路所经过城市的经济发展情况，同时规划设计应以快速、方便、安全、舒适及减少环境干扰为主要思路，兼有为既有线分流客运、扩大货运能力的功能，又具有引功率大、列车质量小、地形高程障碍一般不突出、线路较顺直等特点。高速铁路规划和建设时要符合环境保护、水土保持、土地节约及文物保护的要求。避绕各类不良地质体，无法避绕时应在详细地质勘察的基础上结合特殊岩土、不良地质的特性，做好工程整治措施，保证运营安全。高速铁路规划和建设时要结合地形地质条件，优化线路平面、纵断面，减少拆迁工程量，合理确定工程类型，统筹考虑边坡及排水工程，做好工程方案比较。高速铁路规划和建设时要考虑既有交通走廊、高压电力线、重要地下管线、军用设施及易燃、易爆或者放射性物品等危险物品的影响。除此之外，高速铁路在建设之前还要做好线路的总体规划，考虑与其他线路的衔接和配合。高速铁路线路的规划要符合铁路网总体规划，与城市总体规划及其他交通方式、农田水利和其他工程建设相协调，做到布局合理。

高速铁路定线设计的自然条件与工程条件总体要求：线路空间曲线按列车运行速度及速差设计；车站分布应根据城市分布、客运量、运输组织、设计输送能力及养护维修、救援等技术作业要求，结合工程条件等因素综合研究确定，站间距离宜为30-60公里；逐步形成"客货分线、客内货外"的总格局；综合研究确定客运站数量，客运站站址选择结合城市总体规划和引入方向，形成综合交通枢纽；路基、桥涵及隧道等工程类型选择应进行

技术经济分析后确定；路基与桥梁的分界高度应根据地质条件及地基处理措施、填料性质及运输距离、当地土地资源、建筑物拆迁、城镇交通要求等情况进行技术经济分析后确定；选线、桥梁、轨道设计应统筹考虑，减少钢轨伸缩调节器的设置；平面曲线和竖曲线地段应避免设置钢轨伸缩调节器；引入枢纽引起的既有线改建应符合相应技术标准规定。

高速铁路与其他铁路、公路以桥梁方式交叉跨越的总体要求：宜采用高速铁路上跨的方式；困难条件下经技术经济分析后采用高速铁路下穿方式时，应按有关规定采取可靠的安全防护措施。

2. 有些高铁站为什么建在离市区较远的地方

有些高铁站很多都建在偏远的市区，换乘起来非常不方便，而国外的高铁站多数都建在市中心了。所以，许多人高铁站为什么建在离市区较远的地方？其实，高铁站的远近是相对的，要用科学和发展的眼光来分析。高铁站的选址不仅要满足大家出行需要，更要符合城市发展要求和国家战略需求。

（1）理解的误区：国内外都一样，高铁站选址都不在市中心。日本、欧美的很多高铁站开始建设的时候也不在市中心，而是高铁本身巨大的带动作用，让高铁站周围发展成为繁华的市中心。如世界上第一条高铁日本东京至大阪的新干线，其中新横滨、新富士、三河安城、岐阜羽岛、新大阪等5个站点均建在离市区较远的郊区位置，其中岐阜羽岛站、车站距离岐阜县的两大城市大垣市和岐阜市，距离都超过了10公里。

（2）距离的相对性：十年后高铁站几乎都成了城市中心区。市郊与市中心也是相对而言的。随着时间的推移，日本很多没建在市中心的高铁站、现在也已经在市中心了。如新宿站与东京站，都已经成为重要的商业中心。选择在高铁站点或者周边枢纽区进行城市开发，逐渐在周边形成包括商业、办公、休闲娱乐等城市中心区。

（3）高铁站也要考虑经济成本。通常情况下，市区的地价都比较高人口密度也非常大，拆迁起来难度不可想象。中国人口众多，乘坐高铁的人员也远超国外，所以中国高铁站的规模、站台数量，售票厅、候车室的规模，都是国外所无法比拟的。如上海虹桥站有16个站台、30条到发线，其规模都是日本东京站的两倍有余。如此大的规模，如果不是老站点有足够的土地储备，而是需要建设新站，在市场中心征地拆迁，其成本是不可想象的。

（4）高铁站更要考虑环保性：比如说，列车运行肯定就会产生噪声问题，对居住在线路以及车站周围的居民造成困扰。对于时速超过300公里的高速列车而言，其产生的噪声与振动比一般的铁路通常会更大。随着经济发展水平的逐步提高，人们的环保意识也越来越强，这也对高铁站点的设置产生很大影响。

高铁的选址方式对城市规划提出了更高的要求，但同时也能够促进城市空间结构转型升级，推动城市边缘区的空间发展、产业升级、经济集聚和功能区建设。通过城市道路网络和公共服务设施等基础设施网络的整合，建设新的城市节点和中心区域，并最终促进单中心、推大式的简单城市体系向多中心组团复合式的城市结构体系发展。由于中国大部分城市目前采用后两种选址方案，在规划和发展的过程中要保持理性期望，结合短期和长期发展规划，注意与周边原有产业、经济、文化、自然以及社会环境融为一体形成集聚效应，与原有城市中心有机结合避免重复建设并形成高效合作。

因此，新建高铁站的偏远并不是非常大的问题，关键问题还是交通接驳，只要交通接驳跟上了，大铁路与地铁、公交能够实现无接，大部分乘客都是能够理解新建高铁站的选址的。但是随着高铁新城的开发，偏远的地区几年后有的部分区域也许会变得十分繁华。

3. 高铁"静态点"的设计理念有哪些

高铁站点作为枢纽站不但要有疏导功能，而且在视觉上也要有美感，更要表达城市内涵和文化底蕴。因此，不同高铁站点代表着不同城市文化和地域特色，有不同功能和规模，因此在设计高铁站点中要采用不同理念进行设计。

高铁设计理念可以总结为：畅通融合、绿色温馨、经济艺术、智能便捷。国内高铁站点从设计理念、规划统筹、设施装备、建造技术和管理水平等各方面，把中国铁路客站技术水平推向一个全新的高度。以对我国主要城市加以说明，相关车站图片请读者自查相关网站。

高铁站的设计理念，要表达给人温暖和希望的感觉。高铁站点是以功能性居首的交通建筑，衡量其功能的重要标准是运行效率。在进行高铁站点设计时：首先考虑站点的功能和规模；其次考虑城市历史文化、地域特征等，特别是现代技术与古典语言完美融合，让这个车站又多出一个时间维度；最后考虑站点视觉设计。

（1）高铁站点的现代性。高铁站点设计要吸收最前沿的设计理念和文化特色，坚持与时俱进，把握时代脉搏，使用现代技术，提高文化创新。

（2）高铁站点的经典性。高铁站点定位的经典性，主要是在传承城市文化底蕴的基础上，展现各类高铁站点表现形式的传世之美，兼具欣赏价值及研究价值。

（3）高铁站点的特殊性。高铁站点设计要推广城市文化的现代表现形式，注重城市文化的传承、创新、发展和延续，避免千篇一律的站点形式，突出城市特色性。

（4）高铁站点的系统性。高铁站点设计要将客运休闲、创意设计、文化娱乐、商业市场等多种模式系统融合，打造现代站点的综合体。

高铁站点是重要的公共建筑，对城市的发展具有重大而深远的影响。因此，高铁站点应按照"交通综合、站城融合、质效结合、人网结合"的原则来设计。随着交通运输和城市化进程的快速发展，高铁站对促进城市人口增长和服务功能集聚的作用越来越明显。特别是高铁站的辐射作用和对城市的功能结构的影响也越来越大。因此，如何有创意设计高速铁路的站点，是一个难点问题。但无论如何设计，必须遵循如下原则：

（1）高铁站点的内部设计原则。充分体现"以人为本"的设计理念，对站房的内部功能、流线进行组织，要保证流线便捷、顺畅，避免交叉干扰，提供适用、高效便利的旅客服务设施。

（2）高铁站点的外部设计原则。在建筑造型设计上，设计者经过充分的调查研究，结合当地的历史文化、地域特征，设计出风格各异、赏心悦目的车站建筑；同时在设计中满足绿色、节能、环保和可持续发展等要求，并且配合城市发展规划布置站房相关设备，使客流组织合理、方便快捷。

（3）高铁站点的功能设计原则。高铁站的空间布局模式也从传统的、单一的平面式布局向三维的、立体式的方向发展。一方面高效的利用了城市土地资源，与城市其他功能联系更为密切；另一方面在三维立体式的空间布局更利于高铁交通枢纽的交通换乘，有效地缩短换乘距离。

高铁站在建筑风格上，它们拥有不同的风格，如雄伟、壮观、华丽、古朴、风雅、时尚、清新或现代等特色，它们有自己的显著各色，基本成为当地的标志性建筑之一。高铁站的建筑风格也体现了当地的特色和文化。

北京南站的设计理念：北京南站建筑造型的设计灵感来自天坛，整体构思起源于椭圆形态的保留和天坛概念的引申。北京南站利用"天坛"的设计理念，体现中国优秀的传统文化。北京南站是中国第一座高标准现代化的客运专线大型客站。北京南站主要吸取和借鉴了天坛祈年殿的建筑元素，运用现代的建造技术手段和科学技术，设计了多功能的大型客站。北京南站既呈现出古典的庄严，又散发着时代的气息。体现了中国传统文化，有中国风的味道。北京南站站房为双曲穹顶，地上沿长轴方向两翼部分为各三跨钢结构通透雨篷，中间站房为椭圆形高大建筑，地上两层，地下三层。北京南站也亚洲最大的交通枢纽之一，华北最大高铁站。

上海虹桥站的设计理念：上海虹桥站利用"长方形"的空间设计理念，体现世界大都市的经济魅力。上海虹桥站是华东地区最大的高铁站，采用平直、方正、厚重的建筑造型，传统建筑特色与现代建筑元素结合，体现上海在世界经济发展中的角色和地位。上海虹桥站站房由新建站房主体、无站台柱雨篷、南北辅助办公楼、场区站场设备等工程组成。上海虹桥站也是一个休闲娱乐多功能站点设计。

广州南站的设计理念：绿叶花街，由一片片的芭蕉叶为基本单元。通过中央采光带的串联，形成极具特色的建筑形态，是目前全国最大的火车客运站，项目最终构建出"一轴、五片区、六节点、七延伸"的地下空间交通系统，为中国面积最大的地下空间。"芭蕉叶"模式。广州南站利用"芭蕉叶"的设计理念，体现南方广州经济强省特征。广州南站将绿叶花街作为特色，由一片片的芭蕉叶为基本单元，通过中央采光带的串联，形成极具特色的建筑形态。广州南站也是目前全国最大的火车客运站，构建了"一轴、五片区、六节点、七延伸"的地下空间交通系统，为中国面积最大的地下空间。广州南站是中国高铁站中，最有特色的车站，也体现了节能环保的思想。广州南站整体建筑包括主站房、无柱雨篷、高架车场（站台）、停车场等，车站地上3层、地下1层。

深圳北站的设计理念：深圳北站利用"山水园林"的设计理念，时尚且功能多样化原则来设计。深圳北站是华南地区最大的综合交通枢纽工程，山林连接城市，本土连接国际。深圳北站也是华南地区最大的综合交通枢纽工程，当前建设占地最大、建筑面积最多、接驳功能最为齐全的特大型综合交通枢纽。深圳北站车站分地面站台层、高架夹层、高架候车层、商务预留层等共四层。深圳北站是功能最齐全，建筑最单调的高铁站点。

南京南站的设计理念：南京南站主站房秉承"古都新站"的理念，以中国古典建筑构成元素为基础，柱廊、斗拱、双重屋檐，方正刚毅的直线和简约优雅的曲线营造出传统建筑的壮美神韵和现代化铁路车站的恢宏气势，完美体现了古都南京浓郁的地域风格和特有的尊贵气质。南京南站利用"+"（表示交通枢纽）的设计理念，体现六朝古都的文化底蕴，采用"上入下出"三层架构来设计。南京南站作为古都新站、飞檐斗拱，尽显中国传统建筑的恢宏气势。南京南站南北长417米，候车大厅东西宽156米，整体东西宽度450米，总高59.96米。南京南站也是全球第一个"桥建合一"车站，也是一个多功能的站点。

杭州东站建筑造型：以"钱江潮"为主题，体现杭州"精致和谐、大气开放"的城市形象和从"西湖时代"迈向"钱塘江"时代的时代特征，建筑设计充分体现了蓝色的海洋文化精神和现代化城市，屋盖造型设计以股道与海浪组合而成的"海浪线"成为形式语言的主题。

郑州东站的设计理念：以城市之门建筑形式为主题，设计造型突出了国宝莲鹤方壶。国家古代国宝的和谐图案，通过这个穿越千年历史文化的造型体现出中原文化和中华文明的沉稳厚重，大气磅礴。郑州东站利用"国宝莲鹤方壶"的设计理念，体现中原文化特色，采用"上入下出"五层架构来设计。郑州东站是全国最大枢纽客运中心，以城市之门建筑形式为主题，设计造型突出了"国宝莲鹤方壶"。"国宝莲鹤方壶"是国家古代国宝的和谐图案。郑州东站通过这个穿越千年历史文化的造型，体现出中原文化和中华文明的沉稳厚重，大气磅礴的精神。郑州东站站房建筑地上地下共5层，其中地下负2层是地铁轨道层、负1层是地铁站厅、地上1层为高铁和城际的出站大厅、2层是站台层、3层是高架候车厅。郑州东站采用的结构形式增大了出站层的结构空间，增加了高架站场的整体刚度，为各种管线安装创造了宽松的条件。

天津西站的设计理念：天津西站利用"圆拱+放射状百叶"的设计理念，体现天津的美好未来，也采用"上入下出"架构来设计。天津西站以圆拱和放射状百叶寓意天津城市发展的美好前景和光辉未来。天津西站以巨大拱形结构创造出宏大的高架进站候车空间，使旅客在进站过程中感受到充满阳光、开敞、通透的空间效果，体验到新时期铁路发展带来的全新感受。天津西站主体结构为地上2层、地下3层。站房为圆拱形结构，南北长380米，东西跨度126米，高50米。

武汉站整体的"千年鹤归"造型凸显湖北特色，寓意充满灵性的千年黄鹤惊叹家乡变化翩然而归。武汉站被评为全球"最美建筑"。

西安北站建筑造型：唐风汉韵，盛世华章。

贵阳北站建筑造型：以现代建筑手法体现"旅游天堂、贵州印象"的主题构思，造型从贵州独具特色的民居形式鼓楼、花桥中提炼出"重檐"元素，并与当地山水胜景：梯田、瀑布的"层叠"线条结合，以水平线条的组合变化勾勒出"贵州印象"。

长沙南站建筑造型：长沙南站设计将山峦的起伏曲线提炼为站房造型，将水的波浪提炼为站台雨棚的形式，形成"山"与"水"的曲线，互相映衬，协调统一，与长沙市"山水洲城"的别名相呼应。

南宁东站的设计理念：南宁东站利用"南国大门、崛起绿城"的设计理念，体现南宁的生态特色。南宁东站基座采用廊桥造型，与上部柱廊相呼应，体现了岭南骑楼特色。南宁东站上部库采用高低不同的三重檐屋顶组合方式，层层抬起，体现了新时期南宁乃至整个广西"乘势崛起"的意向；南北入口两侧巨柱饱满敦实，支撑中央屋顶，主入口幕墙通透完整，展现出"中国南大门"的恢宏气势；两翼柱廊轻巧通透，十二根立柱象征着广西的十二个世居民族；立柱顶部枝桠伸展、相互搭接，连成整体，屋顶菱形纹理网状交织，形如大树冠，枝繁叶茂的整体姿态既展现出广西团结互助、众木成林的多民族和谐，又充分体现了南宁"绿城"的生态特色。南宁东站站房主体高 48.25 米，长约 415 米，宽 186 米，高架候车厅宽 150 米。南宁东站很好地体现了南国大门的内涵。

呼和浩特东站的设计理念：呼和浩特东站利用"白云+草原"的设计理念，体现呼和浩特的草原文化，也采用"上入下出"架构来设计。呼和浩特东站以现代交通建筑与地域文化特色的碰撞，将"草原穹庐、展翅雄鹰、白云故乡、青色之城"作为造型立意，并融入了民族文化特色。

武夷山北站的设计理念：武夷山北站利用"田园农舍接地气"的设计理念，体现武夷山的地域特征，也采用"上入下出"架构来设计。武夷山北站犹如一个古朴的房舍，一列列竖排的灰色木质结构，从武夷特色中抽取独具特色的古典元素，在墙身和幕墙细部上巧妙运用，让旅客一下车就可以感受到强烈的地方特色。武夷山北车站站场规模为 2 台 4 线，基本站台 1 座、侧式站台 1 座，到发线 2 条、中间线 2 条。武夷山北站可接驳至武夷山景区周边各古村落，体现浓厚地域文化特色。

婺源站的设计理念：婺源站素有"中国最美乡村"的婺源县首个火车站，婺源县是我国铁路之父詹天佑的故里。婺源站利用"田园"模式的设计理念，采用建筑手段，体现婺源的地域特色。婺源站以徽派建筑来设计，在车站的正面两侧，有两面浮雕式构建，灰色的瓦、白色的墙面，犹如点点墨水铺撒在白纸上，凸显出徽派风格。婺源站建筑主体包括"2 站 5

线"，候车区主楼五层，站前广场规划面积6.7万平方米，旅客到站后可以直接乘坐大巴到婺源欣赏美景。

嘉峪关南站的设计理念：嘉峪关南站利用"边关+长城"的设计理念，体现嘉峪关独特的地域文化。嘉峪关南站以飞天馨路，魅力雄关。嘉峪关南站外立面造型、色彩设计，参仿了历史文化遗产嘉峪关长城。嘉峪关南站总建筑面积47157平方米，其中站房总建筑面积11787平方米。嘉峪关南站也是"一带一路"的重要节点，也是离沙漠最近的高铁站点。

4. 高铁车站的不同类型

高铁站是综合了城市、建筑、交通等多方面要素的综合体，它与城市的关系密不可分。因此，基于高铁与城市关系，从城市规模、客流量、站点功能等多个方面来对高铁站进行分类和分级。

（1）按城市规模划分类型。一般来说，城市规模与城市客流量成正比，即城市规模越大，往周边地区的客流量也越高，相应的铁路客运量也就越高。同时，随着城市规模的增长，市内交通量也随之增加，交通方式趋于多样化，高铁站点与之相接驳的方式愈加灵活，高铁站点在城市中的枢纽作用亦显突出。因此，城市规模可以做为限定高铁站点规模与功能的一个重要因素，如表2.2所示。

表2.2 按城市规模划分的高铁站类型

类型		城市人口（万人）	典型城市
一级高铁站	超级城市高铁站	≥1000	北京、上海、东京
二级高铁站	特别城市高铁站	800-1000	南京、天津、名古屋
三级高铁站	大城市高铁站	500-800	合肥、济南
四级高铁站	中等城市高铁站	300-500	兰州、南宁
五级高铁站	普通城市高铁站	100-300	银川、无锡
六级高铁站	小城镇高铁站	50-100	西宁、镇江

（2）按高铁站点区位划分类型。高铁站点区位指高铁站点在城市中的相对位置，它主要与高铁站点修建时城市的规模、高铁站点与城市用地功能的关系、地形等条件的限制等有关联。结合城市发展现状、高铁站在城市中的位置分布特征，可以将城市中的高铁站进行分类，如表2.3所示。

表2.3 高铁站点区位划分类型

类型		特征	站点
一类	中心站	城市中心区内、边缘或外围地段，与城市中心的活动密切相关	北京站、天津站、巴黎站
二类	城区站	城市核心建成区以内、边缘或外围地段，与城市关系较为密切	北京南站、上海南站
三类	新城站	大城市辖区内的开发区、新区以及卫星城等独立的建成区	北京亦庄站
四类	接驳站	对外交通枢纽，起到公路、航空、航海等其他交通方式的换乘	戴高乐机场站

（3）按高铁站点规模划分类型。高铁站点的规模影响站场建筑及其附属设施的用地和建筑规模，同时也限定了站点对城市的影响力。高铁站点规模可以用站点的旅客发送量来衡量，高铁站点的旅客发送量包括年旅客发送量、平均日旅客发送量与高峰小时旅客发送量等指标。在《铁路旅客车站建筑设计规范》（GB50226-2007）中，按照高峰小时发送量的大小，将客运专线铁路客车车站规模划分为四个等级，如表2.4所示。

表2.4 高铁站建筑规模

站点规模	高峰小时发送量（人）	站点
特大型	≥10000	北京南站、上海虹桥站
大型	5000–10000	天津站、武汉站
中型	1000–5000	西安北站、郑州东站
小型	<1000	丹阳站、滁州站

（4）按高铁站点功能和空间构成划分类型。一个功能完备的高铁站点主要包括以下几个组成部分：高铁车站建筑、站前广场及附属设施、铁路附属建构筑物。对于高铁站点来说，最重要的就是进出站空间与候车大厅的功能布局与流线组织。高铁站点客流规模主要影响车站建筑内部各功能空间、站前广场及附属设施的规模。

① 高铁站点的单侧式：在客流量比较小的情况下，站房建筑（主要是候车大厅）一般设在轨道一侧，称为"单侧式"，这种形式造价省，工程量小，是大部分小中型客运站所采取的形式。如泰安站、济南站等。同时，一些火车站，即使客运量较大，但是因建筑时间较早，有的是受地形等条件的限制，也是采用这种单侧式，如北京站。

② 高铁站点的双侧式：随着客流量的增大，站点对周边地区的带动作用，站点建筑在改建或扩建过程中逐渐向轨道另一侧延伸，由"单侧式"跨越轨道形成"双侧式"，这样一般在轨道两侧形成两个站前广场和两个进出站集散空间和候车空间，二者通过架空天桥或地道相联系，如上海站、南京站。

③ 高铁站点的跨线式：将站房建筑直接架与轨道线路之上，这样的好处是两个方向的进出站集散联系更加直接，可获得更大的候车空间且乘客上下站台更加便捷。同时，结合垂直交通与城市的轨道交通可获得更加方便的联系，如北京南站、上海南站等。

④ 高铁站点的尽端式：当站点位于轨道的端点的位置的时候，不同线路和方向的客流不受轨道的分割，因此更容易进行流线组织，且站房建筑规模可随着轨道数量的增加而相应扩建，具有更高的灵活性和适应性，同时可容纳更多的客流，如巴黎的里昂站，青岛站等。

5. 国外高铁站特色，有何借鉴

"设计是先导、理念是灵魂"。国内外高铁站点为了促进城市旅游发展，结合城市历史文化、人文环境等资源，以地方特色来设计高铁站点。

（1）日本京都火车站的设计理念：日本京都火车站利用"功能多元化、信息一体化"的设计理念，体现日本经济、科技大国形象，也说明高铁站点也是休闲娱乐中心的思想。日本建筑大师安藤忠雄先生设计的京都新干线火车站，是一座庞然大物，尺度超然，就像一座空中的小城市，漫步在它的空中走廊或者站在通往楼顶花园的扶手电梯上往下看，让人感到眼花缭乱，建筑物内的交通纵横交错，空间的跨度很大，的确体验到一种高科技给人类带来的无所不能的幻觉。京都新干线火车站里面的城市服务功能应有尽有，是一座结合城市交通枢纽的大型商业中心，京都火车站占地38076平方米，总建筑面积约为237689

平方米，地下 3 层，地面建筑高达 60 米，酒店部分 16 层，百货商店部分 12 层，包括酒店、百货、购物中心、电影院、博物馆、展览厅、停车场。如此超大型的建筑物矗立在京都古城的中央，无论尺度和建筑形式都和古都的文化风貌产生了极大的冲突，引起很多京都市民的不同看法。

（2）法国巴黎蒙帕纳斯车站的设计理念：法国巴黎蒙帕纳斯车站利用"火车头"的设计理念，体现火车的文化特征。巴黎蒙帕纳斯车站是法国国铁在巴黎的七大列车始发站之一，位于巴黎市区南偏西的十四区。巴黎蒙帕纳斯车站包含了多种铁路运输服务和城市轨道交通服务，如巴黎地铁、远郊铁路、省际列车、高铁 TGV 等。蒙帕纳斯车站有多种国内外高铁服务，方便乘客前往法国大西洋沿岸、西南部和西班牙北部等地方。

（3）德国柏林中央火车站的设计理念：德国柏林中央火车站利用"++（草字头结构）"的设计理念，体现德国人人平等的思想。2006 年 5 月 26 日，被誉为世界上最漂亮的火车站的德国柏林中央火车站落成剪彩。这座历时十多年、耗资 130 亿欧元建成的五层钢结构玻璃建筑是德国战后最大的建筑工程。火车站位于柏林市中心的施普雷河河畔，毗邻总理府和新建的议会大厦，离著名的观光景区勃兰登堡门、帝国议会大厦和菩提树大街仅有十几分钟的步行路程。这里也是过去"柏林墙"的所在地，横跨东西柏林。占地 1.5 万平方米，为欧洲最大的火车站，也成为柏林继帝国议会大厦和勃兰登堡门后的第三座地标性建筑。尽管车站体形巨大，但造型轻巧别致，它的半透明屋顶由 9117 块玻璃面板拼成，它将成为柏林继帝国议会大厦和勃兰登堡门后的第三座地标性建筑。从空中俯瞰，新建的中央火车站呈现出中文草字头结构。草字头的一横，是东西走向的铁轨。轨道两旁 450 米长的站台上是带有太阳能发电装置的拱形玻璃屋顶。草字头的两竖，则是南北方向长达 160 米的五层玻璃钢建筑。

6. 从 1.0 到 4.0——我国四代火车站变迁

中国高铁客运站从第一代发展到第四代，客运站房越来越炫。中华人民共和国成立初期，中国新建和改造了一大批铁路客站，如北京站、广州站、长沙站、韶山站、南京站等。当时铁路客运量不大，城市交通不发达，客站功能相对单纯，流线布局比较程式化。1959

年建成的北京站是新中国第一代铁路客站的经典之作，自此形成"铁路站场、旅客站房和交通广场"三要素模式，对我国后续客站建设影响深远。

改革开放以后，国民经济迅速腾飞，铁路建设力度加大，客站建设迎来新的发展机遇。1987年，又出现了一个划时代的铁路客站作品——上海站，首创"南北开口、高架候车"的线上式车站类型，令大型客站缩短流线、节省用地，车站与城市的关系也变得更加紧密，这种大胆创新的布局模式迅速风靡全国。这一时期建设的客站被称为中国第二代铁路客站，初步奠定了我国铁路网量大面广的客站基本布局。21世纪初，中国高速铁路技术实现弯道超车，催生出以高铁站为代表的第三代铁路客站。

2004年，为更好地指导新时期铁路客站建设，铁道部提出了以人为本、综合体现功能性、系统性、先进性、文化性、经济性"五性"的客站建设新理念，2008年8月1日投产使用的北京南站，是集铁路、城市轨道交通、公交、出租汽车等多种运输方式为一体的大型现代化综合交通枢纽，是我国大型客站的示范性工程，也是目前我国现代化程度最高、先进技术运用最多、建设规模最大的铁路客站。北京南站的规划建设主要有以下特点：满足城市综合交通体的功能需求、体现城市地域特色与人文特征、为城市提供人性化服务、为城市提供绿色环保建筑。北京南站、武汉站、广州南站、上海虹桥站等一大批现代化综合客运枢纽的建成，从设计理念、规划统筹、设施装备、建造技术和管理水平等各方面迅速把中国铁路客站技术水平推向全新高度。它们不仅成为城市名片，也为广大旅客提供了快捷、方便、舒适的乘车环境，显著提升了中国铁路运输服务品质。近年来，面对大型高铁站，人流量密集、空间跨度大、结构体系复杂、公众关注度高等情况，保证其日常使用维护、突发应急疏散等安全，以及结构构件耐久和抵抗自然灾害的安全问题，是不可忽规的重要问题。今天的高铁客站建筑形象已成为反映城市及地域风貌、展现中国人文化自信的最好载体。

近年来，越来越多的铁路客站和城市建设规划在前期就开始统筹。随着北京城市副中心通州站、广州白云站、杭州西站等一批创新客站方案的确定和付诸实施，中国的高铁客站建设进入"站城融合"的4.0时代。中国第四代铁路客站应具备以下四个主要特征：站城融合、综合开发、智能车站、安全运营。另外，高速铁路车站是一个大量人流集散的场所，要以方便旅客使用为宗旨，思想上要从"管理为本"向"以人为本"转变，在设计中提供多层次的出入通道引导旅客顺畅地进，在保证安全的前提下，到快速集散客流、尽量减少旅客步行距离、减少滞留时间。将客运站由传统单一客运业务转变形成客运、商服综合体，可使其具备"自我造血"功能，促进良性循环。

其中，TOD 是一种以公共交通为中枢的城市综合开发模式，能够实现城市结构的整体优化，将车站建设的交通功能与站点地区城市功能有机结合，打造集工作、商业、文化、教育、居住为一体的新型城区，构建开放、共享、有序、平衡的站城关系。通过发展 TOD 模式，即以综合枢纽站、场为中心，对上盖及毗邻地块进行综合开发，物业及商务收益弥补建设成本及运营支出，实现客运站的多维互动与协调发展。

2020 年 12 月 30 日，中国内首个高速铁路 TOD "站城一体化"项目正式投用。沙坪坝站充分借鉴世界发达城市 TOD 发展模式，是国内首例高铁车站上盖城市综合体开发案例。金沙天街位于沙坪坝核心商圈，修建在高铁沙坪坝站上，该站同时接驳轨道交通 1 号线和轨道环线，站内换乘 9 号线，同步配套公交线路 24 条，形成立体式铁路综合交通枢纽，充分发挥了高铁枢纽的人流集聚效应。8 层地下空间承担全部交通换乘功能，包括高铁换乘通道、轨道车站、公交车站、出租车站、停车场等，实现各交通方式"零换乘"。为让旅客出行更加便捷，沙坪坝站在出站层设置"下进下出"通道，将出站闸机外侧玻璃隔断向西侧平行延伸，设置安检区，实现地铁及私家车换乘旅客快速进站。同时，为更好适应 TOD 模式，让旅客感受全方位、多样化的旅途体验，沙坪坝站还设立了开放式服务台，将传统售票窗口整合为集售票、公安制证、会员办理、服务咨询、汽车租赁、旅游预订、行李寄存等功能于一体的综合服务中心，还完成对出站旅客换乘地铁的流线优化，实现地铁对高铁旅客单向免安检，畅通"最后一公里"。如图 2.3 所示。

再以杭州西站为例，图 2.31 所示为杭州西站概念图。杭州西站引入了商务、商业等

图 2.3　重庆市重庆沙坪坝站铁路综合交通枢纽 TOD 项目效果图

多重城市功能，是以交通为中心的城市综合体。站中有城，城中有站，城市与车站没有截然的界限。建车站，建枢纽，就是建城市。把杭州西站将被打造成中国高铁车站"站城融合"4.0时代的样板。

杭州西站位于杭州市余杭区，建成后将连接合杭、沪苏湖、沪杭城际等干线铁路。站房规模达10万平方米，远期客发量预计达3000余万人次每年。集团公司还将联合地方在周边开发7栋超高层塔楼及南广场"云门"建筑，打造出一个示范性、标志性的现代铁路综合交通枢纽工程。

杭州西站雨棚上盖综合开发空间，位于该站东部和西部落客平台上方，将站台雨棚和长200余米、宽32米的步行观景平台融合打造，设计成"展翅欲飞"的立面形象，呼应杭州西站枢纽综合体的整体设计理念。在满足雨棚功能的基础上，通过加盖开发方式，充分利用落客平台上方的雨棚空间，开发商办酒店综合体等一系列特色项目。同时，车站在两个车场之间创新性地设计了综合服务建筑，使车站的客流都能够方便地在此进行活动。该枢纽将汇集高铁、地铁、公交、大、网约车、出租车、社会车辆等多种交通方式于一体、规划引商合杭、年杭（沪杭城际）、杭温、杭（杭临绩）及杭黄5条高铁。杭州西站选址在老宣杭线仓前物流基地以北，东西大道与良睦路之间，位于城西科创走廊。规划将铁路杭州西站建设成为汇集轨道快线、城市轨道交通、城市快速路、高速公路等运输方式的大型综合客运枢纽，打造地上地下功能布局合理、产业发展联动融合、土地及空间资源集约高效利用的示范。通过引入沪乍杭铁路、商合杭铁路湖州至杭州西站段、杭黄铁路至杭州西站联络线、杭温铁路、杭州至武汉等高铁线路，打造又一多方向、功能完善、具有11台20线规模的大型铁路客运站，实现上海-杭州两大枢纽间的多点连接，形成上海—杭州—南昌间第二高速通道。按照功能完善、换乘高效、出行便捷、绿色低碳的原则，近期引入机场轨道快线（K1线）和城市轨道交通3号线，并做好留祥快速路西延段、东西大道两条城市快速路与杭州西站的有效衔接。杭州西站效果图如图2.4所示。

为什么说杭州西站更高级？我们先来看大多数人对于高铁站的那些感慨：很容易迷路，进站要走很久，候车很无聊，割裂城市，高铁新城变"鬼城"……杭州西站差不多把这些问题都给解决了。普通高铁站就是去坐高铁用的，它跟城市的关系是单向的；杭州西站跟城市的关系则是双向并且多维度的，它是与城市深度交融的一个高能节点。这样一个与城市深度交融的高能节点，不止是来自建筑师的天才创造，更是来自制度改革。除了观念更新，

图 2.4 杭州西站效果图

更需要制度改革。至少包括这三方面的改革。一是路地并行：地方的城市设计应与国铁的线网规划同步；二是立体红线：将国铁红线与地方开发红线合为一个大红线；三是分层确权：通过增加竖向产权划分，使更多开发主体能共同参与开发。

高速铁路车站不仅是我们乘坐高铁出行时的起点与终点，亦是所在城市的地标与门户。高铁客站成为城市的重点开发新区和发展重心。大型高铁客站枢纽周边区域已经成为城市交通最为便利、最具人气和活力、发展最快的地区。同时，技术创新、建筑审美提升，也是高铁客站建设的主要成就。但站房设计在突发事件下的安全疏散问题也是车站设计过程中必须考虑的内容。客运枢纽作为大型公共场所，要高度重视高铁运营大面积晚点、大客流滞留、火灾等突发事件下的旅客安全疏散问题。因此，客站选址要因地制宜，能地上不地下；地下空间开发利用要适度，为旅客疏散留够空间；站城数据要实现实施共享，客站应急管理系统要与城市应急系统联动，让旅客动态感知。

"十四五"期间，中国铁路将新建客站1277座，其中高铁客站984座，希望这些在站城融合、绿色低碳方面更有成就，同时兼具艺术性的铁路客站能够在早日中国大地上拔地而起，让我们乘坐高铁出行时既享方便快捷，又能欣赏到建筑的艺术，同时还能够让我们的城市与铁路实现完美的融合。

 高铁网络的形成过程

高铁线网设计也是一项长远性设计，既要考虑近期需求和建设目标，也要考虑国民经济的承受能力。从高铁线路基本特征分析入手,由线及网构建高铁线网。高铁线网由基本高铁线路组合而成,不同国家和地区形成的高铁线网布局形态,也不一样。因此,高铁线网具有多样性。

(1)高铁网的设计原则。高铁线路布设要能够充分发挥其技术特征优势,实现城市和国家交通互动发展效应。根据城市功能定位和布设思路,选择的线位应尽可能与国家客运走廊相一致,发挥高铁的客运功能,同时也能够支撑周边城市发展。

(2)高铁网的设计流程。通过对整个国家及地区内主要城市背景分析,计算各个城市客流重要度,进行线路搜索以确定客流匹配集,生成高铁虚拟网络。一方面、基于最短路客流分配技术,进行高铁线路具体路径落实,最终确定高铁线路具体路径;另一方面、基于"逐条布设,优化成网",确定高铁线网。高铁线网的形成流程,如图2.5所示。

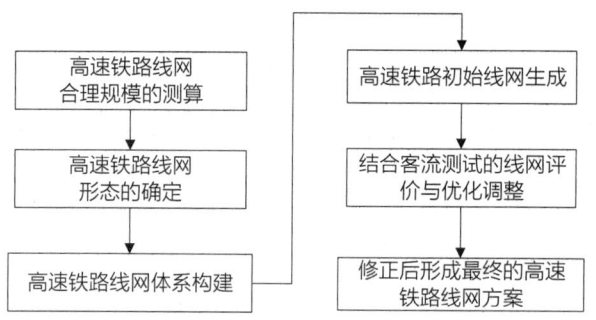

图2.5 高铁线网方案流程

(3)高铁网的设计步骤。根据高铁线路布设原则,通过城市客流集散点,从而大致确定了高铁线路的走向。高铁路径优选,主要步骤:

步骤1:高铁的客流分布。将客流分布结果通过最短路分配法,分配到远期高铁线网上,得到高铁线路客流量的值。如图2.6所示。

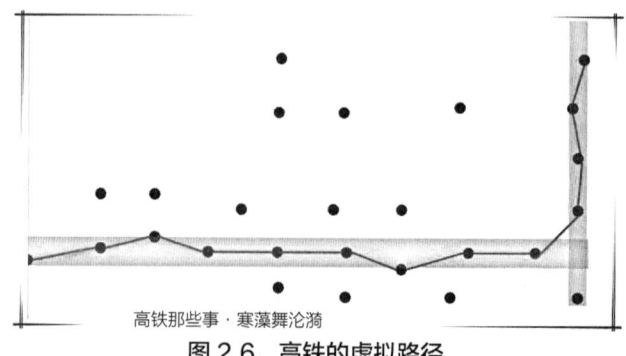

图2.6 高铁的虚拟路径

步骤2：高铁的路径优选。根据高铁客流分配结果进行高铁虚拟路径的优选落实。如图2.7所示。

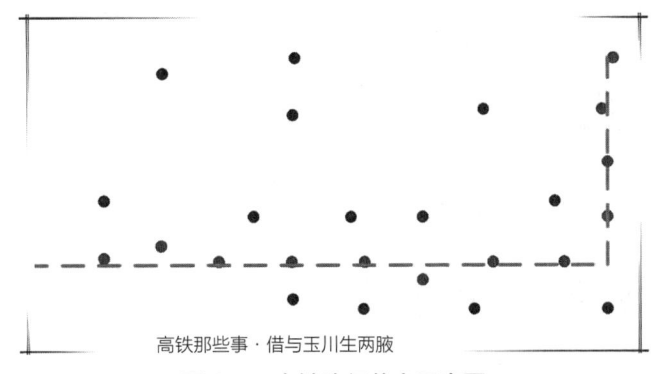

图2.7　高铁路径落实示意图

步骤3：高铁的网络形成。将最短路分配结果与高铁虚拟路径进行叠加，在高铁线路具体路径尽可能与城市客流走廊一致的原则下，进行高铁线路具体路径布设，优选出高铁线路，构成高铁网络。

以长三角为例，如从上海出发到杭州、苏州、南京、无锡等各大核心城市，均有100+以上的班次，频次高且多，平均十几分钟。南京到上海最快4分钟就有一趟列车，这和我们平时坐地铁通勤的频次没什么不同。最早一班是早上6点前的，高铁的发车时间甚至早于市区地铁。不仅上海，长三角任意两个城市之间的高铁班次也非常频繁，如南京—杭州、南京—苏州每天来往班次都在100+趟以上，差不多十来分钟就有一趟。站点多、时间短、班次多，每天有上百趟高铁班次来回穿梭，从一座城市出发到另一座城市，出门坐高铁就和坐地铁一样便捷。长三角高铁通达性如图2.8所示，长三角高铁三环线如图2.9所示。

2021年6月，国家发改委正式印发了《长江三角洲地区多层次轨道交通规划》，这份文件指明了2025年长三角新建高铁的格局：多层次的深度融合。首先规划设置了总体目标：至2025年，长三角地区轨道交通总里程达到2.2万公里以上，新增里程超过8000公里。高速铁路通达地级以上城市，铁路联通全部城区常住人口20万以上的城市，轨道交通运输服务覆盖80%的城区，常住人口5万以上的城镇。2025年，在长三角地区会是一张更为精密的轨交网，最重要的是要实现：多层次和零换乘。

所谓的多层次轨道交通，就是这些不同的轨交相结合，服务于不同的旅客，具体来说：

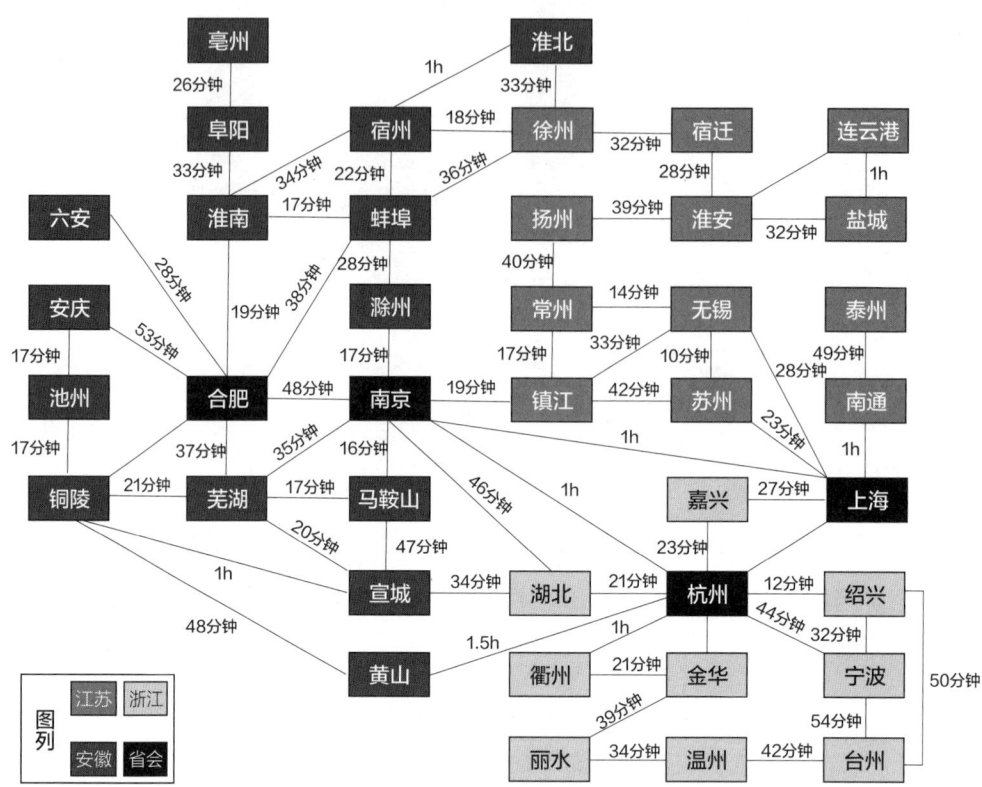

图 2.8　长三角通达性

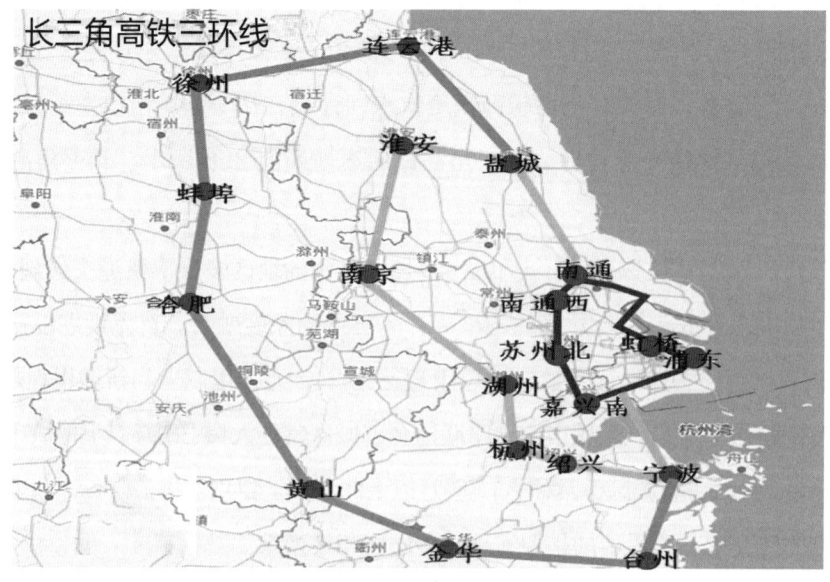

图 2.9　长三角高铁三环线

干线铁路：依托国家铁路，服务中长途客货运输+部分短途城际的客；城际铁路：服务区域节点城市之间的客流；市域铁路：服务城市中心城区和周边城镇的通勤客流；城市轨交：服务中心城区的通勤客流。未来这种"地铁+市域铁路+高铁"多层次的轨交网络构成，不仅会在上海实现，还会在长三角更多其他城市里出现。比如嘉闵线的北延伸线向北直达太仓铁路枢纽站，与苏锡常城际铁路等衔接贯通。这不仅是上海和太仓，把苏州、无锡、常州三大地级市、昆山太仓两个县级市与上海虹桥、无锡硕放、常州奔牛三个机场联成一条线。通过这条嘉闵线北延伸线，也让苏锡常成为长三角最先实现干线铁路、城际铁路、市域铁路、城市轨道多层次轨交融合的地区之一。长三角"十四五"轨道交通发展规划与市域铁路与高铁线互联互通如图 2.10 所示。

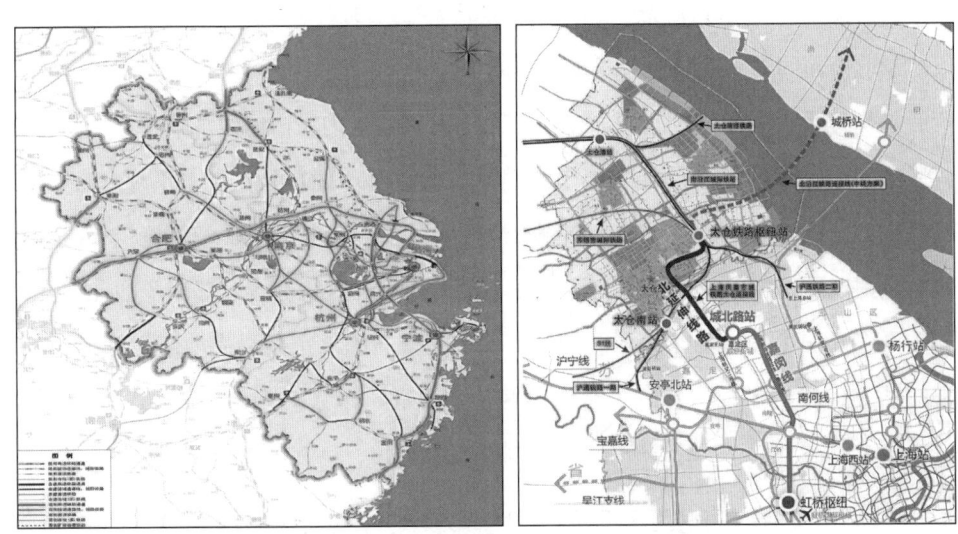

图 2.10　长三角轨道交通发展规划与市域铁路与高铁线互联互通

8. "米"字形高铁之争背后什么才是城市的"终极目标"

中国高铁建设从"四纵四横"到"八纵八横"，高铁线网逐步"织密"，高铁也成为国内城市争相建设发展的对象。如今，放眼全国，成都、西安、郑州、武汉、重庆等国内城市，纷纷投入"米"字形高铁规划建设。

重庆市全力推进铁路重点项目建设，加快构建"米"字形高铁网，补齐高铁短板，打通交通大动脉，提升成渝地区双城经济圈互联互通水平。重庆也明确提出，以"米"字形高铁的建设，提升成渝地区双城经济圈互联互通水平。高铁枢纽城市的教育、医疗、文化等公共服务，适当向这些城市转移，更有利于疏解中心城市的大城市病等问题，同时又进一步促进了周边城市的发展。

郑州因其得天独厚的地理位置，曾被誉为"中国铁路的心脏"，其重要性毋庸置疑。中国东西走向大动脉的陆桥通道、南北走向大动脉的京广高铁，以及连接华北、中原、华中和华南的呼南高铁在此交会，的确无愧于中国"高铁心脏"的美誉了。伴随着国家规划实施，郑州成为普铁、高铁"双十字"枢纽。虽然坐拥"双十字"优势，但郑州与省内不少城市并没有铁路直通，资源无法共享，成为河南发展的极大制约。河南省最终提出要建设"米"字形高速铁路网。如今，河南"米"字形高速铁路网在西北方向的这一"点"落笔画实前，"一横"徐兰高铁、"一竖"京广高铁、"一撇"郑渝高铁郑襄段、"一捺"郑阜高铁均已建成投用。只待东北方向的郑济铁路一"撇"落笔，河南"米"字形高速铁路网便得圆满。"米"字形高铁背后是构建1小时出行圈省内城市两三个小时到达国内城市纷纷加快建设"米"字形高铁，背后的一个重要推动力是促进都市圈建设。构建1小时出行圈，省内城市2、3小时通达已经成为高铁建设的关键所在。如图2.11所示。一个个"笔画"，河南"米"字形高速铁路网全面建成后，将形成京津冀地区经郑州至港澳，长三角地区经郑州至西北边界口岸，环渤海地区经郑州至西南地区乃至孟加拉湾、东南亚各国，东南沿海地区经郑州至西北内陆地区的快速运输通道，构建以郑州为中心连南贯北、承东启西的"四面八方"轴带发展格局。

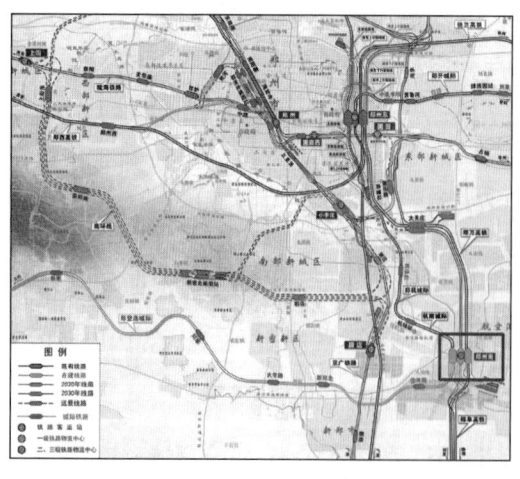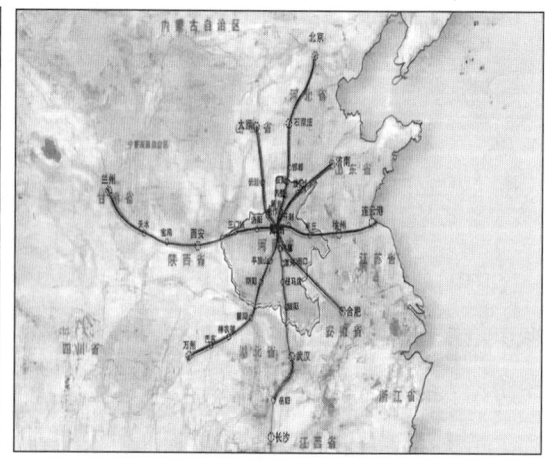

图 2.11 郑州铁路"米"字形枢纽示意图

再如，西安是我国西北地区最大的高铁枢纽，东西走向的大动脉陆桥通道和呼南通道、包海通道在此交会，成为西北高铁枢纽的领头羊。陕西已建成高铁线路6条，群众出行线路基本覆盖全国81%的主要城市，西安北站日均发送旅客最高达19.6万人次。2021年上半年，随着西延高铁铜川至延安段、西康高铁相继开工，陕西高速铁路建设进入攻坚期。待西延、西十、西渝、延榆鄂高铁建成后，陕西将实现省内市市通高铁。省会城市西安将形成以高速铁路、高速公路网络为核心的一体化交通运输网和辐射全国重点城市的"米"字形综合运输大通道，实现西安都市圈1至2小时通勤、全国主要大中城市5至7小时覆盖的交通出行圈。陕西米字形如图2.12所示。陕西"米"字形高速铁路网加快建设，取得了一个又一个的节点突破，群众出行更加便捷、货物运输更加高效，与此同时，城市格局、人口布局和产业结构也发生了巨大变化。进入"十四五"，陕西紧紧围绕高质量发展要求，牢牢把握交通"先行官"定位，加速完善"米"字形高铁骨架网。"米"字形说明一个城市四通八达，其交通通达性好，其经济枢纽的地位更加明确。

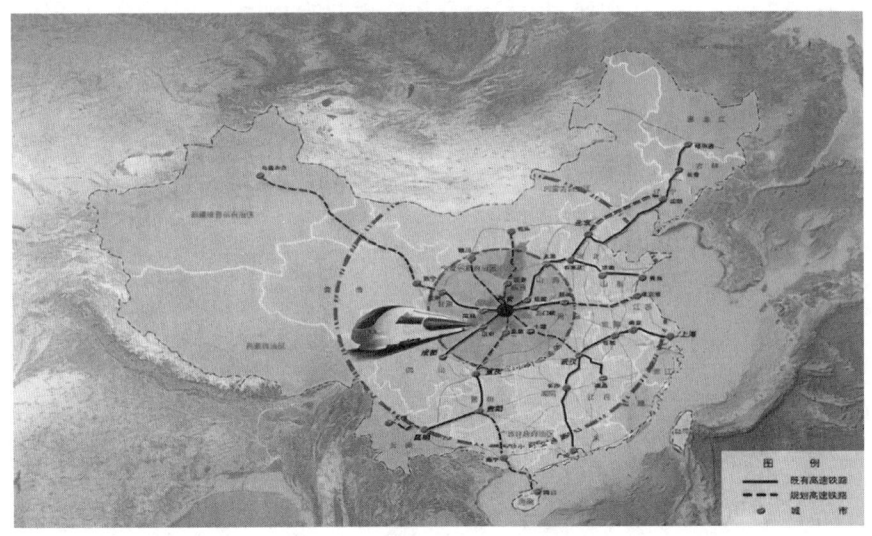

图2.12 陕西"米"字形枢纽

放眼全国，郑州、西安、武汉、成都、重庆等国内多个城市都提出"米"字形高铁网络建设规划。"米"字形只是一种表象，其真正意义在于，城市高铁枢纽的建设。一个城市交通枢纽的地位与其交通通达性息息相关，而对于城市来说，其中最重要一环便是高铁的建设。"米"字形恰恰说明一个城市四通八达，其交通通达性好，其经济枢纽的地位便更加明确。在专业人士眼中，其实并无"米"字形，"米"字形并非路网规划中的必然形态，而是一个偶然。从专业角度来看,全国各个城市并非为了建而建,在各个线路规划、建成之后,城市铁路线自然而然呈现出的一种形态。高铁在规划之初,并非是奔着一个"米"字形去的,而是一个城市的高铁建设具备了"米"字形物理结构,自然而然形成了"米"。"米"字形高铁建设受限于多种因素,根据城市的区位,以及与周边城市的连接需求,同时满足地形地貌等多种因素才可实现。

高铁通达为沿线地区发展带来新契机,助力新时代西部大开发和"一带一路"建设。2021年2月印发的《国家综合立体交通网规划纲要》(如图2.13所示)明确提出,统筹国家区域发展战略和未来交通运输发展,依托京津冀、长三角、粤港澳大湾区和成渝地区双城经济圈4极和中原地区、关中平原等8个组群,以及呼包鄂榆等9个组团,加快构建"6轴、7廊、8通道"的综合立体交通网主骨架。其中,京津冀—成渝主轴和京藏、大陆桥、西部陆海3条走廊及福银通道等5个主骨架经过陕西,西安被定位为国际性综合交通枢纽城市、国际铁路枢纽、国际航空枢纽和全球性国际邮政快递枢纽。陕西日趋完善的"米"字形高铁网,在加速构建国家综合立体交通网的同时,也为全省高质量发展提供重要支撑。

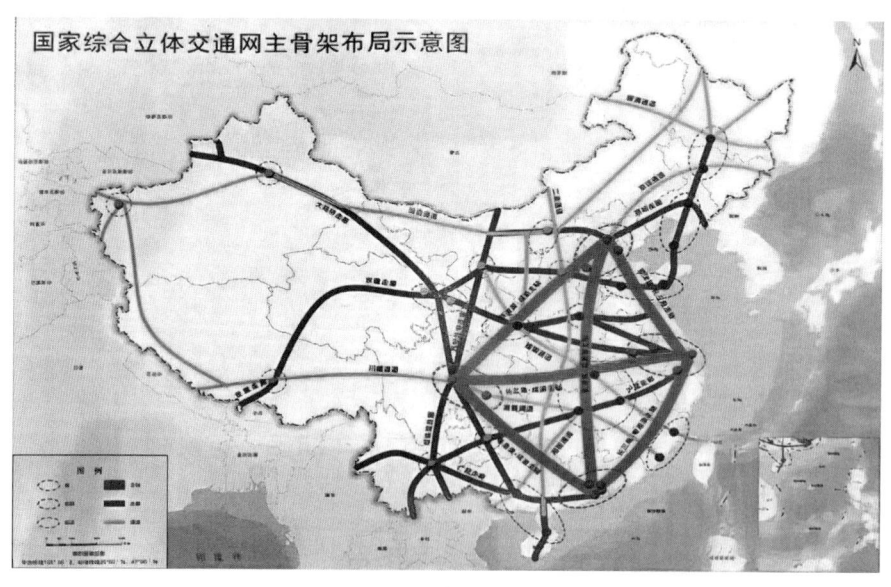

图2.13 国家综合立体交通网主骨架布局示意图

另外,高铁作为超前投资,投资金额大、建设周期长,如果没有相当的财政收入规模和人口流量,盲目上马容易陷入债务困境。目前铁路建设暴露出片面追求高标准、重高速轻普速、重客运轻货运、重投入轻产出等问题，亟待得到妥善解决。需要以客流为基础，以需求为导向，以效益为根本。落实地方政府责任，加大地方财政投入，严格防控地方政府债务风险。2021年3月，国家发展改革委、交通运输部、国家铁路局、中国国家铁路集团有限公司共同发布的《关于进一步做好铁路规划建设工作的意见》（简称《意见》）提出，将严格控制建设既有高铁的平行线路，严禁以新建城际铁路、市域（郊）铁路名义违规变相建设地铁、轻轨，同时对350公里/小时的高铁项目明确了建设门槛。《意见》加强规划指导、合理确定标准、防范化解债务风险，主要是推动铁路建设更加科学、理性，构建分层融合、功能完善、衔接高效的现代化铁路网。受《意见》影响，一些纳入实施计划的项目已处于暂停状态，如关中平原城市群、济南都市圈等部分城际铁路项目已暂停。对部分地区迫切上马的铁路项目，不排除会进行降速修建的可能性。

9. 我国最贵的高铁是哪一条

我国有一条造价极其昂贵的高铁，平均一公里造价28亿，你知道是哪里吗？它就是我国的香港高铁，是中国广深港高速铁路位于香港的部分，起讫于香港西九龙填海区西九龙总站，止于香港与深圳的边境。

广深港高铁香港段全长约26公里，起于填海区的西九龙站，经过专用隧道向北延伸至香港落马洲与深圳福田站，与内地高铁网络连接，最高时速200公里。

该段铁路于2010年开建，最初预算为669亿港元（折合人民币约575亿元），施工期为5年，每公里耗资25.7亿港元，堪称是世界上最昂贵的铁路项目。

后来施工不断因为各种原因延期并增加预算，最终为853亿港元（折合人民币约733亿元），对应每公里造价为32.81亿港币（约合28.19亿元人民币），工期也延长到8年。

目前与港铁接驳的广深段，平均每公里造价仅2亿元人民币。京沪高铁，总投资达2209亿元，按照全长1318公里估算，每公里造价只有1.676亿元人民币，开工至运营为3年零两个月。

香港段高铁单位造价最低33亿港元每公里，是内地最贵高铁单位造价的16倍还多。根据换算，修一条香港高铁，可以修建内地28条同等长度的高铁。

被称为国内及至世界最"贵"高铁,只有26公里,却耗资了733亿元目前我国越来越重视城市的交通问题了,所以给很多城市做出了规划,致使很多城市的建设得到了改善,这对于那些基础建设比较弱的城市来说是一件天大的好事,因为它们知道只有把交通建设好了才能让它们的城市经济发展得到提高。

很多人都很疑惑为什么会在这个地方建设这么贵的高铁呢?其实说白了就是在香港的这块稀有土地上,寸金寸土是理所应当,但是居住在香港的居民为了避免城市拥挤不得已花费高价从别人手中收购土地来建设高铁,再加上建设高铁过程中不管是在材料上还是在劳动力上,价格都是非常高昂的,最起码成本是要比大陆内部的人贵一倍左右。大家都应该知道香港的土地面积是很小的,所以它们会利用自己本土的资源把高铁和这座城市完美地连接到一起,这样的话不但让这座城市美观了起来,也给人们的出行带来了很大的便捷。

港铁采用CRH380A型电力动车组,全部竣工之后,从香港经铁路前往内地多个主要城市的时间将大幅缩减,例如香港到北京将由24小时减至9小时,香港到上海将由19小时减至8小时。

广深港高速铁路香港段的使用,让居民外出的成本大为降低,实现了珠三角一小时生活圈概念,也方便了香港与大陆之间的交通,及两地的社会文化交流、旅游及商业活动效率,对香港及大陆带来极大效益。

虽然这个高铁的建设价钱很昂贵,但是对于香港来说是给这个城市带来了非常好的发展基础,也促进了这里旅游业的发展,最起码大陆的游客更加喜欢去香港这个四小龙之一的城市游玩了。

10. 中国第一条民间融资的高铁

杭台高速铁路,简称杭台高铁,是中国浙江省境内一条连接杭州市、绍兴市、台州市的高速铁路,是浙江省内沟通杭州都市区与温台沿海城市群的一条快捷通道,是长江三角洲地区城际轨道交通网络的重要组成部分,国家沿海铁路快速客运通道的组成部分,也是中国首条民营资本控股的高速铁路PPP项目,入选全国"社会资本投资铁路示范项目"名单。

杭台铁路是中国首批 8 个社会资本投资铁路示范项目之一，杭绍台铁路 PPP 项目预计总投资约为 409 亿元人民币，其中民营联合体占股 51%，开启民资控股中国高铁先河。按照规划，杭绍台高铁从杭州东站出发，全程共 9 个站点，全长 266.9 公里，速度目标值 350 公里/小时。该项目建成后，使台州到杭州的铁路出行时间由 2 小时左右压缩至 1 个小时左右，对扩大浙江省"1 小时交通圈"具有重要意义。杭绍台铁路试验列车顺利跑出了时速 385 公里的试验目标速度值，2017 年底，中国第一条民营控股高铁——杭绍台铁路全线开工建设，2021 年底完工，总工期 4 年。2022 年 1 月 10 日，杭台高铁开通运营，开通运营初期，铁路部门安排图定动车组列车线条 35 对，其中日常线 22.5 对、周末线 3 对、高峰线 9.5 对，主要方向为：上海方向 6.5 对、北京方向 1 对、福厦深方向 5 对、合肥方向 4 对。杭州至台州最快运行时间为 1 小时 03 分钟，较经由杭深高铁最快运行时间压缩 47 分钟。嵊州、新昌、天台等地结束不通铁路的历史，正式融入浙江省"一小时交通圈"，沿线人民群众可乘坐高铁直达杭州、上海、南京、合肥、北京、天津、福州、厦门、深圳等城市。杭绍台铁路总投资 448.9 亿元人民币，其中民营联合体占股 51%，中国铁路总公司占比 15%、浙江省政府占比 13.6%、绍兴和台州市政府合计占比 20.4%。而在 51% 的控股民资中，最大的股东是复星商业，占 55.7%（按 100% 测算），杭绍台高铁由民营资本控股 51%，将获得 30 年的特许经营权。

杭绍台高铁线路设绍兴北站（既有站）、东关、三界、嵊州新昌、天台、临海（既有站）、台州中心及温岭（既有站）等 8 个车站。其中，东关站、嵊州新昌站、天台站和台州中心站 4 个站点为新建。该线路建成后，浙江嵊州、新昌和天台三县市将结束不通铁路的历史。杭绍台铁路是社会主义市场经济的制度优势下，尤其是改革开放 40 年来，民营企业试水垄断行业的积极探索，也是时代赋予杭绍台铁路公司的重要使命。2019 年 7 月，杭绍台铁路公司与中国铁路旗下国铁吉讯公司在上海签约，双方将共同把国内首条民营控股高速铁路打造成智慧铁路，将通过全面深化在铁路运营、建设、渠道、技术、资源、信息化等方面的合作，共同把杭绍台铁路打造成智慧铁路。双方还将构建以高铁为核心的多种交通协同服务生态圈，促进智慧铁路与智慧城市融合发展的新业态，推动高铁沿线社会经济和站车周边社区共建、商圈共营、文化旅游等产业的升级。如图 2.14 所示。

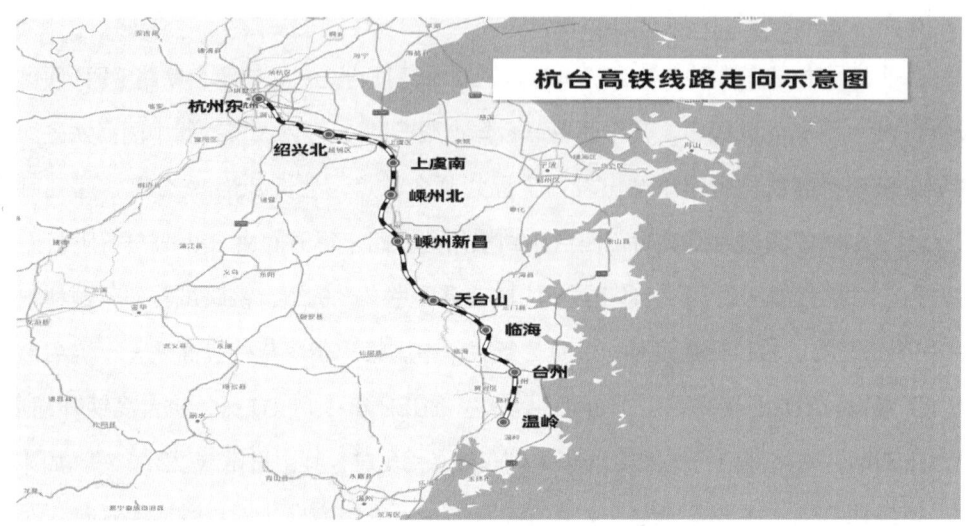

图 2.14　杭台高铁线路走向示意图

运营期满后项目公司将全部项目资产无偿移交给政府方。复星国际有限公司是一家从事金融、物业、钢铁及健康业务的香港投资控股公司。盈利模式是铁路 PPP 的一大焦点问题。未来市场化运维绩效和合理的收益补偿，都是可能要面对的挑战。

第三节　高铁建设

1. 中国高铁工程建设技术的成就有哪些

中国国土面积大，地形复杂多样，气候差异较大，自然环境的现存问题迫使中国在高速铁路的建设过程中针对不同地形和气候不断地进行研究与探索。中国高速铁路在桥梁建造、隧道设计、特殊岩土地基处理和路基沉降控制及轨道技术等多个方面都取得了较高成就。在高速铁路的工程建设过程中，中国从开始的线路选择到客运站的建设，从不同土质的地基处理到隧道桥梁的建设等多个方面都积累了丰富的经验，在气候适应、地形处理、地基路基建造工程技术等方面不断完善。

在中国已经开通运营的高铁中，除了平原地区的高铁建设，如京沪高铁、京津城际高铁等,还攻克了不少地形气候方面的难题。例如,建设在地形陡峭艰险地区的石太客专,全长225公里,具有多桥梁、多隧道、长隧道的突出特点。石太客专全线中有一半以上的线路是以隧道形式建造的,其中建造在河南省内的太行山隧道全长27.8公里,是目前中国建成通车最长的铁路山岭隧道;建设在高寒地区的哈齐高铁,是中国首条建在最寒冷地区的高速铁路,部分线路最低温度甚至会达到零下40摄氏度;建设在风沙地区的兰新高铁,每年将近3/4的时间沿线风力会达到8级以上,新疆段要途经四大风区,部分区段最大时速达可60米/秒,相当于十七级风;建设在沿海地区的厦深高铁,沿途地质复杂多样,隧道下穿上跨水库和多条高速公路,还面对地下能源管道、人防工程等各种复杂地质条件,线路中的梁山道途经十几条模大小不一的断层或软弱带,下穿12处重大安全风险源,建设难度极大。

在不同地形条件和气候下进行的高速铁路工程建设,使中国积累了应对软土冻土等多种复余地质条件和不同气候环境的建设推验,促进中国不断开发研究出新的工程建造技术。

2. 中国建设高铁成本高不高?世界银行这么说

2019年9月,世界银行发布《中国的高速铁路发展》报告,指出长期全面的规划和设计标准化是中国高铁成功的关键要素,报告指出,中国高铁发展经验值得借鉴。世界银行报告认为,中国高铁的发展经验值得别国借鉴。与此同时,凭借设计和程序标准化,中国建设高铁成本约为其他国家建设成本的三分之二。中国修建了世界上最大的高速铁路网,其影响远远超过铁路行业本身,也带来了城市发展模式的改变、旅游业的增长以及对区域经济增长的促进。广大民众现在能够以比过去任何时候都更便利、更可靠的方式出行,高铁网建设也为未来减少温室气体排放打下了基础。

报告认为,中国的《中长期铁路网规划》为高铁体系发展提供了清晰框架。与此同时,凭借设计和程序标准化,中国建设高铁成本约为其他国家建设成本的2/3;与汽车和航空相比,中国高铁在1200公里距离内具有竞争优势,票价只有其他国家基础票价的1/4,使高铁得以吸引各个收入群体的乘客。《中国的高速铁路发展》报告指出长期全面的规划和设计标准化是中国高铁成功的关键要素。凭借惊人的发展速度以及过硬的实力,中国高铁已赢得国际社会高度认可。"中国速度"已经在世界市场占有一席之地。那么,中国铁路主要有哪些方面值得别国借鉴呢？

在基建方面，中国高速铁路网的建设成本为平均每公里1700-2100万美元，约为其他国家建设成本的2/3。世界银行在2013年末对27条运行中的高铁建设成本作了分析，中国设计时速350公里的线路单位成本为每公里9400万-1.83亿元，设计时速250公里的客运专线（个别除外）的单位成本为每公里7000万-1.69亿元，时速200公里高速铁路的平均造价为1.04亿元。这一造价水平至少比欧洲同类基建造价低40%。

在准点率方面，中国高铁出发和到站的准点率分别为98%和95%。"复兴号"两项数据更是到达99%和98%。中国高铁之所以取得如此成就，在于其"细心规划"、"大量投资"、"发展铁路通过能力"、"和当地政府的合作"、"分析市场"、"提升服务竞争力（准点率等）"以及"注重安全"。

在票价方面，相比全球各国高速铁路车票售价，中国高铁售价是最低的：高铁二等座票价每人每公里0.46元，一等座每人每公里0.74元。这样的售价令中国高铁在1200公里距离内，相比汽车和飞机具有竞争优势。反观国外，法国高铁每人每公里售价为1.65-2.13元；德国为2.34元；日本为2至2.13元。这也意味着中国高铁票价是外国票价的1/4-1/5。

在投资回报率方面，据估计中国高铁网的投资回报率为8%，远高于中国和其他多数国家长期大型基础设施投资项目的资本机会成本。高铁带来的效益包括缩短出行时间，改善出行安全，促进劳动力流动和旅游业。

在动车组维修方面，中国的动车组维修目前专注于预防性维修，其他维修仅在需要时进行。这些车辆有3000多个自动传感器，用于监控运动部件的状态。这些传感器将信息传输到动车组车间，以帮助指导所需进行的具体维护。维护周期主要基于使用情况以及使用时间，动车组每4000公里或48小时会进行检查和维护，主要包括目视检查和功能测试。此外，每当动车组进入或离开车间时，线路设备都会测试每个车轮的情况，有效地延长了车辆的使用寿命、减少了维修成本。

3. 铁路工程设计与施工为什么使用BIM

铁路工程建设是一项复杂的系统工程，具有以下难点：建设周期长，参建单位多，协同组织难度大；专业、设备、物资、档案、质量等标准高，接口多，技术管理难度大；施工环境复杂、质量安全风险控制责任重大；建设期技术、投资、进度、质量、安全、外部协调的控制水平，与建设推进和安全运维等。因此，铁路工程建设迫切需要打通信息技术和传统建设接口，推进铁路建造过程的精益、智能、高效、创新、绿色协同发展。

BIM（Building Information Model）即建筑信息模型，是一种应用于工程设计建造管理的数据化工具，通过参数模型整合各种项目的相关信息，在项目策划、运行和维护的全生命周期中进行共享与传递，使工程技术人员对各种信息作出正确理解和高效应对，为设计团队、运营单位等各建设主体提供协同工作的基础，在提高生产效率、节约成本和缩短工期方面发挥了重要作用。可见，B1M是工程建设全生命周期智能化、信息化、精细化施工的重要辅助手段。

BIM最大的特点是"所见即所得"，可通过软件和数字化技术建立三维拟工程模型，构建与现场情况完全一致的工程信息库，模拟整个工程的建造过程，实时监控工程的进展、实现从现场原材料管理、钢筋加工、混凝土拌制、运输养护到内业资料整理的全套信息化服务。BIM在设计、建设、施工等方面应用优势如下：

（1）规划设计阶段的辅助决策。规划设计是一个有所借鉴、有所创新、不断改进和完善的过程。智能设计系统中包含大量的设计实例，以便为当前设计提供有价值的参考。随着基础设施与电子设备组合并通过网络化联系，数据收集、整合、分析水平大幅提升，通过对大数据挖掘处理，实现跨学科技术支撑，为设计提供新的思路和工具。

（2）提高数据信息创建质量和利用率。BIM简化了专业协调工作难度，提升了设计人员的协作能力，使各专业基于同一模型基础上进行工作，促使数据更加一致性；模型自动协调更改功能使得设计修改工作更加方便快捷；可视化界面便于参与方对设计进行优化。

（3）提高施工管理精细化，主要体现在：①二维平面图纸组合成生动直观的三维立体模型，给人以真实感和直接的视觉冲击，有效节省读图和汇报时间，便于非本专业人员理解，提高沟通质量与效率。②通过BIM模型的展示，参建各方更加直观、清楚地理解设计意图，便于排查施工重难点及风险源，从而协同各方采取针对性措施，对工程施工质量、安全及进度进行有效控制。③BIM数据库的数据可以精细化到构件级别，为施工单位制定详尽的人员、机械、设备投入计划提供有效支撑；BIM数据库可以实现工程基础信息的实时快速获取，通过合同、计划与实际施工的消耗量、分项单价、分项合价等数据的多算对比，有效了解在建项目的运营盈亏、消耗量有无超标、进货分包单价有无失控等问题，实现对项目成本风险的有效控制。

（4）提高项目管理水平。通过 BIM 的应用，可以随时随地、直观快速地将施工计划与实际进展进行对比，同时进行有效协同，施工方、监理方甚至非工程行业出身的业主领导都对工程项目的各种问题和情况了如指掌。BIM 工作在实施过程中，各参与方对 BIM 工作所承担的管理职责，总承包商对主承包商和分承包商，主承包商对分承包商，对应工程管理职责和合同义务，同时也负有对下的 BIM 管理、整合、查验等同等的职责。

我国的 BIM 技术已经向预制加工、施工、管理方向延伸。如图 2.15 所示。

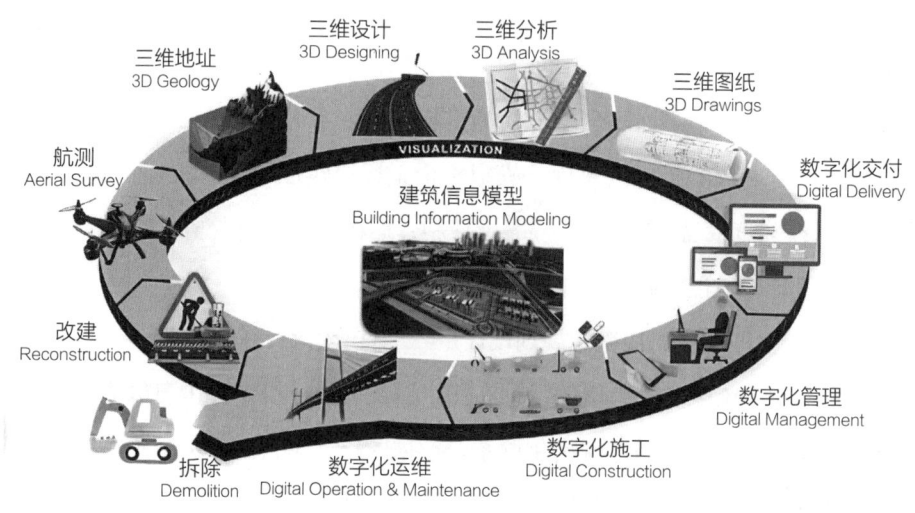

图 2.15　BIM 在铁路应用图

例如，京张高铁全线首次采用 BIM、GIS 等技术，构建了铁路 BIM 参数化协同设计平台和三维设计体系，建立了全线、全专业三维 BIM 模型，构建了建设、设计、施工、监理单位统一的协同管理平台，实现了建造阶段进度、质量、安全检测监测数据的融合，为数字化竣工交付和全生命周期管理奠定基础。

2021 年 6 月，我国首部铁路行业 BIM 标准《铁路工程信息模型统一标准》(TB/T 10183-2021) 由国家铁路局发布实施。该标准由中国铁设主编，多家铁路行业设计单位、高校等参编，编制工作自 2017 年开始，历时 3 年。标准编制的主要目的是规范铁路 BIM 领域基础标准，发挥基础性、指导性与引领性作用，促进铁路工程 BIM 技术发展，规范和引导 BIM 技术在铁路工程全生命周期的应用，统一铁路 BIM 技术要求。标准明确了铁路工程信息模型实施主体、应用阶段、应用流程、信息分类、数据存储、信息交换、保密与信息安全等方面的基本规定；明确了铁路工程信息模型创建的原则和方法等要求；提出了铁路工程信息模型应用成熟度评价指标及计算方式；明确了设计阶段、施工阶段铁路工程信息模型应用的主要内容；明确了各参与方应用信息模型的主要工作内容；明确了基于信息模型的项目协同工作宜满足的要求、面向信息模型应用的协同工作平台需具备的功能或特性、施工图阶段和施工阶段基于协同工作平台的项目协同工作程序等；明确了铁路工程信息模型交付的基本原则、交付精度、交付物格式及交付方式等要求。

4. 高铁精细化施工组织与管理设计体现在哪里

以 BIM+GIS 技术为核心，综合应用北斗卫星定位，智能物联及移动互联等新一代信息技术，完成施工过程及试验现场数据的自动采集和信息互联，构建工程建设质量的全寿命可追溯闭环管理体系和综合管理平台，如按照数字京张高铁的总体架构，分别从设计成果数字化交付、建设过程数字化协同、重点工程 BIM 技术应用、数字化施工、数字化竣工交付等方面开展数字京张全过程、全要素的探索研究，形成数字京张整体解决方案。主要功能包括：

（1）建立全线 BIM 协同工作平台，实现基于 BIM 技术的电子沙盘精细管控，建立以项目、构筑物为中心的综合信息展示系统。围绕项目、构筑物汇总铁路工程的项目基础信息、设计和图纸文档信息、工程数量信息、施工方案信息、技术交底信息、投资进度信息、施工进度信息、现场监控信息、风险预警信息、质量管理信息、安全管理信息和施工过程记录信息等，为铁路工程项目管理人员提供项目管理所需要的信息汇总和综合分析。

（2）通过建设过程的协同管理实现设计模型的交付管理以及建设过程进度、质量、安全等信息的有效集成，在我国高铁建设中首次建立覆盖全线、站前站后各专业的基于 BIM 技术的铁路建设管理平台，实现宏观与微观、室内与室外一体化的信息集成平台，提高各参建单位的协同效率。

① 原材料管理。通过对拌合站、试验室、物料进场验收等环节进行管理，对原材料进出场、库存进行可视化、数字化管控，不合格原材料及时报警提醒，防止不合格原材料进入工程实体，加强原材料供应和半成品的源头控制，有效提高工程实体质量。

② 隧道专业。研制隧道衬砌检测系统、超前地质预报系统、围岩监控量测系统和有害气体检测系统以及机械化施工等隧道系列技术装备系统，实现隧道施工开挖、初支、二衬全过程质量可控、安全风险预知预判、作业效率提升。

③ 桥梁专业。研制桥梁线形监控系统、桩基施工检测系统、桥梁精准控制系统等系列技术装备系统，提高施工过程质量。在简支梁施工方面，通过梁场管理系统与自动化静载试验、自动化张拉、自动化压浆，以及自动化养护等自动化设备相融合，实现关键工序卡控，使预制箱梁的生产质量、生产效率和管理效率明显提高。

④ 线路工程专业。研制集成北斗技术的无人驾驶路基智能化施工系统，提高路基压实的压实程度、稳定性、均匀性，提升地基加载试验自动化检测水平，全面提升作业效率和路基压实质量，实现路基压实数字化、可视化和智能化；研制无缝线路应力放散锁定系统及轨道板精调系统等轨道系列技术装备系统，提高轨道检测检验作业效率和轨道整体平顺性，实现轨道关键作业参数数字化，为后期运维提供可追溯的数字档案；研制板／枕厂生产管理系统，实现从钢筋加工、运送、摆放，混凝土浇筑、养生及产品检测、出库等环节的数据自动采集、异常自动报警，并结合RFID及二维码物联网技术，实现轨道板／枕生产到铺设全过程数字化追溯，全过程智能化管理。其中，在中铁三局集团有限公司建设双块式轨枕生产智能车间，实现了钢筋加工、焊接、模板清理、套管安装及混凝土浇筑、材料运输等生产作业环节的无人化和少人化，初步具备了智能建设的特点。

⑤ "四电"专业。研制接触网智能腕臂预配系统、"四电"设备管理系统等四电设备成套技术系统，实现腕臂预配效率提升，形成"四电"设备运维资产台账，服务于电务、供电数字化运维管理。

⑥ 站房专业。研制钢结构焊缝质量在线检测系统、客服机电辅助施工系统等技术系统，实现站房钢结构焊接质量的实时检测，指导客服机电设备的安装调试，有效提高客站施工的质量管理水平。

（3）数字化竣工交付。数字化竣工交付将建设单位移交的整个铁路建设过程中设计资料、过程资料、竣工验收资料等资料进行分类管理。通过数字化竣工交付系统，将BIM模型承载的建设管理过程信息无缝转移到基于BIM的铁路运维管理系统，同时集成运维期各类台账、生产作业记录、监测检测记录、缺陷库等信息，实现建设BIM模型向运维BIM模型的深化，生成基于BIM的供电设备全生命周期三维可视化数字化档案。数据类型包含二维图纸、BIM 模型、结构化表格、设计说明文件、平台及各业务模块基础数据、质量安全资料、现场照片、工程影像、施工方案、计划进度、工程日志、合同文档以及竣工验收等，为运营阶段建立基础设施管理和设备管理台账提供基础数据。数字化竣工交付系统主要功能包括建设过程信息管理、建维数据转换、清单管理、BIM 模型管理、可视化查询、系统管理等。

例如，在京张高铁建设过程中，数字京张是实体京张的模拟仿真和数字表征，通过搭建数字京张的统一平台，实现参建各方的协同管理，主要包括工程实体数字化、过程管理数字化、参与要素数字化等 3 方面。其中，工程实体数字化包括桥梁、隧道、路基、站房、四电等，也包括拌合站、梁场、板厂、钢筋加工厂等大型临时设施的数字化；过程管理数字化包括重点从安全、质量、进度、投资、环境等方面开展数字化工作；参与要素数字化包括分别从人员、机械、材料、方法、环境等相关方面开展数字化工作。在设计数字京张总体架构中，数字京张全生命周期管理分勘察、设计、建设和运维等阶段。由于主体不同，因此全生命周期管理过程存在 2 次重大成果转移活动，分别是设计交付和竣工交付。其中，设计交付发生在设计院和建设单位之间，交付物主要是设计成果，包括设计 BIM 模型、图纸、说明文件、工程量等；竣工交付发生在建设单位和运管单位之间，交付物为实际的京张铁路和与之相关的设计、建设过程中的工程记录、凭证和相关知识。伴随着 2 次重大成果转移，数字京张作为最佳载体，有效减少了交付过程的信息衰减，在后期漫长的运维阶段，为实体京张运维管理提供指导依据。

5. "四电工程"指的是什么

铁路"四电工程"一般是指通信、信号、电力供电电气化工程。

例如，京张高铁四电系统集成工程于 2018 年 5 月 26 日正式进场施工，2019 年 8 月 25 日实现接触网全线贯通。在一年半的建设过程中，中铁电气化局集团用创新奉献打造"冰雪奇缘"，用智能建造勾勒出中国高铁最美的工笔画。2018 年 8 月 19 日，中铁电气化局千名建设者移师长城脚下，京张高铁"四电"工程全面开工。科学严谨的管理体系是打造"四电"精品工程的基础。为加强有效管控优化项目管理架构，如中铁电气化局将原项目管理两级的组织机构强化为集团公司、工程指挥部、专业项目部、作业队加生产资源管理中心的"4+1 管理模式，增强了项目总体管控能力。

为加强资源统筹调配,指挥部在河北怀来建设升级版的生产资源管理中心,将调度指挥及智能培训、智能预配、检验检测、智能物资管理、安全体验区集聚为一体,打造更节能高效的多功能生产基地。通过"四电"设备管理系统,实现物从计划、购、入库验收据单发料、安装记录全方位闭环管理,并配备智能检验检测设备实现加密抽检。采用 VR 虚拟演示安全教育模式,配以音效、解说以及一体机的动态效果,让作业人员对高空坠落、机械伤害、触电害等达到身临其境的体验效果。

6. 盾构机指的是什么,有什么作用

作为我国高速公路、高铁、城市地下交通建设以及强大基建能力输出的核心成套装备,盾构机是一种隧道掘进的专用工程机械,集光、机、电、液、传感、信息技术于一体,具有开挖切削土体、输送土碴、拼装隧道衬砌、测量导向纠偏等功能,涉及地质、土木、机械、力学、液压、电气、控制、测量等多门学科技术,而且要按照不同的地质进行"量体裁衣"式的设计制造,可靠性要求极高。

盾构机的基本工作原理就是一个圆柱体的钢组件沿隧洞轴线边向前推进边对土壤进行挖掘。该圆柱体组件的壳体即护盾,它对挖掘出的还未衬砌的隧洞段起着临时支撑的作用,承受周围土层的压力,有时还承受地下水压以及将地下水挡在外面。挖掘、排土、衬砌等作业在护盾的掩护下进行。同时,盾构机的刀具在使用时,必然会遇到磨损。这就要求要对刀具进行及时的更换。一条隧道在挖掘贯通前,往往需要多次更换刀具。盾构机如图 2.16 所示。

图 2.16　盾构机

虽然盾构机成本高昂，但可将地铁暗挖功效提高8到10倍，而且在施工过程中，地面上不用大面积拆迁，不阻断交通，施工无噪声，地面不沉降，不影响居民的正常生活。我国建设铁路时，为了减短工期提高效率，一直使用外国进口的盾构机。而面对中国对盾构机的需求量，外国商人开始提高盾构机的价格谋求更多的利益。这样一来，成本大大增加，在使用中出现问题也经常需要国外工程师来维修盾构机，这对技术保密工作带来了极大的风险。2008年，通过不断的研究和实验，我国成功研制出第一台拥有自主知识产权的盾构机，并将这台盾构机命名为中铁1号。中国制造的盾构机产品开始在市场上显现。

我国自主研制出最大开挖直径16.07米、长150米、重4300吨的"京华号"盾构机，已成功应用于北京东六环高速隧道（单向3车道）改造工程，标志着我国超大直径盾构成套技术跻身世界前列。"京华号"服务的项目隧道成型外径15.4米，是我国北方地区最大的盾构隧道。隧道总长达7338米，一次连续掘进最长距离达4773米，是国内超大直径盾构单次掘进长度最长的隧道之一。它不仅要穿越北京副中心城市核心区，地下管线构筑物复杂、实施难度极大，还需频繁上穿下跨多条道路、轨道及河流，多个盾构深度指数均为全北京之最。

隧道施工过程中，"京华号"盾构机需要穿越砂土、富水高致密砂层、粉土及黏性土交互层等复杂地质，工程面临超大直径、超长距离、超深覆土、超敏感环境等施工难点。为了破解技术难题，"京华号"的研制突破了第四代常压换刀、伸缩主驱动、超大直径重载管片高效倒运及拼装技术、高效大功率泥水环流系统、高精度开挖面气液独立平衡控制等多项核心技术，同时创新搭载了管环收敛测量系统、管环平整度检测系统、管环选型系统、自动盾尾间隙测量系统、同步双液注浆系统、三通闭塞器换管装置。特别是第四代常压换刀技术，有效避免了泥水盾构由工作人员带压换刀作业的风险，大大提高了换刀作业效率，降低了带压条件下换刀成本，标志着国产盾构机常压换刀技术研发及应用领域走向成熟。同时，高效大功率泥水环流系统、高精度开挖面气液独立平衡控制、管片收敛等多项成型质量控制及监测技术的应用，实现沉降控制精度0.1毫米，全面提升了成型隧道质量。另外，与传统浆液相比，同步双液注浆系统可实现浆液固结时间从8小时缩至1小时以内，能够快速达到有效强度，形成对隧道的加固、地层的支撑。

7. 桥梁架设施工是怎样进行的

首先要说明的是：高铁修到哪里，制梁厂就建到哪里。架设高铁桥梁的箱梁在制梁厂制作完成后，通过提梁机与运梁车运送到架设地点，再由驾梁机架设完成。工程师研发的这一整套技术与机械装备，能在各种工况下实现箱梁制造与建设，是中国高铁桥梁建设的主导技术为中国高铁网建设提供了有力的技术支持。

架梁机是修建铁路的大型机械，是基建领域的巨无霸。架梁机是单向工程机械，如果能调头转向就能双向架设，提高架梁效率。目前，采用新型高速铁路架桥机线上调头系统进行转体，与传统线下调头作业相比，不再吊运架梁机下桥，减少了设备拆装次数，降低了安全管控风险；同时对场地要求低，避免了因地基承载力不足而进行地基加固、占用有限的存梁场地等问题，降低了工程成本；最重要的是简化作业程序，工作效率得到大幅提升。如图 2.17 所示。

图 2.17　架梁机架桥

8. "全球首例高铁全封闭声屏障"有怎样的独特魅力

这里有全国闻名的独木古榕，栖息着夜鹭、小白鹭和牛背鹭等数十种鸟类，共有 3 万多只鸟。1933 年，文学大师巴金先生到此乘船游览，见到漫天飞舞的小鸟，心情雀跃，写下了脍炙人口的散文《鸟的天堂》。后来巴金先生亲笔题写"小鸟天堂"四个字，"小鸟天堂"从此得名。这个天堂就是广东江门新会区一个绿水环绕的小岛这里有全世界最大的独木古榕，栖息着夜鹭、牛背鹭和小白鹭等 40 多种鸟类，鸟树相依、百鸟纷飞，令人称奇。

2018 年 7 月 1 日，江湛铁路开通运营，结束了粤西三市不通高铁的历史。江湛铁路有一段线路穿越著名景区"小鸟天堂"。但在全封闭声屏障的保护下，时速 200 公里的列车以几乎"静音"的模式，快速与景区"擦肩而过"。众多小鸟与铁路做到了和谐共处。

2015 年，深茂铁路获得批复，由于地形所限，"小鸟天堂"景区所在的天马村成为必经之地，线路距"小鸟天堂"核心区，只有 800 米，飞驰的列车会不会惊扰到小鸟成为考验铁路建设者的难题。绝不能因为铁路建设惊扰到快乐的小鸟。根据环评要求核心区声级不能超过 50 分贝，经过比选论证，选择了声屏障技术。为了 3 万多只鸟，声屏障项目进行了历时两年半的科研实验，拱形全封闭声屏障全长 2036 米，主要由拱形钢构架和特制的吸声板、隔声板组成，最大限度减少列车运行，造成的声光干扰。如图 2.18 所示。

图 2.18　声屏障效果实物图

由于地形所限，作为广东省首条直接连接珠三角核心城市与粤西地区的高铁线，深茂铁路需要穿景区而过，为了保护景区的生态环境，避免噪声污染，建设者们建设了全球首例高铁全封闭声屏障。该声屏障全长 2036.35 米，施工工期为 60 天，主要由拱形钢构架和金属吸、隔声板及 ECC 混凝土吸声板组成，在全球高速铁路建设中属首创。

在声屏障施工中，铁路建设者秉承环保理念，避开了"小鸟天堂"景区。3 月至 7 月鸟类繁殖期，将施工时间安排在 10 月至 12 月。他们采用低噪声设备和设置临时声屏障，少施工过程中的不利影响，经 60 天静音施工，他们安全优质地建成了高铁全封闭声屏障。经过科研人员检测，列车通过声屏障时，"小鸟天堂"核心景区仅增加不超过 0.2 分贝噪声，几乎可以忽略不计。

深茂铁路全球首例全封闭声屏障开创了我国铁路桥上设置全封闭声屏障的先河，有效填补了在合理结构形式、列车气动力效应降噪、隔音效果方面的世界空白，并形成了一套系统的全封闭声屏障综合设计和建造技术，为高铁或城际铁路在城区及邻近环境敏感点的环境保护提供有益经验。在结构材料上,与以往铁路开放性的金属声屏障不同,深茂铁路采用的是全封闭拱形声屏障,因为拱形受力更均匀,能够抵抗14级台风。此外,全长2036米的声屏障共安装了4.2万多块吸声板,并且将通用的140毫米厚金属吸声板减小为80毫米厚,从而保证金属板力学及声学性能满足指标要求。

9. 中国"最东"高铁开始运行,该线路具有哪些特征

牡佳高铁地处黑龙江东部,是目前黑龙江省境内里程最长的高铁线路,是国家"十三五"规划和《中长期铁路网规划》的重点铁路工程项目。牡佳高铁的开通运营,将进一步完善区域快速铁路骨干线网,促进地区经济加速发展,对推动新时代东北全面振兴、全方位振兴提供有力支撑。

牡佳高铁先行工程于2016年11月正式开工,2020年11月全线铺轨贯通,2021年12月6日开始运营,共设牡丹江、林口南、鸡西西、七台河西、桦南东、双鸭山西、佳木斯等7座车站,除牡丹江、佳木斯为既有车站外,其余均为新建车站。该线路开通后,与哈牡高铁、哈佳铁路共同构成黑龙江省东部快速铁路环线,沿线城市全部纳入到哈尔滨2、3小时经济圈。牡丹江到佳木斯的旅客列车运行时间将由现在的7小时左右缩短到1小时45分。牡佳高铁线路走向如图2.19所示。

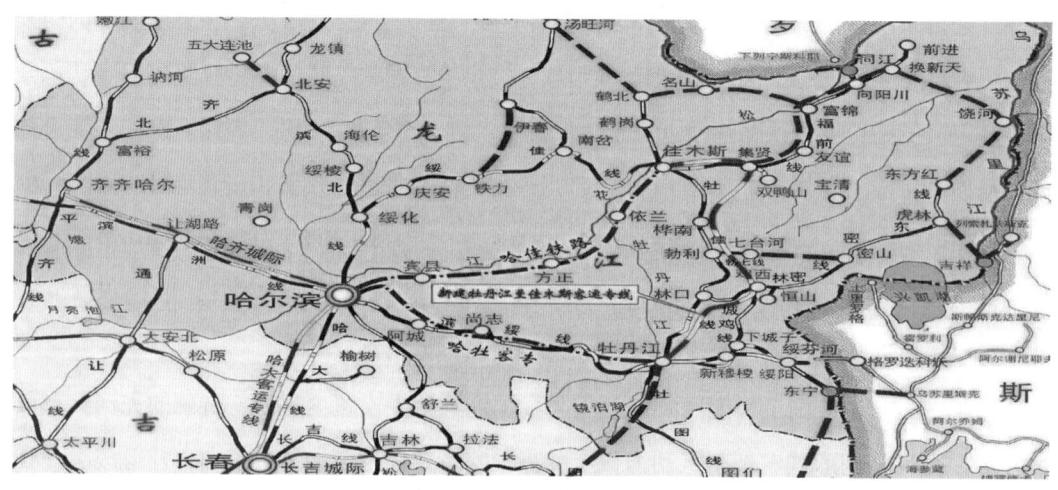

图2.19　牡佳高铁线路走向

（1）积累高寒高铁建设经验。牡佳高铁建设以打造高寒地区精品示范工程为目标，全线工程应用 BIM 技术精心设计精细施工，为严寒地区高速铁路设计和建设积累了丰富经验。牡佳高铁地处高纬度严寒地区，沿线工程地质条件复杂，全线隧道 34 座 63.7 公里，隧道设计克服了高瓦斯、采空区、断层破碎带等技术难题，细化了深埋排水设施为主体的隧道防寒防排水系统设计，为严寒地区隧道抗冻防冻设计总结丰富的经验。

（2）信号设计新精度。牡佳高铁信号 BIM 设计精细到内部配线级别，是全路首次达到内部配线级别的设计精度。BIM 设计成果对于指导施工单位进行设备布置和施工布线方面起到重要作用。除了指导施工以外，由中国铁设自主研发的信号三维运维平台具备设备信息查询、电路应急处置等功能，为牡佳客专信号实现智能运维助力。

这里写一下作者的老家高铁站林口南站"林中木屋"的设计理念，林口南站距离牡丹江市林口县中心 8.5 公里。该站设 2 条正线，2 条到发线，站房外观设计如同"林中木屋"，融入林口县特有的"山水神秀"文化底蕴，给人以厚重坚实之感，并将英雄之城的红色文化融入其中，象征城市精神如山峦屹立。

林口南站东西长 81.3 米，宽 25.2 米，候车大厅中部屋面高 22.19 米，建筑面积 2998.19 平方米，可容纳 800 旅客候车。林口南站将站前广场作为打造城市整体景观的重要环节，充分考虑站前广场同时也是城市绿地的组成部分，把"生态化"的理念贯彻始终，充分利用地形，增加了足够的绿地空间，在将站前广场的生态效益发挥到最大化的同时，也大大地提高了客流的吞吐量，适应社会发展需求，为城市发展提供更好更快捷的通道。站房外观设计如同"林中木屋"，融入林口县特有的"山水神秀"文化底蕴，给人以厚重坚实之感，并将英雄之城的红色文化融入其中，象征城市精神如山峦屹立。林口境内有"八女投江"发生地和东北抗联遗址，当地书法、连环画、油画、冰雪画、蚕翼绣创作全国闻名。林口美食铁锅炖大鹅久负盛名，让人齿颊留香，回味无穷。如图 2.20 所示。同时，林口南站两侧较小体块烘托中部门式造型，窗格构件相互交织，如森林雾凇，体现寒冷地区建筑特质，具有雪原建筑意向。车站稳重大气、简洁壮丽，通过现代建筑语言诠释了站房的人文之灵，彰显现代交通建筑特征。

2021 年 12 月 6 日，牡佳高速铁路开通运营，牡丹江至佳木斯最快 2 小时 10 分钟可达。开通初期，牡佳高速铁路安排开行动车组列车 18 对。其中，黑龙江省内方向运行动车组列车 13 对，首次在哈尔滨、牡丹江、佳木斯间开行环线动车组列车，在牡佳高速铁路开行通达大庆、齐齐哈尔等地的动车组列车，实现黑龙江省内高速铁路网互联互通。

图 2.20　林口南站示意图

10. 修建川藏铁路意义和难点

川藏铁路建成后将成为继青藏铁路之后世界屋脊通往内地的又一条大动脉。它不仅会拉近西藏与内地的空间和发展距离，也会拉近彼此的心理距离。川藏铁路对西藏的发展建设和生态保护意义重大，不仅是西藏人民的期盼，也是全国人民的心愿。川藏铁路连接四川成都和西藏拉萨，是继青藏铁路后的第二条进藏铁路大动脉（后续还有滇藏铁路），全长约 1580 公里，项目总投资 2700 亿元，川藏铁路为国铁 I 级双线电气化规格，设计时速 200 公里，局部地段根据实际情况适当降低，最小曲线半径一般 3500 米、困难 2800 米，限制坡度 30‰，到发线有效长 650 米，普速货车牵引质量 2100 吨。考虑价差预备费后全线预估算投资总额为 3045 亿元，全线建成通车后从成都到拉萨的铁路通行时间将从 36 小时缩短到 12 小时左右。

川藏铁路工程的主要特点和挑战主要包括：

（1）工程环境复杂。线路依次经过四川盆地、川西高山峡谷区、川西高山原区、藏东南横断山区、藏南谷地区 5 个地貌单元，平均海拔 3800 米，地形起伏剧烈；线路"穿七江过八山"，沿线天气气候变化剧烈，水系分布复杂，内外动力地质作用强烈，地球板块活动仍在继续，地震活动高发，不良地质和特殊岩土发育，工程地质条件极其复杂，自然灾害频发。线路经过区域国家级保护区数 10 处、大熊猫等珍稀动植物近百种，生态环境敏感，环境保护任务艰巨。

（2）重难点工程多。全线有公里级跨度悬索桥 3 座；200 米跨度以上的钢桁梁、拱桥和刚构桥 7 座；长度 15 公里以上隧道 23 座，最长的易贡隧道长达 42.5 公里；深埋隧道众多，最大埋深 2100 米。工程结构复杂、技术难度巨大，还受制于桥址隧址地质、水文、气候和交通条件等工程环境，安全风险因素众多，施工条件艰难。

（3）建设管理难度大。线路位于高海拔地区，山高谷深、人迹罕至，高寒缺氧工效低，有效作业期短；区域工业基础薄弱，沿线交通运输能力不足，钢材、水泥、砂石料等建筑材料匮乏，电网和通信网络覆盖面不足；单体控制性工程多，建设周期 10 年左右，施工组织难度大。总体而言，川藏铁路全线复杂结构桥梁、超长深埋隧道众多，具有地形起伏剧烈、工程地质复杂、生态环境敏感、气候条件恶劣、自然灾害频发、施工条件艰难等特点，面临着"极端地质灾害、工程异常艰巨"两大挑战，给工程建设和运营带来极高的安全风险。

川藏铁路建设分为三段，成都至雅安段已开通运营，林芝到拉萨段在建，位于中间部分的雅安至林芝段是公认的铁路建设"最难段"。这一段的开工，意味着川藏铁路将全线开建。曾有西方工程师认为建造川藏铁路在 100 年内也难以实现，但从目前的进度来看，不出 10 年我国就能实现川藏铁路通车。届时，乘坐这条线路就能途经亚洲最大的 360° 观景平台的牛背山、世界上海拔最高的城市理塘、最深的峡谷雅鲁藏布大峡谷、最美冰川之乡波密、世外桃源徒步天堂墨脱等著名景点。

川藏铁路前期勘察设计采用了"空、天、地"一体综合勘察，以"减灾选线"理念确定线路走向。在穿越复杂艰险山区铁路建设领域形成的高墩大跨桥梁、复杂环境隧道、路基变形控制及灾害防治、牵引供电系统和监测预警等科研成果，也将运用于川藏铁路。川藏铁路建设虽艰苦卓绝，但以祖国之强大，工程人之用命，川藏铁路势必达成，且前程似锦。

总之，我国在形成艰险困难山区及特殊地区高速铁路建造的技术体系基础上，围绕我国最复杂的艰险山区铁路川藏铁路的建设，国内相关学者对艰险山区施工和应急运输组织技术展开前期研究，在分析艰险山区高速铁路可能发生灾害事故类型、后果及风险因素的基础上，根据艰险山区的地形和隧道类型，提出艰险山区高速铁路施工及应急保障线路方案设计的原则和对策，并通过优化铁路运输组织方案，提高相关线路的运营效率，保障艰险山区铁路线路的施工作业和防灾救援。

11. 我国高速铁路建设安全保障体系

为从源头质量上保障高铁安全，中国高速铁路在设计、建设阶段，就建立了包括技术标准、工程建设、设备质量、安全防护、联调联试、运行试验、安全评估等一系列的源头质量保障机制。

（1）高铁技术标准保障。建立了涵盖动车组、基础设施等各方面的高速铁路技术标准体系，注重采用和借鉴国内、国外先进标准，特别是等同采用了 IEC/EN 的铁路安全标准，不仅从技术和安全层面严格保障了高速铁路建设、运营质量，还实现了中国与欧洲等国家的高铁技术兼容。

（2）工程建设和设备质量保障。通过严格制度标准、原材料、工艺工法、检测检验、验收开通等关键环节管控，加强工程建设质量问题的检查和整治，强化合同约束和行业监督管理，建立了高铁工程建设质量控制体系；通过强化高铁物资采购审核和产品质量检验检测，实施行政许可、产品认证、上道审查等准入制度，加强高速列车及其重要配件的监造管理，强化铁路统一的物资供应商信用评价，建立了高铁设备质量源头控制体系。

（3）高铁安全防护保障。中国高铁在设计阶段即采用全封闭、全立交方案，线路两侧设置防护栅栏封闭，桥涵设置限高防护架及合理的人畜通道，公铁并行路段设置防护桩，上跨铁路桥设置防抛网。各条高铁线路还安装有风速、雨量、雪深、地震等自然灾害及异物侵限监测系统，实现了高铁灾害安全防护。在此基础上，中国铁路总公司正在持续推进高铁车站、列车视频监控建设，逐步实现高铁沿线重点部位监控全覆盖。

（4）联调联试及运行试验保障。对新建高铁项目实施系统性能测试及优化等联调联试工作，检验高速列车运行的安全性、平稳性和舒适性，检验线路基础设施的安全性、稳定性，评价设计参数、设备选型和系统接口的合理性，验证减振降噪措施的有效性；在接下来的运行试验工作中，检验高铁设备设施及行车组织方式能否满足运营要求，检验各种非正常行车能力，为优化设备配置、提高设备性能、制定运输组织和应急救援方案等提供技术依据。

（5）安全评估保障。在新建高速铁路开通运营前，中国铁路总公司组织行业内的管理和技术专家，按照专业分为多个安全评估小组，针对运营维护单位在安全管理、规章制度、员工素质、设备管理等方面的开通运营准备情况实施安全评估。2008年以来，中国所有高速铁路都经过了安全评估，确保了各条高铁线路的顺利开通和安全运营。

总之，建设阶段的相关技术和管理措施为高铁系统安全提供源头质量上的保障；在高铁系统投入运用后，合理的运营管理及养护维修则是高铁系统持续安全的重要保障；此外，中国高速铁路还具备完善的安全信息反馈机制，在运营维护期间制定的安全措施将继续应用于后续高速铁路的设计、制造和施工等阶段，用于对系统方案实施改进，实现整个高速铁路运营安全体系的可持续发展。

12. 铁路全生命周期管理指的是什么

铁路全生命周期管理是指将铁路工程规划、竣工验收及运营维护作为一个有机整体，采用集成化的管理组织模式、管理方法及先进的管理手段，通过标准体系的建立和新技术、新工艺、新材料、新设备推广应用、统筹协调各环节的均衡发展。全生命周期管理是基于建设为运输服务的目标导向和结果导向为基础、从源头抓起，重视过程控制，通过建立物理信息、价值三位一体的高度集约化管理模式，进一步提升为工程建设和使用增值服务水平，最终实现铁路工程建设项目在其全生命周期内的最大使用效益、最长使用寿命及最低综合成本的目标。

铁路全生命周期管理不是铁路建设各阶段的物理糅合和简单叠加，而是一种既能反映各阶段目标需求与管理特点，又能体现以实现预期运营目标为期望的集成协同管理模式。为此，铁路全生命周期管理内涵是以安全质量为核心，数据流为主线，以BM+GIS、物联网、云计算、大数据等为主要技术特征，以标准为行为规范，以协同设计、建设和运维管理互为载体，形成一套信息空间与物理空间之间基于数据无损流转的状态感知、实时分析、科学决策、精准执行的闭环赋能体系，解决铁路工程全生命周期的复杂性和不确定性，实现铁路基础设施的数字化、智能化，这与国铁集团提出的"探索构建基于全生命周期的铁路建设管理新模式，为打造精品工程、智能铁路、绿色铁路提供有力支撑"一脉相承，全生命周期管理与智能铁路的理念共融相通，前者指引后者发展方向，也是后者实践的必然结果。

第四节 联调联试

1. 什么是联调联试和试运行

保障安全是高速铁路首先面对的课题。高铁建造的每一个环节、每一道工序,都对安全有着充分的考虑,包括极端条件下可能遇到的风险。联调联试和试运行是高速铁路开通前必不可少的安全措施。

联调联试一般由铁路部门组织实施,相关厂商负责评估后的整改工作,以达到设计速度为目标,在铁路开通运营前,需要采用轨道结构测试车、高速综合检测列车等测试装备,对全部线路逐步进行极其严格而全面的测试,还会利用改造过的运营车进行制动试验、交会试验等重点测试。

联调联试的主要内容包括轨道、路基、桥梁、隧道、牵引供电、接触网、通信、信号、客运服务、自然灾害监测报警系统异物侵限监测报警系统、综合接地、声屏障等的鉴定试验、制动试验、提速试验、整体评估试验等。此期间,通过开行高速综合列车,对轨道、电路、通信、机车、车辆等设备设施进行全面调试试验,对发现的缺陷进行调整,直至各个系统以及整体系统受试性能符合高速运行及动态验收要求,确保运营后行车安全稳定。例如,京沪高速铁路上海段的联调联试调试项目包括:高速动车组试验、时速400公里高速综合检测列车检测系统试验、高速弓网及供电变电系统试验、无砟道床结构试验等。

高速铁路跨越崇山峻岭,穿越大江大河,也穿过不同的气候带、复杂多变的地形、长达10多公里的隧道,以及经受风暴雨雪、酷热严寒等极端气候,对高速运行的列车,每一项因素都潜藏着威胁。高速铁路开通运行前明确规定,联调联试的速度要比实际运行高20%以上,另外,每一项设备单项试验的速度一般都要高于联调联试和实际运营的速度,这种提高标准试验称为试验冗余度,对高速铁路安全十分重要。

联调联试结束后还需要进行试运行,这要得到铁路部门的许可,时间一般为2-3个月。

主要包括各方面的人员培训，对处理故障的演练和正常运营条件下的技术试验等如果通过了试验，就会得到铁路部门的许可，新修建的铁路就可以开通运营了。

自京津城际铁路开展联调联试以来，逐步形成了包含供点系统、接触网、通信系统、信号系统、客运服务系统、综合接地、电磁兼容、振动噪声及声屏障、路基及过渡段、轨道结构、道岔、桥梁、动车组动力学性能、轨道几何状态、防灾安全监控系统、隧道气动效应以及运行试验等测试内容，并根据具体线路的实际特点，对具体联调联试项目进行增减。

2. 为什么高铁开通前要"联调联试"

我国一条条高铁新线相继开通运营，为咱们的出行带来不少便利，小伙伴们都很关注高铁建设的信息，都盼着高铁修到自己的家乡。

大家可能会发现，每条高铁在开通之前，都会进行"联调联试"，可以说，一条高铁的开通需要经过线路工程、牵引供电、通信信号、防灾监控、运营调度以及客运服务等各系统，一项一项地检测和验证，凝结着无数铁路工作者的辛勤汗水。联调联试就是采用高速检测列车等测试设备，在铁路开通运营前对沿线轨道、接触网、通信、信号等各项设备逐步进行测试，并依据测试结果对发现的缺陷进行调整，直至各个系统以及整体系统满足符合高速运行及动态验收要求的过程。

联调联试重在"联"字，需要铁路许多部门和单位共同配合，过程也是相当烦琐和精细，从检测车上道确认，到综合检测列车逐级提速，再到实车拉通试验，最后到按图行车进行运行试验，整个联调联试需要 3 个多月的时间。联调联试具体按照下面几个阶段进行。

（1）准备阶段。这一阶段主要是检测设备的地面布点、设备安装、调试测试系统设备安装等各项准备工作。联调联试的前提是工程全部达到静态验收条件，通过工程建设质量的"静态验收"，在确认联调联试条件和综合检测车上线条件后，才能正式进行联调联试。

（2）逐级提速阶段。这一阶段主要是通过开行综合检测列车，按照速度等级进行正线逐级提速试验、道岔侧向通过试验、接触网静态几何参数检测、动态几何参数检测和人工短路试验，也就是说"静态验收"阶段过后迎来了"动态验收"阶段。首先由内燃机机车牵引着轨道检测车、信号检测车、接触网检测车组成的检测列车上线"试跑"确认条件，综合检测列车按照速度等级进行逐级提速，验证路基、桥梁、隧道、牵引供电、接触网系统的性能和功能，评价综合接地、电磁环境、电分相装置等是否满足相关标准要求，为动态验收提供技术依据。

（3）信号及其他系统联调联试。这一阶段为信号及其他相关系统联调联试阶段，主要完成信号系统调试和客运服务、自然灾害及异物侵限监测系统、远动系统、综合视频监控系统进行试验。通过信号ITC试验、轨旁信号设备状态测试以及列车运行控制系统场景测试等，验证地面列控系统的相关功能和与列控系统相关设备的接口关系。

（4）全线拉通试验。采用综合检测列车按ATP控制模式，以线路允许速度运行，对全线进行往返的拉通试验，检验整体设备的运行水平。

（5）运行试验。这一阶段主要通过列车运行图参数测试、故障模拟、应急救援演练和按图行车试验，验证各系统在正常与非正常条件下运输组织的适应性，验证行车组织方式能否满足运营需求，检验在设备故障、突发事件和自然灾害条件下的应急处理能力，为完善科学合理的运输组织方案提供技术依据。

3. 高速铁路是怎样联调联试的

高速铁路联调联试大致流程可以分为：静态验收、动态验收、动检车测试、试运行。原则上联调联试时间不得少于1个月。

联调联试的前提是要工程全部完工，所以第一个步骤就是检查整个工程的质量，就是所谓的静态验收，这个时候一般是不通电的，只对路基、桥梁、隧道、轨道、"四电"等等各个专业门类进行检查、验收。静态验收合格后，接下来就是动态验收了：这个阶段接触网一般已经具备通电条件了，但是不会供电，由验收单位组织内燃机车牵引轨道检测车、接触网检测车上线"试跑"，就是所谓的"冷滑试验"，目的是检查各系统设备安装和性能是否符合设计要求等等。一般编组是：内燃机车＋电务试验车（SY）＋工务检测车（WX）＋内燃机车，经常被车迷称为"2动2拖伪动车组"，不过也会根据实际情况有所调整。冷滑试验合格后，接着就是热滑试验了，热滑试验是在接触网送电的情况下，依靠试验列车自行运行，对供电、信号、通信、线路、机电等系统设备进行全面检测的一种试验方式，一般是电力机车单机运行，保险一些的话会加挂一节内燃机车，以防机破等故障发生。经过以上检测合格后，接下来动检车就要粉墨登场。动检车全称高速综合检测列车，俗称"黄医生"，它是为高速动车组安全护航的"体检列车"，是进行铁路基础设施综合检测的最重要技术装备，一般由CRH380A改造而来，是目前世界上运行速度最高的检测列车，所装载的先进检测设备提供了更高精确度和更丰富的检测能力。

高速综合检测列车主要配置了通信设备、传感器、摄像头等装置，能够在运行途中对沿线轨道、路基、通信信号、车辆动态等进行动态检查，并通过逐级提速采集和分析相关数据，确保各系统达到设计要求，为线路具备开通运营条件提供重要的技术服务和保障。高速综合检测列车是集"高精尖"于一身的高铁"体检"医生，因车身涂装醒目的黄色而被称为"黄医生"，是进行高速铁路综合检测的重要技术装备，用于高铁沿线轨道、路基、通信信号、车辆动态、接触网等各系统功能性能测试及相关系统间接口、匹配关系的综合测试。

动检车开始逐级提速试验，一般冷滑热滑试验已经能将测试速度提速到140公里/小时，动检车一般会从140公里/小时起步，逐步提高测试速度至运营速度的110%：运营速度200公里/小时的就是220公里/小时，运营速度250公里/小时的就是275公里/小时，运营速度300以上的就是385公里/小时，如果不能达到标准的110%视为限速区间，同时记录各个限速区间和限速数值，限速区间正式运营时速度不得超过联调联试最高结果。动检车检测大致会经过：逐级提速试验、过分相试验、通过侧向道岔试验。动检车试验合格后，联调联试部分大致就结束了，如果最终检测合格，接下来试运行了。试运行就不再需要动检车了，黄医生就正式下线了。参与试运行的车辆就是真正运行时使用的动车组，当然，某些线路视国铁集团安排还会进行速度冲高试验。试运行一般分为以下几个步骤：列车运行图参数测试、按图行车测试、故障模拟测试。

联调联试作为高铁建设与发展过程中的一个必不可少的重要环节，对于保证高速铁路工程质量、保障运输生产安全有着至关重要的作用。在新建高速铁路开通运营前，为确认其已具备按设计速度开通运营的条件，我国铁路相关部门按相关技术规范要求，系统地开展联调联试试验，通过验收使新建高速铁路达到相关设计标准以满足运营条件。

为确保联调联试工作安全、高效、有序推进，必须对联调联试大纲编制、前提条件、实施过程、报告总结等关键环节进行有效控制。

另外，每一条高铁线路正式开通前，都会有相关检测设备，对其进行一段时间的联调联试。细心的网友发现，检测设备中竟然有"绿皮车"。联调联试中一项重要的检测就是在规定测试速度下，对轨道、道岔的动态性能和系统状态进行检测，为动态验收提供技术依据。而这个"规定测试速度"，是逐级提升的。

低速测试是联调联试中的重要一环。速度级采取由低到高的逐级提速原则，从本质上来说是为了保障安全。每个速度级试验中，工作人员都需要对检测数据进行实时处理和监测。该阶段试验完毕后，经过数据分析确定安全性指标符合标准要求，才能进行下一个速度级的测试。如果发现有影响列车运行安全的位置和区段，必须对其进行精调，经过再次测试确定能够满足运行安全条件后，再进行下一个速度级的测试。

低速测试是联调联试中的重要一环，在这个阶段，"绿皮车"就要登场了，重点检测线路的基础数据，及时发现线路存在的问题，为后期高速综合检测车开展精密检测提供安全保障和数据支持。"绿皮车"检测列车通常由三节车厢组成，内燃机车牵引轨道检查车、接触网检测车和电务检测车对线路进行检测，确认动车组上线条件。

（1）轨道检查。轨道检查车通过检查轨道高低、轨向、轨距等各项参数，及时发现轨道变形和线路不平顺的区段，为轨道线路精调提供数据支撑，更好地指导现场作业，确保钢轨状态良好，优化轮轨间的匹配关系，提高线路平顺性和行车安全性、平稳性和乘坐舒适度。地面信号设备进行精调或整改。

（2）弓网检测。为满足动车组在受电弓高速滑行条件下的安全、平稳受流需求，弓网检测车主要检测弓网状态接触力、燃弧率、接触线平顺性等技术参数，根据测试结果调整接触网，实现弓网的最优匹配。

（3）信号检测。信号检测主要通过在区间和现场设置各种不同运营场景，检测信号系统和牵引供电、运营调度等系统的接口，全面检验ATP控车的可靠性，测试结果将为高速铁路安全评估和系统调整提供重要依据。

随着测试速度提升，就轮到"黄医生"出场了。如今，"复兴号"动车组也加入了高铁线路联调联试的行列。无论是"绿皮车"、和谐号还是"复兴号"，每一个都必不可少，每一趟车都在为新线高质量开通而努力着。

第 3 章

高速列车为什么能跑起来

第一节　基本概述

1. 高铁列车为什么能跑起来总体因素

高速列车为什么能跑起来，而且高速安全平稳运行呢？其实道理和汽车运行是一样的，汽车要跑得快，不仅取决于车的性能，还要有平顺、畅通的道路，平顺就是要有高等级的公路，畅通要靠有效的交通指挥和疏导。良好的线路条件、性能优越的动车组、先进的列车运行控制系统，构成了高速列车为什么能跑起来的三大基本要素。

要使高速列车跑起来，首先要有良好的线路条件。没有好路，车再好也跑不起来。那么什么是好路呢？对高速铁路而言，线路应尽可能取直，减少弯道，尤其要避免小弯道；要力求平顺，不能起起伏伏上下颠簸；要坚实稳固，铁路建成后必须控制沉降，不能出现不均匀沉降。同时，为了满足列车高速平稳运行，提高旅客乘坐舒适度，高速铁路采用无动心轨高速道岔；为减少会车时的气流冲击，两条平行线路之间的距离更宽，隧道横断面面积更大为预留进一步提速的空间，对不易改建的基础设施适度提高建设标准。《高速铁路设计规范》(TB10621-2014)对我国高速铁路线路设计的具体指标作出了明确规定，300公里/小时等级的高速铁路的线路平面最小曲线半径为5000米，单洞双线隧道的断面有效面积为100平方米。同时，运营过程中建立了完整的检测监控、养护维修体系，以确保高速铁路基础设备始终处于良好的"健康"状态。

要使高速列车跑起来，必须有性能优越的动车组。有了好路，如果没有好车，一切都无从谈起。车的性能如何，直接关系到高速列车能否跑起来。高速动车组必须跑得快、跑得稳、跑得好。跑得快是指动车组要有强大的牵引动力，有足够大的牵引功率（单位重量功率），可牵引列车高速运行。如：8辆编组的时速350公里中国标准动车组牵引功率约为10000千瓦，而普通旅客列车的SS9型机车的牵引功率仅为4800千瓦；跑得稳就是说列车运行要平稳，尤其在高速运行时不能降低乘坐舒适度；跑得好讲的是各种零部件的可靠性要高，不能因有局部缺陷影响动车组安全运行。高速动车组采用外形美观的流线型、气密性好的轻量化铝合金车体、高速高性能转向架、大功率交流传动牵引、微机控制的电控联合制动、分布式列车网络控制系统等先进技术。空调采暖功能完善、座席等设施布置合理，车内通风良好，为旅客造就舒适温暖的乘车环境。

要使高速列车跑起来，还得有先进的列车运行控制系统。有了好路、好车，怎么让高速列车安全平稳、高速运行呢？这就需要有高速铁路列车运行控制系统，它是高速铁路的中枢，对安全性、自动化程度和行车指挥效率要求很高。列车运行控制过程由地面指挥系统发布路况信息，车载设备接受信息并通过车载计算机信息处理形成控车指令，列车按指令行车并实时反馈车的状态信息。我国建立了 CTCS-2 级和 CTCS-3 级高速铁路列车运行控制系统，采用目标距离连续度曲线模式控制列车安全运行，以保证列车安全运行，实现超速防护，提高运输效率。车地之间通过轨道电路、应答器和 GSM-R 无线通信传递信息。

2. 高铁技术是当代高新技术的集成

高铁技术的发展以基础专业技术的发展为支撑，是当代高新技术的集成。20 世纪后期科学技术蓬勃发展，以此为代表的新技术迅速转化为生产力，即计算机及其应用，微电子技术、电力电子器件的实用化与遥控技术的成熟，新材料、复合材料的推广应用。高速铁路技术除了具备普速铁路的基本特征外，还体现在其广泛吸收应用当今机械、化工、材料、工艺、电子、信息、控制、空气动力学、环境保护等领域高新技术的多学科、多专业的综合技术，集中体现了铁路机车车辆、牵引供电、工务工程、通信信号等专业的巨大技术进步，综合利用了电子计算机、信息传输、机械制造、电力电子元件等多种新材料、新工艺、新产品等。高速铁路技术全面突破普速铁路的理论、概念、技术以及控制手段和方式。通过高稳定的基础设施、性能优越的高速列车、先进可靠的列车运行控制系统、高效的运输组织与运营管理体系等的综合集成，各系统围绕整体统一的经营管理目标，彼此兼容，完整结合。

例如，高速铁路突破了前人关于轮轨极限速度理论的设想；通过交-直-交电传动方式的技术突破，解决了大功率牵引电机在有限空间和质量下实现的技术难题；通过采用新结构和新材料，实现了流线型的高速列车车体外形、动力性能优良的高速转向架的制造，有效减轻列车质量和运行阻力；航天航空技术的移植，机电一体化向更高程度的发展，列车高速运行轮轨黏着、弓网规律探索研究的提升，为研制牵引和制动功率大、运行阻力小、环境噪声低的高速动车组提供了条件；融现代计算机、通信技术、信号技术和遥感技术于一体的列车运行自动控制系统和行车调度指挥系统的变革，以及轨道线路、桥隧工程技术和监测、养护技术的发展和进步等，为高速列车的安全、舒适运营创造了前提；高速铁路以外部供电作为动力，可广泛利用各种新型能源，原始的排放可在电厂进行集中处理，有效减少对沿线环境的污染。

随着列车运行速度的提高，不同功能的各个子系统之间的联系愈加紧密，高速铁路已经成为庞大复杂的现代化系统工程。它既要依靠各个学科、专业技术的进步和发展，由此提高各子系统的技术水平，更依赖于各个子系统间的协调、配合、集成创新。高速铁路系统需要高可靠和高性能的高速列车、高质量和高稳定的铁路基础设施、高安全可靠性和先进性的列车运行控制系统、高可靠性的大功率牵引供电系统、高效的运输组织与运营管理系统。速度的提高使子系统间的相互作用发生了质的变化，各个子系统相互制约、相互依赖，只有共同的集成创新合力提高，才能保证高速铁路大系统高水平运转。高速铁路子系统之间的关系远比普速铁路复杂，在筹划高铁之初，必须从整体上认真研究并协调各子系统主要技术参数变异的合理范围，重视新系统的强耦联特性。高铁从可行性研究、规划、设计、施工、制造到运营管理，都要超前、系统地进行研究才能付诸实施。铁路实现"高速"梦想的背后，是一次从基础理论到铁路行业各系统及其相互关系的质变。

3. 中国高铁技术的三大突破

高速铁路正是建立在相关领域高新技术基础之上，综合协调、集成创新的成果。高铁技术集成既包括通过结构化的综合布线系统和计算机网络技术将各个分离的设备、功能、信息等集成到相互关联、统一、协调的系统之中，使资源达到充分共享，实现集中、高效、便利的管理，也包括解决各类设备和子系统间的接口、协议、系统平台、应用软件等与子系统、建筑环境、施工配合、组织管理和人员配备相关的一切面向集成的问题；还包括协调匹配高速铁路土建工程、牵引供电、列车运行控制、高速列车、运营调度及客运服务等不同子系统，保证各子系统间标准匹配协调、接口设计协调、固定和移动设施匹配兼容，实现系统优化和目标功能。比如高铁的信号与控制系统是集计算机控制与数据传输于一体的综合控制管理系统,高速铁路通信信号一体化和智能化技术,实现了列车安全运行和调度指挥功能。高速列车又是运送旅客的动力设备,集机械、材料、电子、计算机、网络通信等领域的最新技术于一体,且具有机车车辆一体化的特征。高速列车系统、高速列车运行控制系统和运营调度系统之间的整体性和系统性功能,必须通过硬件和软件上的连接来实现。中国高铁技术三大突破如图3.1所示。

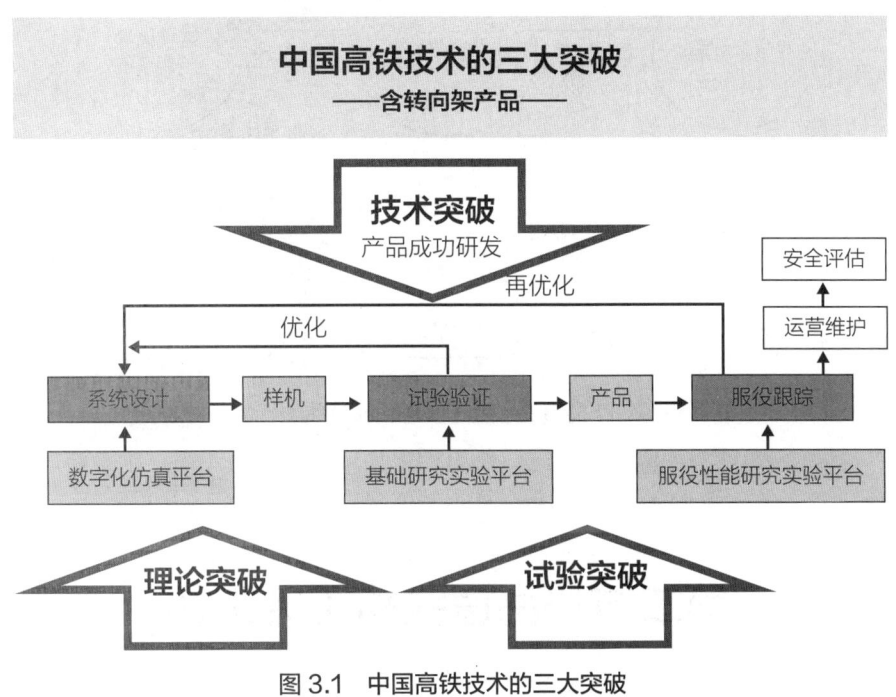

图3.1 中国高铁技术的三大突破

4. 高速铁路各大系统关系如何

高速铁路也是复杂的系统工程,是当今许多前沿科学技术,即信息技术、自动控制、新材料、新工艺等多种技术门类、多专业综合的高新技术的创新和集成。高速铁路运营系统主要由六大核心系统构成,分别是工务工程、动车组、牵引供电、通信信号、运营调度及客运服务系统。各系统之间既自成体系,又相互关联、相互影响、相互匹配、协调运转,在高速铁路运营组织与管理中发挥着关键作用。高速铁路运营六大核心系统关系如图3.2所示。

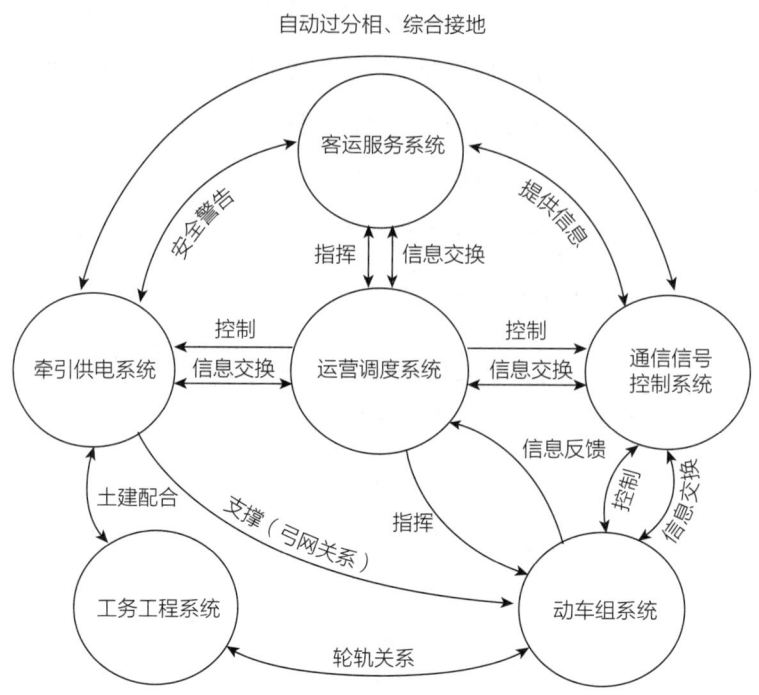

图 3.2　高速铁路系统关系

第二节　高速铁路工务工程

1. 高平顺的高铁线路的设计标准

虽然高速铁路与普通铁路的轨道结构都是由钢轨、轨枕、扣件、道岔和道床等部分组成的，它们也承受到来自于列车车轮的作用，但是其材料的力学性能却决然不同。随着高速列车的提速，大幅度增强了高速列车对轨道结构的作用力。所以，高铁线路设计与普通铁路线路设计也有所不同。高铁线路的设计理念是"以人为本、节能环保、绿色发展"的设计理念。

高速铁路的等级主要由高速铁路在国家中的功能决定。大多数情况下，高铁线路等级需要更多地考虑政治、经济、社会等宏观因素，非单纯由技术因素确定。但无论如何设计，高铁线路的设计遵循如下原则：

（1）高铁线路的坡度准则。高速列车重量较小，机车功率较大，可在较大线路坡度上高速运行。高速铁路要求相邻坡度差大于1‰时，设置竖曲线，以保证列车运行平稳和安全。国外高速铁路最大线路坡度为40‰。我国京津城际铁路线路最大坡度为18.5‰，石太客专的线路坡度为18‰。

（2）高铁线路的速度准则。竖曲线半径与行车速度有关，行车速度越高，竖曲线半径也应越大。我国高速铁路上，最小曲线半径根据所处区段远期设计最高速度选用，具体为：最高设计速度300-350公里/小时，选用25000米；最高设计速度250公里/小时，选用20000米；最高设计速度200公里/小时，选用15000米。最大竖曲线半径不应大于40000米。

基于上述原则，我国高铁线路的分类，如表3.1所示。

表3.1 高铁线路的分类

技术标准	高速线路分类		
	国家主线	干线高铁	既有线改建
设计速度	300-400km/h	250-350km/h	200-250km/h

2. 高铁线路的轨道特征

高铁线路的建设中，高铁轨道的特征是尤为重要的，因为轨道建设直接关切到高速列车的正常运行以及运行安全性。

由于高速铁路运行比较快，所以高速铁路对轨道的基本要求也比较高，主要有：

（1）高铁轨道的平顺性。高铁轨道的平顺性是高速铁路对轨道的最根本的要求，也是建设高速铁路的控制性条件。这是因为轨道不平顺是引起列车振动、轮轨作用力增大的主要原因，必须严格控制轨道的平顺性。

（2）高铁轨道的可靠性。高铁轨道的可靠性主要是指轨道结构保持平顺性，维持线路正常运营的能力。高速列车荷载的特点主要在于高频冲击和振动，这种高频荷载容易造成扣件松动、轨下胶垫磨耗、混凝土轨枕承轨槽破损，特别是有砟轨道中道砟破碎、粉化，道床沉降和变形。

（3）高铁轨道的长寿性。高铁轨道的长寿性指的是轨道结构有较长的维修和大修周期。由于高速铁路的行车密度大，速度高，因此其维修工作量必须少，维修周期必须长，才能保证不中断行车，维持列车正常运行。

（4）高铁轨道的稳定性。高速列车的高频冲击和振动会使轨道自身保持稳定的能力降低；而高速列车的蛇行和横向振动又会使作用到轨道上的横向荷载加大，增加轨道横向失稳（胀轨、跑道）的可能性。采用跨区间无缝线路是提高轨道结构连续性、均匀性的重大举措。

3. 高铁轨道的结构设计理念

高速铁路的轨道结构除了要具备更高的稳定性能和可靠性能外，还需要具备极高的平顺性。

（1）日本高铁轨道的结构设计理念。1964年，在日本投入运营的长515公里、速度为220公里/小时的东海道新干线客运专线是有砟轨道，虽然轴重较轻，但在运营15年后，高架线路和桥梁上的线路已不能保持符合高速运输要求的良好状态，必须进行线路大修。日本把无砟轨道称作板式轨道，它具有如下结构特点：板式轨道由轨道板和钢轨组成，由扣件将其联结；轨道板为钢筋混凝土或预应力混凝土结构，考虑到运输、铺设作业及曲线地段轨道中心和轨道板中心错位等因素，轨道板标准长度为5米；为防止轨道板沿轨道纵、横向移动，要把轨道板固定在整体道床上，因此在隧道及高架桥的整体道床上设置圆柱形混凝土凸台。

（2）法国高铁轨道的结构设计理念。就法国的高速铁路来说，都是利用有砟轨道。长轨条长280米或者396米，铺设的线路是跨区间的无缝线路。每间隔20-25公里的地方设置渡线，达到160公里/小时的侧向过岔速度则可以进行反向行车。在经过20多年的运营实践可以发现，这种轨道结构是成功的，能够与高速行车相适应，当达到400公里/小时的试验速度时，各种轮轨力都比引发线路塑性变形的限值低。由于列车高速运行时砟旋流所引发的钢轨踏面缺陷，这种缺陷会因为增大的动力作用而迅速恶化轨道的运行状态，需要及时打磨钢轨，否则就会使得线路大修工作量得到增加，而且线路大修会损坏道咱。

（3）德国高铁轨道的结构设计理念。就德国的高速铁路来说，利用的也是长为180米的轨条，再在工地上焊接成无缝线路钢轨。而且钢轨在出厂之前都会经过超声波探伤，同时超声波探伤还会运用在厂焊和工地焊的焊接街头上。德国的高速铁路为了让有砟轨道结构的承载能力得到有效的提高，就提出了改善道床工作条件的一些措施，并获得了一定的成效。

另外，法国和德国为了使得列车的速度得到有效提升，就对其高速铁路的轨道方面进行了很多技术措施的实施，其中很大部分都是以轨道平顺性为中心来提高。

4. 高铁线路的设计难点

为保证高速列车能够长期、持续、安全、平稳的运行，要求高铁线下基础具有高平顺性、高稳定性、高精度、小变形、少维修等特点。高铁线下基础的这些技术特点是高速铁路有别于中低速铁路的最主要点，需要从路基、桥梁、隧道等方面选用必要的技术标准和措施加以保证。

（1）高铁路基。高铁路基是承受轨道结构重量和列车荷载的基础，是铁路线下工程的重要组成部分。高铁路基除应具备一般铁路路基的基本性能之外，还需要满足强度高、刚度大的要求。高铁将路基工程由传统的"土石方"理念转变为"结构物"进行设计，形成了地基处理、路基填筑设计施工技术标准，确保高铁路基长期稳定和平顺。

（2）高铁桥梁。高铁桥梁作为轨道的下部结构，为确保高速运行条件下的安全性、平稳性和舒适性要求，必须具有高平顺性、高稳定性和高可靠性等特点。同时，高铁桥梁的梁体必须具有足够大的竖向、横向和抗扭刚度，限制温差和混凝土突变产生的上拱变形，以保证高铁线路的高平顺性和避免不良的车、桥动力响应。另外，高铁桥梁结构及构造布置应符合耐久性要求，并便于检查和维修。因此，采用了刚度大、整体性能好的结构，如简支梁、连续梁、组合梁、刚架及拱等，并优先选用双线整孔箱形梁桥。

（3）高铁隧道。高铁隧道的结构包括主体建筑物和附属设备两部分。高铁隧道主体建筑物由洞身和洞门组成，附属设备包括避车洞、消防设施、应急通信和防排水设施，长大隧道还有专门的通风和照明设备。同时，高铁隧道工程设计必须考虑列车进入隧道诱发的空气动力学效应对行车、旅客舒适度、车辆结构强度和环境等方面的不利影响。我国高铁隧道设计特点：加大了隧道净空面积，采用斜切式、明洞扩大式等不同形式洞门，必要时设置洞口缓冲结构，减缓隧道内空气动力学效应的不利影响。

5. 中国高铁工务工程特征有哪些

高速铁路与普速铁路相比，最大的特点是高速度、高舒适性、高安全性和高密度。高速铁路的基础设施既要为高速列车提供高平顺性与高稳定性的轨面条件，又要保证线路各组成部分具有一定的坚固性与耐久性，使其在运营条件下保持良好状态。占投资80%以上的高铁土建工程，其技术主要源于中国长期的实践。中国气候与地质条件复杂为世界罕见，没有也不可能有现成的国外经验可以借鉴。超长大纵断面隧道、结构新颖的桥梁、高平顺度的轨道等建造技术之所以领跑世界，主要是自主创新的结晶。

中国幅员辽阔，地质复杂，自然气候多样。高速铁路要经过东部地区的软土、南方地区的松软土、西南地区的岩溶黄土、东北地区的冻土等复杂地质，还面临着最低零下40℃、最高47℃、西北地区的湿陷性温度的气温条件，以及大风、海水、干旱等环境。在软土、松软土、黄土地上如何修建高速铁路？如何能经受住天寒地冻和雨水冲刷等恶劣气候考验，保证线路长期稳定安全？其难度世界少有，连高速铁路的原创国也极少遇到。

要实现"高铁上立硬币"，就要保持线路的高平稳性，概括起来就五个字：稳、顺、平、检、修。"稳"是指路基、桥梁、隧道、涵洞等基础要稳，要严格控制工后沉降。"顺"是指桥梁、隧道、涵洞与路基不同结构物之间设置过渡段，实现"软、硬"平顺过渡。"平"是指轨面平，500米长钢轨焊接成的无缝线路，让旅客坐高铁时再也听不到"咔哒"声。"检"是采用综合检测列车、探伤车、轨检车等先进的检测设备，定期对线路状态进行检测、诊断；"修"是根据检测与分析结果，对存在问题的地段，利用每晚列车停运天窗时间进行养护维修。

高速铁路工务设施具有无砟轨道、新型桥梁、高架长桥、宽大隧道、刚度均匀、沉降控制、精密控制、动态优化、灾害预防、环境友好十大技术特点。高速铁路工务设备要满足高可靠性、高稳定性和高平顺性的要求。高可靠性是指工务设备适应高速度、高密度的行车要求，能保证高速列车行车安全和有序，具有更高的抵御自然灾害和突发事件的能力；高稳定性是指强化线桥设备结构、降低设备故障率，延长维修周期，减少维修工作量；高平顺性是指轨道几何尺寸精度高，轨道结构经常处于良好状态，以保证高速列车运行的安全、平稳、舒适。

6. 高速铁路线路有哪些要求

高速铁路线路的组成与普速铁路基本相同，但由于高速铁路要求高速度、高舒适性、高安全性等，为了达到以上要求，在线路技术方面，采用道床和路基强化技术、无砟轨道技术、跨区间超长无缝线路技术等，提高了轨道平顺性、刚度均匀性，大少了维修工作量，保证了高速行车安全，满足了旅客舒适度的要求。同时，为了解决与既有公路、道路立体交叉，节约宝贵的土地资源，减少拆迁工程量，控制无砟轨道铺设完成后的沉降，视地形、地貌、地质情况，采用高架线，以桥代路。

高速铁路线路采用全封闭、全立交，线路两侧按标准进行栅栏封闭。最小曲线半径根据不同的区间，因地制宜、合理选用。200公里/小时客运专线，一般为2200米；250公里/小时区间，有轨道一般为3500米，无砟轨道一般为3200米；300公里/小时区间，有砟轨道和无轨道均为5000米；350公里/小时区间，一般要求7000米，最大曲线半径为12000米。由于高速铁路具有功率高、速度快的特点，运营时可以为动车爬坡提供强劲的动能，所以允许采用较大的坡度值。高速铁路区间正线的最大坡度为20‰，困难地段达到30‰，动车组走行线的最大坡度可达35‰。高速铁路线路的相邻坡度差大于1‰，应设置竖曲线。竖曲线一般采用圆曲线型，且竖曲线最小长度不小于25米，竖曲线半径不得小于15000米，允许速度大于200公里/小时的地段，竖曲线半径不得小于2000米，但最大不大于40000米。

由于列车对轨道结构的作用力与速度密切相关，所以要求高速铁路要具有足够的强度和稳定性。我国高速铁路正线及到发线轨道采用一次铺设跨区间无缝线路，正线钢轨采用

100米定尺（60 kg/m）的正线钢轨，并焊成无缝线路。高速路有轨道使用钢筋混凝土轨。为减少轨道形，增大强度，高路道还果用双块式钢筋混凝土轨。双块式钢筋凝上轨的要点是横向有4个受力点块只有2个，增加了稳定性，而造价却比单块式减少20%。我国高速铁路线路采用弹性扣件，有砟轨道使用弹条型扣件，无砟轨道使用W-7型、W-8型扣件。高速铁路道岔按通过道岔的股道方向可分为直向高速道岔、直向和侧向均可高速通过的高速道岔两类。其中，直向高速道岔与普通单开道在道岔的长度及叉角没有大的差别。为保证列车直向通过道岔的速度与区间线路一直，只是从局部改善道岔的几何形状、强化结构的强度、增强稳定性，以延长使用寿命。

按《铁路技术管理定（高速铁路部分）》规定，正向的直向通过速度不小于路段设计行车速度。直向和侧向均可高速通过的高速道岔应用于新建高速铁路线路上，可满足高速列车侧向通过时对运行的安全性和舒适性的要求，一般在区间的单渡线和高速联络线上使用。高速铁路道床分为有砟轨道和无砟轨道两种。新建300公里/小时及以上铁路、长度超过1公里的隧道及隧道群地段，可采用无砟轨道。其中，有砟轨道是在高速铁路有轨道正线应采用特级碎石道。道床应有足够的厚度，以减少路基所受的压力和振动，保证路基顶面不发生永久性变形；无砟轨道是以混凝土或沥青混合料等取代散粒道砟道床而组成的轨道结构形式。其具平顺性高、刚度均匀性好、轨道几何形位能长久保持、维修工作量显著减少等特点。

路基

7. 何为路基

路基是经开挖或填筑而形成的土构筑物，与桥涵、隧道连接成贯通坚实的轨下基础。路基由路基基床、基床以下路基本体，以及路基防排水、边坡防护和支挡工程等组成。

高速铁路路基排水设施分为地面、地下两部分。地面排水设施的主要作用是将有可能停滞在路基范围以内的地面水迅速排出到路基以外，如横向排水槽、侧沟、排水沟、天沟、边坡骨架截水等。对不具备横向直排条件的纵联板式无砟轨道地段，则在线间设置集水井、线下设置横向排水管。地下排水设施的主要作用是根据水文和地质条件修筑于地面以下一定深度，用来截断、疏干、引出地下水或降低地下水位，以使路基及边坡保持干燥状态，提高土的稳固能力，如排水槽、渗水暗沟、渗井、边坡渗沟、暗管等。

坡面防护工程以防冲刷、防渗、有利于水土保持和环境保护为目的。对于土质边坡，防护采用固土植草土工网垫护坡、菱形立体植被网护坡以及骨架护坡、锚杆框架梁护坡、框架梁打锚杆挂钢丝网护坡，并在坡面骨架内种植植物，在起防护作用的同时，又有绿化、美观的环保作用，是绿色高速铁路的象征。

边坡支挡结构是用来支撑、加固填土或山体土坡，防止其坍塌以保持稳定的一种建筑物，主要用于承受土体侧向土压力。在铁路路基工程中，支挡结构被广泛应用于稳定路堤、路堑、隧道洞口以及桥梁两段的路基边坡等，主要包括挡土墙、支挡墙、支柱等。当工程或其他岩土工程遇到滑坡、崩塌、泥石流等不良地质灾害时，支挡结构主要用于加固或挡拦不良地质体。

路基承受着轨道结构重量和列车荷载，路基的变形，自然会引起轨道的几何不平顺。特别是有砟轨道，其轨下基础是散体材料组成的道床与路基，它是整个线路结构中最薄弱、最不稳定的环节，是轨道变形的主要来源。它在多次重复荷载作用下所产生的累积永久变形将造成轨道不平顺，同时其刚度对轨道面的弹性变形也起关键性的作用，因而对列车的高速运行有重要影响。因此，高速铁路路基除了应具备一般铁路路基基本功能外，还需要满足高速铁路轨道对基础的性能要求，满足静态平顺和高速列车运行状态下的动态平顺。

路基工程是如何通过那些精妙严谨的设计，保障高铁线路的平顺路基设计的标准精确到毫米，路基是一种土石结构，分为填方路基（也称路堤）挖方路基（也称路堑）半填半挖路基，所看到的高铁可绝不是把轨道铺在平地上那么简单，这里面可有大学问。

首先，高铁的地基必须保证足够的强度和刚度，所谓"基础不牢，后患无穷"。路基结构采用优质填料分层压实，拥有牢固的基础和通畅的排水，此外还要经受住天寒地冻和雨水冲刷等恶劣气候的考验。

高速铁路列车运行速度可以达到或超过飞机起飞时的速度，路基作为高速铁路列车运行的基础，如果路基不平顺就会引起轨道不平顺，使列车产生剧烈振动和颠簸，影响列车高速、平稳、安全运行。但填筑后的路基就像任何建筑一样都会下沉，轨道系统可调的高度有限，所以路基下沉量要控制在毫米级。实际上，我国的高铁的很多标准都精确到毫米级。

再次，铁路轨道分别由桥梁、隧道、路基来支撑，由于它们的结构不同，刚度和沉降规律也不同。为避免出现类似高速公路桥头"跳车"现象，在他们连接处设置了过渡措施，控制铁路的竖向差异沉降，尤其是无砟轨道路基差异沉降控制在5毫米内。

8. 高速铁路路基选料原来这么严格

高速铁路路基是通过填筑或开挖形成的土石结构，路基填筑前或开挖后首先要经过复杂和严密的计算来判断路基沉降和稳定是否满足要求，否则要进行地基处理，包括桩基、换填、强夯等措施。

路基分层填筑碾压时，每一层压实密度都要检验合格，再进行下一层施，以控制路基本身的变形。由于列车高速运行产生的振动对自上而下逐步减小，因此路基不同部位对填料的要求是不一样的，路基表层对填料的要求最高，向下逐层降低。

高速铁路路基每层的填筑材料对土石的质量、粒径组成、石子大小、形状、杂质含量等有特殊要求，需要经过严格的检测，所以说并不是所有的土石都可以用来路基填筑。

高速铁路路基为提高抵抗雨水冲刷等恶劣气候的能力，保证路基边坡稳定，路基边坡采用植物防护与工程防护相结合的措施，并辅以系统的排水设施。可以看到四四方方的格栅或者是拱形的混凝土砌筑都是为了保持路基结构的稳定。一是拱形骨架护坡，利用植物的根系固定住边坡的土壤不仅可以使路基边坡更加牢固，还使铁路线形成一条绿色的走廊，更有利于人与自然和谐发展，满目绿色也成了车窗外一道独特的风景；二是路堑边坡防护。

9. 高速铁路路基遇到软土、溶洞、寒冷地区怎么办

（1）高速铁路路基遇到软土怎么办？水泥粉煤灰碎石桩（CFG桩）是一种独特的地基处

理技术——刚性桩。刚性桩在桩顶设置了一层钢筋混凝土板或一张由碎石和土工织物组成的柔性网,就像埋在土里的一条板凳。不仅板凳腿起到支撑作用,板凳面也起作用,只是这"板凳"不止四条腿,有许多腿支撑,一条条板凳拼起来支撑路基。路基填筑完成后在其上堆载预压,让原本需要很长时间才能完成的下沉现象在短时间内发生。通过对下沉量进行观测和评价,下沉趋于收敛后再铺设轨道,既保证了"嫩豆腐"硬起来,后期又不会出现显著下沉。

(2)溶洞上如何修建高速铁路路基?岩溶是一种自然现象,鬼斧神工的溶洞,惟妙惟肖的钟乳石都是很美的自然景观,广泛分布在西南、华东、中南地区。但高铁路基下面躲藏了溶洞,会对路基的根基稳定造成影响。在岩溶发育地区,首先还是要通过地质勘察等手段判断溶洞的位置,尽量绕避。但如果线路不得不通过时,就需要特殊的地基处理方法。当溶洞较大或串状时,可采用板凳式桩板结构进行处理,其由下部钢筋混凝土桩基和上部的钢筋混凝土板组成,通过承台板将上部荷载传到桩体,桩体把荷载传递到稳固地层。当溶洞较小时,可采用岩溶注浆的加固措施,即向溶洞里注入浆液填充,可避免溶洞顶板塌陷和变形,保证路基根基稳定。

(3)寒冷地区如何修建高速铁路路基?我国东北地区冬季寒冷,水凝结成冰后体积会膨胀,冰融化后体积会收缩,冻融循环后土体强度会降低,因而在寒冷地区修筑高速铁路需要解决路基的冻胀问题。例如,哈大高铁路基成功实现在零下40℃穿越高纬度寒冷地区,预防路基冻胀的主要措施有:选择防冻的填筑材料,提高路基本体防冻能力;做好路基表面防水和路基底部排水,避免因水出现冻融现象。

轨 道

10. 高速道岔有什么特点

道岔就是铁路的"分路器",引导列车从条铁路转到另一条铁路。道岔由主线和侧线组成主线为直线,侧线为从主线引出的偏向左侧或右侧的支线,侧线与主线衔接处的部分钢轨为尖轨,通过控制尖轨的方向引导列车沿主线运行或从主线转到侧线。高速道岔与普通道岔相比，具有高速度和高舒适性的特点。

高速道岔号码主要有 42 号和 18 号，侧线通过速度分别为 160 公里 / 小时和 80 公里 / 小时高速道主线允许通过速度达到 350 公里 / 小时。高舒适性是因为高速道岔的刚度是一致的，即通过每个轨枕上垫板的刚度变化调节钢轨布局起的刚度变化，使前后一致所以乘坐高速列车进来出站时感觉晃动轻微，舒适度高。而坐普通列车进站或出站时，旅客感到的晃动就比较明显了。高速 18 号道岔设置 5 台转辙机，高速 42 号道岔设置 9 台转辙机，这些转辙机由微机控制，具有高度智能性，动作协调一致，有效地保证了列车安全、高速通过道岔。

11. 何为无砟轨道和有砟轨道

为什么普通铁轨边上有很多小石子，高铁却没有？首先，这些小石子其实被称为"道砟"。"道砟"的材质主要是特级花岗岩。从英国工业革命开始，最早的铁路轨道都是由木头制成。直到 19 世纪，有了钢轨之后，为减少地面的应力，人们就在轨道下面铺设一层碎石组成的道床。这种传统延续到现在，也就是如今的"道砟"。"道砟"的作用有很多。主要是承载路基，分散铁轨和火车重量，缓冲震动，减少铁轨变形等。可想而知，如此重量的火车高速通过铁轨时，光靠几颗钉子固定是完全不够的。

因为铁轨可能会因为热膨胀、地面移动或是震动等原因而改变位置。而这些小石头可以让轨道可以保持原位。很多人奇怪为什么一定要用石子呢？用别的不行吗？主要因为小石子硬度比较高、抗压强度大。才可以有效承受火车的重量。而石子之间相互摩擦可以有效起到吸收噪声和能量的作用。还能把承载的重量分散到地基上，缓解铁轨的承重力。而且，用石子成本比较低、维修起来也比较方便。

因为铁轨常年暴露在户外，难免遭受雨雪天气。小石子之间的空隙，可以方便雨水直接渗入地下、也可以把部分灰尘落入地下。不至于覆盖在碎石子表面，影响排水、强度和美观性。"道砟"还可以防止野草或其他植被在上面生长。不过随着时代的发展，"道砟"的很多缺点就暴露出来。传统的有砟轨道虽然成本较低，但是容易使铁轨产生老化和变形的一些问题。而且当列车车速过高时，那些小石子有时候也会滚落出来，在没有好的防护措施的道路上会砸到人或者车辆。而且小石子也会限制了列车的速度,因为当列车时速高于 200 公里/小时以上时,小石子会飞溅造成列车车底的损坏。所以,如今世界上很多"高铁"都不用小石子了,而是采用"无砟"轨道。

无砟轨道是采用混凝土、青混合料等整体基取代散粒白道床的轨道结构,是世界先进的轨技术。这种轨道具有较高的稳定性,不容易受到气候变化的影响,列车行驶时受力均匀,行驶更为平稳。无砟轨道不需要耗费大量的人频繁维护,能够有效地降低建设运营成本。中国高铁已经具备了工程建设技术出的硬实力,能够及时对因不同地质条件、不同气候类型产生的工程建设难题进行处理,提高中国工程建设技术,更好地应对复余多样的建造环境。

直接把铁轨浇灌到混凝土上,这样可以减少维护、降低粉尘、美化了环境。还能直接提高车速。中国设计 300 公里/小时及以上高速铁路主要采用无砟轨道,设计 200-250 公里/小时的高速铁路主要采用有砟轨道。有砟轨道是铁路的传统结构。随着行车速度的提高,维修工作量显著增加、维修周期明显缩短。伴随着高速铁路的兴起,无砟轨道应运而生。无砟轨道顾名思义即不用道砟,它是混凝土或沥青混合料,是整体混凝土结构是"精髓"。要保障铁路高速、平稳、安全的运营,无砟轨道成了一种理性的选择。中国新建时速 300 公里以上的高铁时,基本全部采用板式无砟轨道。无砟轨道是用整体混凝土结构代替轨枕和碎石道床的结构,钢轨直接铺在钢筋混凝土板上,通过高强度的弹条扣件与轨道板衔接,将它们"扣"在一起,这样就可以减少维修次数,使用寿命长达 60 年。从 2006 年开始引进消化吸收再创新德日等国外先进的无砟轨道技术,经过十多年的研发,逐渐形成了具有自主知识产权的板式 CRTS 无砟轨道系列品牌。如图 3.3 所示。

图 3.3　无砟轨道

12. CRTS Ⅲ型板式无砟轨道是中国高铁轨道建设的方向

无砟轨道单元式结构受温度影响较小，一般轨道板长度为5-7米，底座为15-20米，轨道结构裂缝控制相对较好。而纵连式结构，因受温度影响较大，设计时温度荷载是它的主要荷载，它的结构整体性相对较好，需要解决单元轨道板间连接、连续结构端部纵向限位等关键设计，不过它后期出现"病害"的可能性相对较大。中国高速铁路无砟轨道结构总体上分为两大类，即预制板式无砟轨道和现浇混凝土式无砟轨道。其中预制板式无砟轨道分为CRTS Ⅰ型、CRTS Ⅱ型、CRTS Ⅲ型和道岔区板式四种；现浇混凝土式无砟轨道分为CRTS Ⅰ型、CRTS Ⅱ型双块式和道岔区轨枕埋入式3种。这里的CRTS是指China Rallway Track System的缩写，其中CRTSI型板引自日本，CRTS Ⅱ型板、双块式引自德国，CRTS Ⅲ型板是具有中国自主知识产权的轨道结构形式，是中国引进消化吸收再创新的产品。

CRTS Ⅲ型板式无砟轨道具有较高的稳定性和耐久性，建成后维修工作量小。CRTS Ⅲ型板式无砟轨道是单元分块式结构；路基地段底座采用纵连结构，并在每块轨道板对应的板中位置伸缩假缝；在桥梁和隧道地段，底座板为分块结构。底座板在每块轨道板范围内设置两个限位挡台（凹槽结构），底座板与自密实混凝土层间设置中间隔离层。在中国500公里以上长距离高铁中，京哈高铁承沈段首次铺设中国具有完全自主知识产权的新型无砟轨道板——CRTS Ⅲ型先张板式无砟轨道板。这种轨道板不仅可以将铺设精度精确到0.5毫米以内，更在内部埋入了可识别电子标签，使轨道板第一次拥有了"身份证"。所有轨道板的设计、生产、铺设、精调运维等全过程都以物联网链接，实现了全生命周期管理。

2019年7月，经智能机器人监测合格的15000块高铁CRTS Ⅲ型轨道，在京沈客专京冀段9标北京密云巨各庄制板厂下线。该自动化检测系统的检测过程与轨道板生产流程一致，无需人工干预，每块轨道板检测时间由45分钟缩短为6分钟，检测精度达正负0.15毫米，完全满足高铁建设规范要求。这项自动化检测技术推动了中国高铁零部件检测向"智能检测"和"智能测量"的进化。这一技术历经两年多，最终成功研发出集成智能机器人和三维成像仪的高速铁路CRTS Ⅲ型轨道板自动化检测系统。检测过程与轨道板生产流程一致，无需人工干预，每块轨道板检测时间缩短至6分钟，检测精度达±0.15

毫米，完全满足高铁建设规范要求。铺设完毕的 CRTS Ⅲ型先张板式无砟轨道板如图 3.4 所示。

图 3.4　铺设完毕的 CRTS Ⅲ型先张板式无砟轨道板

13. 何为无缝线路

无缝线路即把钢轨焊接成没有缝隙的长轨条。以京沪高铁为例，1318 公里长的钢轨没有一个接缝。施工时首先将生产的 100 米定尺长钢轨焊接成 500 米，运到现场后焊接为 2 公里长，最后再将相邻 2 公里长的钢轨焊连起来，形成无缝线路。无缝线路采用能承受气温变化的高强度钢轨，并用高标准扣件锁定钢轨，避免钢轨热胀冷缩。高速列车运行在无缝线路的钢轨顶面，保证了行进的平顺，减少了对轨道部件的伤损，大幅减少了养护维修。无缝线路能节省 15% 的维修费用，延长 25% 的钢轨使用寿命，旅客乘车中不再有车轮通过钢轨缝隙时发生的"咔哒"噪声。

很多旅客应该很关心"无缝钢轨"是如何炼成的？为了尽量减少焊接，钢轨在出厂时，长度就达到了惊人的 100 米是我们熟悉的普通钢轨的 8 倍多，这些原始钢轨被运到焊轨基地后，焊接机将把这些 100 米长的，"短轨"延长 5 倍，焊成 500 米长钢轨。在长轨存放场，如果以平常步速行走，500 米钢轨的这一端到另一端，要走近 7 分钟。在钢轨焊接作业间，作业人员一丝不苟地操控电脑，两根除过锈的钢轨"亲密"对接，进入焊接状态，焊头的最高熔点，温度超过 1000 摄氏度。在炎热的夏季，身处焊接区域的作业人员，工作服常常湿了干、干了又湿。接下来，安装团队通过，自主研发的立体切削机床，对焊接点进行高精度打磨，同时完成检测，最终这个接口的精度，控制在十分之一毫米级，这是目前全球轨道焊接领域的最高精度。

14. 高铁列车上不但听不到"哐当"声，还能玩立硬币游戏

这里引用一只钢轨形象的自述，可以深刻的体会整个钢轨成为长钢轨的过程：经常出差的人都体会了高铁带来的便捷、快速和舒适，这一方面是高铁列车的功劳，另一方面也是铁轨的贡献。现在的轨道从以前的"哐当一族"进化到了"悄声一族"。普通钢轨经历哪些才能在高铁轨道应用呢？以前，我们钢轨家族有一个难听的外号——"哐当一族"。原因是以前铺设铁道线，每隔25米就会有一个新"家族成员"加入进来，两根钢轨之间都有一个接缝，列车轧过去的时候，会发出"哐当"的声音。

从1990年，我们就开始努力做到一条线路一根钢轨，我和其他兄弟姐妹在"合体"变成无缝长钢轨过程中，每个焊接接头都要经过16道工序，最高需要经受高达1400多度高温的锤炼。在我们"合体"完成后，平直度也有很高的标准和要求。焊接接头表面要平整，不能弯曲，平直度要控制在每米0.1—0.3毫米之内，也就相当于5根头发丝那么细。还有就是落锤试验把一个1000公斤的铁锤，吊至5米高的空中，自由落体砸向焊头，确保焊头的稳固性。

我们长轨家族开始工作后，经过长时间辗轧也会出现"小病痛"，所以还有专门的钢轨打磨车对我们进行"治疗"，来保持钢轨的平直度。平直度越高，列车的声音就越小，旅客乘坐列车就越舒适。"哐当、哐当"的声音消失了，我们钢轨家族也在时光的流逝中，见证了中国铁路的变迁。在这背后，是一代代铁路人勤劳刻苦、反复研拓，用持续奋斗的精神，同心协力在发展的浪潮中创造着属于中国铁路的色彩。

还要说明的是，无缝钢轨在刚生产出来的时候，也是一节一节的，通过无缝钢轨焊接机，将两根钢轨相邻两端升温至1000度以上，然后两根轨道挤压到一起。这样焊接出来的轨道，可以达到500米长。经过焊接、打磨、检验一道道工序的钢轨，将被运输到铺设现场，再与其它轨道再次焊接，最终成为几百公里长的无缝轨道。

中国那么大从南到北都有铁路，这么长的里程，这么大的覆盖面积，用的都是这种无

缝钢轨技术吗？中国的南方它的一年四季温差不大，所以它更适合于铺设无缝线路，在中国的北方夏天跟冬天的温差比较大，钢轨定期对它的应力进行释放把扣件全部打开，南方就不用应力释放。最重要的事情是：无缝钢轨是纯正的"国产货"是我国自主研发的技术！

芜湖北焊轨基地是中国铁路上海局集团有限公司唯一一个具有500米长钢轨焊接能力的基地。芜湖北焊轨基地优化生产组织和工艺，提升设备性能，全过程做好长钢轨焊接质量监控，全力推进铁路钢轨生产供应。如图3.5所示。

图3.5　芜湖北钢轨焊接基地

芜湖北焊轨拥有焊机、正火机、调直机、精铣机、除锈机等诸多国内最先进的设备，使得钢轨焊接的自动化程度大大提高，加工精度和稳定性也得到了提升，生产效率成倍增长，创造了年焊轨2600公里的全国铁路最高纪录和28.85万个上道焊头"落锤不断、外观不超、探伤无瑕"的骄人成绩。

无缝钢轨生产是一套相当复杂的作业流程，为了尽量减少焊接，钢轨在出钢厂时，长度就达到了100米。百米钢轨运到芜湖北焊轨基地，经过表面伤损、端部几何尺寸和平直度等一系列检测且认证合格后，会贴上属于每根钢轨的"身份证"（条形码），然后经过轨端除锈、钢轨配对正式进入焊轨基地流水线。钢轨通过辊道线传输，焊接作业间的钢轨焊接师操控焊机将两根钢轨"亲密"对接，接缝处两端瞬间接上电流，在焊接状态时，接头的温度超过1000摄氏度，仅需2分钟接缝处就会被聚热烧红，随后"砰"的一声迅速挤压，两根钢轨便被融合成一根。焊机将此过程再重复三次，100米长的"短轨"得以延长5倍，焊成一根500米长钢轨。焊接后的接头，经过机器、人工的"混合双打"的打磨过程，将焊接时形成的焊瘤打磨到标准范围内，焊接接头顶面焊瘤打磨余量，甚至能达到0.2毫米。打磨好的焊接接头，还需要进行热处理，以提高接头的韧性，改善焊接残余应力的分布。在时效场经过

24小时沉淀，消除组织应力和热应力后，才能进行校直、铣削、探伤、外观检验等作业。

探伤检验和外观检验是500米钢轨获得高铁铺设资格的最终考验。操作人员用精密的探伤仪，在钢轨接头上下左右进行内部无损探伤，再对其进行外观检验，只有"探伤"和"外观"检验都合格的钢轨才能上道铺设。

那500米钢轨怎么运送到高铁线路上进行铺设呢？怎么变得更长呢？做这个工作之前，首先要把500米钢轨装上专门运送它的"长轨车"上。长轨车—长钢轨专用"快递车"，是由36节长度为12.5米的平板车组合而成。起吊一根长500米、重30吨的钢轨，需要36台群吊同步作业，在智能化集中控制系统操作下，检验合格的500米钢轨被吊起后稳稳地放在长轨车上，整个耗时虽长，但一气呵成。长轨车将500米长钢轨运往高铁的建设现场去铺设，到现场焊接成2公里长，最后再将相邻的2公里"更长"钢轨焊联起来，形成可供高速列车"纵横驰骋"的无缝钢轨线路。

火车钢轨被回收后去了哪里？坏掉的钢轨去哪了？火车、动车和高铁都是我们出行常用的交通工具，细心的小伙伴肯定发现了，很多钢轨都是生锈的。其实这是钢轨本身的特性，出厂的时候就是生锈的，列车在上面行驶摩擦，磨损的钢轨表面才会变成光泽的。钢轨长时间使用后肯定会磨损、坏掉，然后去了哪里呢？不可能扔掉吧，那也太浪费啦！首先我们要知道，高铁、动车和大部分火车的钢轨，都是高锰钢做的。高锰钢硬度强，很耐磨。就算它生锈磨损被更换下来了，对于其他行业还是很好的材料。高铁的无缝钢轨需要工人切割下来，再把新的焊接上去。更换的钢轨可以再锯开，做成护轨，扣件等等重新回到铁路上，或者回炉重造，熔成薄薄的铁片，经过锻造后可以做成铁锹等等钢铁制品。

15. 钢轨没了缝隙，铁轨的热胀冷缩问题怎么解决

旅客在乘坐高铁列车时，听不到车轮通过钢轨缝隙时发出的"咔哒"声，这是因为高速铁路的钢轨全部采用无缝钢轨。也就是说，钢轨之间没有缝隙，列车行驶时更加平顺安全。

在高铁之前，乘坐火车时"哐当哐当哐当"的声音，是很多人难以忘却的经历和回忆。坐在今天的高铁上，会发现车轮与铁轨间有节奏的"哐当"声响很难再听得到。发生这种变化是因为原来在钢轨衔接的地方是有缝隙的，但现在的铁轨之间都是没有缝隙的，所以额

也就没有了噪声。在以前的铁路上，靠近钢轨仔细观察，会发现每隔10余米，两截钢轨之间就会留有一点空隙。

为什么要在钢轨间留一点空隙呢？原来，这样做是为了解决钢轨的热胀冷缩问题。如果没有这个缝隙的话，钢轨受热伸长就会相互挤压、扭曲、上拱，使整条铁路变形。夏天天气炎热时，钢轨长度增大，没有预留缝隙的钢轨只能向上隆起，显然这样对行车安全不利。为避免这种现象的发生，必须在钢轨之间预留缝隙。

钢轨间的缝隙到底应当留多大合适呢？为了行车安全，轨缝一般不能超过11毫米，由实验测定：钢轨温度每变化1℃，每一米钢轨就会伸缩0.011毫米。在中国，南方和北方的铁路线上，冬夏之间的气温通常可相差80℃左右，根据固体线膨胀关系计算下来，每一段钢轨的长度以12.5米为宜。告诉你一个有趣的数字，以前从北京到广州钢轨间留的缝隙加起来竟有2000米长！

现在的铁轨没有缝隙了，是为了消除这种"哐当"声吗？其实之所以要选择使用无缝铁轨是因为高速铁路的必须要求。由于车轮会对钢轨产生冲击，列车运行速度过高的时候，钢轨间的缝隙会有造成火车脱轨的危险。当火车的时速超过140公里之后，就必须要使用无缝铁轨。那么，无缝铁轨的热胀冷缩问题怎么解决呢？以前用的是枕木和道钉，压力不够，无法锁定轨道，所以需要留有缝隙来释放压力。无缝轨就是把铁轨因为热胀冷缩导致的温度形变控制在两个轨枕之间。具体做法就是用扣板和螺栓将铁轨死死地摁在轨枕上。因为固定装置是具有弹性的（上下方向），那么当来自钢轨向上提升所产生的升力，由固定装置将力转移吸收到自身，并最终将力通过螺丝传给枕木。而钢轨下面橡胶垫的膨胀系数比钢轨大，所以一直可以保持钢轨底部为非空受力状态。（无缝钢轨的在焊接处是通过紧固件来抑制热胀冷缩的，每个紧固件提供1吨的力，两端各100个紧固件。共计200吨的力。）

当然上述描述只是整体上的原理，细节上是很多技术技术进步的综合，如：在轨道钢材上下功夫，选热胀冷缩形变较小的材料制造钢轨；用优质的轨枕和扣件，压力足够大，将铁轨死死压在轨枕上，在顺着轨道方向上不会位移。所有的形变（应力）被锁定在轨枕之间的一小段铁轨里，不会集中爆发出来；焊接技术的进步，充分考虑铁轨当地温度的变化区间，选择适中的温度焊接无缝轨，压紧扣件，专业上俗称锁定轨温。这样温度正负变化所产生的应力都在可控制范围内；列车设计运行上的技术，当车轮行至两根钢轨接缝时，车轮踏面的一部分压在第一根钢轨上的同时，车轮踏面的另一部分同时压在第二根钢轨上了，使两根钢轨同时受力，使车轮平滑通过两钢轨接缝处，不产生振动。

除了上面的因素之外，也有人认为是因为普通铁路是以石子和枕木为基础的，铁轨无依无靠地裸露于枕木上，与地表不接触，温差比地面大，任何膨胀收缩都是自己承担，做成无缝必然造成隆起或断裂。现在的高速铁路都是高架结构、钢筋混凝土材料，钢轨与路面的温度、膨胀系数都是一致的，无需对钢轨的热胀冷缩做特殊处理。列车经过时造成的升温效应微乎其微，靠弯道以及弹簧和橡胶材料的辅助完全能够消化。至于铆钉，仅仅是起到防止脱轨的作用而已。

高铁轨道的接缝大约 0.2 毫米，仅相当于两三根头发丝的直径。如此一来，除了道岔区和一些特殊地段外，线路上基本没有了钢轨连接缝隙，列车运行中更加平顺。这种轨道就是中国高铁平稳、高速运行的关键所在。原来，轨道在焊接时必须根据线路通过地区的最高钢轨温度和最低钢轨温度以及无缝线路的允许温降、允许温升，计算确定线路的"锁定轨温"，尽可能平衡由最高和最低轨温之间的温差产生的温度应力。另外，采用了高强度的弹性扣件，扣压住钢轨的轨底，防止其失稳和变形。一根完整的高铁钢轨长度可达 500 米。在焊轨车间，5 根 100 米钢轨焊接成 500 米长轨，要经过 12 个车间厂房、十几道工序。

16. 钢轨打磨是怎么回事

钢轨作为铁路系统的核心部件，在为列车提供承载和导向作用的同时，出现磨损和缺陷是不可避免的。铁轨检测了损伤就需要修复，为确保高铁列车安全畅通，提升旅客乘车的舒适度，就必须及时对出现磨损的钢轨进行打磨作业。通过打磨列车对钢轨打磨作业，消除钢轨表面缺陷，修复轮轨廓形从而确保线路平顺性和稳定性。对于高速铁路而言，列车要保持高速平稳运行，空间和钢轨平顺是关键，因此，钢轨的维修和养护尤为重要，快速钢轨打磨技术是维修和养护钢轨的重要手段，但该项技术长期被外国垄断，并且对中国实施技术封锁。

2021年6月18日，我国首台京沪高铁智能化快速钢轨打磨原型试验样车在资阳中车集团产业园区正式下线，该车由西南交通大学、京沪高铁和交大铁发公司联合研发，历经十年的努力，一举打破国外快速钢轨打磨的技术垄断和封锁，解决了该领域的卡脖子技术。

自 2011 年开始，西南交通大学组织科研团队进行技术攻坚，与京沪高铁等单位共同开展快速钢轨打磨系列研制工作，从首台快速钢轨打磨试验台架，到新型快速钢轨打磨砂轮，到今天智能化快速钢轨打磨原型试验样车，十年磨一车，终于实现了快速钢轨打磨技术及装备的国产化和自主创新，有效支撑国家铁路安全运营重大战略需求，服务"智能铁路"建设。样车打磨作业速度可达 80 公里 / 小时，打磨效率高、占用运输资源少，可进行预防性打磨、降噪打磨、黏着层去除和新轨除脱碳层打磨等功能。

京沪高铁智能化快速钢轨打磨原型试验样车的下线对实现智能运维装备自主化和标准化，全面掌握国家自主知识产权创新成果有着极大促进作用。

17. 列车的超平稳背后原来有这么多秘密

如果被问到火车为什么运行得这么稳，你大概会想到，因为钢轨升级了，因为司机驾驶技术超棒，不错。铁路硬件设备更新换代，铁路人员素质不断提升，都让我们的出行体验得到升级。但其实，还有一群人，在我们看不见的地方默默努力着，承载列车高速行驶的线路。1 毫米都不能出现失误，这群成天跟钢轨打交道的铁路人，工作时必须精细入微，这时候就要展现，他们精准的"数字化"作业了。

我国铁路的标准轨距为 1435 毫米，为了使线路尺寸达标，每天负责检查线路的铁路人，要带着工具，沿着线路徒步走行几公里，不断重复，弯腰、放尺、读数、站起的动作，光弯腰这一动作，平均 6.25 米就要做一次。如图 3.6 所示。

图 3.6　探伤工的工作

一名铁路探伤工,平均每年要在线路上行走1200公里左右,相当于从包头步行往返北京的距离,他们推着30公斤的钢轨检测仪器,发现异常时需要反复校对,直到确认无疑似伤损,不是钢轨上所有部件都能用仪器检测,他们还要手工检查道岔轨件,一趟作业下来,要俯身拿弹簧锤敲击百余次,切割钢轨就更厉害啦,精密到好像在解几何题,首先需要经过精准测量计算,确定切割点和焊接点,焊轨前要用钢尺测量两段钢轨间,缝隙的高度、宽度和平直度,保证两段钢轨严丝合缝。在对钢轨进行预热时,需要连续燃烧6分钟,钢水温度会达到1300摄氏度,而他们也必须守在高温旁,密切关注轨头受热颜色变化过程,以保证焊接质量。

包西线黄河特大铁路桥,全长3918米,桥面距离地面30多米高,有23万多个螺栓,检查铁路桥时,他们只能在不到1米宽的道上走行,手持小锤敲击万余次,还要爬上30米高的钢梁架,查看螺栓生锈和裂纹情况,确保每颗螺栓状态良好,有恐高症的人。

钢轨也爱美,有轻微擦痕的钢轨需要打磨。打磨作业前,也需要做好准备工作,用检查仪测量10个测点,钢轨打磨角度一般为-8°至44°,打磨过程中要不断调整角度,还要不断测量,保证精度误差小于0.1毫米,也就是不到1张A4纸的厚度,才能消除钢轨表面细微擦痕。

在列车上度过舒适旅途的背后,还有这么多的"不为人知"。这些铁路人,他们整天和钢轨、石砟等笨重东西打交道,但他们却有一颗追求精准的心,有一个精益求精的态度,他们用毫米的精度控量安全,用汗水的积累撑起大任,为列车畅通运行保驾护航。

高速铁路隧道

18. 高速铁路隧道的特征

高速铁路隧道数量多,长度大。这是因为高速铁路要求"高平顺度"。如果"随山就势"小半径,线路弯曲不直,势必影响行车速度,因此高速铁路需要穿山越岭,修建顺直的山岭隧道。高铁隧道标准高,隧道断面面积比普速铁路大得多。高速列车进入隧道时会产生压力波,在隧道中列车交会时的表面压力波会剧烈变动,使旅客耳膜压感不适,实测最大值 10KPa。根据空气动力学效应研究，增加隧道断面可以降低会车压力波，满足旅客舒适度要求，还可减小列车和隧道壁受力，为此高铁隧道要求宽为 13 米，高达 9 米，其净空断面达到 100 平方米左右。

高速铁路道数量多，长度大，高速铁路要"高平顺度"。如果"随山就势"意味着小半径，起影响行车速度，因此高速铁路需要截弯取直修来使线路顺直的隧道。不仅是遇到崇山峻岭需要以道形式通过，当穿越较大的河流时，通过科学论证也可以采用水下隧道代替跨河桥梁，如广深港高速铁路上的狮子洋隧道，是国内第一条过江铁路隧道。

高速铁路隧道断面面积比普速铁路隧道大得多。由于隧道是一个半封闭空间，高速列车进入道时会产生压力波，在隧道中列车交会时的表面压力波会剧烈变动，实测最大值 10 帕。增加隧道断面可以降低会车压力波，满足旅客舒适度要求，还可减小列车和隧道壁受力。高速铁路隧道高度相当于 3 层楼，其净空断面达到 100 平方米左右。隧道断面借鉴石拱桥的设计原理，选择抗压效果最好的圆形断面，保证隧道在围岩中的结构受力最为合理并节省工程造价。隧道底部与上部形成一个封闭的环形结构，底部空间采用混凝回填，为无砟轨道的高精度铺设提供了坚实的基础。

针对复杂的地层条件，高铁隧道施工研制出了各种有针对性的施工办法：一类是用机械化程度较高的隧道挖进机法或盾构法，通过刀具切割岩体全断面整体向前推进；另一类是采用炸药爆破开挖施工的钻爆法、新奥法，先分部开挖，再将各开挖部分连起来。随着科技的进步，隧道挖进机、盾构法、多功能钻机、机械喷锚手、三臂凿岩台车等先进的大型机械设备在施工中大显神威，替代了传统的"打眼、放炮、出砟、进料"的施工模式。

19. 我国高铁代表性的隧道有哪些

在建设实践中，中国铁路攻克了大断面黄土隧道、江河水下隧道、高压富水岩溶隧道等复杂地质条件下的隧道设计和施工技术难题，掌握了高铁隧道设计、风险防控、安全施工等成套安全施工方法，并成功建造了一批具有代表性的高铁隧道工程：

最长的高铁隧道——石太客运专线太行山隧道。隧道全长 27.8 公里，最大埋深 445 米，设计为双洞单线隧道，两线间距离 35 米，于 2005 年开工，2009 年 4 月 1 日开通运营。

隧道设置了运营通风和发生火灾时的防灾通风设施。

最复杂的高铁隧道——浏阳河隧道。京广高铁浏阳河隧道位于长沙市境内，长10.11公里，穿越城市、河流、高速公路。

最密集的高铁隧道群——大瑶山隧道群。京广高铁大瑶山隧道群由大瑶山1、2、3号道组成，隧道长度分别为108公里、602公里、8公里，其中1、2号之间距离为167米，2、3号之间为47米，三座隧道均为双线隧道。隧道群设置了疏散定点、洞口消防、事故通风等设施大型盾构机。

中国第一座水下高铁隧道——狮子洋隧道。广深港高速铁路狮子洋隧道全长1049公里，其中盾构段长9.34公里，盾构内径9.8米。穿越珠江口狮子洋河段，水深流急，隧道水压高，地层渗透性大。采用水底"地中对接、洞内解体"的盾构施工方法，为国内首创，展现了盾构施工的专业优势与技术实力。狮子洋位于广州与东莞间，洋面之上，碧波千里，万吨巨轮通达四方；洋面之下，几乎5分钟，就有一趟高铁列车呼啸而过，动车组从广深港高铁狮子洋隧道驶出。

强大的桥梁与隧道工程能力是中国高速铁路网覆盖山区、沙漠、丘陵、平原、盆地等各类复杂地质地形条件的基础，而中国在桥梁与隧道工程建设上的领先能力极大程度上助力了高铁产业的发展与成功。

20. 在长达十多公里高铁隧道里，一旦发生紧急情况，旅客如何疏散逃生

根据相关规定，凡是5公里以上的长大隧道都必须设置救援疏散通道（以下简称通道），也被称为高铁隧道里的"生命通道"。通道的一端与高铁隧道相通，另一端通向山外。当隧道里发生火灾、停电等紧急情况时，旅客可以进入通道避险，并通往外界安全区。这些"生命通道"长什么样呢？"生命通道"是什么？

生命通道的构造，就是在较长的隧道中部，会有一条"岔道"，列车若在隧道内发生故障，旅客可以在工作人员的指引下，通过生命通道紧急逃生。整个隧道俯视图呈Y字形或丁字形。为防止闲杂人员进入，对通道造成破坏，平时"生命通道"的大门都是紧锁的。

日常维护怎么做？虽然隧道内故障发生率不高，但生命通道的日常检查和维护也必不可少。工作人员检查墙面是否有裂缝。一边往里走，检查工队的工作人员一边四处查看。首先检查四周的墙面是否有裂缝、漏水，排水沟是否畅通。工作人员检查墙面是否存在鼓包。由于隧道所在地的水富含钙物质，容易形成钙化物，造成排水沟堵塞，所以必须定期检查清理。"生命通道"的检查工作，并非肉眼观察就能完成。除了表面，工作人员还要对墙体内部，使用钢筋探测仪进行探测，扫描并记录下墙内钢筋的分布情况，通过与设计图比对可以知道墙内钢筋是否发生变形，从而准确掌握整个通道的安全状态。

据统计，贵广高铁每天开行的动车最多时超过160趟。在桂林高铁工务段管内，贵广高铁有长大隧道13座，共有"生命通道"20个，其中最长的达3公里，检查人员需乘坐汽车进入通道内部开展检查，以提高检查效率，同时定期开展应急疏散演练。

高速铁路桥梁

21. 桥梁特征

桥梁是道路的延伸，是跨越天堑的纽带。3万多座人类智慧的丰碑，不但展示着我国桥梁建设令人自豪的技术水平，更张扬着桥梁科技人员勇攀科技高峰的胆气和创造"大国重器"的豪气。从20世纪80年代"奋起直追"，90年代"跟踪提高"，到21世纪"创新突破"，我国铁路桥梁取得了系统性的创新成果，突破了一系列关键技术，形成了具有我国自主知识产权的高铁桥梁建设技术体系。改革开放初期，为节省工程投资，修建铁路只在跨越重要道路、大河及深谷时才架设桥梁。京九铁路九江大桥以上世纪90年代建成的京九铁路为例，当时桥梁里程在全线占比只有2%，2000多公里的路程中只有40公里的桥长。改革开放四十年来，我国铁路特别是高速铁路快速发展，铁路营业里程由1980年底的4.9万公里发展到2019年底超过13.9万公里，其中高速铁路突破3.5万公里。

中国高速铁路桥隧、路基等轨下土建工程已具备国际领先水平；轨道结构技术同样处于国际领先水平；高速动车组技术已处于国际先进水平；高速铁路的总体设计、施工、运营、快速建设技术，从安全、可靠、适用、经济、先进五大指标进行对比，总体技术已处于国际领先水平。

据统计，桥隧工程占高速铁路线路长度的比例，日本东海道新干线为47%，东北、山阳、北陆、上越新干线分别为95、89、83、99%；法国TGV东南线为6%，大西洋线、北方线巴黎环线、里昂—郎斯线分别为18、22、29、37%；德国曼海姆—斯图加特、法兰克福—科隆、汉诺威—威尔茨堡线分别为34、22、49%。

桥梁堪称高铁线上的"皇冠"。中国高铁快速延伸，高铁桥梁吸引着人们的目光：京津城际铁路的桥梁累计长度占正线总长的86.6%；京沪高铁的桥梁占线路总长的80.5%；武广高铁桥梁占线路总长的42.14%，整体超过50%；京沪高铁，桥梁占比80%；沪杭高铁，桥梁占比92%……高铁发展对桥梁提出了更高要求，高铁桥梁的突破则促进了高铁速度、质量、舒适度的提升，促进了高铁的发展。

桥梁是跨越河流、山谷、线路及各种障碍物的架空结构。高速铁路大量采用"以桥代路"的高架桥方案，桥梁结构占线路里程的半数以上。高速铁路桥梁除满足限界、通航、立交净空、渡洪、抗震和国土规划等基本要求外，基于少维修、易维修的目的，桥梁结构在构造上特别注意改善结构的耐久性和使结构便于检查、养护及更换部件。因此，高速铁路桥梁主型采用预应力混凝土简支箱梁形式。

高速铁路桥梁必须有足够的强度、刚度、稳定性和耐久性，对桥梁各结构的变形严格控制体竖向变形限值小。高速铁路桥梁跨度40米简支梁的梁体竖向变形设计限值不大于梁长的1/1500，即不大于26.7毫米，普通铁路相应跨度竖向变形的设计限值不大于1/800，即不大于50毫米，而公路相应跨度竖向变形限值为66.7毫米。另外，墩台沉降需要控制严格。高速铁路无砟轨道桥梁均匀沉降不得超过20米，相邻墩台沉降量差不得超过5毫米。

高铁桥梁多的采用还可以节约土地资源，修建桥梁可以少占地。高速铁路桥梁的基桩很长，便于有效控制沉降。同时，为了避免路桥频交替过渡，当桥间路提段较短时，需要连续修桥，也使得桥梁长度增加。

22. 为何我国高铁桥梁占比高？为何高铁多建在高桥之上

越江河湖海、高山峡谷等，自然要采用桥梁。为了高铁线路的平直、平顺。避免太多太急弯道，为了截弯取直而采用桥梁建设；避免太多太大起伏，为了降低坡度而采用桥梁建设。比如合福高铁南平建溪特大桥，最高桥墩达到20层楼高。

节约土地资源，力求少占田地。比如京沪高铁八成线路是桥梁，比传统路基少用土地至少3万亩。遇到不良地质地段，以及减少线路大的沉降。高铁桥梁的桩基一般较长，可有效控制沉降。提高线路的安全、封闭性，解决与等级公路、城市道路等现有道路交叉和行人过道问题，减少风险等。高铁发展对桥梁提出了更高要求，高铁桥梁的突破则促进了高铁速度、质量、舒适度的提升，促进了高铁的发展。

中国高铁快速延伸，高铁桥梁吸引着人们的目光：武广高铁，桥梁占比42%；京沪高铁，桥梁占比80%；沪杭高铁，桥梁占比92%……

桥梁堪称高铁线上的"皇冠"。一座座大桥，挺起了高铁脊梁，提升着中国速度。为何我国高铁桥梁占比高？中国高铁为何"大桥"为王？京沪高铁全长1318公里，是全世界一次建成线路最长、标准最高的高速铁路，全线244座桥梁，长度之和达到线路总长的80%。其中，南京大胜关长江大桥，为世界上首座设计时速300公里的6线铁路大桥；丹阳至昆山段特大桥，全长164.85公里，是当之无愧的世界第一长桥。

京广高铁上的武汉天兴洲公铁两用长江大桥，让中国高铁首次跨越长江。它是世界上第一座四线铁路、六线公路的公铁两用斜拉桥。郑新黄河大桥，则是目前世界上最长的公铁两用桥，设计时速350公里。随后，又陆续建成了黄冈长江大桥、铜陵公铁两用长江大桥、安庆长江大桥等一批更大跨度的高铁桥梁。从天兴洲长江大桥的504米主跨，到铜陵长江大桥的630米主跨，再到正在建设中的沪通长江大桥、五峰山长江大桥1092米主跨，创造了高铁桥梁跨度的新纪录。

我国高速铁路90%以上桥梁为中小跨度，梁部工场预制，可以严格控制制梁条件，保证质量；桥墩与梁部同时施工，明显减少作业时间同时有利于养护维修。所以高速铁路大量采用标准设计的简支箱梁，工场预制，机械运输架设。高速铁路大量采用32米、24米跨度双线箱梁，并研制了与此匹配的900吨级提梁、运梁架桥设备。

高速铁路行车速度高、对基础设施建设标准高，线路曲线半径大，必然会出现大量的桥隧工程。四十年来，中国铁路桥梁在跨度、结构型式、新材料、施工工艺和装备等方面均取得了明显进步。经过桥梁建设者的不懈努力，铁路桥梁从跨越障碍、满足列车通行的基本功能需求，到全面解决了高速铁路桥梁动力性能、工后沉降及变形控制、行车安全性及舒适性等一系列难题,并建成一批具有世界领先水平的大跨度铁路桥梁。现在,铁路桥梁不仅能跨越河流、峡谷等自然环境障碍,还能通过高架方式支撑轨道结构,以便节约宝贵的土地资源。

2020年11月,我国高铁桥梁数量已经超过3万座,总长度突破1.6万公里,中国已经成为世界铁路桥梁运营里程最长,在建规模最大的国家。

高速铁路行车速度高、对基础设施建设标准高,线路曲线半径大,必然会出现大量的桥隧工程。桥梁是道路的延伸,是跨越天堑的纽带。3万多座人类智慧的丰碑,不但展示着我国桥梁建设令人自豪的技术水平,更张扬着桥梁科技人员勇攀科技高峰的胆气和创造"大国重器"的豪气。从20世纪80年代"奋起直追",90年代"跟踪提高",到21世纪"创新突破",我国铁路桥梁取得了系统性的创新成果,突破了一系列关键技术,形成了具有我国自主知识产权的高铁桥梁建设技术体系。改革开放初期,为节省工程投资,修建铁路只在跨越重要道路、大河及深谷时才架设桥梁。京九铁路九江大桥以上世纪90年代建成的京九铁路为例,当时桥梁里程在全线占比只有2%,2000多公里的路程中只有40公里的桥长。

根据我国铁路新的中长期规划,到2030年我国铁路运营总里程将突破20万公里,还有更多更复杂的桥梁工程投入建设和运营。中国铁路桥梁,正在成为"中国制造2025"的践行者和先行者。

23. 大海那么深,桥墩是怎样"埋"进水中的

从当年"一桥飞架南北,天堑变通途"的武汉长江大桥,到如今的杭州湾跨海大桥、苏通长江公路大桥、港珠澳大桥、四渡河大桥……我国建桥的水平让我们惊叹不已。当我们看到跨河大桥、跨海大桥时,会有这样的疑问:水中的桥墩是怎么"埋"进去的呢?又是如何固定的?其实方法有多种,我们主要说说常用的桩基础法。

首先要澄清一个误区,就是我们表面上看到的桥墩,其实并不是直接"埋"进沙泥里的,施工时关键的是桥墩以下的桩基础。也就是说,我们平时看到的桥墩,和桩之间有个承台(也有单桩单柱的),桩和承台共同组成基础,而桩底所在的土层为持力层,称地基。这些钢桩需要足够长才能穿过泥沙,一直打到足够坚固的土层(持力层)上,如上图所示,然后在桩上修桥墩。那问题来了,桩是怎么打进去呢?

这就需要一艘很大的打桩船，在船边对应好海里的位置，把钢桩打进去。常用的方法还有围堰施工，将围堰内的水排出后再进行桩基、墩身施工。如果采用沉箱或者沉井，则是先沉一个混凝土箱子到河底，然后在箱子里抽水、挖沙、浇筑混凝土。

众所周知，港珠澳大桥是目前世界上最长的跨海大桥，同时也拥有世界上最长的沉管海底隧道，施工难度可想而知。

24. 我国高铁代表性的桥梁有哪些

中国高速铁路桥梁已经形成了设计、施工、制造、运维等成套技术，其中，制运架一体化的预制箱梁建造技术、大跨度斜拉桥和悬索桥成套建造技术、深海桥梁成套建造技术等位居世界前列。形成了设计、施工、制造等成套技术，工程规模、技术水平、运营速度等均处于世界先进或领先水平。先后建成了以武汉天兴洲长江大桥、京沪高铁大胜关长江大桥、合福高铁铜陵长江大桥等为代表的一批大跨度高速铁路桥梁，目前在建中的世界首座跨度超公里的公铁两用斜拉桥——沪通铁路长江大桥和首座跨度超公里的公铁两用悬索桥——连镇铁路五峰山长江大桥的工程技术和施工难度创造了桥梁建造多个世界之最，取得了多项技术创新成果。以沪通铁路长江大桥和连镇铁路五峰山长江大桥的建造为标志，中国高速铁路大跨度桥梁实现了公里级跨越。

揭秘世界第一长桥——京沪高铁丹昆特大桥164.851公里。世界第一长桥是哪座，我国拥有一座超级长桥，它就是长达164.851公里的京沪高铁丹昆特大桥。丹昆特大桥位于京沪高铁江苏段，起自丹阳，途径常州、无锡、苏州，终于昆山。该桥纵贯的苏南地区属平原河网化地貌，仅水面宽度在20米以上的河道就有150余条。因处于经济发达地区，路网纵横，该桥跨越了各类型等级道路180余条。跨公路、跨铁路、跨水路，丹昆特大桥以一种现代化高速铁路桥的傲然姿态，跨越着整个苏南大地。丹昆特大桥沿线建有常州北、无锡东、苏州北、昆山南等高架站，这些城市也如颗颗珍珠被串在了一起。自古就是鱼米之乡的苏南是极其活跃的经济增长点，尤其"苏锡常"三市，总面积占全国0.3%，人口占1.7%，进出口额却占17%，GDP排名全国第四。对于正积极谋求共赢"大太湖时代"的苏南来说，丹昆特大桥打开了一条新的通道，不仅加速区域内资源整合，还凭借交通优势，促进整个长三角的经济共振。

京沪高铁丹昆特大桥为梁拱组合式尼尔森体系系杆拱桥。系杆拱桥为梁拱组合体系结构，结构新颖、受力复杂，是一种特殊结构桥梁，且在高铁特殊结构桥梁中占比较大。这个体系的桥是将拱与梁两种基本结构形式组合在一起，共同承受荷载，充分发挥梁受弯、拱受压的结构性能和组合作用，拱端的水平推力用系杆承受，使拱端支座不产生水平推力。根据规定，运营中的特殊结构、技术复杂的桥梁，应每10年检定一次。京沪高铁已运营满10年，上海局对特大桥跨锡澄运河96米的系杆拱桥进行一次全面的检测试验。工电检测所利用7个夜间天窗点布置传感器和对桥面以上结构进行检测，并在白天运营时间内进行数据采集和对桥面以下结构进行检测，检测内容包含桥梁状态检查、动载试验、脉动试验、承载能力评估等，以评判该桥的运营性能、耐久性和承载能力。在检测过程中，根据该结构受力特点，检测人员使用了挂载高倍率可变焦相机的无人机、吊杆内部钢丝锈蚀无损检测的磁致伸缩导波仪、吊杆PE护套外部损伤检测的爬索机器人等新技术，重点对该桥拱、梁的线形分别进行三维扫描，对预应力孔道的灌浆密实性、系杆及吊杆的内部及锚头锈蚀情况等结构关键受力构件及隐蔽部位进行全方位检测。同时，对该结构进行振幅、加速度、动挠度、动应力和支座位移等动力性能指标进行测试。首次全面检测在全路亦属首次。

世界首座跨度超公里的公铁两用斜拉桥——沪通铁路长江大桥和首座跨度超公里的公铁两用悬索桥——连镇铁路五峰山长江大桥的工程技术和施工难度创造了桥梁建造多个世界之最，取得了多项技术创新成果。另外，高速铁路桥梁要有较强的抗挠和抗扭刚度，不应采用柔性结构。采用钢结构和框架结构，既可减少维修工作量，而且在有局部损伤时也不会影响整体。并且常采用多跨连续的钢筋混凝土梁桥，使受力安全可靠。

五峰山长江大桥是连镇铁路跨越长江的公铁两用桥，也是国内首座公铁两用悬索桥。大桥长6.409公里，主跨1092米一跨过江，下层为四线高速铁路，设计时速250公里；上层为双向八车道高速公路。针对大桥建设过程中存在的多个技术难点，加快"智能建造"研究，重点以BIM技术为核心，综合运用物联网、云计算、大数据等信息技术，开展宽领域、多环节、跨平台应用，实现了工程进度、质量安全、三维技术交底等方面的集成、动态和可视化管理。并在大桥北锚碇沉井建立基于远程无线传输、北斗定位技术的大型沉井基础施工实时监控系统，实时监测沉井几何姿态、结构应力、泥面高程等数据，统计分析数据变化及其趋势,为科学决策提供技术支撑。还首次运用水下三维声呐技术,对沉井狭小、浑浊水域泥面情况进行可视化监测,为水下吸泥作业增添一双"慧眼";首次应用地基承载力及侧摩阻力测量装置,实时监测刃脚结构应力,实时掌握应力变化,确保结构安全;对南锚碇超大基坑本体、环形边坡应力、位移等情况开展连续监测,及时掌握边坡状态,对大体积混凝土温控做到自动监测和无线传输。

其他如:武广客专武汉天兴洲长江特大桥云桂铁路南盘江特大桥大跨度铁路拱桥方面,建成了以南京大胜关长江大桥、云桂铁路南盘江特大桥等为代表的一批跨江和山区大跨度铁路桥梁。沪苏通铁路沪通长江大桥大跨度铁路斜拉桥方面,建成了以武汉天兴洲长江大桥、铜陵长江大桥等为代表的公铁两用钢桁梁斜拉桥,特别是沪苏通铁路长江大桥开通运营,常泰长江大桥开工建设,表明我国已具备建造超公里跨度铁路桥梁的技术实力。昌赣客专赣江特大桥昌赣客专赣江大桥、商合杭铁路裕溪河大桥则成为高速铁路大跨度无砟轨道斜拉桥的代表。标志着中国用自主创新技术解决了大跨高铁桥降速难题。连镇铁路五峰山长江大桥大跨度铁路悬索桥方面,标志着我国已进入大跨度铁路悬索桥时代,作为世界首座高速铁路悬索桥,在世界悬索桥发展史上具有标志性意义。

再如,2021年8月6日,世界首座350公里/小时的高铁跨海特大桥合龙,中国高铁即将迈入高速跨海时代。福厦高铁是国家综合立体交通网规划中长三角-粤港澳主轴的重要组成部分,正线全长277公里,设计速度350公里/小时,预计于2023年通车运营,是我国第一条真正意义上的跨海高铁。大桥建成后,泉州湾跨海特大桥将成为世界第四长跨海大桥,一桥飞架后渚港,再现世界文化遗产、海上丝绸之路泉州"宋元中国的世界海洋商贸中心"的历史辉煌。大桥示意图如图3.7所示。

图3.7 福(州)厦(门)高铁泉州湾跨海特大桥

面对风大、水深、浪大、潮差大、高盐分、高湿度等海洋环境条件以及泉州湾地震高烈度区的工程挑战，攻克了强风环境下长大跨海大桥通行高铁列车、高盐高湿腐蚀环境下高铁跨海大桥长效防腐耐久、地震高烈度区长联高墩跨海大桥的抗震、海上长联大跨桥梁适应无砟轨道铺设等技术难题，实现了铁路钢−混结合梁斜拉桥、无支座整体式刚构桥、耐海洋大气腐蚀钢结构等术体系的重大创新和突破。泉州湾跨海特大桥可抵抗12级强台风，涡激振动幅度在5毫米以内，可实现高速列车在海上按速度350公里/小时飞驰下，硬币稳立不倒。同时，针对跨海大桥高湿高盐强紫外线的强腐蚀海洋大气环境，创新采用了钢梁超长耐久防腐涂装体系，可实现钢结构在海洋腐蚀大气环境下30年及以上的超长寿命耐久目标，为目前国内外设计防腐寿命最长的防腐涂装体系，将实现我国钢梁防腐涂装体系30年超长防腐寿命的技术突破。另外，研制采用了纵向黏滞阻尼器、可剪断的耐候双曲面球型钢支座、金属阻尼器的综合减隔震体系及技术，解决了地震高烈度区长联高墩大跨桥梁的抗震设计难题。

未来，高铁桥梁设计与建设会更注重技术创新，更注重桥梁的结构创新，更注重桥梁新材料的研究和工程应用，更注重桥梁施工装备与施工工艺的创新和融合，更注重在桥梁工程中贯彻绿色环保理念，更注重桥梁的精细化设计和施工，更注重桥梁耐久性的设计和维护，更注重既有桥梁的安全性评估和安全使用研究。

第三节　最强的大脑

1. 列车运行控制系统 CTCS

传统的信号系统以地面信号为主，主要职责是实现"信号、联锁和区间闭塞"功能的检查，司机根据地面信号显示行车，只适用于160公里/小时以下的线路。高速铁路信号系统为满足高速铁路列车运行速度高、密度大和高安全性的特点，增加了一系列功能需求，主要特点表现在以下几个方面：

（1）列车运行以车载信号为行车凭证。高速铁路普遍采用列车运行自动控制系统，包括车载设备和地面设备两部分，在动车组驾驶台设置有车载设备人机交互装置（DMI），司机通过 DMI 可进行列车数据、车次号、司机号的输入、删除和修改，进行列控系统等级、上下行和运行模式选择；列车运行过程中，DMI 实时向司机提供列车运行前方目标距离、目标速度、运行里程位置、地面机车信号显示等，当列车运行前方为禁止信号时，车载设备能够自动将列车目标点定位在禁止信号前方，防止列车冒进信号；DMI 实时向司机提示列车实际运行速度、报警干预速度、临时限速等信息，以及线路坡度、制动输出与报警提示等信息，正常条件下，由车载设备根据速度监控曲线自动监控列车运行速度，当列车实际运行速度超出报警值后，车载设备自动输出常用制动或紧急制动，防止列车超速运行。

（2）列车实时接收地面列控数据，自动生成速度监控曲线，监督列车运行。高速铁路列控系统是一个高安全等级系统，列控车载设备正常工作所依赖的基础数据必须依赖于地面实时向车载提供的准确数据，包括线路坡度、线路静态最大允许速度、进路上的道岔最大允许通过速度、线路临时限速、轨道区段长度、信号机里程位置、自然灾害防护信息、进路条件信息等，列控车载设备接收到地面信号系统提供的基础数据后，结合车载设备制动模型和动车组的制动性能等因素，自动生成速度监控曲线，监督列车运行。同时，列控车载设备所需要的基础数据，确定准确无误后首先导入列控地面相关系统，列车运行过程中，通过安装在动车组上的 GSM-R 接收单元和天线、机车信号接收单元和天线、应答器报文接收单元和天线等实现车地之间的传送，列控基础数据的正确性、准确性以及车地之间列控数据的实时可靠传输及其传输性能是列控系统可靠工作的保证。

为适应中国高速铁路、客运专线的迅速发展和保证铁路运输安全的需要，原铁道部研制成功了"CTCS"（Chinese train control system）系统即中国铁路列车控制系统，随着列车速度的不断提高，当列车速度超过 160 公里/小时，司机难以辨别地面信号，需要凭车载信号操纵列车。同时，高速列车制动距离延长，追踪间隔时间缩短，为了保证列车安全，需要 ATP 设备对列车进行超速防护。高速列车列控系统的基本特征包括：根据运输能力要求，列控系统保证的安全追踪间隔最小为 3 分钟；能够控制的列车速度目标值为 200−250 公里/小时、300−350 公里/小时及以上；由列控车载设备对列车进行超速防护，列控系统是由地面信号设备和车载设备共同组成的闭环高安全系统，是地面联锁向车载设备的延伸，在此基础上实现以车载设备为主的行车方式；列控车载显示作为行车凭证；采用连续速度-距离模式曲线控制方式;应满足不同运行速度列车控制的要求;具有跨线运行和降级运行功能;车载显示不是传统的机车信号,而是通过 DMI 向司机显示目标距离、目标速度、监控曲线和列车实际速度等信息;利用信号安全数据网进行安全信息的交互传递。

我国高铁列控系统采用连续速度-距离模式曲线控制方式。速度-距离模式曲线控制方式是根据目标速度、线路参数、列车参数、制动性能等确定的反映列车允许速度与目标距离间关系的曲线。速度-距离模式曲线反映了列车在各点允许运行的速度值。列控系统根据速度距离模式曲线实时给出列车当前的允许速度,当列车超过当前允许速度时,设备自动实施常用制动或紧急制动,保证列车能在停车地点前停车。速度-距离模式曲线控制不再对每一个闭塞分区规定一个目标速度,而是向列车传送目标速度、列车距目标的距离信息。列车实行一次制动控制方式,列车追踪间隔可以根据列车制动性能、车速、线路条件调整。这种方式缩短了运行间隔,提高了运输效率,增加了旅行舒适度。

信号安全数据网是应用 CTCS-2 级或 CTCS-3 级列控系统的高铁中需建设的数据网,它为无线闭塞中心(RBC)、车站计算机联锁(CBI)、列控中心(TCC)和临时限速服务器(TSRS)等设备之间的信息传递提供安全的数据通道。高速列控系统相对普速列控系统的特点对比如表 3.2 所示。

表 3.2 高速列控系统相对普速列控系统的特点

项目	既有线列控系统	高速列控系统
适应线路速度	160 公里/小时以下	200~250 公里/小时,300~350 公里/小时及以上
车载设备	机车信号和监控装置	ATP 超速防护设备
车站与区间通信和控制	相对独立	车站和区间一体化,通信信号一体化
运输形式	客货混跑	客运专线
设计方式	逐步添加,搭积木式	车地一体化设计
列车运行控制属性	开环系统,人在系统中起主导作用	闭环系统,由设备保证安全
控制对象	地面信号设备	车载信号设备
车地信息传输及列控信息量	轨道电路单向传输,信息量少	轨道电路及应答器单向、GSM-R 双向传输、信息量大

CTCS 标准体系的建立始于 2004 年。为满足高速铁路建设需求,通过对 ETCS 标准的引进、消化、吸收,并结合中国铁路六次大提速的成功经验,中国构建了具有自主知识

产权的 CTCS 列控系统标准。CTCS 是在保证列车安全运行前提下，以分级形式满足不同线路运输需求的列车运行控制系统。CTCS 根据功能要求和设备配置划分为 CTCS-0-4 五个应用等级。

CTCS-0 级（简称 C0 级）：由通用机车信号和列车运行监控装置（LKJ）组成，为既有系统，适用于列车最高运行速度为 120 公里/小时以下的区段。CTCS-1 级（简称 C1 级）：由主体机车信号和安全型列车运行监控装置（LKJ）组成，点式信息作为连续信息的补充，可实现点连式超速防护功能。适用于列车最高运行速度为 160 公里/小时以下的区段。

CTCS-2 级（简称 C2 级）：CTCS-2 级列控系统利用轨道电路实现列车占用检查并向列车连续传送前方空闲闭塞分区数目信息，利用应答器向列车传送线路数据、临时限速等信息，ATP 车载设备根据轨道电路信息和应答器信息，采用目标距离连续速度控制模式自动计算控车曲线，监控列车运行。面向提速干线和客运专线，满足 200-250 公里/小时的高速铁路运用，地面可不设通过信号机。2008 年开通运营的合宁线是中国第一条运用客专 CTCS-2 级列控系统技术标准体系建造的高速铁路。如图 3.8 所示。

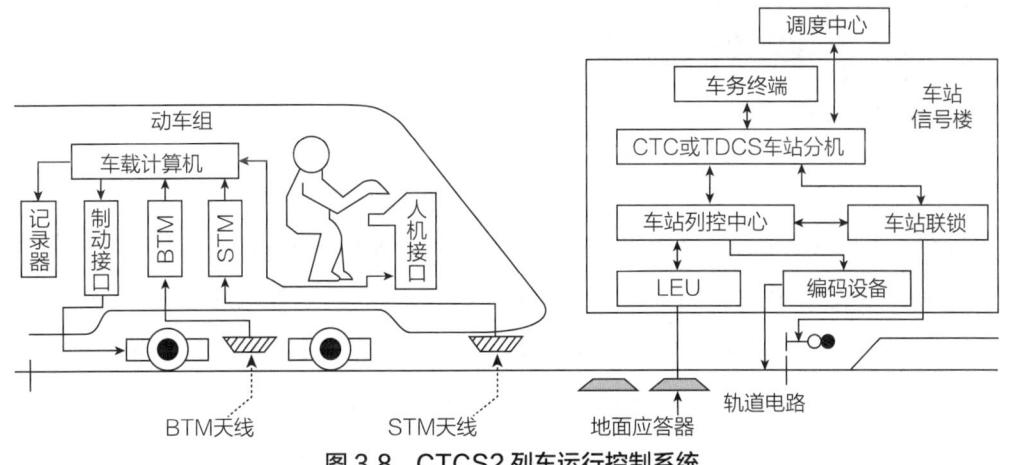

图 3.8 CTCS2 列车运行控制系统

CTCS-3 级（简称 C3 级）：基于无线传输信息，并采用轨道电路等方式检查列车占用的列车运行控制系统，点式设备主要传送定位信息。C3 级列控系统可以叠加在 C2 级列控系统上。运用在时速 300 公里/小时以上的高速铁路上，CTCS-3 和 CTCS-2 这两个系统的区别就在于，前者在地面设备上增加了无线闭塞中心 RBC 和 GSM-R 无线通信网络；车载设备上增加了 GSM-R 无线通信单元及天线；车载设备根据 RBC 的行车许可，生成连续速度控制模式曲线，实时监控列车安全运行。列控中心实现了区间三点检查功能，当出现分路不良时，可有效防止列车追尾的事故。一是实现了由地面固定信号显示的控制到面向列车移动体直接控制的转变；二是实现了由只是对信号显示控制而不能控制列车执行与否的开环控制到列车按照要求执行信号指令闭环控制的转变；三是实现了由车站分散控制到调度集中统一指挥控制的转变。如图3.9所示。

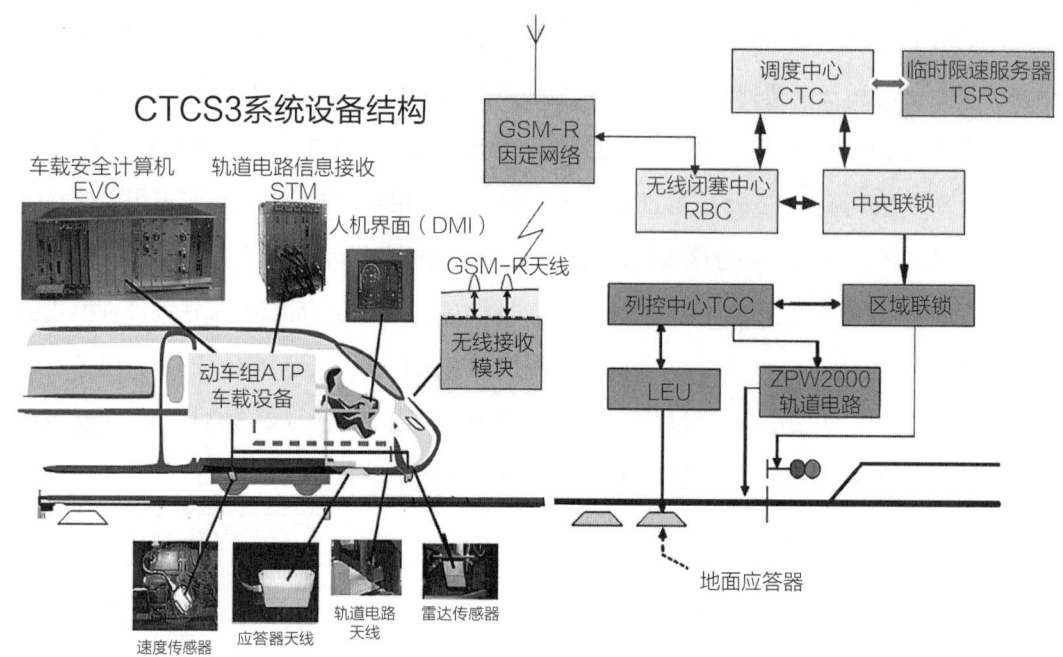

图3.9 CTCS-3级列车运行控制系统

CTCS-2/3是以地面控制为主的固定闭塞系统，列车占用检查由轨道电路实现，地面控制系统根据联锁进路和列车位置生成列车移动授权，并通过轨道电路／无线通信发送给列车，由车载进行列车运行安全防护控制。CTCS2列车控制系统如图2.9所示。CTCS-3级列控系统则是基于铁路数字移动通信系统（简称GSM-R）无线通信实现车地信息双向传输，由无线闭塞中心生成行车许可，轨道电路实现列车占用检查，应答器实现列车定位，并向下兼容CTCS-2级功能，CTCS-4级（简称C4级）：完全基于无线传输信息的列车运行控制系统。地面可取消轨道电路，由无线闭塞中心（RBC）和列控车载设备共同完成列车定位和完整性检查，实现虚拟闭塞或移动闭塞。CTCS-4是完全基于无线通信（如GSM-R）的列车运行控制系统，由地面无线闭塞中心（RBC）和车载设备完成列车占用检测及完整性检查，点式信息设备提供列车用于测距修正的定位基准信息。CTCS-4级列控系统取目标距高控制模式，列车按移动闭塞或虚拟闭塞方式运行。虚拟闭塞是准移动闭塞的一种特方式，它不设道占用检查设备，采取无线定位方式实现列车定位和占用轨道的检查功能，闭塞分区是以计算机技术拟设定的。移动闭塞的追踪目标点是前行列车的尾部，留有一定的安全距离，后行列车从最高速开始制动的计算点是根据目标距、目标速度及列车本身的性能计算决定的。目标点是前行列年的尾部，与前行列车的走行和速度有关，是随时变化的，而制动的起始点是随线路参数和列车本身性能的不同而化的。空间间隔的长度是不国定的，所以称为移动闭塞。其追踪运行间隔时间要比准移动闭塞更小一些。

2. CTCS-3 级列控系统发展历程

　　2007 年中华人民共和国铁道部成立 C3 攻关组开展 C3 技术攻关工作，中国通号作为技术牵头单位，对内联合国内相关企业开展系统和部分装备的自主创新工作，对外联合国外合作方开展部分核心装备的引进消化吸收工作，投入大量的人力、财力和物力，于 2009 年完成 CTCS-3 级列控系统成套装备研制，并成功开通全球第一条时速 350 公里的长大干线——武广客专。此后，2011 年开通一次建设里程最长、标准最高的高速铁路——京沪高铁，2012 年开通第一条穿越高寒地区的长大高速铁路——哈大高铁，随后 CTCS-3 级列控系统在我国高速铁路快速大面积推广应用。

　　2007 年至 2012 年，借鉴 ETCS 标准规范的发展经验，根据 CTCS-3 级列控系统的特点，结合武广和郑西客运专线的建设，中国制定并编制了 CTCS-3 级列控系统标准规范体系。在武广 C3 系统研发和实施过程中，逐步建立了囊括设计、研发、生产、施工、维护、认证等各个环节的标准规范，形成一套完整的 C3 系统技术标准体系，以此为准则指导整个系统研发、集成和工程建设。

　　CTCS-3 级列控系统在保障列车高速安全运营方面开展了大量工作。2009-2011 年，中国有包括武广、沪宁在内的 4 条装备 CTCS-3 级列控系统的客专按照 350 公里 / 小时的最高速度运营。2011 年，在京沪高铁成功完成时速 380 公里的综合试验，CTCS-3 级列控系统满足高速列车以时速 380 公里持续运行的需求。中国于 2015 年成功研制了具有自主知识产权的 CTCS-3 级列控系统全套核心设备，2016 年在大同—西安客专综合试验段完成350公里/小时的现场测试，2018年对系统增加350公里时速的智能驾驶功能并在北京—沈阳客专综合试验段完成现场试验，实现了列控系统装备的自主化、智能化和产业化，能够满足国内高铁运用技术提升及高铁走向国际的需求。主要设备组成、功能及信息流如图3.10所示。

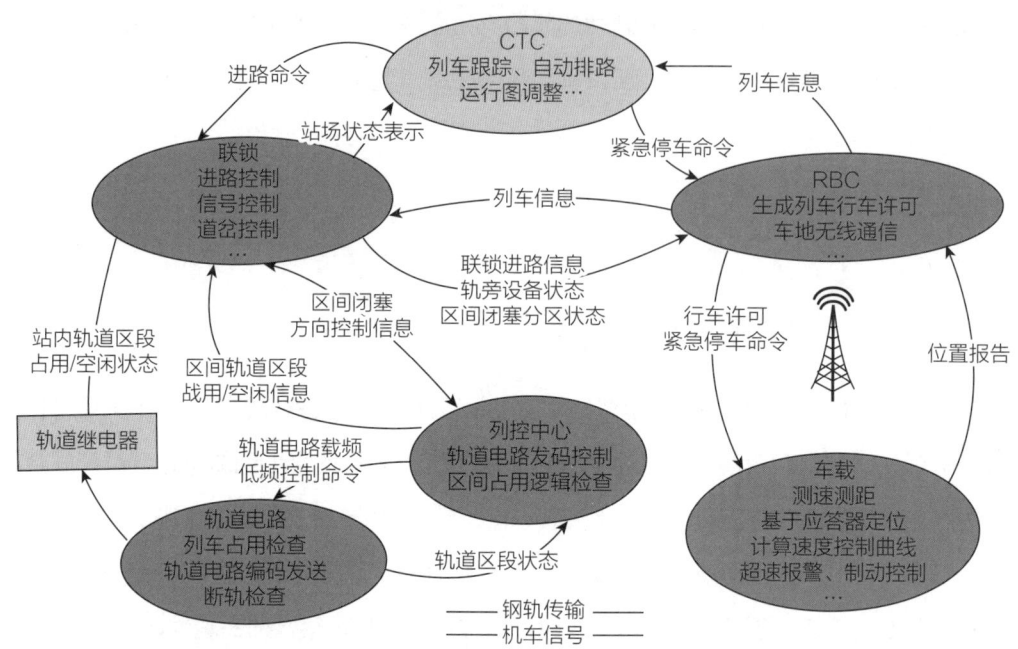

图3.10 CTCS-2/3设备构成、功能及信息流程

中国通号自主化CTCS-3级列车运行控制系统吸收继承了既有系统大量安全可靠的运用经验，在解决自主知识产权问题的基础上，依据中国列控标准，面向未来发展需要，重点考虑了系统装备的标准化和技术先进性，以支撑当前在用设备的长期运用维护，支撑新建高铁自主化列控系统的应用，支撑高铁技术的可持续发展。中国通号自主化高铁列车运行控制系统（CTCS—3）由计算机联锁（CBI）、列控中心（TCC）、无线闭塞中心（RBC）、临时限速服务器（TSRS）、自动防护设备（ATP）组成。

3. 应答器是什么

应答器设备可以简单地理解为一个数据存储器和发送器，当车载天线激活该应答器时，应答器发送自身存储的应答器报文或地面电子单元（LEU）传送的应答器报文。

应答器（Balise）：一种用于地面向列车信息传输的点式设备，分为固定（无源）应答器和可变（有源）应答器。主要用途是向列控车载设备提供可靠的地面固定信息和可变信息。

应答器是一种能向车载子系统发送报文信息的传输设备，既可以传送固定信息，也可连接轨旁单元传送可变信息。

应答器设备向列控车载设备传送以下信息：线路基本参数：如线路坡度、轨道区段等参数；线路速度信息：如线路最大允许速度、列车最大允许速度等；临时限速信息：当由于施工等原因引起的对列车运行速度进行限制时，向列车提供临时限速信息；车站进路信息：根据车站接发车进路，向列车提供"线路坡度"、"线路速度"、"轨道区段"等参数；道岔信息：给出前方道岔侧向允许列车运行的速度；特殊定位信息：如升降弓、进出隧道、鸣笛、列车定位等；其他信息如固定障碍物信息、列车运行目标数据、链接数据等。应答器如图3.11所示。

无源应答器（组），用于发送固定不变的数据，用于提供线路固定参数，如线路坡度、线路允许速度、轨道电路参数、链接信息、列控等级切换等。无源应答器（也称固定应答器）设于闭塞分区入口和车站进、出站端处，用于向列控车载设备传输闭塞分区长度、线路速度、线路坡度、列车定位等信息。有源应答器（也称可变应答器）设置于车站进、出站端，当列车通过应答器时，应答器向列车提供接车进路参数、临时限速等信息。

图3.11 应答器

有源应答器：传输可变信息。必须通过专用的应答器电缆与LEU设备连接，可以根据LEU设备所发送的报文，变化地向列车传送应答器报文信息。与LEU（地面电子单元）连接，用于发送来自LEU的报文，在既有线提速区段，有源应答器设置在车站进站端和出站段，主要发送进路信息和临时限速信息。

无论是无源应答器还是有源应答器，其工作原理是一样的。当列车经过地面应答器上方时，应答器接收到列控车载设备点式信息接收天线发送的电磁能量后，应答器将能量转换为工作电源，启动电子电路工作，把预先存储或 LEU 传送的 1023 位应答器传输报文循环发送出去，直至电磁能量消失。

4. ATP 系统功能是怎样的

列车自动保护系统（Automatic Train Protection，简称：ATP），亦称列车超速防护系统，其功能为列车超过规定速度时即自动制动，当车载设备接收地面限速信息，经信息处理后与实际速度比较，当列车实际速度超过限速后，由制动装置控制列车制动系统制动。

ATP 系统（列车自动保护系统）是确保列车运行速度不超过目标速度的安全控制系统。它是列车自动控制（ATC）系统的子系统，也是确保列车安全运行，实现超速防护的关键设备。该子系统通过设于轨旁的 ATP 地面设备，连续地向列车传送"目标速度"或"目标距离"等信息，以保持后续列车与先行列车之间的安全间隔距离，并监督列车车门和站台屏蔽门的开启和关闭的程序控制，确保它们的安全操作。ATP 子系统地面发送设备平时通过轨道电路或交叉感应环线发送列车检测信息，以检查轨道区段的空闲和占用，当检测到列车占用该轨道区段时，将"目标速度"或"目标距离"等数据信息传送给列车。车载 ATP 设备接收并解译"速度命令"等数据信息，结合列车实际速度、制动率、车轮磨损补偿等相关条件，实现超速防护控制，并与列车自动运行（ATO）子系统配合，实现列车速度的自动调整。当列车到达定位停车点，由 ATP 子系统通过轨旁设备向列车传送列车车门开启和关闭信息，进行列车车门开、闭控制。ATP 子系统主要有：音频无绝缘轨道电路的"速度码"制式；数字编码轨道电路的"目标速度"制式；数字报文式轨道电路的"目标距离"制式；不设钢轨的独轨交通系统，通过专用的交叉感应环线来传送 ATP 信息。利用轨间感应环线，实现车-地双向数据通信，完成移动闭塞功能的基于通信的列车控制系统，也已在中国采用。

列车自动保护系统主要体现在：车载设备接收地面限速信息，经信息处理后与实际速度比较，当列车实际速度超过限速后，由制动装置控制列车制动系统制动；以达到列车在停车点前停车或在限速点前实际速度小于限速值的目的；列车自动保护系统是列车自动保护装置，是防止列车相撞的重要装置，一般情况下前车若因故停车，后车的 ATP 系统就会接收到减速甚至在安全区间内停车的信号；所有的动车组都装有这套 ATP 系统。

由中国通号研制开发、基于数字轨道电路的 ATP 系统，是当前中国最先进、并代表国际先进水平的列车自动防护系统。

5. "超级大脑"为什么离不开北斗和 5G

无线移动闭塞系统可以说是高铁列车"超级大脑"的关键元器件，其最显著的特征就是要求对列车动态位置进行精确定位，同时还要借助高速度、大容量的通信技术实时传递列车的位置信息，这样才能让调度中心人员准确掌握列车的运行情况，从而指挥列车运行，保证行车安全。而上述的这些，离不开"北斗"导航和 5G 技术。

高带宽、高速度、大容量、低功耗、低时延等等 5G 通信技术的优点和特征，可以满足未来虚拟现实、智能制造、自动驾驶等应用需求。

基于"北斗"卫星定位的列控系统，可以连续且精准获取列车位置信息，改变传统的基于固定自动闭塞技术的列控追踪间隔方式，而通过采用移动闭塞的追踪间隔方式，使得追踪列车间隔大大缩小，从而提高运输效率。基于北斗，还可以实现对同一列车的车头、车尾定位，从而开展列车的完整性检查，以防止列车解体后，给后面的列车带来安全风险。

北斗与 5G 的结合，还可以实现对高铁列车等移动信息瞬时定位，确定其去向和瞬间运行的速度，满足高铁列车对移动闭塞的技术需求。

按照《新时代交通强国铁路先行规划纲要》提出的目标，我国的高速列车到 2035 年将拥有利用北斗卫星导航系统、5G 通信技术等构成空天地一体化的"超级大脑"——新一代更高效、更智能、更环保的列控系统，列车追踪间隔由目前的最短 3 分钟缩短到 2 分钟左右，提高线路运输能力 30% 以上，人均百公里能耗可降低 30% 左右。

安全是铁路运输适应经济和社会发展的先决条件，列控系统作为高速铁路的"大脑与神经"，必将越来越多地承担涉及行车安全和乘客安全的防护功能，通过专业间协同拓展信号系统的安全功能，必将成为系统发展的趋势。基于新一代信息技术促进高速铁路通信信号一体化融合，创新实现自主列车运行、智能运输服务、智能运维保障，符合交通强国要求，引领技术发展方向。以5G通信为纽带，广泛应用云计算、物联网、人工智能等先进技术，在铁路移动装备、固定基础设施及相关内外部环境信息的全面感知、泛在互联的基础上，构建下一代列车控制系统，实现实时、智能、柔性、协同的调度指挥，高密度、高速度、高能效、无人化的列车控制，高速传送、立体覆盖、综合承载、智能感知的通信服务，为旅客提供安全、准时、定制化的出行服务，减少能源消耗和碳排放，降低建设和运营成本，给旅客提供更便捷、舒适的在途体验。

6. 高速铁路通信系统的主要组成

铁路专用通信业务是指铁路运输组织、客货营销、经营管理等活动所使用的通信业务，一般包括语音通信业务、数据通信业务、图像通信业务和其它业务。铁路专业通信业务包括干局线通信、区段通信、站场通信、无线专用通信，应急通信和列车通信，其中干局通信以调度通信和电视会议为主，区段通信是以电信和信号控制信息为通信手段，站场通信以广播、电话等通信手段为主，无线专用通信以调度电话、防护报警、移动通信系统、对讲为主的通信方式；应急通信和列车通信以电话指挥系统、图像数据传输为主的通信方式。随着现代铁路通信技术的不断发展，铁路通信新技术已经应用在铁路运输中，其中以高速铁路信号系统为代表的通信技术，运用了先进的通信技术，提高了铁路安全稳定的运行效率，用现代化计算机技术和通信技术来准确、及时的完成运行信息的采集、处理、传输、反馈和信息资料共享等功能，确保铁路安全和高效运行。

按照通达地区和通信范围一般分为长途通信、地区通信、区段通话和站内通信4种，按照通信业务性质可以分为公用通信和专用通信。

高速铁路通信基础设备共包括14个子系统，按系统功能可分为基础承载网、支撑网、业务网等三类，其中基础承载网包括通信线路、接入网、传输网、数据通信网等4个子系统；支撑网包括时钟同步网、时间同步网、通信电源等3个子系统；业务网包括电话交换、调度通信、会议通信、应急通信、综合视频监控、铁路数字移动通信系统（GSM-R）、移动通信终端等7个子系统。其中，GSM-R工作原理如图3.12所示。

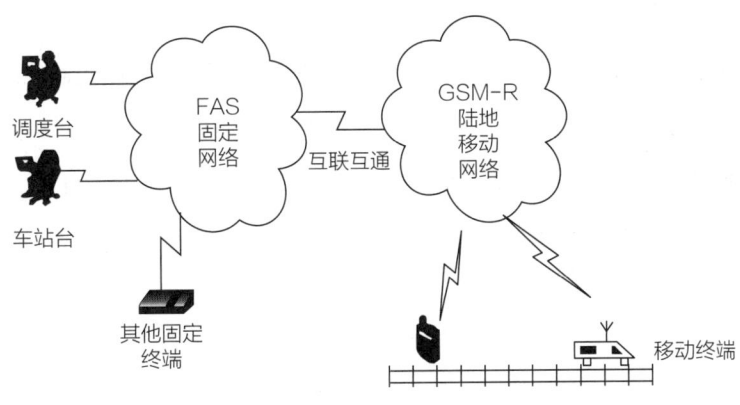

图 3.12　GSM-R 工作原理

7. 高速铁路通信技术的特点及发展情况

铁路作为我国最早应用无线通信技术的行业之一，经过几十年的应用发展和技术积累，已形成与铁路管理体制相适应的铁路专用通信技术体系。进入 21 世纪，为满足我国高速铁路的发展需要，原铁道部正式确定了铁路专用数字移动通信系统（GSM-R）的技术方向，有力支撑了高速铁路、重载铁路、高原铁路的列车调度通信和列车运行控制等多项行车安全业务运用。历经 10 多年发展，我国已建成全球最大的 GSM-R 网络。

面向未来，移动数据流量将出现爆发式增长，新一代无线通信技术将实现万物互联，智能设备与信息流无处不在。虽然铁路建设 5G 网络还有诸多困难需要克服，如频点发放、技术标准确定、长大隧道覆盖方案、高额投资等。但 5G 通信技术将给铁路管理、生产、运营模式带来革命性变化，助力智能高铁和智慧交通的发展。基于 5G 技术的高铁列车位置查询及应急处置辅助系统正是把握当前需求和面向未来趋势，是对中国高铁智能化的有益拓展。同时，5G 是跨时代的技术，除了更极致的体验和更大的容量，它将开启物联网时代，并进入各个行业。5G 相对于 4G 有新频谱、新空口、新业务、新架构、新场景五大创新点。车站里能体验什么 5G 活动？4G 的人均速率为 5—10Mb，5G 的速度将提升十倍。目前 5G 网络峰值速率能达到 1.2G，下载一个 2GB 高清电影，最快 20 秒就可以完成，这样的带宽和网速能满足包括智能服务机器人在内大量物联网设备的接入。5G 低时延的特点可以让室内导航精度更高，可以在高峰期精确监控疏导人流。另外，5G 技术具有超高带宽、超低时延和海量连接等特征,充分弥补了用户的多样化需求,在自动驾驶、智能制造等众多垂直行业具有广阔的应用空间。但由于 5G 频段较高、单基站覆盖范围较小等特点,5G 网络建设成本约为 4G 的 2–3 倍。对于大型楼宇、高铁、矿山等相对封闭场景,5G 基站很难进行无缝覆盖,Wi-FI 将会是 5G 的最好补充,而高铁 Wi-FI 与 5G 技术的融合也将创造更大的社会效益和经济效益。

第四节 能力强大的牵引供电

1. 牵引供电的作用

电气化铁路是以电能作为牵引动力的一种现代化交通运输工具。它与内燃机车牵引不同的地方,是电力机车或动车组本身不带能源,必须由外部供给电能,专门给电力机车或动车组供给电能的装置称作牵引供电系统。同时,牵引供电系统本身并不产生电能,而是将电力系统的电能通过牵引变电所、馈电线、接触网、钢轨、吸上线及回流线供给电力机车的(对于直接供电加回流线供电方式而言)。电气化铁路供电系统主要有牵引变电设备、接触网设备、电力供电设备构成。高速铁路牵引供电系统如图 3.13 所示。

图 3.13 高速铁路牵引供电系统

可以形象地将牵引动力称之为高铁获得能力的源泉。世界各国的高速铁路，无一例外地采用了电力牵引方式。相比较于普通的电气化铁路，高速铁路的电力牵引供电系统有其特殊性。目前供电制式，世界各国大都以单相、工频 50 赫兹、25 千伏供电制式为主。但德国仍沿用了 162/3 赫兹、15 千伏低频供电制式。牵引供电方式除德国以外（德国高速铁路采用直供电方式），各国 300-350 公里/小时高速铁路建设和运营，均采用 AT 供电方式（自耦变压器供电方式）。AT 供电方式在供电能力和减少牵引供电系统的薄弱环节——电分相方面更适应高速铁路动车组列车的需要，同时可明显改善沿线电磁环境并降低建设成本。

通过京津城际、武广、京沪、郑西等高速铁路的成功建设和运行，经过原始创新、集成创新和引进消化吸收再创新，目前在设计、装备制造、施工安装、联调联试、运营管理等技术方面，中国逐步建立和形成具有自主知识产权、国际一流水平的高速铁路牵引供电技术体系和标准体系，系统掌握了高速铁路牵引供电系统设计、施工、高速检测和主要装备等关键技术，攻克了大容量供电及高速度、双弓受流技术难题，基本构建了高速铁路牵引供电系统设计施工、装备制造的成套技术平台。目前，中国已经建成了最发达、场景最复杂、运输最繁忙的铁路网、电气化率世界第一。

2. 高铁用的电是哪儿来的，安全与否

由于高铁本身不带能源，因此只能由电力牵引供电系统提供，而这个功能强大的供电系统主要包括变电所和接触网。

（1）高铁用电和家庭用电有区别吗？高铁用的电是什么电？时速 350 公里/小时耗电 9600 度。有关资料表明，时速 350 公里的高铁每小时耗电 9600 度、时速 250 公里的高铁每小时耗电 4800 度。一趟时速 250 公里的高铁从北京到南京要花费 4 小时、耗费近 2 万度电！可以供某"一晚低至一度电"的空调开上 55 年了！

与家庭用电不同的是，高铁列车在行进过程中，并不是一直都和电网相连的，经常会通过一段约 100 米的无电区间，列车处于断电状态，凭借惯性滑过这段区间。220 伏作为日常用电等级，大家一定都不陌生。而高铁用电虽同为单相电压，但电压等级却高达 25

（27.5）千伏。这么多电当然还是从我们大电网里来。高铁是供电公司一类特殊的客户；普通居民供电由供电公司进行输电与配电。对于高铁而言，电厂发电后通过输电线路送到牵引变电站，再通过接触网将电供给铁路。

（2）高铁用的电有什么不一样呢？如果说不同的话，首先体现在电压上。高铁用的电压是电网供电序列中找不到的。其次，电网里的交流电是三相的，而高铁的电是单相的！在我国电气化铁路中，使用的正是工频（50赫兹）25（27.5）千伏单相交流电。这种单相、25（27.5）千伏的交流电是由牵引变电所将电网输的电转变而来。

（3）高铁运行中一直有供电吗？高铁动车等在行进过程中，并不是一直都和电网相连，经常会通过一段无电区间（在牵引变电所和供电臂之间，叫作"电分相"），约100米左右。通过这段区域时，列车是没有电的，一般借助惯性滑过这段区间。由于这段区间非常短，所以坐火车时基本没什么感觉。如图3.14所示。

图3.14　高铁靠电力示意图

根据有关资料表明，时速350公里的高铁每小时耗电9600度，而时速250公里的高铁每小时耗电也有4800度，这么多电是哪里来的？答案很简单，国家电网。电厂发电（330、220或110千伏）后通过输电线路送到铁路牵引变电所，调为适合高铁使用的电压，然后通过接触网馈线送到接触网导线上，再通过接触网将电供给列车。

（4）接触网上的高压电是怎么"跑"到列车上的？钢轨有多长，接触网就有多长，在地面奔跑的动车组与接触网总是遥遥相望，为了实现它们两个的亲密接触，受电弓，也就是我们看到的高铁顶上的"天线"，便成了车与网之间的"红娘"。通过与接触网导线之间的接触，受电弓可以将电流引导到动车组上，从而牵引列车前行。升起时，可与接触网导线接触，降下时平卧在车上，而受电弓是否升降是根据列车运行需要和配置要求来确定的。如图3.15所示。

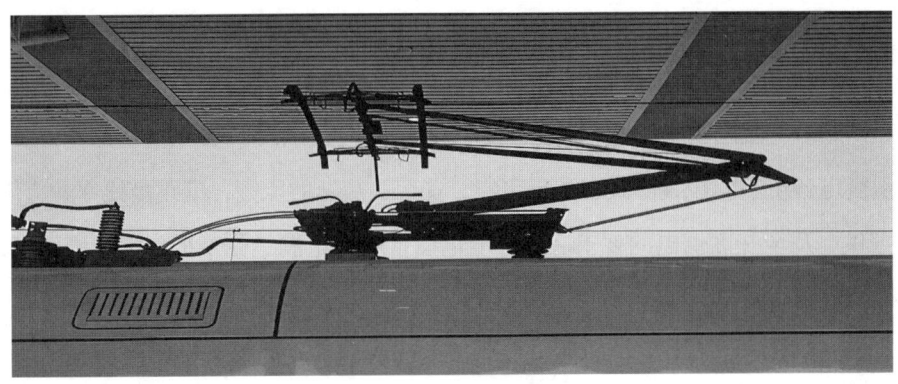

图 3.15　接触网与弓网

3. 高铁用电会对电网产生影响吗

因为我国采用工频（50 赫兹）单相 25（27.5）千伏电压对动车供电，而公用电网则是工频三相电。那么当电从牵引供电系统到公用电网之后，是不是会干扰正常公共用电呢？基本不会。因为从牵引供电系统最后回流到大电网的电依然是三相平衡的。

电网的三相交流电到牵引供电系统变为单相交流电是通过变电站来实现的。那么在用电设备用完电后，回流到大电网的交流电如何实现三相平衡？

由于牵引供电系统采用单相交流电，如果全程只用一相，肯定导致不平衡。解决方式就是通过换相实现三相平衡。也就是说一相用一段，三相循环着用。

具体的换相流程如下：在变电所中，三相交流电变为了 A 相、B 相、C 相三相电，将其中的一相接地，另两相分别通往变电所两侧的供电臂。一般而言，相邻变电所的相邻供电臂的相位相同，一个供电分区里都是相同相位的电。

检修人员会在无高铁运行的凌晨对接触网进行停电检修作业，并安排专人在白天沿铁轨巡视检查有无鸟类筑巢、有无漂浮物靠近，同时清除可能侵线的树木，避免接触网设备短路跳闸影响高铁安全运行。

除此之外高铁、动车组每辆车上自带蓄电池，为列车启动时受电弓运行等提供电能，还可以作为高铁停电时安全和辅助电器系统的紧急备用电源。

4. 牵引变电设备组成

高速铁路牵引变电设备包括牵引变电所、分区所、AT所、开闭所、接触网开关控制站等。牵引变电各所亭的接线形式应满足可靠、安全、简捷的原则，馈线接线方式应满足上、下行分别供电及全并联供电的要求。牵引变电设备应尽量满足免维护、少维修的原则，并满足无人值班的需要。

(1)牵引变电所。牵引变电所是电气化铁路的心脏。它的功能是将电力系统输送来的110千伏或220千伏等级的工频交流高压电，通过一定接线形式的牵引变压器变成适合电力机车使用的27.5千伏等级的单相工频交流电，再通过不同的馈电线将电能送到相应方向的电气化铁路(接触网)上，满足来自不同方向电力机车的供电需要。牵引变电所一般设在车站的一端，在车站和区间分界处与另一端不同相位的供电臂通过分相绝缘器或电分段锚段关节相连。同一方向馈出回路的高压开关具备旁路备用开关，可满足不间断可靠供电要求和检修的需要。牵引变电所一般按无人值班、有人值守方式设计，开闭所、分区所、AT所按无人值班、有人巡视方式设计。牵引变电所、开闭所、分区所、AT所的继电保护及自动装置均采用微机型综合自动化系统，系统采用多层分布式结构，采用集中组盘安装方式。

(2)分区所。分区所的作用是将电气化铁路上下行接触网通过分区所并联起来，以提高供电臂末端接触网上的电压水平，均衡上下行供电臂的电流，降低电能损失，在较重车方向和线路有较大坡道情况下效果更为明显；在一个牵引变电所故障情况下，通过分区所可以由相邻牵引变电所实行越区供电。

(3)开闭所。开闭所的主要作用是在大的编组站和客运站实现分束、分段供电，提高供电的可靠性，缩小停电范围，减少事故对铁路运行的影响。如果开闭所在供电臂末端，通常将其与分区所合建。同样，不同馈出回路的高压开关具备共用旁路备用开关，可满足不间断可靠供电要求和检修的需要。

(4)馈电线。馈电线是牵引变电所与接触网之间的连接线，它的功能是从牵引变电所向接触网供电。它由馈出开关引出，在分相装置的两侧连接到接触网上，使之获得27.5千伏电源。

牵引变电所、开闭所、分区所、AT所综合自动化系统均由站级管理层、通信层、间隔层三部分设备组成。综合自动化系统完成就地的运行管理(保护、控制、测量、通信等功能），并可通过运动通道与调度端设备接口实现远动功能。为了满足无人值守的要求，各所的防灾安全监控系统及交、直流自用系统的操作、监控、直流绝缘监视等装置接入综合自动化系统。

5. 接触网设备有哪些

接触网是电气化铁路上的主要供电装置，它通过钢筋混凝土方柱或等径圆支柱及软横跨、硬横跨，以一定的悬挂形式将接触线直接架设在铁路线路的上方。它的功能是通过与电力机车顶部受电弓的滑动接触将电能供给电力机车或电动车组。从结构形式上看，接触网由接触悬挂部分、支持装置、定位装置、支柱和基础组成。

（1）接触悬挂部分。接触悬挂部分包括承力索、整体吊弦、接触线、中心锚结绳及各种线夹、全补偿下锚装置等。承力索承受接触线的重力，并将整个接触悬挂的重力和拉力（或压力）传给支持装置，同时通过吊弦悬挂使接触线保持在规定的高度，电力机车受电弓滑板同接触线相接触取得机车所需的电能。

（2）支持装置。支持装置包括腕臂、棒式绝缘子、固定底座、腕臂支撑、斜拉线、承力索座等，用于支持接触悬挂部分，并将其负荷传给支柱。

（3）定位装置。定位装置包括定位管、定位器、定位线夹、定位支撑等，用于固定接触线的水平位置。定位器处于受拉状态，使接触线沿铁路线路均匀分布在机车受电弓中心运行轨迹两侧，保证受电弓不脱离接触线而发生弓网事故，并将接触线的水平负荷传给支持装置。

（4）支柱和基础。支柱和基础包括钢筋混凝土方支柱和等径圆支柱、钢柱、软横跨、硬横跨、杯形基础、拉线基础、横卧板、底板等。它用于承受接触网的全部负荷，包括上部结构的重力、垂直线路方向的拉力（或压力）、顺线路方向的拉力。支柱和基础施工质量的好坏直接影响到接触网能否长期稳定运行。

（5）钢轨和吸上线。在电气化铁路上，电力机车是利用钢轨作为牵引电流回路的，大部分牵引电流经过与之相连的吸上线（绝缘电缆）直接回到变电所。由于轨道与大地之间是不绝缘的，所以牵引电流的一部分要流经大地，从埋设在牵引变电所下面的接地网回到变压器。同时钢轨和吸上线不是直接相连,而是在轨道电路绝缘节处增设扼流变压器,二者分别与变压器的接线柱和中性点牢固连接,从而使牵引电流回路和轨道信号回路各自形成导通回路,互不干扰。

(6)回流线。回流线是轨道回路与牵引变电所之间的连接线,它的作用是将流经吸上线的牵引电流直接回送变电所内的牵引变压器,一方面减少电能损失,另一方面降低了对电气化铁路沿线通信、信号线路和装置的电磁谐波干扰。通常回流线与接触网线路同杆架设,每隔一定的区段通过吸上线与钢轨相连。

6. 接触网送电后有哪些要求

接触网送电是电气化铁路建设过程中的重要关键节点。送电后,沿线所有供电接触网及其相连部件带有27.5KV高压电图片,相当于家庭用电220伏电压的125倍。

为确保人民群众生命财产安全,保障铁路运输安全畅通,铁路部门提醒沿线单位和居民严格遵守《中华人民共和国铁路法》《铁路安全管理条例》:

严禁向电气化铁路接触网抛掷物品;严禁在铁路电力线路导线两侧各500米的范围内升放风筝、气球、无人机等低空飘浮物体;严禁攀登铁路电力线路杆塔或者在杆塔上架设、安装其他设施设备;严禁在铁路电力线路杆塔、拉线周围20米范围内取土、打桩、钻探或者倾倒有害化学物品;严禁触碰电气化铁路接触网,以及其他破坏铁路电力线路设施的行为。

铁路线路两侧的栅栏是高铁行车安全设备的重要组成部分,是防止行人、动物进入铁路线内而专门设置的一道安全屏障,禁止任何单位、个人擅自移动、损毁防护栅栏等防护设备,也禁止无关人员以任何理由进入防护栅栏内,否则公安机关将依法进行治安处罚,对造成后果的还将追究刑事责任。

7. 摩擦摩擦,受电弓不会被磨坏吗

一般来说,接触网为了提供良好的导电性能,通常是由金属(铜镁、铜锡合金)制成

的，而弓网间的接触部分有一块碳滑板，接触材料为特种石墨，硬度远低于金属。一软一硬相互作用，碳滑板就这样通过磨耗自己保护了接触网的安全。如图 3.16 所示。

图 3.16　接触网

所以在动车组的日常维护中，有一项工作就是定期更换受电弓碳滑板，一般 6 万公里更换一次。

我们乘坐的高铁能正常运行离不开接触网工对供电设备的悉心检修保养，全天候待命是他们的工作性质，高空、高压、高危是他们的工作日常，江湖人称铁路"蜘蛛侠"。如图 3.17 所示。

图 3.17　蜘蛛侠工作场景

"蜘蛛侠"们行走在高铁供电接触网上，检查供电线状态，克服线路缺陷，确保供电可靠，让高铁运行通畅。尽管夜间行动，"出镜率"不高，但他们依旧坚守岗位，默默奉献着青春年华，守护广大旅客平安顺利出行。

8. 牵引供电原理是什么？流传动装置，其牵引电机采用的是三相交流异步电机

牵引供电系统伴随电气化铁路而诞生，随着铁路技术的发展和进步，特别是新世纪我国高速铁路的飞速发展，牵引供电系统取得了快速的发展和辉煌的成就。牵引供电系统的主要任务是将电能从电网安全可靠地输送到电力机车或动车组上，为电力机车或动车组运行持续提供强大的电能。其原理如图 3.18 所示。

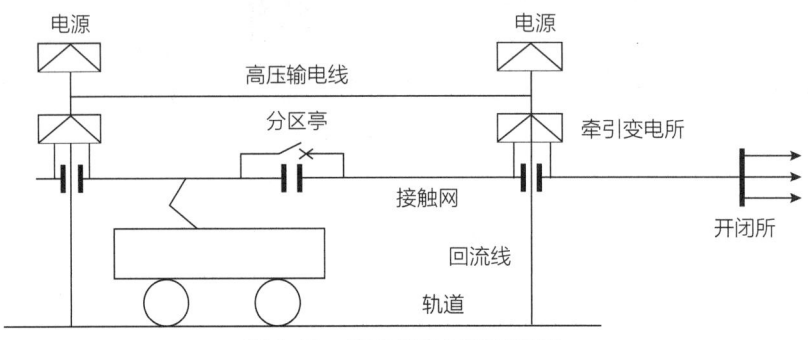

图 3.18　牵引供电原理示意图

交流牵引传动系统包括牵引电机、牵引变压器、牵引变流器和牵引控制器。交-直-交传动原理。当列车需要牵引运行时，牵引传动系统从接触网上接受电能供给牵引电动机，实现电能到机械能的转换。当列车需要制动时，牵引电机作发电机运行，将单向交流电反馈给电网，实现再生制动，从而实现机械能到电能的转换，能量变换与传递的途径如图。此外，动车组的电气部分还有车辆信息控制系统、网络控制系统、监测诊断系统、空调通风系统和司机室等。传动装置就是将电能转换成机械能牵引列车运行，同时在列车制动时将机械能转变成电能回馈电网。传动装置原理及能量转换如图 3.19 所示。

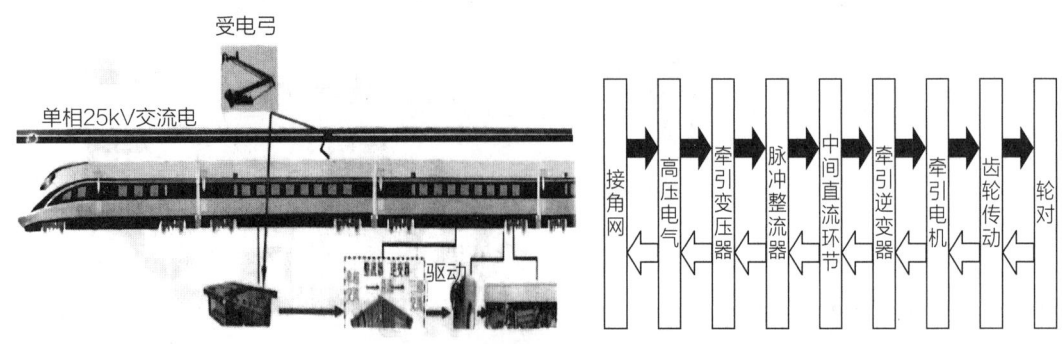

图 3.19　传动装置原理与能量转换示意图

牵引供电系统是由设在沿线的牵引变电所亭、牵引网、供电远动系统等构成。牵引变电所接受电力系统输送的电能，经转换成 27.5 千伏电压，向接触网送电，电力机车通过安装在车顶的受电弓取流，驱动列车行驶，电力机车取电后通过钢轨和回流线返回牵引变电所，构成了电气化铁路的电流回路。

牵引变电所是牵引供电系统的心脏，它的主要任务是将国家电力系统送来的三相高压电变换成适合电力机车使用的单相交流电。接触网是电气化铁路的动脉，通过与受电弓的移动接触，将牵引变电所输出的电能传送给电力机车。供电远动系统实现对电气化铁路运行情况进行实时监控及调度管理。

将信息、人工智能等先进技术与传统的供电系统相结合，形成智能牵引供电系统，就是运用现代先进的测量、传感、控制、通信、信息、人工智能等技术，以智能化牵引供电设施和高速双向通信网络为基础，以信息化、网络化、自动化、互动化为特征，具备全息感知、多维融合、重构自愈、智慧运维特性，为铁路提供安全可靠、高效优质牵引动力的供电系统。

通过实时采集牵引供电系统各种数据信息，实现信息共享联动，因此高速的通信网络是基础。在此基础上，实现牵引供电系统信息化、牵引供电系统网络化、牵引供电系统自动化、牵引供电系统互动化。

智能牵引供电系统从物理层面可以分为智能牵引供电设施、智能供电调度、智能运行检修管理系统等部分。

智能牵引供电设施为基于智能设备组成的变电设施（包含牵引变电所、分区所、开闭所、AT 所及网开关控制站等）及接触网等，以全站信息数字化、通信平台网络化、信息共享标准化为基本要求，自动完成信息采集、测量、控制、保护、计量和设备在线监测等功能。

智能供电调度系统是对智能牵引供电设施设备进行远程监视、测量、控制及调度作业管理的系统，实现源端维护、综合告警、辅助调度决策等高级功能。

智能运行检修管理系统是以对牵引供电系统运行检修所需的各类基础数据、检测监测数据进行分析与数据处理为基础，对智能供电设施的基础数据、检测监测、运行检修作业、设备状态评估与预测等进行全寿命周期管理的系统。实现对牵引供电系统的故障预测与健康管理（PHM）、安全评估、应急指挥、运营安全保障及辅助决策等高级功能。

一是面向未来，新一代智能牵引供电系统是干网相连、广泛互联、高度智能、开放互动的"铁路能源互联网"。

二是基于BIM的牵引供电系统，以数据为驱动，建立集设计、仿真；制造、试验、检验；预制、预配、安装；检测监测、运行维护、资产管理等于一体的综合平台。基于柔性电力电子技术，有效地解决供电能力格式化、再生制动能量回收、新能源利用等问题，赋予牵引供电系统网络化供电特性。

基于人工智能技术，赋予牵引供电系统一定的学习、推理、思考、规划、决策、执行等智能行为和能力，建设具有全景感知、深度学习、功能自愈、系统重构、自主运维功能的智能化牵引供电系统。

9. 铁道旁的"禁止双弓"是什么意思

大家在乘坐火车的时候，是否留意过铁路周边的指示牌？如果有的话，肯定会看到过"禁止双弓"的标志。

那么问题来了："双弓"是什么意思？为什么要"禁止双弓"？"禁止双弓"要如何操作？什么是"双弓"？"弓"是指受电弓，指与电线相接部分，列车通过受电弓与接触网接触，从而获得列车运行的电能。每辆电力机车都有两个"弓"，"前受电弓"与"后受电弓"，把前后两个弓同时升起取电，就是"双弓"。一般情况下，"单弓"运行就能满足列车正常用电需求，但是遇到雨雪等特殊天气时，由于接触不良，电力机车则要双弓运行，以确保有足够的动力。如图3.20所示。

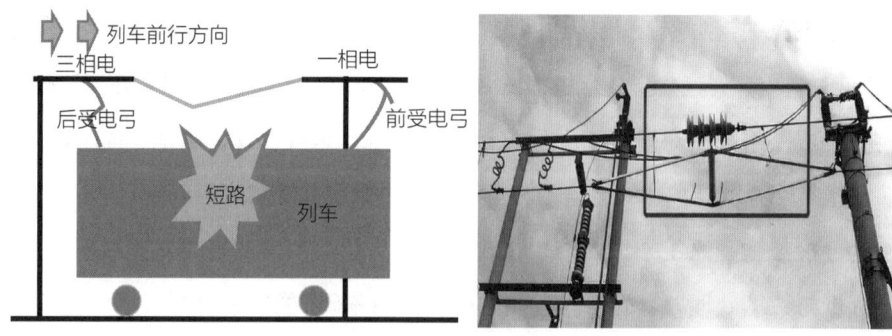

图3.20 "禁止双弓"标识

为什么要"禁止双弓"？我们知道，发电厂都是发的三相电，而列车运行则使用的是单相电，所以列车运行时只能用到其中的一相，但为了防止电机偏载的情况，需要保持整个线路的三相均衡。因此每隔30-50公里处，就会换一根不同的相线，两根相线之间交界处(也称"分相处"),会使用"分相绝缘器"来过渡。由于"分相处"是无电的,当列车运行到这一线路时,如果依然"双弓"运行,就可能出现,"前受电弓"在新电路区间,"后受电弓"在旧电路区间,前后弓相位与电压不同,从而导致碰电、短路甚至起火,甚至造成整个供电段停电,影响其他列车运行,"禁止双弓"要如何操作?为了提示司机,铁路部门在分相处设置了三个标志,"禁止双弓"、"断"、"合",司机需要在"禁止双弓"出现时降下双弓。"断"时切开主断路器,"合"时连接主断路器,另外在部分新型的列车车顶,已经配置了电流感应装置,可以根据接触网是否有电流自动分闸和合闸。如图 3.21 所示。

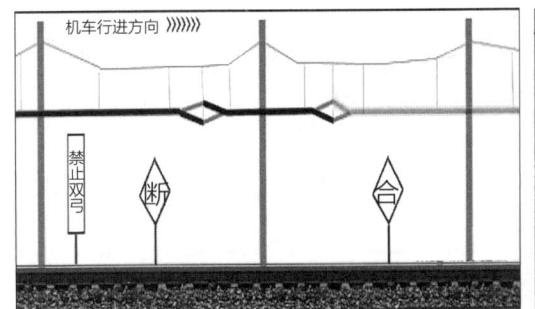

图 3.21 "禁止双弓"标识(蓝色和绿色接不同相的火线,黑色段无电)

10. 什么叫越区供电方式

变电所是确保高铁安全的重要设施,发生任何问题都有可能影响高铁列车正常运行秩序。中国铁路郑州局集团有限公司紧急部署安排,决定采取越区供电的方式,由相邻的变电所对该所供电区域进行供电,确保京广高铁供电畅通。

高铁接触网供电方式有单边、双边供电和越区供电。单边和双边供电为正常的供电方式。单边供电是指供电臂只从一端的变电所取得电流的供电方式;双边供电是指供电臂从两端相邻的变电所取得电流的供电方式;越区供电是指一种非正常供电方式。越区供电是当某一牵引变电所因故不能正常供电时,由相邻牵引变电所进行临时供电。

与此同时,负责维护卫辉变电所的铁路职工第一时间做出响应,克服重重困难,迅速开展抢修工作。抢修电力设备、恢复所内用电是抢修的第一步。电力不通,整个抢修任务都不能开展。2021 年 7 月 28 日至 8 月 2 日,郑州高铁基础设施段电力维修队经过多天奋战,首先恢复了所内动力、照明等生活用电，为后续抢修奠定了基础。8月3日凌晨，洪水退去，150余名抢险人员组成排水清淤、施工组织、电气保障等9个小组，采用轮班制、平行作业的工作方式，严格按照复旧环节的44道工序，24小时不间断施工，对卫辉变电所进行全力抢修。在14天的重建过程中，抢险人员先后完成了所内交直流系统远动、10千伏开关柜、GIS柜等设备设施的整体更换和安装调试，在最短的时间内恢复了卫辉变电所的正常运行。接下来，铁路部门将继续加强对卫辉变电所的检查、监测和盯控工作，全力确保京广高铁运行安全。

11. 变电所智能巡检机器人

特性：AI智能自动操作，功能高度集成。功能：替代人工倒闸作业，巡检室外变电设备运行情况。

我"全身上下"都是"宝贝"，核心控制模块、导航定位设备、驱动设备、通信设备、多自由度机械臂，传感器检测设备，这些科技含量超高的设备设施，让我更加精准、高效地完成各项工作。如图3.22所示。

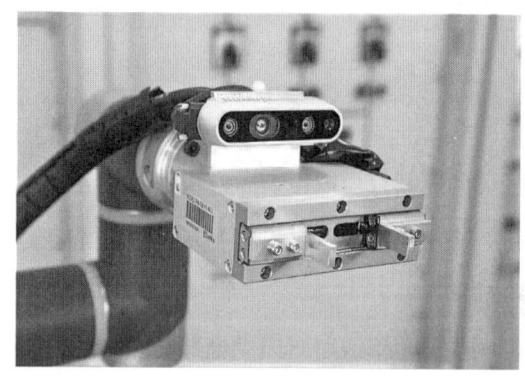

图 3.22 智能巡检变电所机器人

当接触网和变电设备需要检修时，由我进行倒闸作业，您可以简单地理解为，给设备"停电和送电"。超声波避障雷达和防跌落传感器，让我准确快速地到达指定作业地点，在倒闸作业操作前，我会用手臂上的高清摄像头，先给待操作的开关按钮拍张照片，经过特定算法分析后，判定开关位置状态，然后进行倒闸作业。

如果主人没有特殊巡检需求，我就按照日常既定程序干活啦，绝缘体、高压引线、变压器,……一项不落地检查到位,绝缘瓷瓶有无裂纹,母线有无松动等,人工巡检不易发现的问题,都逃不过我的"火眼金睛"。高清可见光机芯,可以清晰地让我观察设备状态,测温型高精度红外机芯,让我准确地测算设备的温度,误差控制在±2℃以内,详细记录设备运行状态,及时发现设备发热状况,我"眼睛"看到的这些画面,实时传送到后台,由我的主人进行设备状态判定。

紧张忙碌地工作完,我就要收工去充电了,我的电池管理系统也是相当先进的,连续运行时间不低于6小时,具备过压、欠压、过流、过温四项保护,当天工作完成后或电量告急时,我就要按照自己来时的路线,自主回到控制室内充电地点进行充电。

12. 高铁列车上的"滑板"会被磨坏吗

当你看到高铁列车在铁道线上飞驰而过时,有没有好奇列车车顶上类似"滑板"的装置会不会被磨坏?如图3.23所示。

图 3.23 高铁列车的"滑板"

这个类似"滑板"的装置其实叫"碳滑板",作用是接收接触网上的电能,为列车提供动力电。它作为受电弓的重要组成部分,直接与接触网接触。高铁列车在高速运行时,碳滑板与接触网摩擦,必然会产生磨损,那如何避免碳滑板不因过度磨损影响行车呢?

早期碳滑板的主要材质为石墨,石墨虽然耐磨性能比较好,但因为电阻系数较大,耐冲击性较差等缺点,不能很好地满足高铁列车使用。目前国内很多高铁列车已经采用浸金属碳滑板,这种材质的碳滑板,集碳材料和金属材料的优点于一体,综合性能比较优越,不但具有良好的导电性能，还能降低磨损程度。

从仰视角度看，会发现碳滑板的运动如"蛇行"，左右"摆动"前进，这其实是接触网呈"之"字形搭建造成的，这样的设计可以有效地避免，碳滑板的某个固定位置与接触网产生持续的摩擦，从而使碳滑板各处，受到的摩擦较均匀，达到延长使用寿命的作用。

每列高铁列车上都配有随车机械师，他们在列车运行途中，要对受电弓状态进行实时监控。在列车始发、终到站，随车机械师会对受电弓外观进行检查，确保状态良好。

当高铁列车完成一天的任务，驶入检修库内，动车组地勤机械师要对列车受电弓进行检查维修。看似构造简单的受电弓，检查维修项目一点都不少，他们对受电弓各风管接口，进行密封性测试，对升降弓时间、升弓压力、外观尺寸等完成功能性测试，测受电弓性能状态。在对受电弓完成一系列测试之后，还要对碳滑板厚度进行测量，磨损达到限度或者出现贯穿裂纹的碳滑板，地勤机械师会使用专用工具及时进行更换。

13. IGBT 指的是什么

动车组牵引辅助变流器 IGBT 是指在环境温度 40℃和比 22.5 千瓦高／一样的悬链线电压的情况下，每个牵引／辅助变流器可以给每个电动机轴提供 550 千瓦，这样保证电气牵引、制动和辅助供应。

IGBT（Insulated Gate Bipolar Transistor），绝缘栅双极型晶体管，是由 BJT（双极型三极管）和 MOS（绝缘栅型场效应管）组成的复合全控型电压驱动式功率半导体器件，兼有 MOSFET 的高输入阻抗和 GTR 的低导通压降两方面的优点。GTR 饱和压降低，载流密度大，但驱动电流较大；MOSFET 驱动功率很小，开关速度快，但导通压降大，载流密度小。IGBT 综合了以上两种器件的优点，驱动功率小而饱和压降低。非常适合应用于直流电压为 600V 及以上的变流系统如交流电机、变频器、开关电源、照明电路、牵引传动等领域。

IGBT 模块是由 IGBT（绝缘栅双极型晶体管芯片）与 FWD（续流二极管芯片）通过特定的电路桥接封装而成的模块化半导体产品；封装后的 IGBT 模块直接应用于变频器、UPS 不间断电源等设备上。

IGBT 模块具有节能、安装维修方便、散热稳定等特点；当前市场上销售的多为此类模块化产品，一般所说的 IGBT 也指 IGBT 模块；随着节能环保等理念的推进，此类产品在市场上将越来越多见。

IGBT 是能源变换与传输的核心器件，俗称电力电子装置的"CPU"，作为国家战略性新兴产业，在轨道交通、智能电网、航空航天、电动汽车与新能源装备等领域应用极广。

第五节　高速铁路动车组

1. 高铁为什么要采用动车组

当前，国外高速铁路动车组列车已普遍采用了轻量化铝合金车体、大功率交直交牵引传动、高可靠性无摇枕转向架、微机控制电空联合制动以及基于计算机和网络技术的列车控制和旅客信息系统等技术。在动力配置方式方面，日本采用独立式动力分散型动车组，法国采用铰接式动力集中动车组，德国兼有独立式动力分散和动力集中两种动车组。由于动力分散型动车组比动力集中动车组在高速运用条件下具有相对明显的优点，原采用动力集中技术的国家在开发时速 300 公里及以上高速铁路动车组时，也选择了动力分散技术。在当前技术条件下，动力分散型动车组成为高速铁路动车组的发展趋势。中国铁路坚持原始创新、集成创新和引进消化吸收再创新相结合，系统掌握了 250 公里/小时和 350 公里/小时及以上速度等级的高速铁路成套技术，构建了具有自主知识产权和世界先进水平的高速铁路技术体系。

高速列车是高新技术的系统化集成，涉及包括机械、材料、电子计算机、网络通信、工程仿真等领域的最新技术，采用了诸如大功率牵引、制动控制、列车运行控制、空气动力学工程、减振降噪技术、可靠性与安全性技术等铁路专业领域的最新重大成果，是高速铁路的标志性移动装备。

动车组是铁路旅客运输的高速运载工具，由若干动力车和拖车（或全部由动力车）长期固定联挂在一起组成的车组。传统的机车牵引形式就是牵引动力集中配置，列车由一台或几台机车集中于一端来牵引。由于机车总功率受到限制，难以满足进一步提高速度的要求。高速动车组的牵引动力的配置有两种形式，即集中配置型和分散配置型，目前普遍采用的是分散配置型。

动车组可以分为两种不同的类型，即动力集中型和动力分散型。日本高铁一开始就采用动力分散方式，而法国和德国的早期高铁动车组，都采用动力集中方式。在高铁发展历程中，动力集中方式与动力分散方式在竞争中显示了各自的特点。动力集中方式为大家所熟知，列车靠火车头（机车）拉动是普通铁路的常例（其特例是前面一节火车头拉、后面一节火车头顶），这就是动力集中方式。可见，"火车头"是动力集中方式的关键词，其优点主要有两条：第一个优点是动力装置少，维护工作量少，因此成本相对低廉。但动力集中方式的缺点是机车的轴重（列车通过轮轴和轮对传递给钢轨的作用力）较大。由于牵引电机集中在机车上，机车下部的车轴要承担更大的重量，因而运行时对轨道的作用力和冲击力更大，也要求钢轨具有更大的强度与刚度，这样造价就会增加。动力集中和分散式示意如图3.24所示。

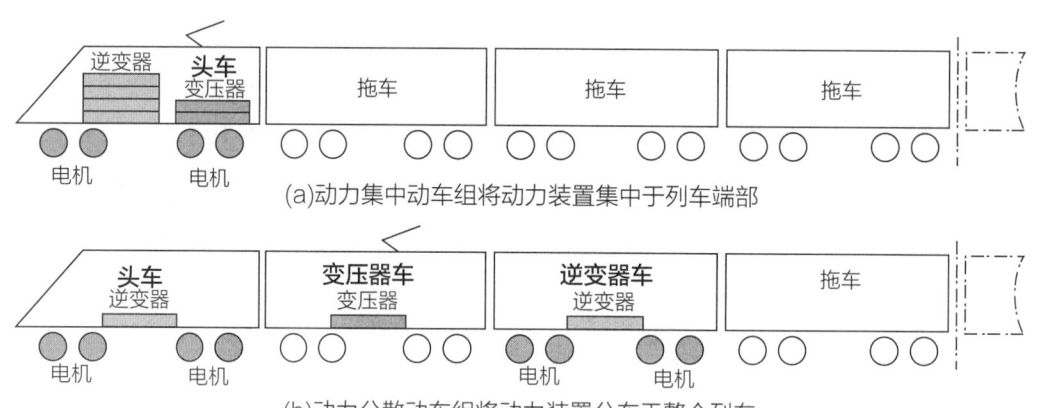

图 3.24　动力集中和动力分散示意图

在高铁技术发展过程中，法国和德国高铁长期采用动力集中方式，法国的集中式一般是4-6节车，坡度甚至可超过20%；德国开始时向法国学习动力集中式，后来发现集中式不太适合本国，又研发了动力分散式。而日本高铁采用动力分散方式，双方在关键技术上互相竞争：20世纪60年代，日本的动力分散方式一枝独秀；20世纪80年代，法国的TGV动力集中方式占据了优势地位；到20世纪90年代，两者并驾齐驱。

在学习借鉴的过程中，中国铁路部门做出了一个正确决策：重点发展动力分散型高速动车组。中国开始搞的是集中式，但后来，发现集中式的维修成本很高，而且在高速200公里/小时以上连续运行时，磨损非常大，各部件融合程度差，经常发生故障。技术成熟后，2018年，铁路部门又对动力集中式全盘试验，标志着中国动车组谱系得到成熟发展。

2. 动车组技术发展阶段

高速铁路系统不仅大而且相当复杂，每个系统模块都是多种高新技术的复杂集成。中国高速铁路技术通过坚持原始创新、集成创新、引进消化吸收再创新的方法模式，在较短时间内就形成了具有中国特色的高铁发展之路。目前，中国已经成为世界上高铁规模最大、发展速度最快的国家。中国高铁的技术先进性主要体现在列车运行速度快、工程建设环境多样和技术兼容性高等多个方面。

中国的高铁技术便起步于第三阶段，国外高铁技术发展40多年后，中国才于2003年正式建成运营了国内首条高铁—秦沈客运专线，之后进入高速铁路技术迅猛发展的时代。虽然起步较晚。高铁技术种类多样，涉及范围广，主要包括动车组技术、高速列车技术、列车控制技术、工程建造技术等多个方面。

（1）动车组技术。中国高速列车技术可以分为三个发展阶段。第一阶段开始于2006年左右，此时中国动车组技术发展刚刚起步，这一时期的动车组主要是通过大规模引进日本、法国、德国等国的高速动车组技术，进行消化吸收再创新后生产出来的，主要包括青岛四方庞巴迪（BST）公司的CRHI系列、四方股份的CRH2系列、唐车公司的CRH3系列和长客股份的CRH5系列等。这时期生产的动车组的知识产权主要是外方技术，通过技术引进，中国与高铁强国进行合资生产。这一时期动车组的最高时速为250公里/小时。消化吸收引进的外国技术后，结合中国的铁路运营特点，中国的动车组技术进入了第二阶段，这一时期的动车组编号都以CRH380开头，主要包括四方股份研制的CRH380A系列、唐车公同研制的CRH380（LG）系列、长客股份研制的CRH380CL系列和青岛四方庞巴迪（BST）公司的CRH380D系列。这一时期中国的动车组技术主要靠自主研发，列车组最高时速可达350公里/小时。目前，中国已经进入了高铁动车组技术的第三阶段——中国标准动车组阶段。主要包括CR400AF、CR400BF系列。目前，中国正在研发中或即将进入运营的动车组系列技术更加于完善，包括了具有高寒防风沙功能的CRH2H动车组、功能更加智能化的高速列车组和永磁传动的高速列车动车组等，中国高铁动车组技术不断向更高端迈进。

（2）高速列车技术。高速列车是机车车辆现代化的有效载体，高速列车技术是高速铁路核心技术之一，目前中国在高速列车核心技术方面已经取得了令人目的成绩。例如，中国是第一个实现了高铁实验速度达600公里/小时的国家，"复兴号"的通车标志着中国突破了380公里/小时的技术限制，有效克服了列车高速行驶带来的安全隐患，是高速列车技术在基础理论和生产技艺方面的创新。

在系统集成方面，一列动车组大约由8000个零部件组合而成，这些零部件及电子、计算机、网络、通信、非金属等多个方面，目前中国已经完全掌握了统集成技术，在中国高速铁路第六次大提速的动车组中全部使用了国产化生产。

在牵引技术方面，中国采用的交流传统技术是目前世界上较为先进的列车核心技术之一。牵引供电系统是列车组的动力来源，能够为列车组上的其他系统行供电，是高速铁路安全运行必不可少的支撑系统，中国牵引力技术发展较为成熟，高铁运行可达605公里/小时，攻克了高时速下的供电等多个技术难题。目前，中国动车组列车交流传动的功率可以达到800千瓦，并且采用了世界上最先进的电流DPG技术。

在制动技术方面，中国高速列车目前采用的制动技术是再生制动技术，通过把列车制动过程中的动能转化为电能进行储存或通过电网送走，大幅度降低了机械损耗、还具有能源再生循环使用的环保优点。目前，中国以200公里/小时行驶的高速列车进行制动时距离不超过2公里，小于大多数国家的高铁制动距离，达到了世界先进水平。

在车体技术方面，列车运行的过程中开始时每牵引一吨的重量会造成12千瓦的消耗，之后随着列车的提速消耗不断增加达到每小时300公里时就会变为16千瓦，消耗的增加会导致很多问题的产生，因此列车轻量化是每个高铁国家都着重考虑的题。中国成功地掌握了动车轻量化技术，生产出来的动车组车体重量约为传统客车的1/2，通过利用流线型设计有效地减小了列车运行过程中受到的阻力，带来了运行速度的提升，更好地节省了能源。

在转向架技术方面，专项化要求动车组在200或250公里/小时运行的时候，要具有较好的稳定技术和平稳性，还要有比较好的曲线通过能力，中国转向架技术最高时速可以达到350公里，达到了世界先进水平。目前，中国动车组的国产化率大于3/4，动车组核心技术的不断突破与发展赋予了中国高速列车速度快、客运量大、安全环保的优点。

3. 高速列车为何为流线型

高速列车在高速运行时空气阻会上升，这种阻占运行总阻力的80～90%比时速100公里运行时大了3-4倍，因空气阻力的变化成为影响速度提高的重要因素。为了减小阻力，高速列车的端部都成流线型，像子弹头，像棱子。科学实验证明：圆形端部的阻力是方形端部阻力的151/6。技术人员对车厢连接处也做了处理使其更加平顺、光滑。而且，通过降低车辆高度也能有效减少空气阻力，经过技术处理后的高速列车，它的外形都是流线型，常被人们举为"子弹列车"。我国运行的高速列车也都是流线型的。

为了让高速列车尽可能快跑，高速列车设计尽可能为流线型，降低阻力才是硬道理，车辆横断面越小越好、周身少凹凸、全力追求又细又长。高速列车运行的阻力，主要包括车轮与轨道摩擦的机械阻力和车辆受到的空气阻力。高速列车在地表运行中，空气阻力是高速列车受到的主要阻力，远远大于摩擦阻力。列车速度越快，气动阻力越大。他们的关系是，随着速度的攀升，气动阻力成平方增长，如图3.25所示。

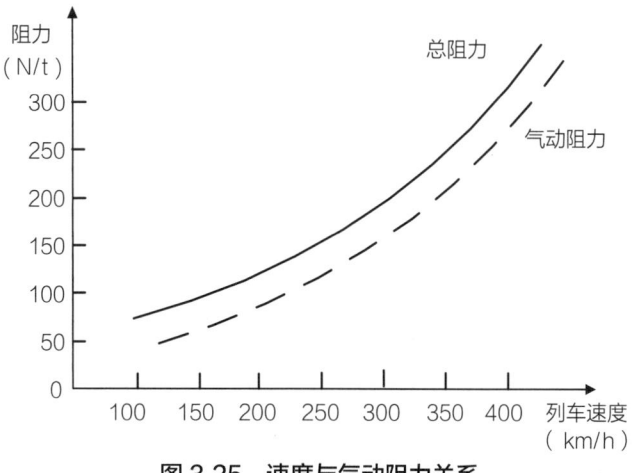

图3.25 速度与气动阻力关系

（1）空气阻力的影响因素。空气阻力受三大因素影响：首先，车头迎风受到正压力，与车尾受到的负压力间产生的压差阻力；其次、是由于空气黏性作用于车体表面的摩擦阻力；最后、是列车底架以及列车表面凹凸结构引起的干扰阻力。所以，为了让高速列车快速运行，必须减少空气阻力。如图3.26所示。

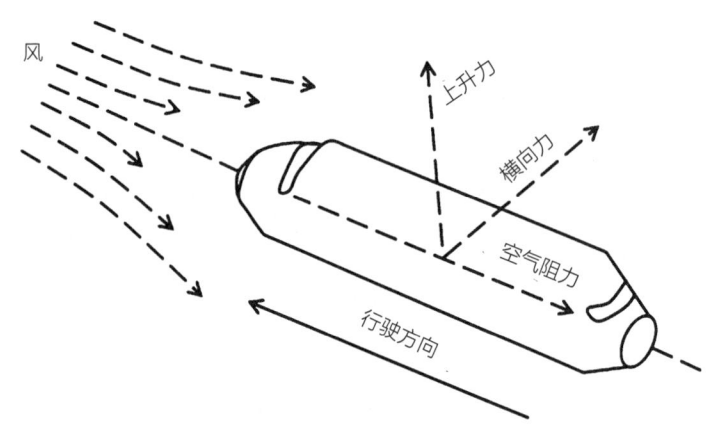

图3.26　列车空气动力学示意图

列车在运行中受到多个力的作用，其中有空气阻力、升力、横向力以及纵向摆动力矩、扭摆力矩和侧滚力矩等等。其中，高铁列车所受到的空气动力作用，首要的是空气阻力。

抬升力。高速运行时，气流会给列车向上的抬升力。速度越快，升力越大。要尽量降低气动升力，让升力趋近于零，不让列车"飞"起来，以保障列车运行的稳定性。

侧向力。高速运行时，气流会给列车有侧风带来的侧向力，可能使车头摇摆，阻力增加。

压力波。当列车与另一列车会车时，由于相对运动的列车车头对空气的挤压，会使列车侧壁上的空气压力产生很大的波动。会车速度越快，会车压力波的强度越大。列车通过隧道时，也会引起隧道内空气压力急剧波动。压力波动产生的冲击力，可造成门窗密封的破坏。压力波会传到车内，这就是为什么当列车会车或过隧道时，我们的耳部会有不适感的原因。高铁列车还要面临两车交会时的交会压力波和通过隧道时的隧道压力波。

长细比。车头前端鼻形部位长度与车头后部车身断面半径之比。车头前端鼻形部位（鼻子）越长，后部车身断面半径越小，车头的长细比就越大。而阻力系数与长细比直接有关：

长细比越大，阻力系数越小。即车头前端越长，长细比越大，列车受到的气动阻力就越小。而且，随着列车头部长细比的增大，会车压力波也近线性地减小。

（2）空气阻力与速度关系。空气阻力和列车运行速度的平方成近似正比关系，速度提高2倍，空气阻力将增至4倍，即平方关系。如高速下制约速度的抗衡者是空气：当列车以时速100公里/小时运行时，空气阻力约占列车总阻力的一半；当列车以200公里/小时行驶的时候，空气阻力占总阻力的70%左右；以时速250公里/小时运行时，空气阻力占总阻力的80%以上；当速度达到350公里/小时，90%左右的阻力来自空气阻力。在高速状态下，高铁列车的牵引动力几乎都消耗在和空气的对抗上了。和谐号CRH380A在京沪高铁跑出时速每小时486.1公里时，气动阻力超过了总阻力的92%；如果跑到500公里/小时以上，95%以上都是气动阻力了。因此，高铁在高速运行时最大的"敌人"，不是它自己的重量，而是空气阻力。头型设计必须降低气动阻力，以节约能耗。在高速列车的设计中，为降低空气阻力，应用仿生学和空气动力学理论来设计高速车型。

（3）空气阻力与车头关系。高铁车头的科技含量，主要在于高速列车要面临空气动力学的问题。为了满足空气动力学性能要求，高铁车头在外形设计上形成了一些共同特征。而且高铁车头的前端鼻形部位，通常呈椭圆形状，

除降低空气阻力之外，降低升力也是头型设计重点考虑的因素。为了降低气流给列车向上的抬升力，高铁车头通常在两侧设置有导流槽，通过鼻锥到导流槽的引流形式，引导气流产生向下的压力，让气动升力接近于零。导流槽就像一双强有力的"手"，牢牢地"抓住"轨道，保障高速列车运行稳定。因此，基于阻力系数和长细比的考虑，跟普通火车相比，高铁的车头更加细长，往往被设计成修长的流线型。而且，随着列车头部长细比的增大，会车压力波也近线性地减小。这就是高铁列车采用修长的流线头型的原因。

基于阻力系数和长细比的考虑，高速列车设计成修长的流线型。因此，在高速列车的设计中，通过抽象、仿真、实验等手段，达到设计的目的。高速列车的设计步骤，主要有：

高速列车的概念模型方面，应用仿生学和空气动力学理论，依据生活中的动物原型，创作多种高速列车头型概念，构建高速列车的概念模型。如中国高速列车的概念设计中，通过对生活考察，选取5种具有速度优势的动物：海豚、鲨鱼、蛇、豹、鹰等动物来设计高速列车。如表3.2所示。

表 3.2　高速列车的概念模型

序号	概念模型	特征	属性
1	基于"海豚"的设计方案	智慧、亲和	和
2	基于"鲨鱼"的设计方案	专注、精确	专
3	基于"蛇"的设计方案	果断、凶猛	猛
4	基于"豹"的设计方案	忍耐、冷静	快
5	基于"鹰"的设计方案	强悍、迅捷	强

为了满足空气动力学性能要求,高铁车头在外形设计上形成了一些共同特征。一个好的高铁头型,必须具备优异的空气动力学性能。高铁头型要能有效地减少空气阻力、升力、列车交会压力波和隧道压力波等等,以达到降低能耗、提高运行稳定性和乘坐舒适性的目的。

高铁车头设计要经历从概念设计,到仿真分析、模型试验和线路实车试验,不断循环优化。而在技术之外,头型还要好看,"颜值高",达到技术与艺术的完美融合。可以说,高铁的头型设计极富挑战性。高铁车头如"火箭""青铜剑""骏马""飞龙"等,它们来自中国高铁的代表性车型,分别是中车四方股份公司研制的 CRH380A、CRHAM、CRH2G 高寒抗风沙动车组 /CRH2E 新型卧铺动车组、"复兴号" CR400AF 动车组。这些高铁车头的诞生,是一次次精雕细琢的过程,见证了中国高铁不断创新的历程。

案例 1:高铁车头:"火箭"车型(CRH380A)。高铁头型概念取材于"火箭",寓意腾飞的速度和力量。采用流线造型。水平断面型线为长椭圆形,纵断面型线为双拱形。司机室轮廓进行截面优化,设计为旋转抛物体特征的楔形结构,降低气动阻力。如图 3.27 所示。

图 3.27　"火箭"高铁车头

步骤1：概念设计。设计了20个造型各异的概念头型，分别制作成了实物模型、三维数模。在综合分析技术性和工程可实施性后，选择了10个头型。然后对10个候选头型进行仿真分析。根据空气动力学仿真结果，从10个候选头型中选出了5个车头。

步骤2：风洞试验。将这5个头型全部制作成1∶8的模型，去做模型的气动力学和噪声风洞试验。结合仿真计算和风洞试验结果，优选出了2个头型。然后进行施工设计，选取一种最优方案制造成了头型样车。

步骤3：线路试验。为了对新头型进行实车验证，特别设计了一列搭载新头型的试验列车，进行大量的线路试验。根据试验数据，再对头型进行进一步的优化，最终CRH380A的头型——"火箭"正式出炉。

步骤4：结果分析。"火箭"头型的各项技术性能优异：气动阻力减少6%，气动噪声下降7%，列车尾车升力接近于0，隧道交会压力波降低20%，明线交会压力波降低18%。

案例2："飞龙"车型（CR400AF是"复兴号"动车组）。"复兴号"在头型设计中，融入了中国文化中"龙"的形象。车头的两条红飘带演变自龙的"髯"。整体造型十分飘逸，又气势如虹。采用修长的流线型设计；头型的形状叫"单拱椭圆"，即水平断面型线为长椭圆形，纵断面形线由双拱形变为单拱，有利于降低阻力。鼻锥部分设计为宽扁形，增加向下的引流作用，平衡升力系数。如图3.28所示。

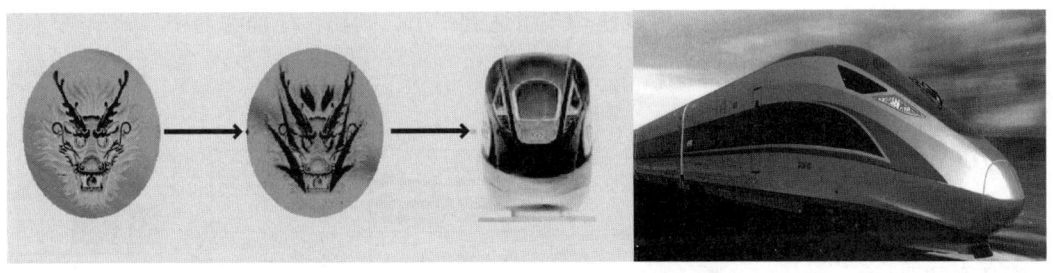

图3.28 "飞龙"造型的演变与"飞龙"高铁车头

4. 动车组设备组成

高速动车组总成技术包括总体技术条件、系统匹配、设备布置、参数优化、工艺性能、组装调试和试验验证。在总体设计技术条件下，对动车组车体、转向架、牵引传动系统、制动系统、列车控制网络系统、辅助供电系统和车端连接装置等元素按照有关参数进行合理选择设计和优化,确定各子系统间的接口关系。最后经历生产、组装、测试、调整和试验等过程,完成动车组整体集成。系统集成使动车组达到牵引、制动、车辆动力学、列车空气动力学、舒适性和安全性等基本性能要求。

动车组组成技术中包含"九大关键技术""十项配套技术"。九大关键技术是指系统集成、车体、网络控制系统、牵引控制系统、转向架、牵引电机、牵引变流器、主变压器、制动系统;"十项配套技术"是指受电弓、空调系统、车钩及缓冲装置、车门、车窗、集便装置、车内装饰、座椅、车端连接及风挡装置、车内电器。"九大关键技术"和"十项配套技术"中,转向架、牵引传动装置、制动系统、车钩及缓冲装置、网络控制系统、受电弓、主变压器、蓄电池等系统(部件)发生故障占比较大,对动车组运行安全风险的影响较大。九大关键技术如图 3.29 所示。

中国高速列车的关键技术被归纳为 9 大类:系统集成、车体、转向架、牵引变压器、牵引变流器、牵引电机、牵引控制、制动系统、列车网络控制系统。这些关键技术,代表着高速列车总体技术的发展水平,而且随着速度的进一步提升,高速列车的开发必须在这些关键技术上取得创新和突破。

(1)动车组整体集成技术。动车组整体集成技术是对动车组车体、转向架及牵引变流、制动、网络控制、辅助供电、车辆连接等元素按有关参数进行合理选择设计,进而生产、组装、测试、试验的过程。通过集成使动车组达到牵引、制动、车辆动力学、列车空气动力学、舒适性、安全性等性能要求。

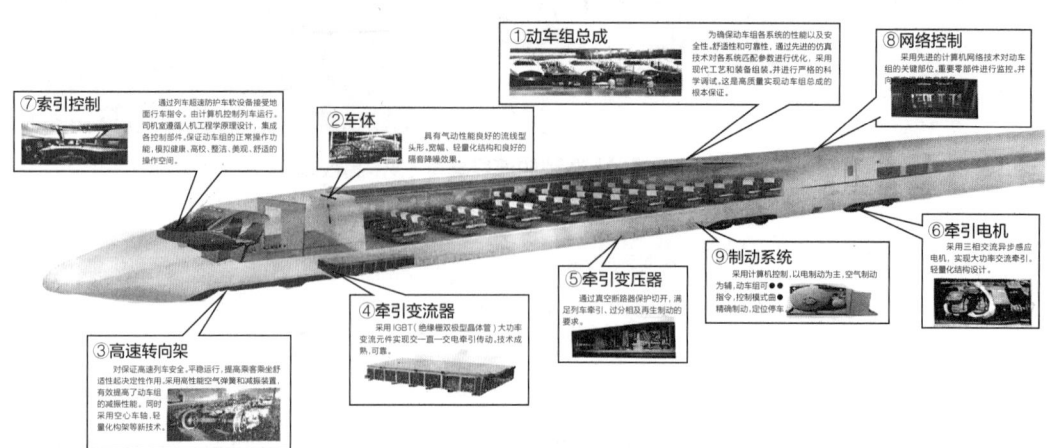

图 3.29　中国高铁九大关键技术

（2）车体技术。动车组由于运行高速化需要对车体进行流线化设计、并对车体减重，动力分散使得车体承载了众多设备，车体保证强度、刚度与轻量化上要达到一种平衡。车体技术包括铝合金/不锈钢车体焊接制造技术，车门、车窗的整体加工技术等。

（3）高速动车组转向架技术。转向架是列车高速运行最重要的基础条件之一，作为执行机构，高速转向架在保证列车高速稳定运行时承担列车的减振降噪作用；作为承载结构，高速转向架在各种振动工况下确保结构的强度安全可靠。

（4）牵引传动与控制技术。牵引传动系统包括牵引电机、牵引变压器、牵引与辅助变流器、牵引控制系统。列车网络控制系统采用双绞屏蔽线和光纤为传输介质的网络通信技术；硬件与软件相结合的系统冗余控制技术；具有自诊断功能的系统监视与诊断智能技术。

（5）制动技术。列车速度不断提高的同时，还必须能在规定距离和时间之内停车，依靠传统的摩擦制动方法已经不能实现有效制动，也不能确保安全。因此，高速动车组要综合利用多种制动技术实现动车组的制动。

（6）网络控制系统。动车组的网络控制系统是实现整个动车组功能的关键，同时也是其监控和诊断的核心，主要由主处理单元、列车信息显示装置、车内信息显示装置、网关、远程输入输出模块等组成。主要功能是牵引控制、制动控制、设备状态监测与控制、辅助设备控制等，同时可以记录、储存车内设备的数据信息便于进行故障分析与排除。

（7）受电弓。受电弓是将电能从接触网引入动车组的设备，由碳滑板、上框架、下臂杆、底架、升弓气囊、支撑绝缘子等部件组成。受电弓升弓时，压缩空气经过控制阀板进入升弓气囊，升弓气囊使下臂杆转动，抬起上框架和碳滑板，接触接触网进行受流；受电弓降弓时，受电弓内的压缩空气经过快速降弓阀（ADD阀）迅速排向大气，受电弓由于自重原因降下。

（8）主变压器和蓄电池。主变压器是将受电弓引入的高压电能进行整流逆变成牵引系统、空调系统及其他辅助系统所需要的中压电能的设备，同时通过充电机对蓄电池进行充电。主变压器采用冷却油循环和风冷的冷却模式。蓄电池电压为110V，提供司机室激活所需的电能，用来升起受电弓，并为动车组各网络模块、各监测安全环路和应急照明供电。

另外，动车组整列车分为三个基本单元，每个单元有相对独立的高压系统、牵引系统和辅助动力供给系统，单元之间采用多功能车辆总线相连。牵引控制系统是一个基于现场总线的分布式控制系统，各列车基本单元独立运行，受列车主控制器的协调与监控。每台动力转向架上的两个牵引电机并联到一个电脑控制的变压器上，可实现牵引、再生制动工况的灵活转换。两者的优化匹配设计，减小了波形畸变和转矩波动，噪声小、损耗少，最大限度减少了牵引电机零部件数量，减少了维修时间，提高系统可靠性。牵引电机变流器功率器件采用模块化设计，开关频率高，抗干扰及短路保护能力强，性能好，工作可靠。变流器采用微机控制，具有自检、自诊断和保护功能，模块化程度高，冷却系统效率高，控制系统协调性好。

5. 动车组车体上有什么学问

（1）流线型车体结构

随着列车运行速度的提高，周围空气的动力作用对列车和列车运行性能产生影响。同时，列车高速运行引起的气动现象对周围环境也产生影响，这就是高速列车的空气动力学问题。

① 动车组运行中列车承受表面压力。当动车组在空旷地带直线行驶时，空气绕流列车外表面。从风洞试验结果来看，列车表面压力可以分为三个区域：头车鼻尖部位正对来流方向为正压区；头部附近的高负压区；从鼻尖向上及向两侧，正压逐渐减小变为负压，接近与车身连接处的顶部与侧面处，负压达到最大值，头车车身、拖车和尾车车身为低负压区。因此，在动车（头车）上布置空调装置及冷却系统进风口时，布置在靠近鼻尖的区域内，此处正压较大，进风容易，而排风口则应布置在负压较大的顶部与侧面。在有侧向风作用下，列车表面压力分布发生很大变化，当列车在曲线上运行又遇到强侧风时，还会影响到列车的倾覆安全性。

② 动车组会车时列车承受表面压力。当一列车与另一列车会车时，将在两列相对运行列车一侧的侧墙上引起压力波（压力脉冲）。这是由于相对运动的列车车头对空气的挤压，将在与之交会的另一列车侧壁上掠过，使列车间侧壁上的空气压力产生很大的波动。随着会车列车速度的大幅度提高，会车压力波的强度将急剧增大。这一压力波动产生的冲击力可造成门窗密封的破坏，车窗玻璃破碎。压力波传入车内会引起乘客耳感不适以及影响周围环境等。

③ 动车组通过隧道时列车承受表面压力。列车在隧道中运行时，将引起隧道内空气压力急剧波动，因此列车表面上各处的压力也呈快速大幅度变动状况，完全不同于在明线上的表面压力分布。压力波幅值的变动与列车速度、列车长度、堵塞系数（列车横截面积与隧道横截面积的比值）、头型系数（又称长细比，即车头前端鼻形部位长度与车头后部车身断面半径之比）以及列车侧面和隧道侧面的摩擦系数等因素有关，其中以堵塞系数和列车速度为重要的影响参数。

④ 列车风。当列车高速行驶时，在线路附近产生空气运动，这就是列车风。当列车以时速 200 公里行驶时，在轨面以上 0.814 米、距列车 1.75 米处的空气运动速度将达到 17 米/秒，当列车以这样或更高的速度通过车站时，列车风对人和物的危害就不可忽视。高速列车通过隧道时，在隧道中所引起的纵向气流速度约与列车速度成正比。在隧道中列车风将使得道旁的工人失去平衡以及将固定不牢的设备等吹落在隧道中。铁路规定，在列车速度高于 160 公里/小时行驶时不允许铁路员工进入隧道。列车速度稍低时，也不允让员工在隧道中行走和工作，必须要在避车洞内等待列车通过。

⑤ 运动列车受力。列车运行中受到多个力的作用，其中有空气阻力、升力、横向力以及纵向摆动力矩、扭摆力矩和侧滚力矩等。针对上述动车组所受空气动力，必须进行满足空气动力学特性的动车组外形设计。对于高速动车组来说，列车头型设计非常重要，好的头型设计可以有效地减少运行空气阻力、列车交会压力波，可以解决好运行稳定性等问题。

一般来说，动车和拖车的车体长、宽、高需要根据内部布置的要求由设计任务书规定，所以车身的外形设计主要是横断面形状设计。动车组车身横断面形状设计有以下特点：整个车身断面呈鼓形，即车顶为圆弧形，侧墙下部向内倾斜（5°左右）并以圆弧过渡到底架，侧墙上部向内倾斜（3°左右）并以圆弧过渡到车顶。这不仅能减少空气阻力，而且有利于缓解列车交会压力波及横向阻力、侧滚力矩的作用。车辆底部形状对空气阻力的影响很大，为了避免地板下部设备的外露，采用与车身横断面形状相吻合的裙板遮住车下设备，以减少空气阻力，也可防止高速运行带来的沙石击打车下设备。车体表面光滑平整，减少突出物。如侧门采用塞拉门，扶手为内置式，脚蹬做成翻板式，使侧门关闭时可以包住它。两车辆连接处采用橡胶大风挡，与车身保持平齐，避免形成空气涡流。

（2）车体轻量化和密封技术

实现结构轻量化的主要途径有两个：一是采用新材料，二是合理优化结构设计。

① 车体轻量化材料。目前，高速车辆的车体材料主要有不锈钢、高强度耐候钢和铝合金。铝合金车体：用铝合金制造车体的尝试早在 20 世纪上半期就已经开始，最早用于地铁和市郊列车，后来应用于普通列车上。近年来，特别是进入 20 世纪 90 年代，与车体等长得多品种大型中空挤压型材的出现，使铝合金成为生产高速列车的主导材料。铝合金车体的优势主要有：制造工艺简单，节省加工费用；减重效果好；有良好的运行品质；耐腐蚀，可降低维修费。

为了进一步减轻重量，改善隔声性能，以及便于设计、制造，国外已开始试用纤维增强塑料夹层结构代替金属制造车体。纤维增强塑料具有质轻，强度高，疲劳强度高、裂纹扩展速率低，较好的结构阻尼性、隔热和耐蚀性能等优点。其缺点是弹性模量低，抗弯扭刚度比金属差，价格贵。若用碳素纤维制造车体，又将比铝合金车体减重 30%，这是下一代高速列车的理想材料。

② 车体结构的轻量化设计。在保证车体强度和刚度的基础上，充分利用等强度理论和结构的有限元分析程序，对车体结构进行优化设计，减轻车辆自重。车外压力的波动会影响到车厢内，使旅客感到不舒服，轻者压迫耳膜，重则头晕恶心，甚至造成耳膜破裂。为了减少压力波的影响，保证旅客的舒适度，需要采取措施提高车辆的密封性能。

③ 车体的密封技术。车的密封需要从车体结构和部件上给予考虑。在高速动车组上采用的密封技术主要有：车体结构采用连续焊缝以消除焊接气隙；对不能施焊的部位，用密封胶密封；采用固定式车窗，车窗的组装工艺要保证密封的可靠性和耐久性；侧门采用密封性能良好的塞拉门；头、尾的端门采用可充压缩空气的橡胶条，通过台风挡采用橡胶大风挡，并处理好渡板处的密封问题；空调环控设备设立压力控制，如在客室进排气风口安装压力保护阀，在排气风道中装设带节气阀的排风机，安装压力保护通风机等，主要目的是既保证正常的通风换气又保证车内压力变化控制在限值之内；厕所、洗脸室的水不采用直排式，而是通过密封装置排到车外；对直通车下的管路和电缆孔采取密封措施。

④ 车内噪声控制技术。为降低车内噪声，一方面要削弱噪声源发出噪声的强度，另一方面要提高车体的隔声性能。削弱噪声源发出噪声强度的措施在车轮上安装消音器和开发弹性车轮，有效地降低轮轨噪声；车体外形设计成流线形，车体表面平整、光滑都有利于减小空气与车体的摩擦声；采用橡胶风挡，可减小撞击声；在空调系统上安装消音器，降

低牵引电机风扇的噪声、驱动装置等设备的振动噪声。提高车体隔声性能的措施采用双层墙结构，增加隔声量4—5dB（A）；在车体金属（如地板）表面涂刷防振阻尼层，使钢结构的声频振动转化为热能消散，减少声波的辐射和声波振动的传递，从而减少车内噪声；采用双层车窗，减少从侧面传入车内的噪声；车内选用吸声效果好的高分子聚合材料；提高车体气密性的措施，起隔声作用。

6. 高铁的转向架是怎么回事

高铁转向架实际上就是一个在构架上装有两个轮对组成的"小车"，大小跟一辆普通轿车差不多，动车组车厢就搁在这种"小车"上，而且可以有一定程度的转动。每节车厢下面有两个，因为安装在车厢下面，我们不容易看到它长什么样。转向架的重要功能之一是用于铁路车辆转向，也就是拐弯。我们知道火车没有方向盘，那么它是怎样通过曲线的呢？当车辆以一定速度开始进入曲线时，前轮对的外轮轮缘与外轨的内侧面接触，互相挤压产生导向力，并由导向力引起导向力矩，使转向架相对线路产生转动。如图3.30所示。

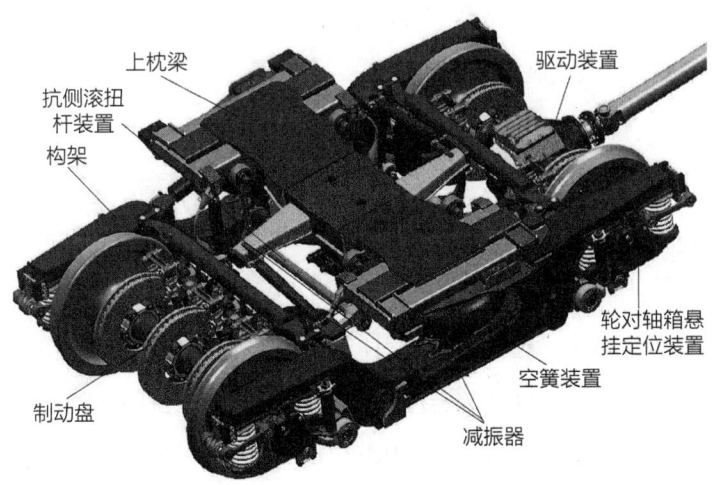

图3.30 转向架示意图

另外，铁路轨距是固定的，在曲线上外轨长、内轨短。车轮与钢轨接触的部分称为踏面，踏面被设计成锥形，目的是解决轮对通过曲线的问题。当轮对通过曲线时，由于踏面有锥度，轮对向外移动后，外轨与车轮接触点的直径大，走行距离长，内轨与车轮接触点的直径小，走行距离短，这样便可以顺利通过曲线。

车轮采用有锥度的踏面还有一个好处，就是在直线运行时自动对中。车辆运行轨迹实际上是蛇行运动，由于车轮左右摆动，接触直径不断变化，采用有锥度踏面起到了自动对中的作用。

转向架如何适应高速运行？随着速度的提高出现问题了，车辆的蛇行运动会出现失稳现象，一旦失稳，车轮将猛烈冲击钢轨，甚至造成脱轨翻车，这是铁路安全绝对不能允许的。必须避免出现蛇行运动的失稳现象。

要让动车组高速运行不出现蛇行运动失稳有办法吗？答案是有的。高速转向架通过采用轴箱弹性定位、空气弹簧、轴箱弹簧、各类减振器、弧形车轮踏面等措施，来保证在车辆运行速度范围内不出现蛇行运动失稳情况。通过优化设计，高速动车组转向架的失稳临界速度可以达到 500 公里 / 小时以上。

转向架除了支承车厢运行外，还担负将列车牵引和制动力传递到车轮上的任务。转向架又分为动车转向架和拖车转向架，动车转向架上装有牵引电机、齿轮箱、轮盘制动等，拖车转向架上装有轴盘制动，高速转向架普遍采用高强度合金钢轻量化构架、空心车轴、铝合金齿轮箱、空气弹簧、减振器等。

归纳起来，转向架主要具有承载、导向、减振、牵引、制动等功能，高速动车组要跑得快离不开转向架这个"飞毛腿"。

7. 为什么要架起动车组列车

动车组列车运行速度高，连续运行里程长，列车各零部件在高强度的工作过程中会出现一定程度磨损。当动车组达到一定走行公里数后（如运行 120 万公里、240 万公里等），专业人员就需要架起动车组，对寿命到期部件（如用于车端连接的车钩缓冲器等）进行更换，确保动车列车运行绝对安全。

动车组列车一二级修统称为运用修。运用修检修周期以时间和走行公里为主要依据，其中一级修检修周期以时间到期为主，走行公里到期为辅，主体以 48 小时作为检修周期

（不同车型略有不同）；二级修检修周期以走行公里到期为主，时间到期为辅，主体在一个月内（不同车型略有不同）。

动车组高级修修程通常为：动车组列车运行 120 万公里修程就是三级修，即动车组列车运行满 120 万公里需完成的维修修程；240 万公里修程就是四级修，即动车组列车运行满 240 万公里需完成的维修修程。在开展动车组修程修制改革后，检修周期略有延长。

架起动车组列车目的何在？动车组列车三级修主要涉及以下内容：列车车钩缓冲器更换、车端机械车钩检修、车端电钩检修、车端机械车钩高度测量及调整、车端应急释放阀检修、风挡检修、落下转向架，转向架轮对检修等工作。

检修过程中，地勤机械师要对不能继续使用的部件进行更换，以确保动车组在下一走行期限内各部件状态良好，保障动车组运行安全。

动车组三级修入修到修竣的简要流程为：接车预检—预解编—整列架车—车体检修—绝缘耐压—车钩缓冲更换—车钩高度测量—落车—转向架检修—通电前检查—静态调试（穿插尺寸测量及称重）—全列三板紧固—交检交验（无电）—动态调试—交检交验（有电）。

谁都能架起动车组吗？当然不是，动车组三级修并不是谁都能做。这需要专业团队，需要专门场地，更需要完善的制度、科学的管理和维护。

8. "和谐号"标志含义和动车组谱系

2004 年，我国开始尝试从国外引入高铁技术，并加以吸收和转化。经过长达六年的试验和改进，2010 年，时速超过 380 公里的国产"和谐号"CRH380A 高速动车组列车正式亮相，中国从此正式步入了高铁时代。通过引进国外技术、联合设计生产的 CRH 动车组车辆均命名为"和谐号"，其最早可追溯到 2007 年中国铁路第六次大提速调图后开行的 CRH 动车组列车。"CRH"（China Railways High-speed）是中国高速铁路的英文简称，是中国铁道部对中国高速铁路系统建立的品牌名称，广泛应用于中国高铁产业链的各个领域，包括 CRH1-CRH6、CRH380A\B\C\D 等十大型号，列车运行时速区间为 160 公里至 380 公里。和谐号标志的设计含义：

中国高速列车的标志，如图 3.31 所示。整体上采用五条并行的列车轨道进行变形，用弯曲的弧形表示列车通过弯道时的速度与力量，具有强烈的动感，展现中国铁路部门创新求变、勇往直前的精神；最左侧的钢轨弯曲的形式是一个透镜的字母"C"，是 CRH 的第一个字母，代表着中国（China），又仿佛一头怒吼的雄狮，寓意东方的睡狮已经觉醒，展现中国高铁的力量感；图案中间的图形外圆内方，整体上圆润而有秩序，既体现了中国传统的哲学与美学，也寓意着中国铁路部门"对内管理要方正，对外服务要周到"的经营理念；在色彩上，采用蓝色的渐变色系，给人感觉深邃而冷静，体现了中国高速列车的科技感与速度感。整个标志稳重厚实，节奏富于变化，静中有动、稳中求变，视觉冲击力强，韵律现代，寓意丰富，便于传播。

图 3.31　和谐号动车组标志

2008 年，在新一代 CRH380 高速动车组研制中提出了"协同创新"的设计理念，25 所重点高校、11 所一流科研院所、51 个国家级实验室和工程中心以及上万工程技术人员组成了高铁研发的"国家队"。2 年多时间里，CRH380 高速动车组研发周期一举缩短 40%，运营速度、安全性、舒适性和节能环保等指标达到世界领先水平。这个车型的"和谐号"成为京沪、京哈等高铁干线的主力军。

CRH 动车组谱系如下：

1. 和谐号动车组家族成员

CRH1 型动车组：CRH1 型动车组家族有 CRH1A、CRH1B、CRH1E、CRH1A-A、CRH1E-250。

CRH2 型动车组：CRH2 型动车组家族有 CRH2A、CRH2B、CRH2C、CRH2E、CRH2G。

CRH3 型动车组：CRH3 型动车组家族有 CRH3C。

CRH5 型动车组：CRH5 型动车组家族有 CRH5A、CRH5E、CRH5G。

CRH6 型动车组：CRH6 型动车组家族有 CRH6A、CRH6F、CRH6S。CRH6 不是高速动车组，构造时速在 140-200 公里，CRH6A 和 CRH6F 是城际铁路动车组，CRH6S

是市域铁路动车组。

CRH380A 型动车组：CRH380A 型动车组家族有 CRH380A、CRH380AL。

CRH380B 型动车组：CRH380B 型动车组家族有 CRH380B、CRH380BL、CRH380BG。

CRH380C 型动车组：CRH380C 型动车组家族有 CRH380CL。

CRH380D 型动车组：CRH380D 型动车组家族有 CRH380D。

（1）CRH1

CRH1 型动车组是采用交流传动及动力分布式牵引方式的电力动车组，于 2007 年投入运营，是引进加拿大庞巴迪的技术，中加联合设计，由青岛四方庞巴迪—鲍尔铁路运输设备有限公司（BSP）制造，适合运行时速 200 公里以内的城际线路，运营最高时速为 205~250 公里，设计最高时速为 250 公里，起动加速度为 2.16（公里／小时）／秒，普遍被用于城际线路、小流量的线路。

CRH1 型动车组家族有：CRH1A、CRH1B、CRH1E、CRH1A-A、CRH1E-250。

CRH1A-A 型列车编组为 5 动 3 拖，牵引功率 5300 千瓦。CRH1B、CRH1E、CRH1E-250 型列车编组为 10 动 6 拖，牵引功率 1100 千瓦。

CRH1A 型是以庞巴迪运输为瑞典国铁（SJ）设计的 Regina C2008 型电力动车组为基础，实现国产化和自主创新。

CRH1A-A 原称 CRH1A-250、新 CRH1A，于 2016 年 10 月投入营运。CRH1A-A 借鉴 CRH380D 的设计，车体使用铝合金材料，具有载客量大、启动和停车快、上下客快捷的技术优势。CRH1A-A 的头型与 CRH380D 型动车组的头型接近，但是比后者短。

CRH1E 型是以庞巴迪新研发的 ZEFIRO250 系列为基础，实现国产化和自主创新。CRH1E 是 16 节车厢的大编组卧铺动车组。

CRH1E-250 也称作 CRH1E-NG（New Generation），于 2015 年 12 月问世。CRH1E-250 头型类似于 CRH380D，由原来的不锈钢车体改为铝合金车体，改了车体气密性。CRH1E-250 设计为铺动车组，主要为夜间运行。

（2）CRH2

CRH2 型动车采用交流传动及动力分布式牵引方式，车体为双层蒙皮结构的大型铝合金中空型材，于 2007 年投入营运，是引进日本川崎重工的技术，中日联合设计，由青岛四方机车车辆股份有限公司制造。CRH2 系列动车组功率较大，用来运行大客流的长途线或者动车卧铺夜车，其外形呈扁平的鸭嘴流线型。CRH2型动车组家族是以日本新干线E2系为基础，实现国产化和自主创新。

CRH2型动车组家有CRH2A、CRH2B、CRHC、CRH2E、CRH2G。列车编组：CRH2A/G为4动4拖，CRH2B/E为8动8拖，CRH2C为6动2拖。运营最高时速：CRH2A/B/E/C为250公里，CRH2C为350公里。设计最高时速：CRH2A/B/E/G为300公里，CRH2C为370公里。启动加速度：CRH2A为1.46（公里/小时）/秒，牵引功率：CRH2AG为4800千瓦，CRH2B/E为9600千瓦、CHH2C为7200/8760千瓦。

CRH2G是高寒抗风沙动车组，是由青岛四方机车车辆股份有限公司历经3年自主研制的，其调研、试验和线路考核期间进行了大量试验研究，全面验证了动车组技术性能。其中，耐低温试验67项、抗风沙试验16项，高海拔试验6项，并先后在哈大高速铁路和兰新高速铁路通过了线路考核。CRH2G采用与此前的CRH2系列不同的头型，同时由内藏门改为塞拉门，2015年12月开始服务于兰新高速铁路。CRH2G型动车组具有耐高寒、抗风沙、耐高温、适应高海拔、防紫外线等特点，还能经受+-40℃的高温高寒，能在11级大风下安全运行，适合兰新高速铁路极端严恶劣的气候条件。

（3）CRH3

CRH3型动车组是采用交流传动及动力分布式牵引方式的电力动车组，于2008年8月投入京津城际铁路的营运，是引进德国西门子的技术，中德联合设计，由唐山轨道客车有限责任公司制造，功率比CRH2型动车组大，最高安全时速为330-350公里，是目前城际高速铁路的主力车型之一，其外形是尖嘴流线型。CRH3型动车组是以行生自德国铁路ICE-3列车的西门子Velaro平台为基础，实现国产化和自主创新。CRH3型动车组家族有：CRH3C等。CRH3C型动车组列车编组为4动4拖，营运最高时速350公里，设计最高时速350公里，起动加速度1.37（公里/小时）秒，牵引功率8800千瓦。

（4）CRH5

CRH5型动车组是采用交流传动及动力分布式引方式的电力动车组，是引进法国阿尔斯通的技术、中法联合设计，由长春轨道客车有限责任公司制造，是国产化程度最高的车型之一、车厢气密性好，比较适合中国北方的气候，大量运行在东北和西北区域。

CRH5型动车组列车编组为5动3拖，营运最高时速250公里。起动加速度1.8（公里/小时）/秒，牵引功率为5500千瓦。CRH5型动车组是以法国阿尔斯通的潘多利诺（Pendolino）宽体摆式列车为基础，但是取消了原有CRH5E型卧车组的摆式功能，而车体以意大利铁路的ETR600/610动车组为原型，实现国产化和自主创新。CRH5型动车组家族有：CRH5A、CRH5E、CRH5G。CRH5A型于2007年投入营运。CRH5G型为高寒动车组，专门针对兰新高速铁路的特点，通过改进使其在-40℃的高寒条件下能正常运行，并具有抗风、沙、雨、雪、雾、紫外线等恶劣天气的能力。CRH5E型为高寒卧铺动车组。

（5）CRH380

CRH380A是采用交流传动及动力分布式引方式的电力动车组、车体为双层蒙皮结构的大型铝合金中空型材。CRH30A型动车组是"中国高速列车自主创新联合行动计划"的重点项目，由青岛四方机车车辆份有限公司在CRH2C动车组基础上自主研发，于2010年投入营运，营运最高时速350公里，设计最高时速380公里。试验最高时速CRH380A为416.6公里，CRH38OAL为486.1公里。CRH380A动车组家族有：CRH380A、CRH380AL。CRH380A型列车编组为6动2拖，牵引功率为9600千瓦，CRH380AL型列车编组为14动2拖，引功率21560千瓦。CRH380A型动车组实现了以下的技术创新：

① 低空气阻力流线型头型。新设计的低空气阻力流线型头型的气动阻力比原来的动车组头型的气动阻力降低约6%，新头型的空气阻力系数小于0.13，尾车升力系数小于0.08。

② 振动模态系统匹配。新的振动模态系统匹配设计优化了转向架设计参数并改善了车厢内部结构，以配合动车组车体的自然震动频率，有效地抑制列车在高速运行时的车体结构性共振，同时提高了乘坐舒适度。

③ 高强度气密性。由于列车运行时速提高到380公里，为满足2列动车同时双向通过隧道的气密需要，进一步提升了气密性，车厢采用差压控制模式的全密封加压，达到了高强度气密性。车厢内压力从4000帕下降到1000帕的时间实际大于180秒，气压变化值小于200帕/秒。

④ 高速转向架。新的高速转向架增加了抗侧滚扭杆，带两组抗蛇行减震器，加强了

二系悬挂空气弹簧柔度，提高了转向架的稳定性和减震效果，满足转向架临界失稳速度达550公里/小时的指标要求。抗侧滚扭杆装置能有效地提高车辆的侧滚刚度而且结构简单，它依靠扭杆的扭转变形，来限制车体的侧滚角度，使车体的沉浮运动不受影响，提升了车辆的抗倾覆安全性。中国与欧盟的列车脱轨系数安全标准是小于或等于0.8，实验结果表示，当CRH380A型动车组运行速度为386.3公里/小时，其最大脱轨系数为0.34，而CRH2A型动车组以250公里/小时运行时最大脱轨系数为0.72。

⑤ 噪声控制技术。列车采用先进的噪声控制技术，使用各种新型噪声吸收和阻隔技术材料，CRH380A型动车组在时速350公里的情况下车厢内噪声保持67-69分贝，与CRH2A型动车组以250公里/小时运行时的情况差不多，而低阻力新头型的使用也减少了超过5%的气动噪声。

⑥ 车辆减重技术。由于列车牵引动力、结构质量、减噪声水平的提高，车辆重量相应增加，由于应用了先进的车辆减重技术，轴重仍维持在15吨的水平。当CRH380A型动车组维持380公里/小时的运行速度时，平均每位旅客的每百公里能量消耗小于5.2千瓦时。

⑦ 高效率再生制技术。再生制动时再生电能回馈电网的效率达到90%。

⑧ 人性化的旅客界面。列车内部的旅客空间"航空化"，座位号除了数字外还增加了英文字母。驾驶室后面也有一个VIP包间，称为观光区。观光区的座椅有扬声器按钮，可通过这个按钮控制车内广播音量。

CRH380B是采用流传动及动力分布式方式的电动车，车体为双层蒙皮结构的大型铝合金中空型材CRH380B动车组是"中国高速列车自主新联合行动计"的重点项目、CRH380B型动车组家族是由山轨道客车有限责任公和长春轨道客车有限责任公司在CRH3C型电力动车组基上自主研发的，于2011年投入营运，营运最高时速350公里、设计最高时速380公里、试验最高时速(CRH3BL)487.3公里、动加速度(CRH380BL)1.8(公里/小时)/秒。与CRH3C型动车组相比、CRH380B型动车组的速度有所提高。其性能的优化有提高引功率；降低传动比；为降低空气阻力优化动车组的气动外形。在列车舒适度优化方面主要有：提高列减振性能；降低车厢噪声；加强车内气压控制等。

CRH380B动车组家族有：CRH380B、CRH380BL、CRH380BG。CRH380B/

BG 动车组为 4 动 4 拖组，牵引功率为 9376 千瓦。CRH380BL 型动车组为 8 动 8 拖编组，牵引功为 18752 千瓦。CRH38OBG 型为高寒动车组，主要为哈大客运专线提供。CRH380BG 型高寒动车组能够自监测、自诊断、自决策，发生故障时，可自动导向安全，采用高度智能化的计算机控制技术，近千个传感器使诊断系统智能化，通过多重安全保障保护旅客安全。CRH380BG 型高寒动车组安装有远程数据传输系统，地面专家可随时监控列车状态，发现故障时可以随时出主意。列车运行中出现故障，网络控制系统还能自动对车辆采取安全防护措施、进行减速或停车。3000 个监测点自动报警限速。列车设置了 700 多个传感器、30003 个监测点，对高速动车组各子系统进行实时监控。列车一旦出现故障，列车网络系统会报警或预报警，并自动限速。车上的门、空调等设施也通过网络控制，与其他高速动车组相比更加智能。全列车有 60 个烟火报警装置，通过测量自身所处环境的烟雾浓度，以及测量线性热探测器阻值，确定线性热探器所处环境，以判断是否发生火灾。因此，一但乘客在卫生间或者其他地方私自吸烟车的烟火报警系统会立刻发挥作用，列车将自动降速。

　　CRH380C 型动车组是采用交流传动及动力分布式引方式的电力动车组，车体为双层蒙皮结构的大型铝合金中空型材。CRH380C 型动车组是"中国高速列车自主创新联合行动计划"的重点项目是由长春轨道客车股份有限公司在 CRH3C 型动车组、CRH38OBL 型动车组基础上自主研发的，于 2013 年投入营运，列车编组为 8 动 8 拖，营运最高时速为 350 公里，设计最高时速为 380 公里，牵引功率为 19200 千瓦。与 CRH3C 型动车组相比，CRH380C 型动车组的速度有所提高。性能的优化有：提高牵引功率降低传动比；为降低空气阻力优化动车组的气动外形。在列车舒适度优化方面主要有：提高列车减振性能；降低车厢噪声；加强车内气压控制等。CRH380C 型动车组家族有 CRH38OCL。

　　CRH380D 型动车组家族是采用交流传动及动力分布式牵引方式的电力动车组，车体为双层蒙皮结构的大型铝合金中空型材 CRHU 型动车组是由青岛四方巴通铁路运输设备有限公司（BST）基于庞巴 ZEFIRO 平台研发的，于 2014 年投入营运，列车编组为 4 动 4 拖，可通过两编组联挂方式增加到 16 节编组，营运最高时速为 350 公里，设计最高时速为 380 公里，试验最高时速为 420 公里，CRH380D 型动车组家族有 CRH380D。

那么，如何快速区分动车型号呢？最简单的就是看车头。车头长得不同，它们便有了很多可爱的"称呼"，耗子、兔子……G字头常见车型。如图3.32-3.40所示。

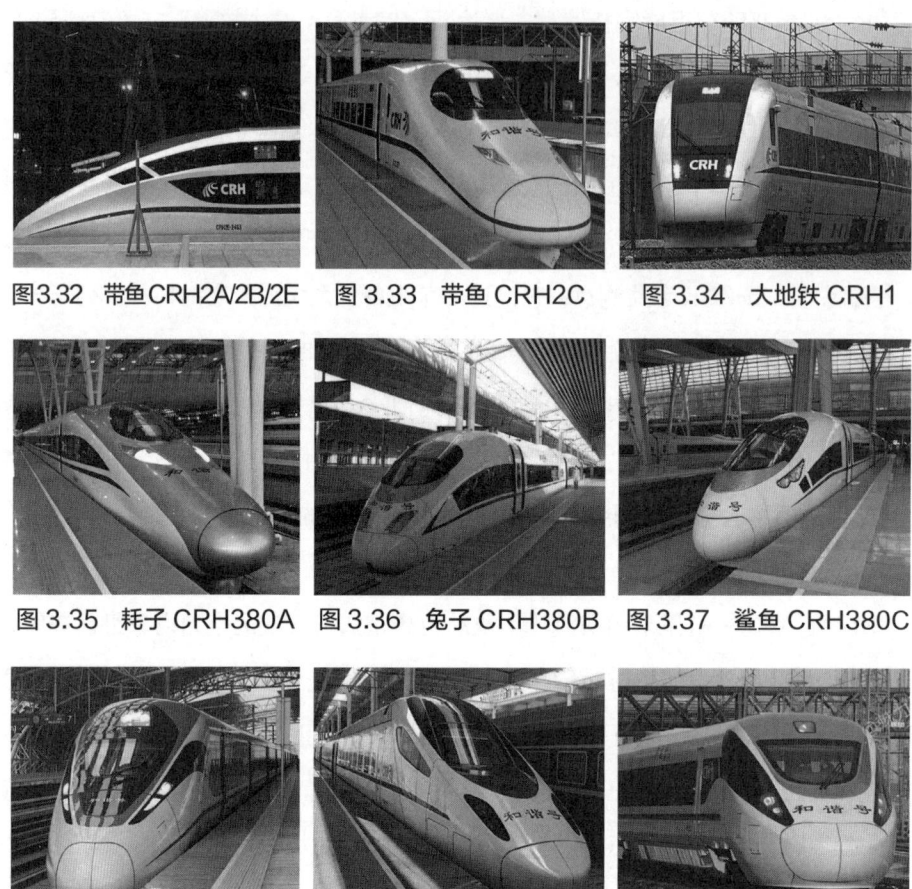

图3.32 带鱼CRH2A/2B/2E　　图3.33 带鱼CRH2C　　图3.34 大地铁CRH1

图3.35 耗子CRH380A　　图3.36 兔子CRH380B　　图3.37 鲨鱼CRH380C

图3.38 胖头鱼CRH380　　图3.39 动驴CRH5A/5G　　图3.40 熊猫CRH5E

9. "复兴号"中国标准动车组研发的起因

2003年6月，由中国铁路总公司牵头，汇聚了整个铁路行业的科研力量，启动了一款新车型的研发。这款新车型当时它被称为中国标准动车组。中国为什么要启动中国标准动车组的研制呢？这与中国高速动车组的发展历程有关。2004年中国正式启动高速动车组技术的引进消化吸收再创新之后，中国的高速动车组发展大致经历了三代。第一代可以称之为原型车时代，代表性车型包括 CRH2A、CRH5A、CRH3C；第二代可以称之为改进创新时代，代表性车型包括 CRH2C，如果我们把 CRH2C 归于上一代或者下一代的话，整个代际也可以划分为两代；第三代一般称为新一代，也就是 CRH380 系列。

在研制 CRH380 系列时，中国的高速动车组研发已经取得了相当高的成就，特别是 RH380AL 型高速动车组，已经通过了美国戴维斯律师事务所与美国专利商标局的知识产权评估等，拥有自主知识产权。但是不可否认，仍旧能够从 CRH380A 型动车组身上看到日系高速动车组技术的影子，如 CRH380A 的动力配置结构。所以到中国高速动车组的 CRH380 系列时代，中国高速动车组研发虽然已经发生了脱胎换骨的变化，但是仍旧没有完全走上正向研发的道路，而是在既有技术路线上的全面突破。

研制中国标准动车组就是要真正启动中国高速列车研发的正向设计。正向研发就是首先要考虑有什么样的需求，如列车时速要达到什么水平、要能够适应什么样的运营线路、在维修方面能够满足什么样的需求、在旅客界面上要达到什么样的效果等等然后根据需求设计一套技术方案，再通过对方案的细化分解，研发一种全新的高速动车组型号。按照这条道路研发出来的动车组，整车的知识产权自然不再有任何争议，而且还要建立中国标准。

中国标准动车组采用的重要标准，涵盖了动车组基础通用、车体、走行装置司机室布置及设备、牵引电气、制动及供风、列车网络标准、运用维修等 13 个大方面。其中大量用了中国国家标准、行业标准以及专门为中国标准动车组制定的一批技术标准。当然为了与国际接轨，促进中国装备走出去、中国标准动车组也积极采用了一些国际标准及国外先进标准。

建设正向研发平台是其一，其二还要实现高速列车的标准化与简统化。中国标准动车组之前，由技术引进的历史渊源所致，我国既有动车组有 4 个技术平台总计 17 种型号不同型号动车组在旅客界面、操作界面、运用界面及维修界面上差异较大，列车定员不一样，列车宽度也不一样，司机操作台不一样，车钩也不一样，严重影响了动车组的运营效率，增加了运营成本。各型动车组修程修制不统维修内容、方式和检修设备差异大，配件种类繁杂，增加了维修的难度和成本。实际上，这对维修人员的要求也非常高。有时候往往达不到这些要求，而影响维修的质量。同时，由于技术标准不统一，不同技术源头形成的产品各不相同，不能通用互换，每个平台需依赖自己的产品供应链，有些配件成为独家供货,价格居高不下,造成维护备件储备量大,占用资金多对铁路的经营效益产生不利影响。

10. "复兴号"中国标准动车组研发目标是什么

研制中国标准动车组要达到什么样的目标?总体目标是以安全性、可靠性、经济性为前提,采用正向设计,构建并完善中国动车组技术标准体系,研制适应中国需求的中国标准动车组,力求达到国际领先水平,满足未来发展需求。具体目标有四个:

(1)建立全新技术平台,提升正向设计水平。根据中国铁路特点制定中国标准,并由此启动正向设计,软件全面自主化,大量应用新技术,掌握适用于中国铁路特有需求的降噪、节能、延长全寿命周、持续高速运行、高寒高原适应性、安全冗余度等关键技术。

(2)实现动车组的零部件统型和互联互通。包括统一司机操纵,统一旅客界面,统一车宽、车钩、车轮、车窗、座等主要配件同一速度等级动车组可以相互联挂运行,不同速度等级可以相互实现多家生产的动车组零部件通用互换,减少备品数量,降低动车组使用成本。减少热备车辆种类及数量,增加运营效率及运输效益。

(3)搭建动车组的中国标准体系。在正向设计过程中,详细比对国标/铁标和国际标准/欧标的异同,优先采用国家标准及铁路行业标准进行设计。

(4)提高机车车辆装备制造业研发软实力。进一步锤炼中国铁路科研团队,增强自主开发能力,利用协同创新机制,提高机车车装备制造业的整体科研软实力,以具备保持与国际高速铁路装备制造业先进技术同步发展的能力,实现中国制造到中国创造的转型。

最终设计出来的中国标准动车组技术标准是怎样的呢?动车组是当今世界制造业尖端技术的高度集成,涉及牵引、制动网络控制、车体、转向架等9大关键技术,以及车钩、空调、风挡等10项主要配套技术。在研究统一采用中国标准的过程中,光技术方案设计就花费了一年多时间,仅技术设计联络协调会就开了60多次,基本每周一次。最终中国标准动车组确定的技术标准如下:

(1)总体结构用4M4T模式。"M"意思是带动力的,意思是不带动力的车。标准的确立其实是吵架的结果,是谈判与妥协的结果。要知道当时的南车集和北车集还没有合并成为——中国中车集。别看一个简单的 4M4T 总体结构，那也是经历了烈的争与博年。长客股份公司继承了西门子技术体系中很多东张采用 4M4T 模式，原因是这种编组方式采用了基本动力单元的理念，4 辆车作为一个基本动力元，可以灵活实现 4 辆、8 辆或 12 辆等不同数量的编组。四方股份公司继承了日本新线技术体系中的很多优点，主张采用 6M2T 模式，理由是 6M2T 结构，动力车多单个动力车的功率就可以降低，这有利于动力车悬挂的布置，最终实现列车轴重的轻量化，既能节能，同时还能够实现对高铁轨道系统的最大保护。最终中国标准动车组的整体结构就确定为"T+M+T+M+M+T+M+T"。

（2）列车的承载系统。统一车体长度为 25 米，车体最大宽度为 3360 毫米，车辆高度为 4050 毫米。优化列车整体气动外形，实现列车纵断面的平顺化，消除列车表面突出物和涡流区，采用大长细比全新流线型车头行系用标化、块化计、一用轮为 920 毫米的车轮和相应规格的车轴与轴承，并统一采用直径为 640 毫米的轴装制动盘，实现轮对等主要部件的统型和互换。

（3）引驱动系统。铁科院加入了阵营，在变流器方面与株洲所分割市场，在制动系统与浦镇公司分割市场，在网络控制系统方面与株洲所、四方所分割市场。

经过无数次激烈争论、反复比选，2013 年 12 月，中国标准动车组完成了总体技术条件制定。

11. "复兴号"标识和特征

中国标准动车组"复兴号"，英文代号为 CR，是由中国国家铁路集团牵头组织研制，由中国中车组织中车长客股份和中车四方股份研发制造的具有完全自主知识产权、达到世界先进水平的动车组列车。其中，我们 CR400 系列担当的部分车次是世界上商业运营时速最高的动车组列车。

"和谐号"是基于不同平台研发出来的，由于标准不统一，不能互联互通，难以互为备用，"复兴号"中国标准动车组应运而生。2012 年，由中国国家铁路集团牵头，中国中车组织，中车长客股份、中车四方股份设计制造，中国标准动车组"复兴号"正式启动研发。

2017 年 6 月 25 日，中国标准动车组正式被命名为"复兴号"，翌日，"复兴号"在京沪高铁两端双向首发,迎来"复兴号"时代!

　　2017年1月中国标准动车组"复兴号"获得了制造许可证,同时,中国标动也正式获得新型号命名"CR"。2017年1月3日,中国铁路总公司正式向四方和长客颁发了中国标准动车组"型号合格证"和"制造许可证",中国标准动车组也正式获得型号命名。"复兴号"的颜色搭配选用了中国国旗的红黄颜色组,早期的两个型号是红神龙CR400AF和金凤凰CR400BF,其中CR是"China Railway"的缩写,即中国铁路;"A"和"B"是研发厂家的标识,A代表中车四方股份,红神龙配色,B代表中车长客股份,金凤凰配色;"F"代表技术类型代码,表示动力分散式机车,"J"代表动力集中电动车组,"N"代表动力集中内燃动车组;"-A""-B""-C""-G""-BZ""-GZ"为衍生型号,"-A"代表16辆的长编组列车,"-B"代表17辆的长编组列车,"-C"代表智能动车组,"-G"代表高寒动车组,"-BZ"代表17辆长编组智能动车组,"-GZ"代表高寒智能动车组;数字400、300、200是指速度等级,"复兴号"已经形成时速160公里至350公里的全系列动车组。400指时速350公里,300指时速250公里,200指时速160公里。

　　2017年6月25日,中国标准动车组有了一个响亮的名号——"复兴号"动车组,"复兴号"倒过来念就是"好幸福",以祝愿祖国永远繁荣昌盛。结合"复兴号"品牌战略的实施,一个崭新且极富潜力的中国高铁品牌正冉冉升起。"复兴号"logo设计样式如图3.41所示。

由路徽及CR组合,logo组合纵横比:比289:高95/55

图3.41 "复兴号"logo设计样式

　　"复兴号"中国标准动车组构建了体系完整、结构合理、科学先进的技术标准体系,动车组基础通用、车体、走行装置、司机室布置及设备、牵引电气、制动及供风、列车网络标准、运用维修等十余个方面均达到国际先进水平。"复兴号"中国标准动车组大量采用中国国家标准、行业标准、中国铁路总公司企业标准等技术标准,同时采用了一批国际标准和国外先进标准,具有良好的兼容性能,在254项重要标准中,中国标准占84%。更为重要的是,中国标准动车组整体设计以及车体、转向架、牵引、制动、网络等关键技术都是中国自主研发,具有完全自主知识产权。其技术创新及成果主要体现在:

（1）身材更好。采用全新低阻力流线型头型和车体平顺化设计，车型看起来更优雅，跑起来也更节能。"复兴号"把受电弓和空调系统下沉到了车顶下的风道系统中，使列车不仅看起来更美，行驶阻力也明显降低，列车在350公里时速下运行，人均百公里能耗下降17%左右。

（2）寿命更长。中国标准动车组在降低全寿命周期成本、进一步提高安全冗余等方面加大了创新力度。为适应中国地域广阔、温度横跨正负40℃、长距离、高强度等运行需求，"复兴号"进行了60万公里运用考核，比欧洲标准还多了20万公里。其设计寿命达到了30年，而"和谐号"是20年。

（3）容量更大。列车高度从3700毫米增高到了4050毫米。虽然断面增加、空间增大的情况下，按时速350公里试验运行，列车运行阻力、人均百公里能耗和车内噪声明显下降，而且有心的乘客还会发现，座位间距更宽敞。

（4）安全性更高。"复兴号"设置智能化感知系统，建立强大的安全监测系统，全车部署了2500余项监测点，比以往监测点最多的车型还多出约500个，能够对走行部状态、轴承温度、冷却系统温度、制动系统状态、客室环境进行全方位实时监测。

（5）乘坐体验更良好。"复兴号"空调系统充分考虑减小车外压力波的影响，通过隧道或交会时减小耳部不适感；动车组车厢内实现Wi-FI网络全覆盖，设置不间断的旅客用220V电源插座；空调系统充分考虑减小车外压力波的影响，通过隧道或交会时减小耳部不适感；列车设有多种照明控制模式，可根据旅客需求提供不同的光线环境。"复兴号"中国标准动车组还采取了多种减振降噪措施，改进了洗漱设施，设置有无障碍设施等，能够为旅客提供更良好的乘坐体验。

（6）感知系统更智能。"复兴号"中国标准动车组采集各种车辆状态信息多达1500余项，能够全面监测列车运行状况，实时感知列车状态，包括安全性能、环境信息（如温度）等，并记录各部件运用工况，为全方位、多维度故障诊断、维修提供支持。列车出现异常时，可自动报警或预警，并能根据安全策略自动采取限速或停车措施。此外，"复兴号"中国标准动车组还采用远程数据传输，可在地面实时获取车辆状态信息，提升地面同步监测、远程维护能力。

（7）车体设计更优。采用全新低阻力流线型头型和平顺化设计，不仅能耗大大降低，车内噪声也明显下降。坐过"和谐号"的朋友都会发现，动车组车顶有个"鼓包"，那其实是受电弓和空调系统。"复兴号"将受电弓和空调系统下沉到了车顶下的风道系统中，使得列车不仅看起来更美，运行阻力也比既有CRH380系列降低7.5%－12.3%，在350公里时速下运行，人均百公里能耗能够下降17%左右。在车体断面增加、空间增大的情况下，"复兴号"中国标准动车组按时速350公里试验运行时，列车运行阻力、人均百公里能耗和车内噪声明显下降，表现出良好的节能环保性能。

12. "复兴号"动车组家族成员

中国标准动车组与CRH系列动车组区别主要为：形成了一套中国标准体系，而非欧标、日标；自行设计、自主研发，拥有全面自主知识产权。"复兴号"动车组共有三个速度等级，目前投入运营的是设计时速最高为400公里/小时动车组，并用字母A、B代表各技术平台的动车组型号，型号中的F和J是技术类型代码。其中，"F"代表动力分散电动车组，"J"代表动力集中电动车组，"-A"、"-B"、"-C"、"-G"等是技术配置代码。

具体如下：400—代表设计运行速度为$300 < v \leq 400$公里/小时；300—代表设计运行速度为$200 < v \leq 300$公里/小时；200—代表设计运行速度为$100 < v \leq 200$公里/小时。其中，CR400AF、CR400AF-A型代表中车青岛四方机车车辆股份有限公司/青岛四方庞巴迪铁路运输设备有限公司制造；CR400BF、CR400BF-A型代表中车长春轨道客车股份有限公司/中车唐山机车车辆有限公司制造；另外，A代表16辆编组动车组，无A标识的为8辆编组动车组。

"复兴号"大家庭成员中已配属在运营的有哪些？"复兴号"动车组列车这个"大家庭"成员的名单如下：

（1）"AF"系列动车组列车，CR400AF，如图3.42所示。

图3.42 CR400AF

CR400AF 型"复兴号"动车组列车是"中国标准动车组"项目的车型之一,是中国铁路"复兴号"动车组列车的代表车型,很多人都叫它"红飞龙",它为 8 辆编组车型,也可重联运行,通常看到动车组一般是 2 列 8 辆编组的,CR400AF 型"复兴号"动车组重联形成的。

(2)CR400AF-A/B,如图 3.43 所示。

图 3.43　CR400AF-A/B

CR400AF-A 和 CR400AF-B 是 CR400AF 动车组列车的衍生车型,在制造上进行了技术改进,CR400AF-A 动车组列车为 16 辆编组车型,载客量能达到 1193 人,CR400AF-B 动车组列车为 17 辆编组车型,载客量能达到 1283 人,很多人叫它"超长红飞龙"。

(3)"BF"系列动车组列车,其中:

① CR400BF,如图 3.44 所示。"复兴号"CR400BF 动车组列车同 CR400AF 一样,也是"中国标准动车组"项目的车型之一,它的涂装主要是以金色和白色为主,金色的腰线,其俊美的"面庞",让很多人都称呼它为"金凤凰"。

图 3.44　CR400BF

② CR400BF-A/B,如图 3.45 所示。CR400BF-A 动车组列车为 16 辆长编组车型,总长度 414 米,载客量能达到 1193 人;CR400BF-B 动车组列车为 17 辆超长编组车型,总长度可达 440 米,载客量能达到 1283 人,因此,很多小人都叫它"超长金凤凰"。

图 3.45　CR400BF-A/B

③ CR400BF-C，如图 3.46 所示。CR400BF-C 动车组列车相对于其他"BF"系列的动车组列车，科技含量就更高，这款动车组列车首次实现 350 公里 / 小时速度等级，有人值守的自动驾驶，它一改传统 CR400BF 头型样式，采用全新的低阻力流线型头型，它的新头型和轻量化，可相应降低 7% 的能耗，并且它具备无线充电和智能环境感知调节技术，它被很多人亲切地称呼为"智能凤凰"。

图 3.46　CR400BF-C

④ CR400BF-G，如图 3.47 所示。CR400BF-G 动车组列车是在 CR400BF 动车组基础上，进一步技术改进而来的，经过技术改进后，车体裙板的密封结构和保温功能的性能更好，它的特点可以用六个字来形容："耐高寒、抗风沙"，可运行于东北、西北部等自然气候条件恶劣区域。

图 3.47　CR400BF-G

（4）CR300AF 和 CR300BF，如图 3.48 所示。CR300AF 和 CR300BF 型"复兴号"动车组是一对"复兴号""蓝色 CP"，同属 CR300"复兴号"动车组系列。这对"蓝色 CP"有许多相同之处列车都是 8 编组包含 1 辆一等座车和 7 辆二等座车，定员都是 613 人，设计最高运营时速都是 250 公里，当然都是"暖蓝"底色——"海空蓝"色藏着"复兴号"动车组的"星辰大海"。

图 3.48　CR300AF 和 CR300BF

CR300"复兴号"动车组除了拥有与众不同的"海空蓝"外观外，还具有运行品质平稳舒适，乘坐环境宽敞明亮，列车噪声低、振动小以及安全可靠、运能强大、节能环保等特点，能适应风沙雨雪等恶劣运营环境。客室内部色调明快，造型风格简约现代，配有无障碍卫生间、大件行李架、盥洗室、置物架等服务设施，整体设计更加人性化。车厢内饰更加美观，柜体、台面边缘多采用弧线造型的全新美工设计，更节省空间。车内设备全新优化升级，包括变更侧门结构、内部门优化设计、充电插座增设 USB 插口等，全面提升旅客乘坐体验。

如何分辨这对"复兴号""蓝色 CP"，CR300AF 型"复兴号"动车组采用红色的车身飘带，车头有红色的棱线头型设计取意"飞龙"红色线条是龙须演变而来；CR300BF 型"复兴号"动车组金色飘带贯穿全车，头型设计取意"金凤凰"，头部有凤眼腰线似凤羽。内里高技术，两个头型的设计都经过千挑百选、千锤百炼。

（5）我国新型"复兴号"智能动车组上线。2021 年 6 月 25 日，中车四方股份公司 CR400AF-Z（8 辆标准编组）和 CR400AF-BZ（17 辆超长编组）两种编组的新型"复兴号"智能动车组正式上线投入运营。如图 3.49 所示。

图 3.49　智能动车组

中车四方股份公司基于既有时速 350 公里 CR400AF 动车组平台，融合互联网、云计算、大数据、5G 等新技术，研制了新型"复兴号"智能动车组。新车在智能化、舒适性、安全性、运维便捷性等方面实现升级，服务功能再次优化。这次亮相的新型"复兴号"智能动车组采用新的外观造型，灵动美观。还基于人体工程学对车厢座椅进行了优化，让旅客乘坐更加舒适、体验更佳。车厢采用变频空调，温度调节更精准，减小车厢内温度波动，使旅客的体感更舒适。餐车配有自动售货机，旅客可自助购买饮料、水果、零食等。17 辆超长编组列车提供基于 5G 技术的 Wi-FI，随着沿线 5G 网络信号的覆盖，将为旅客提供更优质的移动网络服务。此外，智能动车组智能运维水平进一步升级。全车设有 3300 多个监测点，采用以太网控车技术，传输容量提升 100 倍，同时支持 5G 车地无线通信，车辆状态信息可"全数据"实时传输到地面。

智能动车组的"大脑"也更"聪明"。智能动车组升级优化故障预测与健康管理系统，利用大数据技术，实现动车组关键系统部件故障的自动预警或预测，同时指导列车视情况开启"维修模式"。该智能动车组还首次为司乘人员开发了人机交互智能显示屏、故障精准处理指导、手持移动终端等智能设备和功能，方便司乘人员日常行车。

(6)CR200J 动车组列车，如图 3.50 所示。

图 3.50　CR200J

CR200J 动车组列车也是"复兴号"动车组列车"大家庭"的成员之一，现在分 18 辆长编动车组列车和 9 辆短编动车组列车两种。其中长编动车组，总长度 464.33 米，载客定员 918 人。CR200J 动车组因其有着"国槐绿"颜色的外表，被很多小伙伴们亲切地称为"绿巨人"。

13. "复兴号"的大事记

2016 年 7 月，两列中国标准动车组在郑徐高铁成功开展时速 420 公里交会和重联综合试验。

2017 年 6 月 25 日，中国标准动车组被正式命名为"复兴号"。最早到来的是"复兴号"CR400 系列，有 CR400AF 和 CR400BF 车型。

2017 年 9 月，"复兴号"动车组在京沪高铁实现时速 350 公里商业运营，是世界高铁运营最高速度。

2019 年 12 月 30 日，"复兴号"智能动车组在京张高铁运营，这是中国首款时速 350 公里的智能动车组，是世界上首次实现时速 350 公里自动驾驶。

2021 年初，CR400AF-G、CR400BF-G 型高寒"复兴号"动车组在新开通的京哈高铁奔驰。CR300AF 型和 CR300BF 型两款时速 250 公里动车组在多条高铁上线运营。

2021 年 6 月 25 日，"复兴号"高原内电双源动车组开进西藏，"复兴号"智能动车组扩大开行范围。"复兴号"智能动车组在北京至哈尔滨、吉林、沈阳、上海、杭州、广州、西安等区间上线运营，"复兴号"开行 4 周年，31 个省区市全覆盖。"复兴号"动车组家族增至 19 款车型，分别是：CR400AF、CR400AF-A、CR400AF-B、CR400AF-C、CR400AF-G、CR400AF-Z、CR400AF-BZ、CR400BF、CR400BF-A、CR400BF-B、CR400BF-C、CR400BF-G、CR400BF-Z、CR400BF-BZ、CR400BF-GZ、CR300AF、CR300BF、CR200J。

"复兴号"的前进脚步不会停歇，随着"CR450 科技创新工程"启动，更高速度、更加安全、更加环保、更加节能、更加智能的"复兴号"动车组新产品将在不久的将来惊艳登场。如图 3.51 所示。

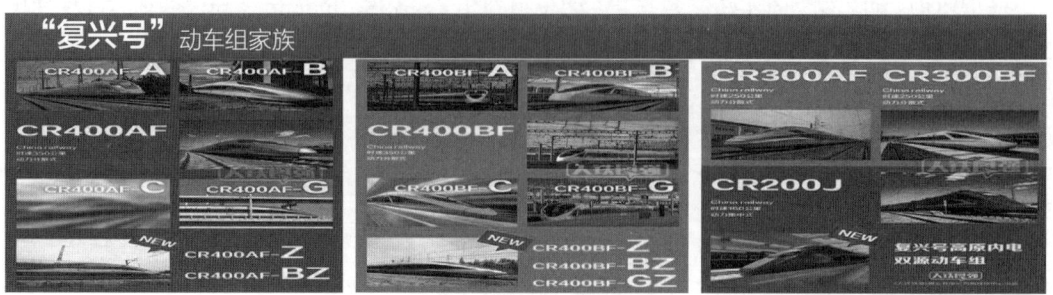

图 3.51 "复兴号"谱系

14. "复兴号"双碳新科技

我国分两个阶段实现"双碳"目标,2030 年二氧化碳排放力争达到峰值,2060 年努力争取实现碳中和。要实现这一目标,必须以科技创新为先导。

铁路天生是个"环保宝宝",高铁每人百公里能耗仅为飞机的 18% 和大客车的 50% 左右,与 4 车道高速公路相比,高铁占地仅为其 50%。既要旅行时间短又要出行绿色环保,高铁是最佳之选。

"复兴号"动车组是我国最先进的动车组。2021 年 6 月,"复兴号"高原内电双源动车组开进西藏,"复兴号"实现对 31 个省区市全覆盖。

时速 160 公里至 350 公里"复兴号"系列动车组代表着中国铁路科技创新迈出的重要步伐,让中国高铁技术持续领跑世界。"复兴号"系列动车组不仅融合互联网、云计算、大数据、5G 等新技术,实现在智能化、舒适性、安全性、运用维护便捷性等方面的优化升级,而且持续进行了"双碳"科技创新。

"复兴号"动车组车内的照明全部采用 LED 节能光源照明,较普通列车节电明显。"复兴号"智能动车组 CR400AF-Z 客室采用变频空调,能耗降低 10%,增加灰水回收装置,车上每个洗手池等产生的灰水用于卫生间冲马桶,节水 17% 以上。中国自主研发的高铁运输的"超级大脑"——CTCS-3 列车控制系统,让客流密集的京沪高铁实现列车开行间隔 4 分钟,运能利用率居世界前列,综合能耗降低明显。

"复兴号"更多实现"双碳"目标的创新在继续研发中,更多节能目标的实现已经在路上。

现在运行在青藏高原拉林铁路的"复兴号"高原内电双源动车组，内燃动力车所装备的 12V265B 型柴油机采用可变增压技术和高原适应性技术，使动车高原环境下经济性得到有效提升，在 4000 米海拔时功率大于 3100 千瓦、平均油耗 202 克千瓦每小时，相比于传统高原内燃机车燃油消耗率降低 4.7%。这是专门为拉萨到林芝铁路量身打造的一款动车组。针对高原铁路运营条件，该动车组具有内燃和电力双动力源，采用整列一体化设计，两端分别编挂电力动力车和内燃动力车，中间编挂拖车，编组为 12 辆，能够适应高海拔、长大隧道。

正是因为拥有两种动力源，这款动车组可以在运行中不停车完成内电模式切换，实现电气化区段采用内燃应急牵引自救援及应急列车供电。与此同时，这款动车组装配的柴油机为世界范围内运用海拔最高、功率最大的高原机组，可满足海拔跨度 5100 米以内的运用需求。针对高原运用环境及客运舒适性，还提升了部件绝缘、密封、抗紫外线等性能；创新采用独立悬浮式司机室结构，可有效减小振动，提高驾乘舒适度。

不仅如此，该动车组还拥有强大的制氧系统——"弥散式 + 分布式"双模制氧系统，制氧机组与空调机组互联互控，以适应高海拔地区的运用。正常运行时通过弥散式模式持续提供浓度适宜的氧气；紧急情况时采用分布式模式提供高浓度紧急供氧。这是国际上首次实现整列动车组的弥散式供氧。"复兴号"高原内电双源动车组的一系列"绝技"，只是中国高铁发展过程中不断探索、创新，实现科技自立自强的一个缩影。如图 3.52 所示。

图 3.52　高原动车组

另外，在数字化与智能化技术应用与提升方面，在内燃动力车在行车安全监控、故障预测与健康管理及检修维护三个方面进行了数字化与智能化提升。在行车安全监控方面，首次采用基于贯通全列的安全监控网，用于在动力车与拖车之间进行综合安全监控相关信息传输；在故障预测与健康管理方面，首次采用了柴油机健康监测系统，能够实现故障预警和运维指导；在检修维护方面，整车采用全数字化网络控制的以太网络，柴油机、主变流、辅助变流、列车供电、辅助供电等各子系统均具备完善的数据监测和自动诊断功能，整车配有大存储容量的数据记录仪和机车远程监测和诊断系统的数据终端，可为检修维护、故障处理、问题分析提供充分的数据支撑，也为远程技术支持提供了技术保障。

15. "复兴号"耗电方面的数字说明

问题1：2017年6月，中国标准动车组被命名为"复兴号"，首先在京沪高铁上运营。"复兴号"CR400AF动车组阻力比CRH380A降低12.%，350公里/小时速度级人均百公里能耗下降17%左右，首发的CR400AF比CRH380A往返一趟节电多少？"复兴号"CR400AF动车组往返一趟京沪节省5000多度电。

问题2："复兴号"动车组低阻力流线型、平顺化设计不仅身形亮丽，还让能耗降低。当"复兴号"CR400AF动车组以时速350公里运行时，人均百公里能耗是多少？3.8度电。

问题3：2021年6月，"复兴号"智能动车组CR400AF-Z投入运营，以时速350公里运行时这种新型动车组人均百公里能耗是多少？3.3度电。

问题4："复兴号"智能动车组CR400AF-Z比几年前投入运营的CR400AF往返一趟京沪节电多少？以350公里/小时速度级人均百公里能耗下降7.9%左右来计算，当它以时速350公里运行时人均百公里能耗仅3.3度电，往返一趟京沪节省4000多度电。

第六节　智能高铁

1. 智能高铁的概念分析

智能化是我国高速铁路进一步保障安全、提升速度、降低成本的必然选择。我国高铁正朝着系列化、智能化和绿色化方向发展，我国正在全力推进智能铁路蓝图，围绕研发环境感知、自学习、自决策的技术，智能高铁将实现铁路更加安全可靠、更加经济高效、更加温馨便捷的目标。

随着云计算、物联网、大数据、北斗定位、新一代移动通信、人工智能等技术的发展，再通过这些技术与高铁技术的集成融合，逐渐构建泛在感知、主动适应的智能铁路建造和装备模式，使高铁运营更加安全高效、快捷舒适、绿色环保，满足旅客出行的多样化、个性化需求，使得旅客出行获得全过程新体验，这就是只能高铁的内涵。从系统总体上看，智能高铁可划分为五个层次：智能感知层、智能传输层、智能资源层、智能应用层、智能决策层。同时，高铁基础设施设备的智能化也带动了高铁管理上的智能化，有助于实现高铁管理的精细化、管理标准化和决策数字化。目前，围绕智能高铁技术和管理体制、机制以及文化方面协同创新，建成以基础设施现代化、运输生产智能化、安全管理精细化、客货服务市场化、经营管理科学化、万众创新智慧化为主要内容的智能高铁建设正在全面展开，落地生根。我们将拥有一个以智能建造、智能装备、智能运营为核心，广泛运用云计算、物联网、大数据、人工智能、北斗定位、下一代通信、BIM 等先进技术，通过对铁路移动装备、固定基础设施和相关内外部环境信息的全面感知、泛在互联、融合处理、主动学习、科学决策，高度信息化、自动化、智能化的中国智能高铁系统。

2. 我国智能高铁发展现状

总体上讲，智能高铁包括智能建造、智能装备、智能运营三个方面。智能建造和智能装备关键技术最终通过智能运营体现出来，与智能运营融合在一起，最终目的是确保旅客智能出行的需要。

（1）智能建造。以 BIM 技术为核心，通过工程设计及仿真、工厂化加工、精密测控、自动化安装、虚拟建造、协同管理、动态监测等应用，构建铁路工程建设全生命周期管理模式。高铁工程将更加"健康"。智能建造技术是工程建造领域的发展方向，重点以 BIM（建筑信息化模型）技术为核心，探索以信息智能采集、高效协同管理、数据科学分析、过程智慧预测等为主要内容的工程建设信息化。

近年来，逐步实现了工程规划、设计、施工、运营、维护全生命周期智能化管控，实现项目实施过程数据采集、分析、预警等管控，提高了建设管理效率，驱动长三角铁路建设高质量发展。例如,在杭州东站建立大型客站施工、运维期间结构健康监测系统,实施故障预警;建立大型客站运维管理系统,对站房内土地、房产、能耗、巡检等实行全方位一体化管理。还运用物联网技术强化连镇铁路五峰山长江大桥建设质量控制,原材料和构件、配件从入库到施工验收实现全流程信息化管理;开发试验室、拌和站物联网管理系统,对在建项目拌和站生产关键环节进行全程监控预警;运用3D可视化技术确保沪通铁路复杂结构一次成型。

(2)智能装备。智能装备综合体现在工务工程、牵引供电和接触网、动车组列车及自动驾驶、通信信号等高铁基础设施装备方面。在此基础上,构建管理工作规范化、标准化、智能化、专业化管理平台,提升基础设施管控水平。同时,每月开行高速铁路综合检测列车,每天开行无人空载确认动车组列车,完善人工周期检查、专项检查、临时检查等机制,通过动静结合、人机结合,全方位、立体化监控。

目前,智能装备已经实现了融合远程故障查询、远程视频辅助、专家会诊和预防性维护系统,为相关专业及时提供远程和现场维修的技术支持。还结合故障案例库、智能搜索引擎、人员专家管理和设备能效管理等,为各专业部门提供科学管理的辅助手段。特别是在设施设备运营维护检修方面,推行了工务、电务、供电设备"三合一"养护检修体制,改变过去设备管理单专业架构、专业管理单一体系,以信息透明、覆盖盲区的数据集成共享平台为支撑,打破设备信息传递阻隔,可智能提取各类运营和管理信息,已实现对设备的科学化集中管理,为专业部门提供科学管理辅助手段。

(3)智能运营。以智能安全管理为目标,采用智能监测和智能检测技术,研发地震预警监测及自动应急处置、自然环境及异物入侵自动监测与报警等系统;以智能组织为目标,构建基于人工智能的高速铁路智能调度指挥和智能车站管理系统;以智能服务为目标,研究全面电子客票、行程规划、综合交通信息共享服务,为旅客提供购票、订餐、接送站、乘车、出站全行程便捷舒适服务。高铁服务将更加"体贴"。

① 运营计划编制。利用信息系统大量采集历史客流动态、客运市场发展状况以及社会、经济、行业等信息数据,加强数据分析,科学研判预测客流变化趋势;然科学编制列车开行方案,并通过智能编制列车运行图,围绕客流集中体现出客运产品(如高峰列车、夕发朝至列车、核心列车、跨线列车、"红眼"列车)和列车运行线的匹配,在一张运行图中完整体现出"4+1+1"(周一至四、周五、周末、周日)运营方案。

② 辅助运营决策。构建高速铁路运营数据集成共享平台，打破设备信息传递阻隔，以需求分析、产品研发、运能调整、市场营销、效率和效益等功能为支撑的高速铁路客运营销辅助决策系统，掌握市场规律、优化生产流程、提供产品服务、理顺经营行为，使生产、管理、经营过程可视化。同时，以历史数据为主要依据，结合市场需求变化、天气变化等因素，对年度、月度、节假日以及春运、暑运等阶段性客流趋势进行分析预测，为运力资源配置提供科学依据。另外，将运行图方案与分析结果相结合，明确各次列车的运输范围及目标，按时间段对票额进行预分，科学、合理地调控各次列车的票额供给数量、时间以及限售区间，有序引导旅客购买合适的列车车票。

③ 智能服务。首先是智慧车站，已经自主研发处实名制验证快速闸机系列产品是实现智慧车站人、证、票一体化的核验设备，运用实名制验证闸机替代人工管理，降低人工识别错检率。目前，在车站的智能安防领域，包括铁路综合视频监控系统（车站智能行为分析系统）、电源及机房环境监控系统、周界防护系统等成为保障铁路安全运营，提高智能化水平的必备装备。其次是智能化客服中心。以"12306"移动客户端平台，打造智能化、信息化、数据化、定制化、全媒化客服中心，升级人工智能平台服务，搭载智能语音服务，语音质检、智能机器人和知识库，创建人工智能标准服务体系；上海局集团还开发了"上铁'12306'"手机App多元化服务，尤其是团体订票和动车组订餐服务，规范服务流程、严格服务标准，创新服务方式、拓展服务内容，努力为客户提供咨询、投诉、求助、增值等优质服务。最后是全过程服务体验。根据售票、支付方式的变革，积极推进互联网、手机等自助售票方式，增设线下售取票终端，进一步加大自动售取票设备在车站外的投放数量，并增加商场、机场、景点等新的投放场所，使自助式日常售票比例接近60%、高峰期达到80%。同时，创建Wi-FI站区信息发布智能服务平台，为旅客提供多元化的售票服务、全方位的乘降服务，并拓展票种形式（定期票、联程票、常旅客票等）并可采用银联卡和支付宝等支付；为旅客提供行程规划及资讯服务，以及站内导航服务，可实现行李托运及同步安检，并推出VIP出行体验，满足个性化及无障碍服务的旅客需求。

④ 智能调度。首先是实现"一日一图"功能。高铁调度指挥中心集中统一指挥管内所有动车组运行，采用国际先进的CTC调度指挥系统、CTCS-3列车运行控制系统、GSM-R无线通信系统，具备自动排列列车进路、自动控制运行速度、超速自动防护等功能，可根据列车运行图和客流的实际动态变化情况，实现列车运行"一日一图"和日班计划

协同编制、信息数据集成共享等功能,特别是遇有临时客流量增大时,可随时增加临客运行线,满足这部分旅客出行需要。其次是构建高速铁路应急指挥协同平台。

围绕"信息报告准确及时、应急指挥稳妥得当、应急响应快速全面、现场处置安全有序"的目标,建立以应急调度台、站段应急指挥中心为核心的横向两级应急指挥层和纵向"行车指挥、应急把关"两条线构成的网络体系,形成"监控-评估-决策-指导-盯控"应急指挥模式,遇有设备故障、突发事件、铁路交通事故等情况,应急调度台各专业相关人员能够为列车调度员提供辅助决策。逐步构建基于人工智能的高速铁路智能调度指挥系统,实现智能动态调度、智能协同控制、智能换乘调度、智能故障诊断等功能,达到路网整体列车调度效率最优,提升系统应急决策和处置能力,提高运营效率和旅客满意度。要逐步攻克列车运行计划智能调整、进路和命令安全卡控、列车调度综合仿真和行车信息数据平台等关键技术,满足动车组高速运行、高效调度等要求。

3. 世界第一条智能高速铁路——智能京张

2019年12月30日,上午8时30分,G8811次智能高速列车,从位于北京西直门的北京北站开出,号称"世界上最聪明的高速铁路"—京张高铁正式开通运营。18分钟后,列车从老的京张铁路青龙桥火车站下方4米处呼啸而过,新老京张铁路跨越110年,实现立体相交。110年前,詹天佑创造性地运用了"折返线"原理,在青龙桥修建了"人"字形铁路;110年后,在青龙桥车站下穿的京张高铁,这一"横",让"人"字变成了"大"字。

110年前,京张铁路时速只有35公里,尽管有詹天佑创造性的人"字形设计,让关沟段线路坡度降低到33‰以下,但是这个坡度仍然不算小,列车翻越"人"字坡须用时78分钟;110年后时速350公里的"复兴号"京张智能高速列车穿越12公里长的八达岭隧道,用时只两三分钟。这一瞬间,京张铁路与京张高铁、1909与2019,两条铁路、百年时光,在同一个时间与空间的交会点上,实现了奇妙的相遇。

京张高铁的建设是中国高端制造装备的典型代表。智能京张是我国智能高铁的集中体现。110多年前,被誉为"中国工程之父"的詹天佑在长城脚下建成了中国第一条铁路——京张铁路。如今,一条新的智能高铁将于2022年北京冬奥会期间亮相,与老京张铁路交相辉映，穿越中华民族的百年梦想。届时，北京至张家口最快车次运行时间将从3小时12分钟缩短至1小时内。京张高铁已超越了詹天佑所期望的速度。一百多年前，中国第一条由国人自行勘测、设计、施工的干线铁路京张铁路建成通车。一百多年后，设计时速350公里、集中国高铁技术之大成的京张高铁开工建设。詹天佑精神和京张铁路文化，激励世人为国家进步、民族复兴而奋斗。

（1）京张智能装备。京张高铁研发应用面向旅客的智能服务技术，主要包括：完善"12306"网站及自助服务设施；支持多国语言国外银行卡支付；拓展票种形式（定期票、联程票、常旅客票等）；可实现电子客票、刷脸进站及检票；以BIM+GIS技术为核心，综合应用北斗卫星定位，智慧物联及移动互联等新一代信息技术，完成施工过程及试验现场数据的自动采集和信息互联，构建工程建设质量的全寿命可追溯闭环管理体系和综合管理平台；采用中国通号自主研发的高速铁路自动驾驶系统，将成为全球首条时速350公里实现自动驾驶的高速铁路，智能动车组列车能够与对风级、雨量、雪深等自然环境自动监测与报警，保证大风报警信息实时上车，还能实现地震预警及自动应急处置，并对沿线非法侵入自动报警防范等，动车组列车未来的运营维护也将实现智能化，将应用大数据、深度学习、故障预测与健康管理（PHM）、增强现实等先进技术，实现技术装备的全过程管理，提高动车组等技术装备维修的智能化水平，降低装备的全生命周期成本，提高运输效率和安全水平。

（2）京张智能服务。京张高速铁路将以"复兴号"中国标准动车组平台为基础，列车外观设计将把中国元素、奥运主题以及京张百年铁路文化融为一体，使京张高速铁路智能动车组成为一张行驶中的文化名片。在设计细节方面，"奥运高铁"设置了科技感十足的媒体专用包厢，可通过智能显示屏实时观看赛事直播，配合覆盖全车的Wi-FI系统。此外，列车还设有人性化的残疾人座位区，配有轮椅固定装置、SOS按钮以及可折叠桌板等贴心设计；还将设有定制化的兴奋剂检测区、冰雪运动器材存放区，以使列车在冬奥会期间成为名副其实的"奥运专列"。

京张高铁有"中国高铁2.0版"之称，全线采用智能技术建造，技术水准堪称中国高铁新标杆。其中，八达岭站位于万里长城八达岭地下102米深处，为世界上最大最深的高铁站，现代化候车、乘降、新风、消防、避险系统一应俱全，很多洞管、断面工程创造了世界之最。站内，乘客能刷脸进站，各种智能机器人和手机应用软件能承担订酒店、购物、订奥运门票等功能。穿行这座车站的"复兴号"升级版列车，还有望采用智能自动驾驶技术。

4. 智能京张高铁动车组创新

2019年底，我国第一条智能化高铁线路——京张高铁正式开通。具有完全自主知识产权的"复兴号"智能动车组率先在京张高铁投用，与标准版"复兴号"动车组相比，增加了旅客服务、列车运行、安全监控等方面的智能化功能，受到广大旅客和列车运营维护人员的欢迎。根据京张高铁"复兴号"智能动车组两年多来运营服务积累的经验和旅客意见建议，此次扩大开行投用的"复兴号"智能动车组对相关设备功能和服务进行了优化升级。

近年来，"绿色、智能、安全、人文"新理念，全面贯穿至中国高铁的建设历程中，新技术不断引领新发展。为满足北京冬奥会和雄安新区建设需要，原中国铁路总公司又组织开展京张、京雄智能动车组研制。京张、京雄智能动车组是"复兴号"动车组的智能型，以现有CR400BF/AF型"复兴号"动车组为基础，在智能化、安全舒适、绿色环保、综合节能等方面实现升级。京张、京雄智能动车组在高速动车组智能行车、智能运维、智能旅客服务的基础上，基于城际交通短交路、高客流、往返频繁等运营特点，依托5G、大数据、人工智能、区块链等新兴信息技术融合发展理念，融合5G+人脸识别、智能分析、智能视频感知的智能视频系统，打造服务于公交化城际交通的人数统计、人员辨识等公共安全平台，构建我国智能高铁系统。京张高铁智能动车在4个方面利用能化技既有动车组技术结合，实现自感知、自诊断、自决策、自适应，在广度和深度上的进一步提升，实现自动及协同运行。

（1）利用智能传感技术、物联网、天线雷达、AI识别技术、二维码等多维度现代电子监测感知手段，进一步加深对动车组自身状态、环境状态、运行数据等不同层次、维度的状态监测，增加了列车自感知的广度和精度。

（2）通过对大数据的融合集成、存储管理、挖掘处理，同时利用智能化技术的定制化、集成化、一体化的运用，进一步优化控制策略，实现动车组自动驾驶、故障导向健全、突发及灾害应对、车辆运营秩序调度等业务过程中自诊断、自决策的可控性与可管理性。

（3）利用工业以太网、车地数据传输、图像识别、语音识别、信息显示、大数据、移动应用、身份验证、智能环境调节、多元化信息服务、在线支付等技术，实现动车组运行过程可观测、可表达和可理解，提高系统的自适应性。

（4）利用多网融合、导航及定位、高速大容量数据传输等技术，实现车-车、车-地及车与其他交通方式的互联互通，实现自动及协同运行。

（1）在智能行车方面，首次实现时速 350 公里的人值守自动驾驶，采用 CTCS-3+ATO 技术，停车度可控在 0.5 米以内，自动速度控制功能精度在 2 公里/小时以内，减轻司机 40% 的压力，大幅度提高运行效率。列车通过车传感器、雷达、天线等设备对环境信息（地理位置、线路信息等）和车辆状态进行采集与处理，并与动车组技术融合，同时在满足安全性、稳定性和新适性的目的下进行算法预设，结合线路限速要求等进行决策判断，实现车站自动发车、区间自动运行、车站自动停车、车门自动打开、车门/站台门联动控制。

（2）在智能服务方面，主要从 3 个方面进行智能化提升：①智能环境调节，利用智能环境感知调节技术，从温度调节、灯光智能调节、人机工程学、车内噪声控制、压力波调节、变色车窗、资源配置优化等方面实现旅客视觉、听觉、觉、触觉等方面感官舒适度的提升。②智能信息推送，首次在动车组上实现电视分屏显示，实现电子地图和旅游信息、行车信息（到站、离站、途中）推送；LCD 外显，座位号提示；车-地视频、语音信息回传等业务，提高信息服务精准度及效率。③智能便民服务，通过智能点餐、Wi- 增值业务服务，为用户拓展无限乘车体验空间。

（3）在智能运维方面，整车传感器数量增加 10%，监控点多达 2718 个。综合自感知数据，结合动车组主机企业、运用部门、零部件供应商之间实现研发数据、试验数据、运维数据、检修数据、履历数据交互与共享。利用大数据技术、监测及分析技术、大容量车-地传输技术等为用户提供关键零部件的健康评估、故障状态预警预测、关键故障精确定位、检修建议策略高效推送、备品备件库存智能建议及更换提醒、列车健康状态及全面监控，提高车辆安全性和检修效率、降低维修成本，满足动车组全生命周期管理需求，实现列车服役性能由阈值管理向状态管理的提升。

其他在安全可靠、节能环保、适应性方面：

（1）在走行部增加个动、温度复合传感实现轴承、齿轮箱、牵引电机等零部件失效模式的精确判断，保证行车安全；车内采用视频组网设计，实时准确掌握车厢内旅客动态、环境状态，全面提高车内反恐、防暴能力。同时实现火灾与视频联动，进一步确保旅客行车安全。实现多监测系统集成综合处理诊断、统一存储、显示、发送，完成由单部件单车级安全监测到多系统、整车级、交互监测的提升。

（2）通过低阻力流线型车头设计及空气动力学优化减小气动阻力，能耗相应降低5%；通过轻量化设计，能耗相应降低2%，整车综合节能约7%。化工品、零部件选用环保材料，内装材料可回收率达75%，其中可降解材料占比50%以上通过优化结构、提升密封性能车内外噪声总体指标降低1-2；德铁采用灰水再利用技术，节约净水消耗，节水率超过10%，减少污染排放。以京沪高铁为例，每年可节约用水8万L。

（3）采用经长期验证的CRH380BG型动车组成熟的高寒技术，适应-40℃高寒运用环境；牵引、制动系统性能提升，适应30‰坡道起动和安全停放，满足山区环境运用需求；新增动力电池系统，在高压发生供电故障时以30公里/小时速度能够走行20公里，具备在京张高铁任何1个区间发生供电故障时应急走行至就近车站的能力。

另外，采用在"复兴号"京张高铁智能动车组成熟运用的以太网控车技术，数据传输速度提高60倍以上，大幅提升信息传输效率。以此为基础，列车应用车载安全监测系统、车载故障预测和健康管理系统，不仅能够实时监测车辆各系统状态，还可以通过构建"车—地"一体的大数据分析平台，实现列车故障预警预判、数据汇总存储和健康状态评估。这就像是带着"随车医生"，为旅客出行保驾护航。

列车监控室实现多屏合一，可同时监测多项列车数据，通过列车网络和车厢视频的联动功能，当发生烟火、超员、旅客触发紧急按钮、车门异常等报警时，可通过车厢视频联动报警快速确认和处置故障，对故障信息提前预警预判。

不仅如此，通过车形的优化设计，使得这一型号的"复兴号"智能动车组整车气动阻力较"复兴号"CR400BF动车组降低了7.9%，可节约能耗10%，进一步提升列车的绿色环保属性。智能、绿色、便捷，让旅客有了全新的体验。随着新技术、新材料的推广和应用，中国国家铁路集团有限公司严格落实国家创新驱动发展战略，紧密围绕经济发展和人民出行的需求，持续加大科技创新的力度。CR450科技创新工程已启动，将研发新一代更高速度、更加安全、更加环保、更加节能、更加智能的"复兴号"动车组新产品，实现我国高铁更高商业运营速度，持续巩固我国高铁领跑优势。

5. 中国高铁的自动驾驶技术取得了哪些成果

设备控制优于人工控制，信号系统不知疲惫，能够有效减少因司机疲劳、操作失误、突发疾病等人为因素可能导致的安全隐患，进一步提升轨道交通运营效率，提高正点率。人类对自动驾驶的向往和追求从交通工具诞生之日起便伴随而生。自动驾驶涉及车辆、信号、通信、监控等多个专业，是基于现代计算机、通信、控制和系统集成等技术实现列车运行全过程自动化的一代交通系统。司机的行为具有离散型，操作具有动态性、不确定性和复杂性，这些都是潜在的安全隐患。与计算机相比，司机的操作处理需要较长的反应时间，在遇有紧急情况时，司机往往需要综合多个因素进行判断，才能做出反应，导致错过应急处置的最佳时机；在列车实际运行过程中，外部环境多变、设备异常偶发，也对司机提出了更高的要求。轨道交通控制系统的智能化和自动化是必然趋势。高速铁路列车运行控制技术是高铁的"大脑"和"神经中枢"，是实现高铁列车准时准点发车、安全高效运营的关键核心装备。随着自动化、智能化程度的不断提高，高速铁路自动驾驶系统将更多替代司乘人员的工作，带来传统铁路信号系统安全功能边界的拓展。

中国高速铁路自动驾驶系统是在 CTCS-2/CTCS-3 级列控系统基础上发展而来，参照该标准，可将中国高速铁路自动驾驶系统分为 GOA1—GOA4 等 4 个等级。其中，GOA1 级系统仅提供连续的速度防护，由司机人工驾驶列车运行、负责开关车门和处理紧急情况，目前在中国高铁广泛使用的 CTCS-2/CTCS-3 级列控系统均属于该等级；GOA2 级系统自动驾驶列车运行，驾驶室保留司机负责检查列车安全起动条件、关闭车门和处理紧急情况，珠三角城际使用的 C2+ATO 系统和京沈客专使用的高速铁路 ATO 系统（C3+ATO 系统）均属于该等级；GOA3 级系统自动驾驶列车运行，车上取消司机但保留乘务人员，负责关闭车门和处理紧急情况；GOA4 级系统自动驾驶列车运行，车上取消司乘人员，由系统或控制中心调度人员处理紧急情况。GOA3 级和 GOA4 级高速铁路自动驾驶系统目前尚未得到应用。

中国通过自主研究实现了 CTCS 列控系统叠加 ATO 功能（GOA2 级）。2016 年 3 月 30 日，装备 CTCS2+ATO 列控系统的珠三角城际莞惠线开通运营，这是世界上第一个应用于时速 200 公里铁路上的 ATO 系统，使中国在这一领域处于国际领先水平。高速铁路 ATO 系统是在 CTCS-2/CTCS-3 级列控系统的基础上，列控车载设备设置 ATO 单元、GPRS 电台及相关配套设备实现自动驾驶控制，地面在临时限速服务器（TSRS）、调度集中

(CTC)、列控中心(TCC)等设备上增加功能,设置专用精确定位应答器实现精确定位,车载设备和地面设备之间通过 GPRS 网络通信实现站台门控制、站间数据发送和运行计划处理。高速铁路 ATO 系统主要功能包括:车站自动发车、区间自动运行、车站自动停车、车门开门防护、车门/站台门联动控制。上述自动化功能仅在自动驾驶(AM)模式下由系统自动完成,AM 模式的投入和退出、目视行车、引导接发车、调车等特殊场景下的操作仍由司机负责。珠三角莞惠城际装备的 CTCS2+ATO 列控系统是中国高速铁路走向自动驾驶的一次飞跃,实现了高速铁路的综合自动化和智能化,并实现了与国铁的互联互通。

以 2017 年 12 月莞惠城际铁路贯通等为标志,基于 CTCS2+ATO 列车运行控制系统实现最高时速 200 公里动车组的区间自动驾驶和精准停车,实现公交化运行,并与国铁实现互联互通,满足城际铁路大流量、高密度的运输组织需求,对未来的城际铁路调度指挥智能化具有重要意义。随着无人驾驶智能调度指挥技术在城际铁路的成功应用,中国铁路总公司开始研究高速铁路智能调度指挥技术,主要基于 CTCS3+ATO 列控系统,使高速铁路动车组能够根据调度计划进行站间自动停靠、定位停车启动,实现区间的自动驾驶。2018 年 6 月,中国铁路总公司启动"复兴号"高速动车组自动驾驶系统(CTCS3+ATO 列控系统)现场试验,这次试验为未来高速动车组实现在车站和线路区间自动停靠、启动、运行等自动驾驶提供了大量数据,为将于 2019 年开通的京张高铁实现 350 公里/小时高铁的自动驾驶和智能调度指挥技术支撑,也为中国高铁智能化提供了实践基础,同时也标志着中国铁路在智能高铁关键核心技术自主创新上取得重要阶段成果。

6. 中国高铁智能驾驶保障体现在哪里

(1)实验室保障。任何轨道交通信号系统正式上道前,都要经过成年累月的实验室严格仿真测试来确保绝对安全,这个过程就是根据每一条线路的情况,把所有可能存在的问题状况排除了才能上道使用,所以实验室的建设至关重要。

中国通号在北京建立了全球仿真规模最大的列控系统综合实验室,这个实验室目前积累的测试案例库超过 34000 多个(就是在以往的试验测试中,已经解决了 34000 多种复杂情况),能够同时开展 2000 公里高速铁路、1000 公里城际铁路、100 公里地铁、5 个铁路大型货运编组站的综合仿真测试。

（2）全冗余＋双套控制。自动驾驶系统相比有人驾驶系统具有更多的冗余和备用方式，比如双套控制中心、双套车辆控制系统等，在故障情况下，系统可以在冗余设备和不同方式之间无扰切换，而完全不影响信号系统对列车的安全控制。

（3）设备自检保证性能最优。自动驾驶系统每天唤醒列车后会自动进行大量的自检，这相当于将原来定期例行的体检改为每天体检，健康状况稍有不好，这辆车就不会上线运营，保证安全可靠。

7. 国际上自动驾驶分类

国际标准按照轨道交通线路自动化程度定义了4层自动化等级（GOA），自动化程度从低至高为GOA1至GOA4。

（1）不连续监督下的人工驾驶（GOA1a）：列车运行控制系统在特定的位置上监督列车速度。连续监督下的人工驾驶（GOA1b）：列车运行控制系统连续地监督列车速度。以上都是由司机控制列车的所有运行，包括启动、停车、运行速度、站台停靠、开关车门等，并由司机对列车运行中的突发情况进行处理。目前，我国绝大多数铁路都属于这一等级。（司机目测通信信号标识，驾驶列车。）

（2）有司机监控自动驾驶（GOA2）：有司机值守。等同于装有自动驾驶系统（ATO），自动化程度相比上一等级有了进一步提升，由信号系统提供安全防护，控制列车运行和站台停车，但是关门和发车指令由司机下达。这也是目前大部分地铁都采用的模式；铁路领域，装备中国通号CTCS2+ATO列控系统的珠三角莞惠城际属于该级别，在全球率先实现了时速200公里自动驾驶。在京沈试验的CTCS-3+ATO高铁自动驾驶系统也属于该级别。（司机在车上，按照列控系统指示驾驶高铁。）

（3）无司机有人监视自动驾驶（GOA3）：车上没有司机。司机被ATO等系统功能所取代，自动化程度进一步提高，仅安排乘务人员以应对突发事件，又称为DTO（Driverless Train Operation）模式。这一模式下，列车已基本具备全自动驾驶的功能，由信号系统对列车运行进行全程控制，列车的启动、停站、运行均由信号系统控制，但列车上仍需配备一名随车人员,以应对突发情况,如中国通号卡斯柯公司提供信号系统的上海地铁17号线。(司机只是随车人员,并不驾驶,只随时应对突发情况。)

（4）无人监督自动驾驶(GOA4)：车上没有人。列车上不安排任何工作人员,又称为UTO(UnattendedTrainOperation)模式。也就是我们通常所说的全自动驾驶,是目前轨道交通自动化运营的最高级别。列车的休眠、唤醒、启动、停车、车门开关、洗车、车站和列车的设备管理以及故障和突发情况的应对全部由系统自动管理,无任何人员参与。如中国通号卡斯柯公司提供信号系统的上海地铁10号线。(车上没有人,全自动驾驶。)

广义来说,GOA2至GOA4级统称为自动驾驶系统。通常,我们把GOA2级系统称为自动驾驶系统,GOA3、GOA4级系统称为无人驾驶系统。

由于自动驾驶技术对保障轨道交通安全,提高运输效率具有重要作用,所以,该技术在轨道交通领域得到了广泛应用。中国通号已在广东莞惠城际成功打造了全球首条时速200公里自动驾驶的城际铁路。列车不仅可以自动运行,而且具备车站定点停车功能,停车误差不超过35厘米。莞惠城际精准停车自动驾驶安全保障是怎样的？高速铁路运营速度快,运送乘客多,安全始终是全体铁路人和铁路科技创新的重中之重。随着科技的发展,信号系统正在向智能化、自动化方向发展,为列车提供安全、准点、高效的服务。

8. 5G发展前景如何

5G具有大宽带、大连接、低延时等优势,可实现人与物体、物与物的泛在互联,是支撑经济社会数字化、网络化、智能化转型的关键新型基础设施。

（1）新一代调度通信需求。5G网络满足超高流量密度运用,可达到数十Th/s每平方公里的流量密度,具备Gh/s级的用户体验速率,在满足传统行车调度语音通信的同时,可以提供视频通话功能。由于具备完整的优先级处理、质量保证机制和集群调度功能,可用于司机与调度用户之间的个呼、组呼、优先级呼叫等调度通信业务。

（2）网络化行车控制需求。5G网络的高带宽和超高移动性,可为高速铁路带来全新的业务支撑能力。5G可实现毫秒(ms)级端到端时延,并且支持500公里/小时以上的移动速率,能够稳定、可靠实现各类车载设备间和车地设备间的通信。如提高列车发车密度的移动闭塞技术，实现列车动态编组的虚拟重联技术，提高司机劳动效率的无人驾驶或远程驾驶技术等，打造下一代列控系统、下一代自动驾驶系统等智能铁路的行车控制系统。

（3）云化行车数据管理需求。现有的铁路无线网络数据通信能力有限，需要将大量基础数据保留在车载设备本地，车载设备数据变更的时间效率和组织效率低下，比如LKJ、CIR数据升级。而基于5G网络的车地设备，可将业务数据完全放置在网络侧，列车运行时，车载设备根据线路、车次等机车值乘数据及位置数据实时发送列车状态，地面设备实时响应并下发车载设备动作指令，通过行车数据的敏捷更新，实现调度通信中基于精确位置信息的智能呼叫、列车控制系统的数据智能换装，提升智能调度通信系统、下一代列车控制系统等行车系统运用数据的智能化维护管理水平。

（4）智能驾驶（AR）需求。AR技术用于列车行驶，有助于驾驶员的体验和安全。最有特色是增强现实平视显示器（AR HUD），依据5G承载的线路实时情况数据，可在机车挡风玻璃上实时投射前方道路路基的提示、标志和警告，可以精确、突出地显示任何感兴趣的对象（如道口状态、滑坡高危地段），并在对象附近显示文本或图形信息，以避免可能发生的行车事故。结合5G的D2D技术和MEC技术，可以提供不依赖于核心网络的高效数据传输。

（5）列车远程诊断需求。利用5G无线通信技术，将列车运行过程中的重要故障和异常信息，以及故障发生时段的相关辅助信息实时可靠传输至地面，以便对机车重要数据进行整合分析及远程支持。通过5G+虚拟现实（VR）技术，在动车组发生故障后，实现地面－车载的实时联动。通过远程指导远程操控，实现故障快速专家会诊、精准排查、应急处置、救援指导等支持，提高故障处置效率和质量。

（6）站场立体化作业需求。利用5G技术将铁路站场的大量技术装备和作业人员、客货运输服务对象联系起来，建立铁路站场一体化管理模式，升级能源管控、作业管理、辅助决策等智能化功能，实现场站管控智能化、作业无人少人化、货物追踪实时化、出行服务个性化、安全监控立体化，全面提升站场作业组织效率和安全保障水平。

（7）铁路物联网需求。5G的宽窄带一体化数据传输能力和海量接入能力，有助于打造完整的铁路物联网。将铁路各类固定、移动资产设备全面接入进行有效的状态感知和实时管理，再通过大数据技术和人工智能，全面提升铁路运输经营和运维管理效率，真正实现智能铁路的目标。铁路物联网的应用包括铁路资产管理、智能物流、智能运维和环境态势感知。利用5G的大带宽和高清视频、实时传感器等测量技术，可在任何需要的地方设置检测监测设备，实时回传测量数据。比如，各类轮轨图像检测设备、机车弓网图像检测设备，以及既有需要有线方式大带宽接入的设备，在布设困难地段可以使用5G方式进行布设。

（8）铁路应急通信需求。传统通信网络基础设施需要通过核心网络的控制转发进行通信。5G的扁平化组网架构和D2D技术，可以实现终端直通和单基站通信。当极端自然灾害等事故发生时，5G网络可以利用个人终端采用D2D技术组建自组织网络（Ad hoc），保障终端间的无线通信畅通，为救援提供保障。同时，结合VR技术和无人机，可以实现现场场景在指挥中心的远程复现，提高指挥决策效率。应急通信需要面对的复杂现场情况，需要使用现场具备的各种网络资源，因此铁路的5G业务应能够和运营商的5G网络进行漫游和互通。

9. 自动驾驶状态下，"司机"在车上主要干什么呢

在自动驾驶状态下，信号系统对列车运行进行全程控制，列车的启动、停站、运行均由信号系统控制，但一般列车上仍需配备一名随车人员，以应对突发情况。当发生信号系统之外的故障（例如动车组出现故障或者供电系统出现故障），或者遇到恶劣天气、突发地质灾害等情况下，及时向调度中心汇报。事实上就是自动控制与人工控制的双冗余、双备份，一个目的，就是为了确保安全。

10. 智能高铁发展展望

依托京张高铁、京雄城际重点工程，大力推进智能建造、智能装备、智能运营技术创新，构建了涵盖技术体系、数据体系和标准体系的智能高铁1.0体系架构，我国成为世界智能铁路发展的重要引领者。智能高铁1.0的创新实践为智能铁路建设发展积累了经验，在单项或局部领域的业务融合应用形成了良好示范作用。但是跨专业、跨领域、跨内外网

信息互通互联需持续加强，信息资源综合利用率亟待提升，新技术对业务辅助决策支撑能力需进一步提升，系统整体效能亟需全局优化。因此，有必要在智能高铁1.0创新成果基础上，进一步加大智能建造、智能装备、智能运营技术攻关，推进示范应用，构建更加科学、先进、可持续发展的智能高铁体系。

到2025年，智能高铁在安全可靠、方便快捷、经济高效、温馨舒适、节能环保等方面实现整体效能更优，取得显著成效，支撑新时代铁路高质量发展。5G、大数据、人工智能、物联网等新技术运用更充分，数据挖掘和智能应用更深化，新技术应用结合更紧密，构建更具创新性、引领性的智能高铁2.0体系架构，实现设计—建设—运维一体化的智能建造、感知与互联更全面的智能装备、综合管理与便捷服务融合的智能运营、信息高度共享的基础平台，推动自主创新成果在成渝中线的工程化示范应用，多项智能高铁技术创新处于世界领先水平。

展望2035年，实现智能高铁全面自主控制，持续领跑世界高速铁路发展。广泛应用智能建造技术，研制自修复型智能动车组，探索全自动无人驾驶，突破极端复杂情况下高铁智能容错理论与技术，构建基于量子、区块链等智能安全体系，建成基于CPS的智能高铁大脑平台，并在立体感知、自主决策、主动学习中全面发挥作用。

（1）智能高铁2.0顶层设计。围绕全生命周期与全业务融合目标，研究提出满足大系统整体效能最优的智能高铁2.0体系架构，优化完善技术体系、数据体系、标准体系。开展数字孪生、大数据智能、可解释人工智能、量子通信等前沿使能赋能技术在智能高铁领域可行应用场景分析。

（2）智能建造关键技术研发应用。基于数字孪生、模数一体化技术等，深化面向全生命周期的协同化设计、数字化制造、智能化施工、装配式建造技术应用。开展铁路工程智能勘察与多源信息融合表达技术研究，建设铁路智能选线与集成设计关键技术研究及自主平台。深化桥隧路轨道智能施工，推进智能工厂建设。探索基于数字孪生的智能建造技术，研发铁路工程全时全域全系数字孪生平台。

（3）智能装备关键技术研发应用。研制具备全面感知与泛在互联能力的智能装备，持续深化智能动车组智能监控、智能诊断、智能服务，深化高速综合检测车技术研究。深化动车组智能驾驶技术，突破列车运行控制与调度指挥一体化技术研究，优化基于5G-R的铁路多媒体调度通信系统。开展智能牵引供电系统多能源融合应用技术研究，推动简统化接触网智能升级。开展云边融合的检测装备智能化、监测检测视频智能分析和预警技术研究，推进空天地一体化在基础设施和外部环境监测的应用，探索"物联网+数字孪生"动车组状态感知关键技术。

（4）智能运营关键技术研发应用。开展面向综合立体交通网和多种交通方式深度融合的MaaS+全行程智能服务技术研究，深化基于CPS+数字孪生的增强型智能车站技术研究，推进新型站台安全立体化防护建设。开展基于智能综合调度的全过程、全要素运输资源统筹优化与服务升级技术研究，推进新一代列车运行图智能编制系统建设，升级优化智能调度集中系统。深化基于BIM的设施设备全生命周期智能运维技术研究，深化动车组PHM技术，探索动车组轮轨一体化智能运维技术。

（5）基础平台关键技术研发应用。打造铁路人工智能平台，开展平台资源调度、计算机视觉、自然语言处理、智能语音等关键技术研究，具备语音、文本、视频、图像智能识别等专业服务能力。深化"平台+应用"融合模式，完善平台数据共享服务、时空大数据智能服务，提高数据安全、内外网信息互联保障能力，提高数据开放与共享应用效率。

第七节　轮轨技术提速

1. 高铁列车运行速度的界定

速度作为交通运输现代化的重要标志之一，往往在很大程度上影响着某种运输方式或某种交通工具的兴衰。速度是衡量一个国家高速铁路技术水平的主要指标，因为运营速度是指在安全性、可靠性、经济性、包括节能环保等一系列指标下的运营速度。从这些方面讲，运营速度标志着高速铁路技术是否已经处于世界领先水平。

高速铁路运营速度包括最高运营速度、平均旅行速度、隧道内会车速度等多个概念，而每个概念都有实际意义。一般情况下，最高实验速度比最高运营速度至少要高出10%，以保证安全。高铁的速度主要包括：最高实验速度、最高运营速度和最高设计速度等。而高铁运营速度对旅客有实际意义，所以生活人们谈到的基本都是运营速度。

（1）试验速度。对于任何运输系统来说，该速度就是在特殊的计划和外界条件下，如线路、功率提升、特殊的信号和车辆装备下所得到的速度，它通常在特殊的运作方式和安全防范等措施下达到。

（2）运营速度。最高运营速度就是系统在常规设计，并在日常条件下运营的最高速度。高铁整个系统——其结构、车辆、控制、保障等，必须设计成能够在日常条件下以该速度运作，并且要经受乘客的乘坐和天气变化，并由专门人员操纵的运行速度。

（3）设计速度。设计速度又称计算行车速度，是指当气候条件良好、高速列车运行只受轨道本身条件（几何要素、轨道、附属设施等）影响时，中等驾驶技术的驾驶员能保持安全顺适行驶的最大行驶速度。

表 2.3　部分国家高铁的运营最高速度

序号	国家	时间	车辆	运营最高速度（km/h）
1	法国	2007.04.03	TGV	320
2	中国	2008.08.01	CRH	350
3	日本	1967.07.05	955型电车	320
4	德国	1999.10.03	ICE	300

目前，在多个国家每天运营的成百上千列车中，它们的最高运营速度在 250~350 公里/小时之间，法国 TGV 最近创造了以平均速度 317 公里/小时运行 1000 公里的纪录。而日本、法国、德国、中国等高铁速度的对比分析，如图 3.54 所示。

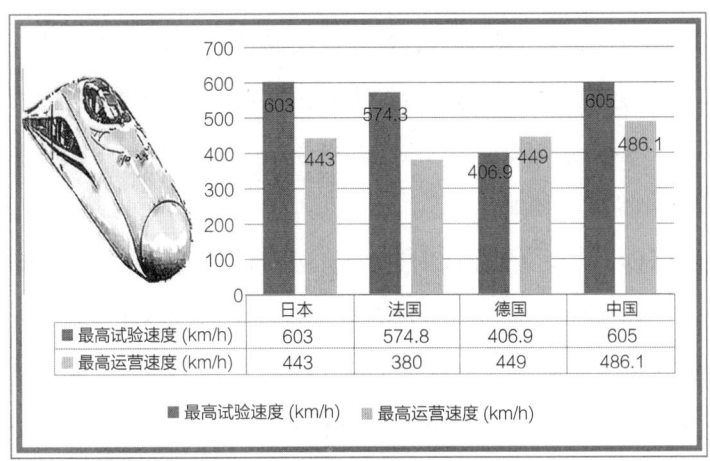

图 3.54　各类速度速对比

高铁改变了中国，中国高铁改变了世界。无论平时还是假期，高铁承担起越来越重要的运输职能。一方面，从时间上看，高铁使出行时间大幅缩短，舒适度大为提高；另一方面，从空间上看，高铁使"同城效应"、"一小时经济圈"、"半小时都市圈"形成，人流、物流周转加快，带动了沿线经济转型和社会进步。

（1）最高运营时速486.1公里/小时。2010年12月3日，在京沪高铁枣庄至蚌埠间的先导段联调联试和综合试验中，由中国南车集团研制的"和谐号"380A新一代高速动车组在上午11时28分最高时速达到486.1公里/小时。这是2010年9月28日沪杭高铁试运行创下时速416.6公里/小时之后，中国高铁再次刷新世界铁路运营试验最高速。

（2）最高轮轨试验时速605公里。2014年1月8日，中国南车制造的CIT500型的试验速度达到了605公里/小时，打破了法国高速列车TGV在2007年4月3日创造的574.8公里/小时的世界纪录，为世界高速列车最大试验速度。

2. 如何认识高铁提速

对于提速与否，以及如何提速，中国高铁需要提速，但要适度合理。要实现一个"最佳和经济的速度"，这样既能尽量减小设备和线路损耗，又能最大程度发挥高铁运行带来的综合效益。高铁提不提速应该取决于铁路自己，取决于自己的技术支持、安全可靠度、运行成本等，恰恰并不取决于外界的压力。目前，高铁提速到时速350公里，无论从技术上，还是从装备管理上都没有问题，但高铁运行速度需要考虑多个因素。若要提速，高铁运行速度到底达到多少，要考虑我国的实际情况。如今，我国有京沪、京津、京张、成渝高铁速度为350公里/小时。

京津城际铁路是中国第一条设计时速350公里的高速铁路，2008年8月1日开通以来，旅客运量快速增长，已经成为展示我国高铁发展成就和运营品质的一张靓丽名片。据统计，2018年上半年京津城际日均运送旅客8.2万人次。通信信号列控系统是高速铁路的"大脑"和"中枢神经"，是保障高铁安全运营的核心关键技术。2018年3月以来，根据中国铁路总公司的统一部署，中国通号与中国铁路北京局集团公司密切协同、周密组织、精心实施，历经 3 个半月的日夜艰苦奋战，高质量、高效率完成京津城际列控系统升级改造设计施工建设任务。京津城际列控系统技术升级实现了全路高铁列控系统技术标准的统一和自主可控，标志着我国已将高铁列控系统关键核心技术牢牢掌握在自己手中。京津城际列控系统技术升级改造的顺利实施为今后我国高铁技术改造积累了宝贵的组织和技术经验，成为中国高铁又一核心竞争力的体现。通过技术升级，京津城际列控系统实现功能提升，能够与京沪、津秦等高铁的互联互通，大大降低了运营维护成本。

2018 年 8 月 1 日，"复兴号"在京津城际铁路线上恢复 350 公里时速运营，运行时间缩短至 30 分钟，但京津城际提速后票价仍维持不变，二等座或无座仍为 54.5 元、一等座仍为 88 元、商务座仍为 174 元。针对京津城际铁路不同时期客流特点，科学合理调整列车开行方案，安排了高峰日、周一、周二至周四、周五、周六、周日等六张运行图，努力实现运力投放与客流需求合理匹配，满足日常、周末、小长假、春暑运等不同时期的出行需求。目前，京津城际列车最小间隔时间为 5 分钟，全局高峰期最多开行列车 136 对，每趟车定员 586 人，高峰期总运力同比多了 6200 多人，全天平均上座率为 60%。

2020 年 12 月 24 日，经过技术改造，成渝高铁达标提速提质，多项具有完全自主知识产权的铁路科技创新成果投入应用，成渝间实现高铁公交化运营 1 小时直达，沿线旅客出行更加方便快捷，将为成渝地区双城经济圈建设提供有力的交通运输保障。成渝地区是西部人口最稠密、产业最集中、城镇最密集的区域，城市群人口和经济总量分别约占川渝两地总和的 90%，是全国经济的"重要增长极"。成渝地区双城经济圈城际铁路网的主骨架，线路全长 299.8 公里。2015 年 12 月建成以来，成渝高铁按时速 300 公里运营，客流呈现快速增长趋势，2019 年发送旅客 3185 万人次，较 2016 年增加 1507 万人次、增长 89.8%。成渝高铁安排开行动车 87.5 对，优化运输组织，加密列车开行频次，成渝间平均每 20 分钟一趟；优化旅客候乘、乘车流程和接驳换乘服务，推行验证、检票合一，实现高铁、地铁、航空多种交通方式融合；对客服设施设备进行提档升级，改善站车环境，试点"静音车厢"，改进重点旅客、商务座旅客服务，进一步提升服务品质；运营服务将实现产品公交化、购票公交化、乘车公交化、服务公交化。

3. 京沪高铁"复兴号"动车组 350 公里／小时运营安全保障体系的构建

为进一步发挥京沪高铁运输潜能、提升京沪高铁运营服务品质，从 2017 年 9 月 21 日起，"复兴号"动车组列车在京沪高铁率先实现 350 公里／小时运营，将京沪之间全程运行时间将从 5 个小时压缩到 4 个半小时左右。同时，在列车运行图编制上采取"复兴号"动车组列车优先的原则，为民众出行提供了更加舒适快捷的旅行体验，也展示"复兴号"动车组列车的品质与性能，我国也因此成为世界上高速铁路商业运营速度最高的国家。2021 年 6 月 25 日，京沪高铁 350 公里／小时动车组列车已经达到 30 对。

高铁运营安全保障的体系的基本要求包括：监控和检测技术的应用需要实现精细化，包括维持轨道的高平顺性、高稳定性和关键设备的运用状态实时自诊断等；增强对自然灾害的预防；外部环境的检测需要采取必要措施；需要运用使用大数据等数据分析手段，构建数字化、信息化、互动化、可视化、智能化的新一代铁路运输系统；作业人员的违章违纪防控；管理和控制相结合；强化安全分析与评价，找出安全管理的薄弱环节，加以整改，持续改进；预警、预报和应急处置需求一体化；加强日常应急处置和重大事故的应急救援组织等。考虑到京沪高铁"复兴号"动车组列车 350 公里／小时运营具有特殊性，需要在一般高铁运营安全保障体系的基础上，围绕 350 公里／小时动车组列车安全运营特征，需进一步强化，主要体现在：

（1）设备达标准备

① 基于"复兴号"动车组新的车体构造、更高的运行速度、不同的运行条件需求，组织对既有的线路、信号、通信、接触网等设备实施全面达标改造，确保按 350 公里／小时运营后质量优良、状态稳定。如针对"复兴号"动车组重心更高、轨道平顺性影响列车运行稳定性、列车高速运行产生的空气负压更大、无砟轨道板胀板等引起轨道状态不平顺、高铁外部环境对高铁运行安全的影响等安全风险进行研判，并有针对性安排整治。

② 在对线路、牵引供电、动车组、联锁及列控、轨旁设备等加强检测监控和维护的基础上，研究设备变化规律，完善和统一设备设施修程修制。设备检修方式带来了运营管理的上创新，需要结合检修方式的变化，进行检修管理方式的变革，不断优化维修组织模式。从维修计划编制入手，周密安排，提高效率，力求天窗综合利用最大化，并将其作为运营

保障体系的一部分。

③ 设置智能化感知系统，对动车组走行部状态、制动系统状态等进行全方位实时监测，多维度故障诊断，为设备维修提供支持。当车辆出现异常时，可实现自动预警或报警，并能根据"导向安全"的策略自动采取停车或限速等措施。

④ 通过强化设备状态的实时掌控，特别是对 CTC、防灾系统、视频监控系统等的运行重点盯控，强化故障信息的处置和反馈，包括现场动车组、行车设备等故障信息的处置和反馈，第一时间强调应急处置，组织相关部门处置协同动作，尽快排除故障或将故障影响降低到最小程度。

（2）作业人员保障

京沪高铁现场作业人员主要包括动车组司机、列车调度员、应急值守人员（车站值班员）、随车机械师、设备检修维护人员以及列车服务人员等，每个岗位都制定相应的准入高标准，作业人员均需要通过选拔，由业务能力、综合素质、作业技能等方面表现突出的作业人员担当，并严格落实持证上岗和月考、抽考等考核制度，确保在岗作业人员100%具备相应岗位资格。考虑到京沪高铁350公里/小时运营后，弓网接触状态、轮轨接触状态变化较大，京沪高铁现场作业人员的综合业务素质和应急处置能力就显得尤为重要。各专业都有针对性开展培训，主要内容包括熟悉掌握提速后相关规章制度、作业标准的修订及设备环境的变化情况等内容进行培训。

（3）管理保障

① 规章制度保障。一是梳理涉及京沪高速铁路技术规章及管理制度。结合"复兴号"动车组350公里/小时运行等情况，各专业部门从作业流程、质量控制等方面，组织修订上海局集团公司《高速铁路行车组织细则》和《岗位作业指导书》如，机务系统从作业流程、质量控制等方面，对列车操纵示意图、提示卡等现场人员作业标准进一步补充修订完善。

② 安全风险防控和隐患排查治理。按照安全风险"动态研判、责任认领、周期评价、预警干预"运作流程规范，对影响"复兴号"动车组运营安全的风险进行重点研判分析，纳入安全风险库，并分级分类制定预防控制措施，对照部门、岗位职责逐级认领和落实。如，制定上海虹桥站行车岗位主要安全风险控制表，主要涉及动车组列车大面积列车晚点，按规定做好应急处置、动车组列车临时变更进路、多方向接发列车等安全风险项点，还制定相应的预防控制和应急措施。围绕作业人员防控、设备质量、现场作业、外部环境等安全

管理重点风险，逐项明确责任、治理要求和完成时限，分级、分类纳入安全隐患库，细化制定治理方案，限期完成整治。

③ 安全监督检查。根据"专业负责、分工负责"的原则，建立干部现场检查量化、安全包保、跟班写实、履职督查等制度机制。专业部门、站段按月公布京沪高铁安全监督检查计划，突出重点安全风险和关键控制措施落实，把检查评价及抽查验证责任落实到人；各级安全管理人员细化编制个人月度安全检查计划，围绕认领安全风险，通过对现场作业全过程的检查写实，发现和解决安全问题。

（4）应急管理体系保障

① 完善京沪高速铁路应急预案和应急手册。按照"一事一预案"的原则，以信息化、可视化、智能化、流程化、集成化和决策化等方式补充相关场景下的处置流程、作业程序及安全卡控重点，对高速铁路事故、突发事件、防洪防汛、非正常行车、扫雪除冰等项目的应急预案进行修订完善，并不断优化，保证作业人员可操作性。同时，全面研判"复兴号"动车组在京沪高铁运行途中可能发生的各类非正常情况，编制"复兴号"动车组应急故障处理手册，细化 35 项常见应急操作流程和 52 类故障处置方法，并明确应急指挥和现场处置人员职责和操作内容。在编制过程中，逐项审核、模拟验证、动态完善，确保手册管用有效、便于操作。还将"复兴号"动车组故障应急处置办法转化为演练内容，结合不同专业特点，定期设置故障场景开展故障处置应急演练，京沪高铁列车调度员人人每月手工画图一次，强化手工作业能力，并全面参与上海局集团公司的相关演练，提高协同实战技能。

② 完善应急响应机制。在京沪高铁沿线的上海虹桥、南京南、徐州东等重点车站设置应急响应点均安排厂家技术骨干 24 小时驻守，确保动车组突发故障后能够快速有效处置。对"复兴号"动车组出现的问题，按照"上升一级"管理方式，安排管理干部和技术人员对列车放行条件、调度命令发布、CTC 按钮操作和现场登销记等内容进行重点盯控把关。

京沪高铁"复兴号"动车组按 350 公里／小时运营以来，杜绝了责任行车事故，没有发生严重影响运输秩序的设备故障，向世界充分展示我国高速铁路的技术先进性和安全运营管理能力，并形成一套较为完整的中国高铁动车组维护技术和京沪高铁运营管理模式，安全保障处于世界领先水平，也推动了中国高速铁路标准体系建设。

4. 轮轨技术的极限在哪里

轮轨技术是铁路的基本问题，也是高速铁路的核心技术之一。轮轨技术研究既与应用技术相关，也涉及基础理论问题，是保障高速铁路安全、高效运营和技术创新的重要支撑。高速铁路轮轨技术在法、德、日、意、英等国家都有成熟应用。相比之下，虽然采用轮轨技术，在安全、舒适、技术经济、成本等几个关键上的性价比要比磁浮高，但采用轮轨技术的高速铁路列车的速度不能无限提高，其局限主要体现在以下几个方面：

（1）受轮轨之间的黏着力限制。传统的轮轨黏附式铁路是利用车轮与钢轨之间的附着力推动列车运行的，黏着系数随着速度的增加而减少，与此同时，列车的空气阻力却随着速度的平方而增加，当列车速度达到一定值时，黏着牵引与运行阻力相等，列车便不可能再加速了。而且，当列车运行速度超过附着曲线和运行阻力的交点时，其速度就很难再得到提高。

（2）受电弓受流的限制。电力机车从接触网受电时，当接触导线的波动传播速度小于或接近列车的运行速度时，受电弓的离线率就会迅速增加，产生电弧而损害受电弓。提高列车速度就要提高接触导线的波动传播速度，其主要方法是增大导线的张力和使用质量轻的接触导线，但这都是有限的，目前技术和材料只能保证受流速度在 500 公里/小时左右。

（3）受转向架、牵引和制动系统、运行噪声以及振动等技术和环保限制。例如，现代高速列车都是采用电力作为驱动，需要通过受电弓将电传输到列车上，列车与供电系统的联系是通过受电弓上的电刷在接触网上滑动来实现的，高速滑动摩擦很容易产生电火花，从而也限制了列车速度的进一步提高。再如，当列车运行速度比较低（100 公里/小时）时，空气阻力可忽略不计，但当列车的平均速度提高到 300 公里/小时以上时，空气阻力就占据了列车阻力的 90% 以上，列车所需的功率是运行速度 100 公里/小时之时输出功率的 15 倍以上，并且空气阻力与速度的平方成正比关系，而列车的功率与速度成 3 次方的正比关系，因此必须发展功率大、自重轻、体积小、可靠性高和成本低的牵引电机。所以，要继续突破高速铁路速度，就要考虑摆脱车轮、钢轨和接触网，而让列车"飞"起来。

（4）动车组技术难题。例如，动车组高速运行的稳定性问题，必须解决动组车因运行振动引发的失稳危险；解决动车组高速运行时的平稳性和动车组脱轨的安全性问题；解决动车组运行噪声的控制与消除问题。另外，就是要研究高速列车的空气动力学，以期研发出速度更快、性能更加优异可靠的动车组。下一代高速动车组的发展方向包括新材料、智能化、高安全、高效能、绿色节能、环境友好、低成本等特点，并采用碳纤维复合材料、高速轴承、碳化硅、表面减阻涂层等材料，以及列车自动驾驶技术、智能化旅客服务、智能运维技术等智能化技术，在安全方面还采用车—车互联、故障检测与健康管理、主动安全、被动安全等技术。同时，需采用高效能牵引传动技术、永磁同步传动系统、车载动力电池及超级电容混合储能、能量储存及回收利用系统，可回收材料和设施、线路自适应、车体一体化转向系统等技术。

5. 为冲击更高速度，高铁时速能否提升至 400 公里

轮轨高铁要想实现时速 400 公里运营，需要考虑四项技术：线路、动车组、列控系统、牵引供电，即线路要稳、动车要快、列控要准（控制速度准确）、供电要足；同时，还需要考虑四项指标—安全性、舒适性、智能化、绿色化。2016 年 11 月，我国国家重点研发计划"先进轨道交通"重点专项"时速 400 公里及以上高速客运装备关键技术"项目正式启动，项目包括研制时速 400 公里速度等级动车组以及研究复杂耦合条件下轮轨、弓网、流固耦合关系及列车动态行为等，研究超高速动车组降低运行阻力、智能驾驶、轻量化技术等，研究跨国互联互通的适应性、可变轨距转向架、多制式牵引系统等。

2021 年国铁集团开始组织实施"复兴号""CR450 科技创新工程"，研发更安全、更环保、更节能、更智能的"复兴号"新产品，为适应未来 5G 环境运营做准备。CR450 持续时速为 400 公里。"复兴号"动车组系列研制一直在持续。组织实施研发 CR450，将推进关键技术指标论证和顶层指标体系编制，开展系统集成、轮轴驱动、制动控制、减震降噪等核心技术攻关。

6. 400 公里/小时是否是高铁轮轨技术天花板

1952 年建成通车的成渝铁路，让成都和重庆有了铁路通道，这是新中国第一条铁路；

2006年建成通车的遂渝铁路（成遂渝铁路通道的组成部分），是国内第一条具有自主知识产权的无砟轨道铁路；2015年建成通车的成渝高铁，2020年经改造，时速由300公里提升为350公里，开国内高铁提速改造先河。

成渝中线高铁是沿江高铁通道重要组成部分。2021年9月26日，成渝中线高铁建设启动活动在重庆、成都两地同时举行，宣告直连成渝"双核"的第四条铁路大通道建设全面启动。成渝中线高铁建成后，将成为我国建设标准最高、运行速度最快的高等级高速铁路，将进一步完善西南地区路网结构，缩短两地时空距离，极大便利沿线群众出行，强化重庆、成都两大中心城市的辐射带动作用，对于服务支撑成渝地区双城经济圈建设、促进区域经济社会发展和加快构建新发展格局。成渝中线高铁全长约292公里，是成渝地区双城经济圈东出方向的高速客运通道。项目线路自成都站向东引出，经资阳引入重庆北站，全长约292公里，主要技术标准为时速350公里的客运专线，并预留提速400公里/小时条件，新建车站7座。项目主要建设内容为新建沪渝蓉高铁重庆至成都段线路起自重庆市江北区，终至四川省成都市金牛区，如图3.55所示。

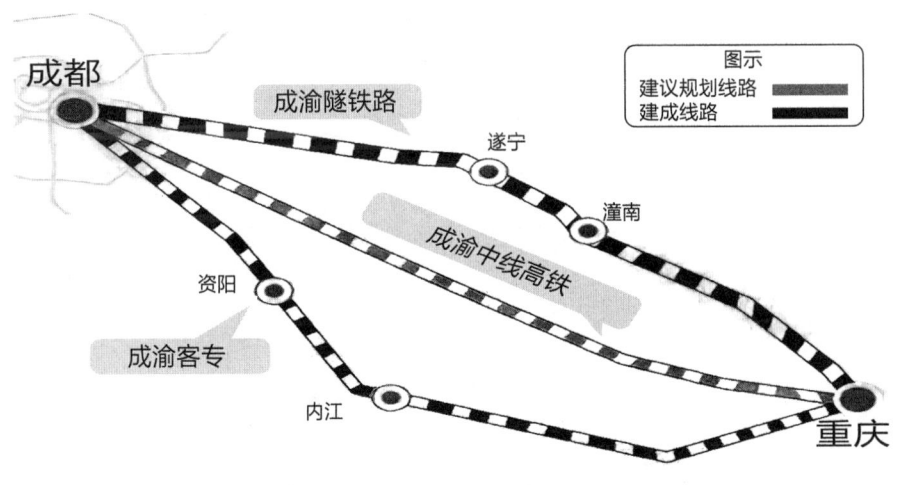

图3.55 成渝中线示意图

高铁的速度和最小平面曲线半径有关。国家发改委批复的成渝中线高铁可行性研究报告提到，大足石刻至简州段可根据试验需要进一步研究确定曲线半径，引入枢纽地段采用与行车速度相适应的标准。在很多人看来，这为成渝中线高铁达到更高运营时速留下了空间。

对一条全长不到300公里的高铁来说，运营时速从350公里提升到400公里，蕴藏着创新的基因。成渝中线高铁项目从前期工作启动以来，就以"加速度"在推进，组织地质调绘8000平方公里，开展全线勘察设计，精心编制可行性研究报告。根据国家发改委批复，成渝中线高铁自重庆枢纽重庆北站向西引出，经重庆科学城、铜梁区、大足区进入四川省境内，经安岳县、乐至县、简州新城引入成都枢纽成都站，正线全长292公里，设计时速350公里，桥隧占比85%，全线设8座车站，其中新建车站6座，项目总投资693亿元，建设总工期5年。在成渝地区这个创新的"试验场"，能否诞生国内首条运营时速400公里的高铁？我们将拭目以待。

第4章

高速列车为什么能安全、正点地运行

第一节　基本常识

1. 为什么叫铁路？火车的离心力？列车为何是左侧行车

从世界上第一条铁路正式运到现在，已经有160多年历史了。你想知道铁路这一叫法的由来吗？这要从铁路的故乡。这要从英国谈起。十六世纪，英国开始兴起了采矿业，当时主要是开采煤炭和铁矿石那时英国人为了将煤炭和铁矿石从开采区运到港口，铺了两根平行的木材作为轨道，这是最原始的轨道，当时还没有动力机械，牵引车辆靠牛马开始逐步将木轨换成铁轨，铁轨有两种：一种是角铁形的板轨制造简单，马车在上面行驶也很方便，角铁的一个边作为导向用，以防车轮脱轨；另一种是将板轨上的导缘去掉，而在车轮上加轮缘，后来又发展成带鱼腹形的铁轨它比板轨强度高接近于现代钢轨形状因为现在的钢轨是从铁轨改进而来的，所以世界各国都习惯把它叫做"铁路"。

1823年，英国人斯蒂芬孙制造了第一辆"布鲁克"号机车在他家门口煤矿的轨道上行驶，最早的蒸汽机烟囱直往外喷火，就给它起名叫做"火车"，而蒸汽机车就被称为"火车头"，这两个名字一直沿用到今天，还有火车站也一直使用。

为什么接触网只有一根供电导线？

在我国电气化铁道两旁，支柱林立，上面悬挂着接触网的供电导只有一根，但是城市无轨电车的接触网却是两根线，这是怎么回事？

首先浅谈一下电流的性质。水流是水分子在河流、沟或水管里流动时、有来源和去路，形成水流。电流则是电子在金属导线里流动，来源自发电厂的发电机，回路是流到地里或流回电厂。

我们日常生活用电的输电回路由两根电线构成，一根是火线，一根是"零"线。电流由火线流经用电器，再经"零"线返回电厂。无轨电车的顶上装有两根"辫子"叫聚电杆，目的是让电流从一根辫子流进来带动电机，然后再从一个辫子里流回电厂里去。

电气化铁道也是通过"火线"与"零线"给电力机车供电的。只不过它们一根在空中，一根在地面，前者就是接触网，后者则是钢轨。电力机车由顶部受电从接触网获取电能，传给驱动电机，再由钢制车轮传至钢轨，经大地流回供电网络。这样就可以省掉一根导线了。

那么，既然钢轨也是导线，我们跨越线路迈过钢轨时为什么不会触电呢？这是因为接触网上的电压经电力机车回到钢轨时，基本上已变成与大地等电位了。人站在地面，与钢轨、大地处于同一电位。一般来说，人体并无触电感觉，就像我们触摸生活用电的零线不会触电一样的道理。

火车在转弯时会产生一种向外的离心力，这不仅会增加阻力，还会造成车轮的不必要磨损。为解决这个问题，人们在拐弯处使内侧铁轨低于外侧铁轨，这样，火车重力产生的向内的外力正好与离心力相抵消，这个道理就如同我们骑自行车一样，拐弯时，车身总要向里倾斜一点。

其实火车左行还是右行，说到底还是一个习惯问题。我国早期的铁路许多都是英国修建的。金达是首批来中国开平矿务局工作的英国籍工程师之一。按照英国的形式设置信号系统，英国的铁路是左行的，我们的铁路当然也就是左行的了。1909年，詹天佑的自主建设的京张铁路采用了英国的模式，后统一标准，中华人民共和国建国初期财力有限，所以火车左行的习惯就保留了下来，以后新建的线路为了省事、省力也就沿袭了下来。

为什么国际标准轨距是1435毫米？回顾历史，1825年，世界上第一条营业铁路——英国的斯托克顿——达灵顿铁路通车，采用145毫米轨距。1846年，英国国会把这个轨距确定为标准轨距，禁止在新建铁路线用其他轨距。当时的英国是资本主义强国因此也把这个标准推行到英国的殖民地和势力范围。例如，主持修筑中国第一条铁路——唐胥铁路的工程师是英国人克劳德威金达，他就主张采用1435毫米轨距。现实情况看，全世界采用1435毫米轨距国家占多数，所以把1435毫米定为国际标准轨距。

2. 高速铁路运输组织有哪些模式

铁路运输组织模式顾名思义就是组织列车运行的方式，目前，世界上有三种高速铁路运输组织模式。

（1）"全高速—换乘"模式。日本新干线全部运行高速动车组列车，而且新干线上没有跨线运行的其他列车。由于日本1/3的人口集中在东京附近，所以不开行跨东京的列车。因此，跨线出行的旅客只能采取换乘方式。该模式的主要优点是：列车运行速度高，追踪间隔时间短，运输能力大；列车无越行，行车组织简单、管理方便。其主要缺点是：无跨线运行的列车，运输能力不能充分利用；跨线客流需要换乘，延长了旅行时间，部分旅客可能选择其他交通方式。

（2）"全高速—下线运行"模式。法国的高速铁路以巴黎为中心向四周辐射，能通6个方向的不同地区和城市（包括比利时、荷兰、德国、瑞士、意大利等国家的城市），并与既有线相连接。TGV列车高速线上运行一段或全段后，可以驶入既有线以160公里/小时速度继续运行至终点。几乎所有TGV列车都会下线运行，这使许多没有高速铁路线路的城市也能通达高速列车。该模式需要较多的高速动车组车底，而且要求高速线与既有线兼容，这会增加运营成本。

（3）"客货混运"模式。德国的高速铁路，特别强调扩大运输能力，改善运输质量，消除运输瓶颈。德国高速铁路由两部分组成，一是经改造的既有线，将列车最高运行速度提至200公里/小时；二是新建高速线，多数新建高速线为客货混用，只有科隆至法兰克福的高速线才是客运专线。在"客货运"模式下，高速线上既要运行速度250-300公里/小时的ICE和C系列列车，又要运行速度80-120公里/小时的货物列车，行车密度大。尽管旅客可以在路网枢站站台直接换乘条件很好，但是仍有大量高速列车下线至既有线运行。瑞典和英国基本上不新建高速线，只对既有繁忙干线进行局部改造，利用摆式动车组将旅客列车速度提高至200公里/小时。其运输组织模式与德国"客货混运"模式相似。组织不同速度客货列车共线运行的模式，适用于既有线改造而成的高速线。其主要优点是改建比新建工程投资少，线路通过能力利用率高。其主要缺点是客货列车速差大，列车越行次数多，旅行时间长，通过能力扣除多，行车组织复杂，工作难度较大。

我同高速铁路运输组织模式。按速度等级和运输组模式不同，可划分为4种类型。一是300公里/小时及以上客运专线，不同速度的高速动车列车共线运行；二是200-250公里/小时客运专线，高速动车组列车与普速旅客线运行；三是200-250公里/小时客货共线（混跑），高速动车组列车、速旅客列车与货物列车共线运行；四是城际动车组客运专线，大部分城际高速线路仅运行速度相同的城际动组。由此可见，我国新建不同速度等级的高速铁路，运输组织模式虽然有所不同，但是前3种都属于"不同速度列车共线运行"模式。

3. 高铁是动车吗？动车是高铁吗？高铁和动车有什么区别

这个问题常常被大家提起，今天高铁网小编就给大家系统地总结一下动车和高铁的区别，看看高铁和动车到底有什么差别。高铁的全称是"高速铁路"，指的是路，或"路+车"这一系统整体。动车的全称是"动车组列车"，指的是车。D字头列车，全称是"动车组旅客列车"，可简称"动车"。G字头列车，全称是"高速动车组旅客列车"，简称"高铁"是错误的，正确的简称应是"高速动车"或"高车"高铁和动车区别？

高铁（high-speed rail）主要指最高运营速度大于（200，250，300 因标准不同而不同）的铁路，主要是铁路的速度属性。动车组（Multiple Units，MU）字面意思指的是动力分散或动力集中的若干车辆的组合。在我国国内运营的 8 车动车组主要是 6 动 2 拖和 4 动 4 拖 2 种。动车组主要是铁路上机车车辆的范畴。两者的关系是：由于速度的需要，中国高铁几乎全部开行各种型号的动车组，但动车组不一定运行在高铁上。

高铁与动车的区别：在我国目前高速及城际铁路客运体系中，动车（D字头列车）与高铁（G字头列车）主要区别是动车（D字头列车）主要开行在既有提速线路或城际铁路上，而在高速铁路干线上运行的动车（D字头列车）比高铁（G字头列车）最高运行速度较慢或停站更多。其实高铁和动车，这两个完全不是一个层面的定义。高铁指的是高速铁路，是从速度的角度描述的铁路系统类型；而动车指的是车厢有动力列车，除车头外每节车厢都可以（注意是可以不是必须）有动力；但这两个词在国内的铁路上被重新定义了，实际上国内的高铁上用的车自身也是动车，被称为动车也没错。

在国际标准中，时速超过200公里的、在建时速可达250公里的铁路，就是高速铁路；动车的定义是指多节车厢有动力装置，这些车厢组成的列车，称为动车（组）。而中国的定义稍有不同，动车是指时速在200-300公里之间的列车，车次以D开头（"动"字拼音首字母）；高铁是指时速超过300公里的列车，车次以G开头（"高"字拼音首字母）。目前在中国的高速铁路上运营的列车都是动车组，一组有8节车厢，一列火车有一或两组动车（即一列火车只能由8或16节车厢组成），而一组动车组，其中可以是6动2拖，就是6节车厢有动力，另外2节没有；也可以是4动4拖，4节有动力，另外四节没有；也可以是8节全有动力。对于长组列车（16节车厢的那种），就是以上的配置方案乘以二。日本的高速铁路上运营的都是动车组，和中国一样；但是在欧洲，尤其是德国与法国，他们的高速铁路上还有传统形式的火车，德国 ICE 和法国 TGV 都有由车头牵引无动力车厢、但是时速超过 200 公里的列车，所以高速铁路上跑的不一定都是动车组。所以，在国际标准中，高铁指的是铁路，而动车是一种火车形式。在我们中国的定义中，高铁和动车是既包括火车，也包括铁路的铁路系统，差别就在于时速不同。

　　高速铁路泛指运行速度大于 200 公里的铁路运输种类，大多数指的是客运。动车组是一种带动力的列车（简称动车）和不带动力的车辆（拖车）组成的、在正常使用寿命周期内始终以固定编组运行、不能随意更改编组的一组列车。动车组按动力类型分为：内燃动车组和电力动车组。动车组按动力配置又可分为：动力集中式和动力分布式。那么，动车是高铁吗？高铁用的是动车组高铁本身使用的就是动车组，高铁上运行的 D 开头车次为动车，G 开头车次为高铁动车组列车。车次的表示方法为 DX（X 为一位或两位或三位或四位数字）次，铁路系统标准读法为"动车 X 次"，D 是汉字"动"的汉语拼音第一个字母。动车组是几节自带动力的车辆加几节不带动力的车辆而编成一组列车，其中带动力的车辆叫动车，不带动力的车辆叫拖车。车次的表示方法为 GXXXX（XXXX 为四位数字）次，铁路系统标准读法为"高 XXXX 次"，G 是汉字"高"的汉语拼音第一个字母。

4. 高铁车次数字编号规则介绍

　　要想解决这个疑问，必须先了解我国的火车车次编排规则：我国火车车次的编制和上行下行有关。铁路规定进京方向或是从支线到干线被称为上行，反之离京方向或是从干线到支线被称为下行。上行的列车车次为偶数（双数），下行的列车车次为奇数（单数）。在铁路调度中，调度员能一看车次就知道行驶方向，十分方便。有的车在运行途中会因为线路上下行的改变而改变车次。记住这个规律还可以防止坐错车。

　　当你乘坐列车，在某个车站停车下车透气时，你一抬头猛然发现电子显示屏里的车次和你所购车票的车次不一致了。例如，G7574 变成 G7571？难道这些车开着开着变了"心"？

　　同一列火车途中，车次变化的主要原因是在绝大多数情况下，列车上下行方向发生了变化，车次就会随之变更。

何为上下行？铁路部门是这样规定的，离北京越来越近的列车，就是上行列车，车次为双数。反之，离北京越来越远，向外散开的列车就是下行列车，车次为单数。如果线路不连接北京，那么就以支线往干线运行为上行，反之为下行（特殊规定除外）。只要熟悉列车运行的线路和方向，就能够理解，车次在运行途中的变化了，同一趟列车为什么会有不同的车次？

我国高铁每天开行的列车数以千计，为了区别不同方向、不同种类、不同区段和不同时刻的列车，就需要为每列车编排一个标识码，即列车车次。车次用阿拉伯数字表示，客车车次前还需要加上列车种类汉语拼音首字母。但遵循的规则是：

（1）以北京为中心，靠近北京方向的车次号为偶数，远离北京方向为奇数，如果出现靠近北京方向与远离北京方向交替，则需要变换车次。例如：G422 南宁东—北京西（靠近北京运行）；G421 北京西—南宁东（远离北京运行）。

（2）G、D、Z、T、K 字头列车，编号 1-4999 为跨铁路局集团公司车次，其中 1-3999 为图定车次，4000-4999 为临时车次；编号 5000-9999 为铁路局集团公司管内车次，其中 5000-8999 为图定车次，9000-9999 为临时车次。

（3）C、Y、L、S 字头列车以及纯数字列车无特定编号规律，由各铁路局集团公司按实际情况定。以 C 字头列车为例，其他同理：C3854/1（南京—上海）为上海局管内图定车次，但它用的编号是跨路局的。C5971（成都东—贵阳北）为成都局管内图定车次。

（4）CR200J 型动车组车次一般为：跨铁路局集团公司 D7xx、D8xx，路局管内 D54xx、C57xx、C85xx、C86xx。例如：D710（上海—北京南）依次跨越上海、济南、北京 3 个路局。

D806（兰州—贵阳北）依次跨越兰州、成都 2 个路局。D5483（上海南—开化）为上海局管内。C5791（重庆北—成都东）为成都局管内。C85xx、C86xx "兰州（西）与中川机场" 为兰州局管内。

（5）一般来说，车次编号小的行程时间比车次编号大的行程时间显著短，但这并非绝对的，也有例外。例如：北京与上海间的车次号≤20 的 G 字头列车比车次号为三位数的 G 字头列车行程时间要短 1 小时（及以上）。北京与南宁间的两对车次 G421/2（南宁东与北京西）、G529/30（北海与北京西），G529/30（南宁与北京区段）的行程时间比 G421/2 的行程时间短将近 2 个小时。在列车等级相同的前提下，造成这种现象出现的原因主要有以下两个：要么是运行的路线不同而起终点站一样，要么就是运行时间显著短的车次是标杆列车。

（6）对于各铁路局集团公司所分配到的号段，不同的铁路线其号段就不同，这没有统一标准，由国铁集团以及各路局分配。

值得注意的是：为什么把"0"读成"洞"，"7"读成"拐"？实际不只是这两个数字，多数地方的铁路工作者为了避免混淆或者听不清，会把"1234567890"读成"幺、两、三、四（刀）、五、六、拐、八、九（勾）、洞"。因为据研究发现，在汉语韵母中"i"的频率最低，清晰度最差，跟"a"比，"i"的功率只是"a"的一半，差了至少3分贝。火车噪声大，对讲机通话如果发"i"对方可能听不清楚。于是全面替换"i"音，因汉语里"幺"指小的意思，所以把"1"读作"幺"。"7、0"则根据其形状重新认读作"拐、洞"。其中最值得注意的是"7"，由于其声母"q"发音极不分明，改用"拐"，辅音"g"的爆发声带来了宝贵的清晰度。

第二节 安全保障

1. 安全本质化含义

本质安全是人类在生产、生活实践的发展过程中，对事故由被动接受到积极事先预防，以实现从源头杜绝事故和人类自身安全保护需要，在安全的认识上取得的一大进步。从狭义的角度，本质安全是通过设计手段使生产过程和产品性能本身具有防止危险发生的功能，即使在误操作的情况下也不会发生事故。从广义的角度，本质安全则是通过各种措施（包括教育、设计、优化环境等）从源头上堵住事故发生的可能性，即利用科学技术手段使人们生产活动全过程实现安全无危害化，即使出现人为失误或环境恶化也能有效阻止事故发生，使人的安全健康状态得到有效保障。

本质安全包含的安全功能分为两类：一是"失误—安全"功能设备或系统能阻止人员操作失误或者人员的操作失误不会导致事故的发生；二是"故障—安全"功能，设备或系统有故时，具备主动转化为安全状态或者具备短时间内正常工作的功能。这两种安全是设备、设能和生产技术工艺本身固有的,即在它们的设计段就被考虑加入。安全本质化的基本思路是针对事故发生的主要原因,采取物质技术,使其从消除发生事故的可能条件。

安全本质化管理体系是一种全新的安全管理模式,是使人、机、环境达到一的平衡的体系。简单来说,就是通过优化资源配置和提高其完整性,使整个系统安全可一是人的安全可靠性,不论在何种作业环境和条件下,都能可操作,杜绝"三违",实现个体安全;二是物的安全可靠性,不论在动态过程中,还是静态过程中,物始终处在能够安全运行的状态三是系统的安全可靠性,在日常安全生产中,不因人的不安全行为或物的不安全状况面发生重大事故,形成"人机互补、人机制约"的安全系统。它通过加强对危险源辨识与风险评估,规范管理流程、操作程序和操作标准,施行精细化管理,把人的不安全行为管理和风险管理技纳入安全管理体系之中,使职业健康、环境保护、全面质量管理等与其得到紧密结合安全本质化管理体系在生产过程中,做到人员无失误、设备无障、系统无缺,从而达到人员、设备、环境的本质安全。但安全本质化并不表明本系统绝对不会发生安全事故,原因如下:

(1)安全本质化的程度是相对的,不同的技术经济条件有不同的安全本质化水平、当前的安全本质化并不是绝对安全本质化。由于经济技术的原因,系统的许多方面尚安全事放隐患仍然存在,事故发生的可能性并未彻底消除,只是有了将安全事故失控在可接受程度的可能。

(2)生产是一个动态过程,许多情况事先难以预料,人的作业还会因为健康或心理因素引起某种失误,机具及设备也会因为因日常检查时未能发现的缺陷面产生临时性故障,环境条件也会由于自然的或人为的原因发生变化。因此,"人-机-环境"系统不确定的一般性事故损失并未彻底消除。

高铁安全保障采用本质安全的原理,即从安全预防、安全检测与检测安全、风险防控的总体理念,从"人防、物防、技防"的角度综合构建,确保高铁安全不发生任何问题。

2. 首次高速动车组碰撞试验,我国为何设定为46公里/小时

在中车四方的"中国高速动车组碰撞实验"视频中,实验人员通过使一个车头以40

公里/小时的速度撞击障碍物或互撞，最终得出吸能盒可以保护动车、保证人员安全的结论。

（1）关于46公里/小时。如果两辆300公里/小时的高速动车正面相撞，实际上，这种情况发生的概率微乎其微。因为高铁有先进的信号系统，只要这个系统在，两列车根本不可能撞到。如果系统坏了，短时间修不好，可以让列车司机"目视行车"，时速不允许超过20公里/小时。这种情况下有极小的概率发生追尾甚至迎头相撞，碰撞实验就是针对这种可能性的。

换句话说，两车直接相撞的概率极小。这个实验是为了保障极小概率下危险发生时人员的安全，发现危险时可以减速，不可能在300公里/小时的速度下去撞击。同类实验的国际标准速度是36公里/小时，要求模拟司机在目视距离下紧急刹车后的撞击效果，而我们试验的是46公里/小时。冗余已经包括了动能不同的考虑；而且实际也不需要驾驶舱完好无损，只要不对司机、乘客造成挤压伤害就实现目的了。

（2）关于用火车头撞击。视频中谈到，我们这是国际首例。人家都是用关键部件做实验，更别说整车。世界造高铁的成熟公司加上中国一共五家，包括法国、德国、日本、意大利。而火车头很贵的，在专门修的铁路上用一个火车头撞另一个火车头（虽然都是试验机），这笔钱不是每个高铁公司都愿意砸——以上四个公司虽然有点小钱，却也远远没有豪到这个地步。为什么不用整车，因为高铁的造价每列都以亿为单位。

（3）关于实验的合理性。关于该实验的合理性，有参与该实验的业内人士透露：列车碰撞吸能的顺序为车钩缓冲器-压溃管-车头司机室-车体，除车钩缓冲器形变为弹性形变（可恢复），其余全部是塑形形变（不可恢复），40公里/小时速度不至于把车体撞烂，但也足够获得工程人员需要的试验数据。这个速度在现阶段条件下绝对是合理的。

另外，试验碰撞列车所采用的加速装置为空气炮，可以在短距离加速到40公里/小时，满足试验要求。当然空气炮的加速能力还有余量，但也没法加速到300公里/小时。

而且，这样的试验都会有仿真计算作为前提，车头碰撞可以验证仿真结果并可以用来修正整列车撞击的仿真结果，具有参考价值。这充分展现了科技能将无法完全消除的安全隐患降到最低，伤亡降到最小。

3. 主动安全撞击试验是怎么回事

先讲一下主动安全的概念，主动安全是基于事故预防的安全管理思想，不同于减轻事故后果的被动安全。主动安全保障基于系统安全原理，强调具备提前感知系统安全状态并采取合适控制输出的能力，以达到降低系统风险水平、防并避免事故发生的目的。

近年来，主动安全理论方法已成为安全科学、控制科学、信息科学、智能系统等多个领域的交叉研究方向，并在交通、电力、互联网、军事、核工业、航天等工程领域发挥出愈来愈重要的作用。

主动安全方法可定义为：能实时感知系统运行状态并确保系统运行在可接受风险水平范围内的方法及技术体系，其具有降低系统风险并运行在低风险最优状态的能力。该技术方法体系主要包括四个主要部分：实时监测、风险评估、风险控制与应急处置，并形成个闭环的循环过程，主动安全方法具有以下特点：

（1）数据驱动，基于实时监控数据的自动化知识处理过程。

（2）一体化处理，实现安全监、风险评估、风险控制、应急处置等全过程优化设计，提高事故预防能力。

（3）充分利用先进信息技术，如物联网、传感网、云计算、大数据、知识处理等主动安全方法涉及状态监测、特征提取、健康（风险）评估、寿命预测、故障诊断、维修优化、安全调度、应急指挥等众多核心技术。

被动安全是指当列车发生意外碰撞时，列车的吸能系统马上开始工作，耗散撞击能量，降低碰撞带来的结构破坏，从而保护乘车人员安全。这个受力过程属于"强非线性复杂系统"，数值计算难以精确模拟，必须通过真实的碰撞试验来获取。在以往，8辆编组高速动车组碰撞试验平台，是世界空白。

主动安全系统和被动安全系统，是目前高速动车组列车运行安全的两大保障，此次碰撞试验是对列车被动安全系统的测试。主动安全一旦失效之后，被动安全就是最后一道安全屏障，这个系统包括了防爬装置，车钩的压缩管，主吸能还有车间的吸能。

2021年3月，2列8辆编组高速动车组碰撞试验在中车长客公司圆满完成，这是世界首次模拟真实场景下进行的被动安全碰撞试验，为我国轨道客车被动安全技术的研发领先采集了宝贵数据。

本次试验按照欧洲耐撞标准和中国铁路标准规定的场景开展，最大程度模拟了真实场景。试验列车采用高速动车组标准编组模式，每列编组8辆，重462吨。试验采用两列列车对撞的方式，其中一列列车静止，另一列列车以36公里的时速撞击静止列车。根据现场采集的试验数据显示，列车吸能结构以可控的方式压溃，各吸能装置的试验数据符合设定值，车辆未发生爬车、脱轨现象，车体结构保持完整，符合并超过欧洲及我国行业标准，试验取得圆满成功。

经过接近6年的时间，研发单位把这个实验台建起来，实验台及实验测试都完全具备自主知识产权，实现了整个国际标准的全覆盖，验证了整个吸能系统是安全可靠的。此次试验之前，1单列车、3辆编组、5辆编组高速动车组的碰撞试验相继成功完成，积累了丰富的碰撞数据。

4. 如何构建高速铁路运营安全保障体系

安全是高速铁路运营的生命线。高速铁路列车具有速度高、行车密度高、安全要求高等特点，高速铁路安全管理的各方面都要比普通铁路严格许多。在日常运营中，设备故障、恶劣天气、异常事件将有可能极大影响列车运行秩序，威胁列车运行安全。这是我国不同于其他国家之处在于国外没有像我国这样大规模地建设和运营高速铁路，结合高速铁路保障体系需求的分析以及我国高速铁路安全现状，从运营管理上保障高铁安全。高铁投入运用后，为保障高铁运营安全，建立了包括规章制度、设备养护维修及状态监测、职工素质及安全文化、安全监督管理、应急处置及救援能力等"人防、物防、技防"三位一体的运营管理安全保障体系。

（1）高铁规章制度保障。在完整建立《铁路技术管理规程》（高速铁路部分）等高铁技术规章体系的基础上，以《安全生产法》《铁路法》《铁路安全管理条例》为依据，制定实施了《铁路交通事故应急救援规则》《高速铁路突发事件应急预案》等一系列的安全管理规章制度，建立健全了覆盖所有管理和作业岗位的安全生产责任制，以及履职检查、考核、责任追究等制度，特别是以超前防范为重点，完善了安全生产过程控制机制，形成了健全的高铁规章制度体系。

（2）高铁设备养护维修及状态监测保障。中国高铁建立了主要行车设备电子档案，加强设备技术状态、养修履历过程管理，定期评估设备安全状态，科学制定设备维护周期、范围和维修技术条件，推进设备精准养护维修。高铁基础设施实行"天窗修"制度，采用动态检查为主，动、静态检查相结合的全方位检查模式，通过定期开行综合检测列车、点后开行确认列车，以及使用精密测量控制网、车载式和便携式线路检查仪等方式检查确认线路状况；动车组实行五级计划性预防修制度，采用以走行公里周期为主、时间周期为辅的检修模式，在运行中还配有乘务检查，保证动车组设备运用状态良好。通过推进建设高铁供电安全检测监测系统（6C）、机车车载安全防护系统（6A）、车辆运行安全监控系统（7T）、工务安全检测监测系统（8M）等，实现高铁行车设备的不间断检测监测，及时发现和消除安全隐患。

（3）高铁职工素质及安全文化保障。中国高铁制定了完善的人才培养引进制度，吸收引进高学历、高技能、高素质人才。严格执行主要行车工种和关键专业技术岗位资格准入制度，按标准配齐配足调度员、动车组司机、随车机械师等专业技术、管理人员，实现关键岗位的梯次配备和动态优化；我们还建立了培训、考核、任用相统一的职工培训机制，持续优化人力资源配置，创新教育培训模式，深化安全文化建设，提升高铁职工素质，保持人才队伍质量。

（4）高铁安全监督管理保障。中国高铁具有完善的企业内部安全监督检查机制，定期开展安全管理评估和专业检查，有针对性地加强恶劣天气、防洪防汛、春运、暑运、节假日、黄金周等阶段性、季节性安全监督检查；开展高铁安全生产专项整治，严格安全准入标准，重点加强设备检修、应急处置、人身安全、消防安全等安全关键项点的检查控制；严格高铁治安管理和外部环境隐患治理，坚持"高铁治安隐患零容忍"，建立高铁治安常态化巡查制度，对高铁线路实施路地联勤、联合巡防。

（5）环境保障体系。高速铁路安全需要装备功能全面、精确可靠的防灾报警监控和视频监视系统，需要结合我国各地区实际，明确强风、暴雨、落物、地震相应等级的预测报警系统，以便及时采取各种预防措施，控制列车运行速度，防止事故发生。必要时可对某高速铁路全线安装视频监控系统，对重点区段和设备设施进行24小时实时监控，还可在高速铁路沿线重点路段安装监控摄像头，以便对高速铁路作业人员随时监视。在借助先进设备保障的同时，高速铁路作业人员就要不断监控列车运行，关注设备、环境的变化，遇有高速铁路防灾系统监控应急情况，相应需要启动相关预案和安全措施，来确保环境变化的安全，特别是发现险情时，就要正确、果断地处理，以确保高速铁路运营安全。

（6）高铁应急处置及救援能力保障。中国高铁建立了"国铁集团-铁路集团公司-站段"三级应急救援网络，编制了完善的应急预案、应急处置流程和非正常情况应急处置办法，建立了专职和兼职应急救援队伍，定期组织应急演练，确保应急处置导向安全、有力有效。

上述不同阶段的技术和管理措施，既包括高铁职工素质及安全文化保障、安全监督管理保障和安全责任体系健全落实等人防措施，也包括高铁工程建设和设备质量保障、安全防护保障等物防措施，还包括高铁技术标准和规章制度保障、设备养护维修及状态监测保障等技防措施，共同支撑了中国高速铁路全生命周期安全保障体系，贯穿了从项目启动、可研、设计、设备制造、工程施工、静动态试验、联调联试、运行试验直至运营管理的各阶段。

5. 人防、物防、技防"三位一体"总体思路的提出

要从人的不安全行为、设备的不安全状态、环境的不安全因素入手，运用人防、物防、技防相结合的理念方法和措施，系统防控安全风险，及时排查治理安全隐患。结合目前我国高铁安全运营管理的现状，可通过整合现有各类监控监测系统资源，研究完善高铁移动设备、固定设备，人员作业及外部环境监控监测技术手段，及时掌握设备状态变化趋势和隐患征兆，超前预判安全风险，评估评价安全受控状态，及时干预和阻断安全风险，形成高铁安全预警综合管控系统，实现对高铁各类安全风险的超前防控。

高速铁路具有高速度、技术构成复杂、集成化程度高、耦合程度高和组织一体化等特点，是人、机、环、管互相交融的动态复杂巨系统，是一个以人员管理为核心，人、机和环境控制、监测及管理的综合系统，具有很强的针对性和实用性，其主要目的就是将影响高速铁路运营安全各因素处于被约束与受控状态。针对高速铁路运营的错综复杂性和极端重要性的特点，高速铁路运营安全管理的对象是的人、设备和环境以及由它们所构成的系统以及结合部即管理，四者互相作用、互相影响。结合人防、物防和技防的总体思路，高铁安全保障体系主要是对安全管理和现场作业全过程的问题实施超前防控和管理。物防，主要是充分发挥设备设施的安全保障作用，实施科技创新丰富完善硬件功能，持续增强安全保障。技防，主要

是充分运用现代信息技术、物联网技术、大数据技术等现代科技手段，丰富完善对作业、设备、环境的检测监控功能，实时评估评价安全受控状态，形成安全预警综合管控。以技防为引领，整合人防管控和物防保障功能，实现安全防控能力的跨越。其中，管理是协调人-机-环境三者的中枢，人是系统的核心、设备是系统的基础、环境则为系统的条件。

下面举一例说明人防的重要性。坐在平稳、舒适的车厢里，可能很少有人能想到，有一群自称为"平顺师"的人常年躬耕于毫米之间，保障着高铁平稳运行。前不久，高速列车在经过京沪高铁黄河大桥时出现了轻微晃车。得到消息后，济南局集团公司工务人员第一时间就对大桥上的整组钢轨一寸寸进行检测，排查原因。0点到4点是高铁停运检修期，此时气温达到了零下13摄氏度，极寒天气让大伙儿的作业变得异常艰难。京沪高铁黄河大桥由于跨度大，主桥和引桥的过渡段采用的是石砟和混凝土两种不同的高铁轨床。凌晨3点多，正是在过渡段的位置，他们检测出轨面有3毫米的高低起伏。经过排查，他们确认，轻微晃车的症结就是这3毫米的误差。为了尽快解决这3毫米高低起伏带来的问题，当天下午，大伙儿决定在实验基地探讨和推演整治方案。当天夜里，大伙儿抬着沉重的仪器，爬过146级台阶，再次来到了黄河大桥上。经过几个小时的紧张工作，3毫米的高低起伏问题终于在凌晨4点得到了解决。3毫米很小，小到你都不会注意到。3毫米很大，大到关乎高铁的运行安全。为了守护旅客的平安和舒适，铁路职工奋战在漫漫寒夜里。

6. 安全治理体系建设的要点是什么

为统筹安全发展，聚焦交通强国、铁路先行，坚持问题导向、目标导向和结果导向，坚持强基达标、从严务实、综合治理，坚持红线意识和底线思维，深化安全风险管控和隐患排查治理双重预防机制建设，着力构建人防、物防、技防"三位一体"的安全保障体系，全面推进铁路安全治理体系和治理能力现代化，进一步提升防范事故工作水平，推动铁路安全高质量发展，确保高铁和旅客列车安全万无一失。

依托安全生产领域理论研究成果和铁路安全管理实践经验，坚持和传承行之有效的制度机制和经验做法，系统分析铁路安全新形势、新变化和新要求，充分考虑铁路安全管理的系统性、铁路运输生产的联动性，构建符合行业特点、系统完备、科学规范、运行有效的铁路安全治理体系，以此推进铁路安全理念创新、管理创新、机制创新和科技创新，持续提升铁路安全治理效能，铁路安全预防控制能力、应急管理能力以及安全管理水平全面提升，重大安全隐患有效治理，重大安全风险全面可控，铁路交通事故大幅降低，铁路本质安全视屏、运输安全可靠性、运输安全指标以及安全治理水平世界领先。

安全治理体系由安全生产责任制、人员素质、源头治理、铁路沿线环境安全治理、安全监督管理、公共安全、综合保障等 10 个子体系组成，并可进一步细分为 47 个模块。如图 4.1 所示。

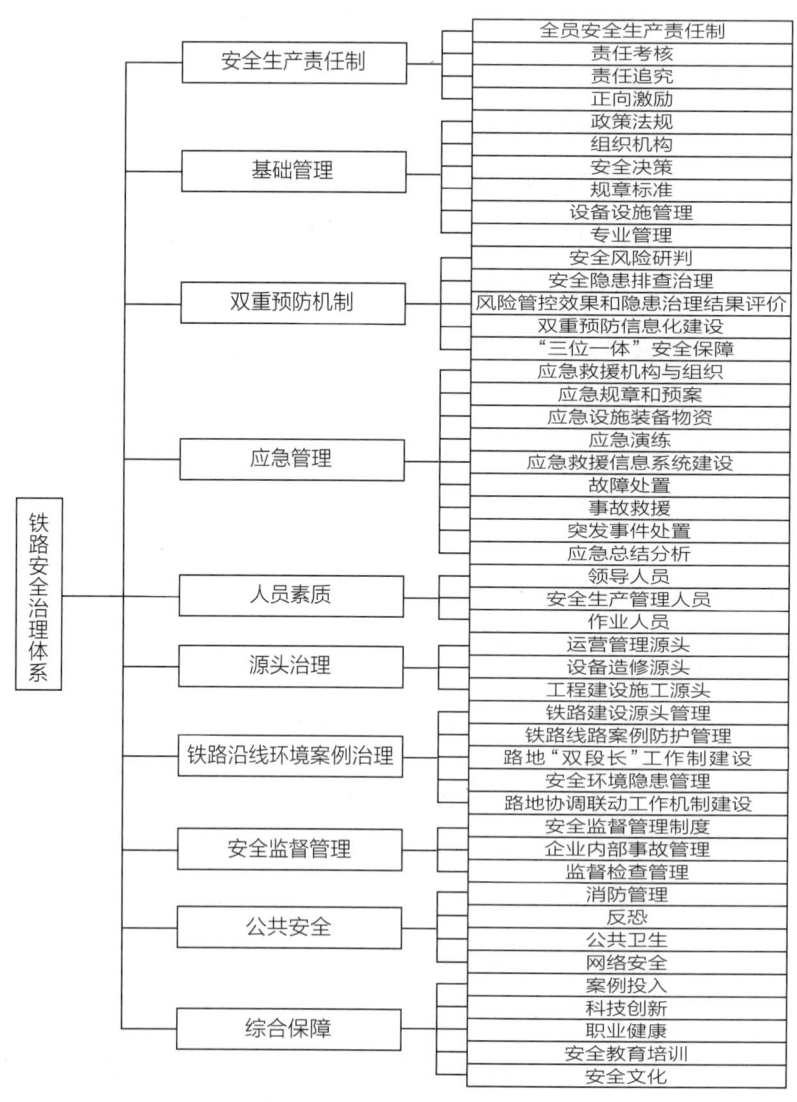

图 4.1 铁路安全治理体系构架

7. 高铁应急处置的发展方向和思路

（1）预警、预报和应急处置需求一体化。我国高速铁路目前既有的安全管理体系主要包括事前预防-运营过程中的安全监测和检测-事故管理及应急救援，需要强化管理体系的执行能力。事前预防手段主要包括建立相对完善的标准及规章制度、顶层设计和运营前的综合试验及评估等前控机制、建立设备养护维修制度、职工安全素质建设及治安防范等方面；运营过程中安全检测主要包括基础设施服役状态的实时监测检测、移动设备运用状态的实时监测检测、系统运营环境的防灾检测等方面；事故管理及救援主要包括事故应急救援和事故调查处理及反馈等方面。

（2）管理和控制相结合。在高铁安全保障中，人防是核心，物防是途径，技防是手段，三者必须有机结合。但部分视频监控系统只具备视频监控、视频存储及事后查看等功能，视频监控基本处于一个只能"监"不能"控"的被动状态，部分监控系统还只能作为事后追查取证的依据，系统不能主动识别状态变化和事故隐患，不能起到实时预警的作用。这就需要有效利用视频监控技术手段，开发适应多种应用场景需求的视频识别技术，需要智能识别分析功能，及时发现和处置问题。

（3）检测技术要不断完善和发展。各种监测检测系统要发挥其有效性，首先就要要求监控和检测技术功能要不断完善。同时，还必须对这些系统进行维护，从管理制度实施的方式，保证维护制度的运作，保障设施设备处于良好的运作状态。

（4）建设应急处置协同平台。应急平台是以公共安全科技为核心，以信息化技术为支撑，软硬件相结合的突发事件应急保障技术系统，是实施应急预案的工具，具备日常应急管理、风险分析、监测监控、预测预警、动态决策、综合协调、应急联动、模拟演练、信息交换共享与总结评估等功能，可以动态生成指挥方案、救援方案、保障方案等。应急平台不仅仅是指挥平台，在突发事件发生时为指挥调度服务，还应该对突发事件进行科学预测和危险性评估，能动态生成优化事故处置方案和资源调配方案，提供辅助决策支持功能，形成实施应急预案的交互式实战指南，为应急管理提供便捷的工具，为指挥决策提供辅助支持手段。

8. 高铁安全风险管控的思路和方法

高速铁路系统中含有多个具有某种特定功能的子系统，高速铁路运营安全管理就是其中的一个。作为安全管理子系统的一部分，安全管控是对安全管理活动的控制，是管理者影响组织中其他成员以实现组织管理的过程。安全管控涉及一系列的活动，包括计划组织的、调组织中各部分的活动、控制组织活动、决定采取的行动等。

高速铁路运营安全管控就是进行有关决策、计划、组合和控制方面的活动，通过控制管理手段的实施和执行过程，实现控制事故、消除隐患、减少损失的目的，使高速铁路运输系统到最佳安全水平，处于一个安全的运营状态。

高速铁路运营安全管控的对象高速铁路运营安全管控是针对已经投入运营过程中所涉及的人、物、环境的行为与状态的管理高速铁路运营安全管控，主要是组织实施高速铁路安全理规划、指导、检查和决策。同时，又保证高速铁路系统处于健康良好状况。

高速铁路实行 24 小时不间断的行车组织方式，受设备设施质量和检修质量、地域气候变化、外部不确定干扰事件、作业人员技术水平和精神状态等诸多因素影响，对动车组列车运行安全极易构成威胁。可见，高铁运营安全风险在各个领域、各个环节都实时存在，一旦发生风险事故，将直接造成铁路交通瘫痪中断、旅客拥堵，社会影响恶劣，相应后果极为严重。高铁运营安全风险管控侧重战术层，是风险管理的具体实施。

2012 年起，铁路部门在原有的安全管理体系基础上引入安全风险管理，主要包括风险辨识、分析、评估及控制等内容，并不断将安全风险管理的理念和方法落实到了安全管理当中去。2017 年，又提出按照"人防、物防和技防"的总体思路构建高铁安全保障体系。

在坚持以人为本、预防为主，结合实际、有效融合，系统分析、上下结合，突出重点、有序推进，专业管理、综合监管，实用有效、持之永恒，科学合理、有法可依的基本原则的基础上，高铁运营安全风险管控体系构建的总体思路和理念是坚持"一个理念""两个平台""三个机制"，形成综合性的安全风险管控体系，使风险状态有效控制在可接受范围内。

（1）一个理念：突出风险管理思维（风险识别与评估、风险预警、风险控制）贯穿控制始终。其中，安全风险的识别与评估是安全风险管理的前提和基础，通过定期和动态开展安全风险识别和研判,排查出高铁运营潜在的风险,可根据风险可接受原则及风险危害程度、发生频率的不同,可将安全风险划分为 4 类标准:①不可接受风险,发生的问题危及高铁运行安全;②不可期望风险,发生的问题影响高铁运输秩序;③可容忍风险,发生的问题虽然不影响高铁运行安全和运输秩序,但随其发展可能会影响高铁运行安全和运输秩序,以及影响高铁形象和运营品质的情况;④可接受风险,发生的问题在受控状态下不影响高铁运行安全、运输秩序、高铁形象和运营品质的情况。

风险预警就是通过在线监测、人工巡视、人工检修得到的风险评估等级,对发生问题的风险进行等级预警,当安全风险发生变化,程度提升,就要及时采取多种方式进行预警,提示相关单位、部门迅速采取针对性措施。风险控制就是采取防控手段或是应急处置预案进行管控,确保各级风险得到有效控制。

(2)两个平台:构建预警平台和应急指挥管理平台。就是利用信息化和智能化等方式,做到预警和应急一体化和精细化,当高铁设备故障或外部环境发生问题,在安全风险评估等级的基础上,相应产生预警,针对预警的程度,再对应进行应急处置,预警平台就是各种风险预警的统一平台,应急指挥指挥平台就是针对预警平台的协同处置平台,形成"互联网+"风险防控技术体系。将各监测点及通过车站信息处理中心传上来的信息进行实时处理,分门别类并按有关阈值进行标定,然后分别传送给列车调度员、供电调度员等子系统,对各种自然灾害信息按不同的时间窗进行统计分析,提供相关报表和图像,对常见的事故提出预警等级,与沿线地方气象台站及地震台保持联系,获取其进、远期预报信息,并上报上级管理部门,形成对灾害的初步安全预警功能。

(3)三个机制:实现多元共治、多部共治理、多重保障。如果高铁设备故障仅需要铁路内部就能处置妥当,则在应急指挥平台过程中,单一设备故障引起的单一专业部门安全风险可有专业调度员如工务、电务、供电、动车组调度员统一处置;但设备故障引起的在铁路内容需要多专业部门协同处置时,可由列车调度员牵头组织各专业部门协同处置;如果需要地方政府参与处置的,如设备故障引起的风险程度较大或是外部环境等风险,就需要健全完善多元共治机制,积极协调地方政府、企业等支持和配合,发挥合力作用,共同保障高铁安全风险有序可控;并积极推进风险防控多部门协调运作机制,实现高铁运营安全风险管控的专业化。

9. 普速铁路开行动力分散型动车组存在哪些安全风险

普速铁路不加限制运营开行动力分型动车组,从本质上降低了安全标准、扩大了安全风险,必须引起高度重视。铁路部门有着严格的规定和准入制度。

(1)轮轨关系方面。一是普速铁路和高速铁路在工程设计、建设施工、设备基础和管理标准等方面存在较大差异,轮轨关系匹配要求不同。普速铁路开行货车较多,轴重、引重量、密度对线路状态影响较大,特别是货车提速后对线路冲击加大。动力分散型动车组轴重轻、牵引重量轻,对线路的不平顺、道岔的有害空间、钢轨轨缝的反应更敏感,相较于普通客车在同等运行速度下安全风险更大;二是普速铁路的设计、建设、管理标准等均未考虑动力分散型动车组运行条件,运营中设备变化大、变化快,设备养护维修工作量大,设备养护很难达到高速铁路的要求和标准,特别是小半径曲线、普通道岔等困难地段。三是普速铁路与高速路用的钢轨材质不同,钢轨踏面硬度相对高速铁路更高,加剧车轮磨耗。有关试验及仿真结果表明,在相似工况下,相对于高速铁路,普速铁路对车轮磨耗量增大约20%。四是高速铁路的线路平顺度高。普速铁路存在的钢轨轨缝、焊接、胶结接头不平顺对车轮冲击大,动车组部件振动幅度加大,对动车组零部件寿命产生不利影响。五是普速铁道岔主要采用固定型辙叉,动车组通过有害空间时会产生较大的冲击和振动。高速铁路主要采用可动心轨撤叉,可消有害空间对动车组的冲击。

(2)弓网关系方面。一是供电能力不足,普速铁路牵引变电所外电源电压等级低、牵引变压器容量小,接触网接触线、承力索的截面小、载流能力低,大功率动车组大面积在普速路运行易频繁引发牵引变电所过负荷跳闸,甚至烧损供电设备导致断线塌网;二是普速铁路接触网张力较高速铁路偏小15-20千牛,悬挂结构弹性相对较差,动力分散型动车组受电弓抬升压力较大,最大较电力机车大10牛,运行中容易拉弧烧损接触网或受电号,通过接触网锚段关节、线岔、分段等设备时容易造成钻刮网。

(3)安全保障方面。一是高速铁路安装有异物侵限、风雨雪监测系统和TEDS检测设备,在发生异物侵限时能自动控停动车组,发生风雨雪超限或TEDS发现动车组故障时,能及时发现隐患并采取应对施;二是高速铁路大多采用垂直天窗,施工作业对动车组运行的直接安全风险相对较小。普速铁路主要为"V"型天窗,部分检查作业和不动基础的作业还可利用列车间隔进行,对本线及邻线动车组运行带来更多安全隐患。

（4）列车运行条件方面。一是目前虽然采取措施防止"动货会面"，但货物途中坠落、撒漏，活动部件途中开放或加固失效，货车门窗关闭不良途中开放等不安全因素，对轴重较轻的动力分散型动车组运行安全危害更大；二是除具备低站台模式的动车组可在低站台办客外，动力分散型动车组列车办客站台均应在高站台。特殊情况需在低站台办客时，需要采取措施保证安全。普速铁路的站台限界不能完全满足动力分散动车组运行要求。

（5）外部环境方面。一是高速铁路的设计理念先进、建设标准高，抵御自然灾害能力强。普速铁路在地质选线、减灾选线、建设等级等方面与高速铁路存在较大差异，特别是山区和老旧普速铁路边坡防护范围和强度不足，挡墙状态差，危岩落石、崩塌溜坍隐患多，抗灾能力较弱；二是高速铁路线位远离城区、桥隧居多，运行环境封闭。普速铁路沿线人文活动相对频繁，特别是未移交的上跨公路桥较多，部分公铁并行区段防护设备设施标准不高，人防、技防措施不足，栅栏封闭质量不高，有的还存在违法通道，沿线居民违法上道问题多发。

（6）安全管理方面。普速铁路开行动力分散型动车组，既有现实的显性风险，也有还未认知的隐性风险，要充分研判由此带来的风险，确保高铁和旅客列车安全万无一失。

第三节　监测检测

1. 高速铁路基础设施运用状态检测

高速铁路基础设施包括高速铁路线路、桥隧、信号、通信、牵引供电设备等。为了加强高速铁路基础设施运用状态检测管理工作，提高检测、维修和运输效率，预防事故和减少故障，确保铁路运输安全。

高速铁路状态检测是指依据相关标准或者技术规范，利用动、静态测试手段对高速铁路基础设施运用状态进行的检查、测试、监测及对其运用质量进行的安全评定。高速铁路状态检测工作应当贯彻检修分开、以检定修的理念，遵循安全、准确、高效的指导思想，科学合理利用天窗，实现高速、及时、精确检测。高速铁路状态检测工作应当积极采用新技术、新设备、新方法，运用成熟可靠的高速车载等检测设备，推广实时在线监测技术，提高检测质量和检测效率。

高速铁路线路、桥隧等工务设备运用状态检测的主要项目包括：轨道几何状态；轨道结构状态；钢轨伤损；路基沉降及结构状态；防护栅栏、挡风墙和声屏障状态；桥涵结构状态；隧道结构状态。根据检测项目的需要，配置轨道测量仪、轨道检查仪、双轨式钢轨超声波探伤仪、钢轨探伤仪、焊缝探伤仪等静态检测设备和钢轨探伤车、线路检查仪、巡检设备等动态检测设备。

高速铁路信号、通信设备运用状态检测的主要项目包括：联锁、闭塞、列控系统设备；道岔转辙设备、信号机、轨道电路、补偿电容、应答器、电源设备等状态；系统设备接口；铁路数字移动通信系统（GSM-R）网络状态；通信漏缆状态；根据检测项目的需要，装备信号集中监测系统、通信监控监测系统和网管系统。

高速铁路牵引供电设备运用状态检测的主要项目包括：接触网几何参数；接触网悬挂状态；接触网平顺性；接触网受流性能；供变电、电力设备；根据检测项目的需要，配置高速弓网综合检测装置、接触网安全巡检装置、车载接触网运行状态检测装置、接触网悬挂状态检测装置、受电弓滑板监测装置、接触网及供电设备地面监测装置等检测设备和检测综合数据处理中心。

另外，在组织与实施方面，还制定年度、月度检测计划和实施方案。制定检测计划和实施方案时，应当坚持质量和效率并重，最大限度实行天窗共用。结合季节变化等影响因素，对故障率高或者状态易发生变化、影响高速铁路正常运行及其他与行车安全直接相关的高速铁路基础设施检测项目进行调整。结合高速铁路基础设施运用状态和变化规律，确定、优化检测周期。建立检测数据平台，加强检测数据综合分析处理，利用分析结果指导日常检查工作，掌握设备运用状态变化规律，为科学合理地安排设备维修提供支撑。及时处理检测中发现的问题，有安全隐患的应当立即采取安全保障措施。

2. 防灾与异物侵限监测系统

防灾安全监控系统为列车运行计划调整、控制提供依据，保证列车正常运行。

（1）大风监测系统。高速铁路与普通铁路相比，一方面列车运行速度要快，另一方面列车轴重要轻。因此，风对高速铁路安全的影响是不容忽视的。强横风作用下，接触网可能引起强烈摆动、翻转；作用于车辆的侧向大风则将影响列车运行的横向稳定性，可能造成列车倾覆。长大桥、车站一般要设风向风速计，风期长、风力强劲的风口也应设置风向风速计，而气象部门只能提供大面积范围内的气候概况，不能满足高速铁路特定点、线和具体数据的实时性要求，所以，高速铁路针对大风灾害所采取的安全对策是建立大风监测子系统（系统还需与气象部门联网以保证数据的合法性和对未来天气的预测需要）。该系统由风向风速计、发送装置、接收分析记录显示装置组成。大风监测系统在风速达到定值时，自动通知中央控制中心，控制列车减速或停止运行。警报标准根据线路条项目士高速铁路运雪安全保体系能、列车抗风性能，周围环境等因素综合考虑。当大风监测系统报警解除后，列车调度员向相关列车发布恢复正常运行的调度命令。根据规定当风速大于 15 米 / 秒、小于 20 米 / 秒时，列车限速 300 公里 / 小时；风速大于 20 米 / 秒、小于 25 米 / 秒时，列车限速 200 公里 / 小时；风速大于 25 米 / 秒、小于 30 米 / 秒时，列车限速 120 公里 / 小时；风速大于 30 米 / 秒时，列车禁止进入该区段。

（2）异物侵限系统。为确保高速铁路行车安全，应在公跨铁立交桥上安装异物侵限监控装置，检测机动车、大型货车因故越过护栏（防撞墙）、护网（防抛网）而侵入高速铁路限界。在公跨铁立交桥的两侧均设置防护网，当异物落下砸断防护网侵入铁路限界时，防灾系统向 CTC 系统发送异物侵限报警信息，同时通过列控联锁触发列车自动停车。

（3）雨量监测。为减少洪水对高速铁路带来的灾害，需要建立雨量及洪水监测子系统。该系统据高速铁路沿线气象、水文、灾害历史及线路的路基、桥梁等设计状况，有针对性地设置监测终端，有效地制订运营及防洪措施。高速铁路受降雨及洪水的破坏，主要表现在路堤、桥梁破坏，以及路堑、边坡破坏三大方面。路堤破坏主要有边坡侵蚀、堤内水位上升、排水不良等；桥梁破坏主要韦桥墩台过度冲刷、桥梁撞击、水位过高等；路堑、边坡破坏，很大一部分也是由雨水冲刷造成的。因此，应针对上述情况考虑设计相应的探测及数据采集设备。雨量及洪水监测子系统由数据采集、数据传输、监测终端等设备构成。设置在各地点的雨量计通过各自的带阻滤波器连接在一对芯线上，通过各自对应的频率发生器发送信号，接收记录装置分别接收各自频率的信号，分析、统计各监测点的雨量信息。发布降雨警报的标准是非常复杂的问题，报警、设定限速标准时，要确实把握现场情况，既要保证安全，又要使运输损失控制在最低程度，同时还要根据环境的变化，经常予以调整。

（4）雪害监测系统。在年降雪量和积雪深度大的地区，下雪时积雪对高速铁路的主要危害如下：暴风雪形成的雪堆，过高时影响行车安全；高速列车气动力卷起积雪并凝结在列车车体底部，导致车辆绝缘失效；列车从降雪地区行至温暖地区，车下积雪或结冰脱落，硬向道床，使道砟飞起，危害车辆设备及附近建筑物和人员；积雪使道岔转换扳动失灵等。为应对雪害，应在风口地段设置防雪栅或防护林，防止在线路和设施上形成雪，同时在适当地点设置防雪崩柱，阻止斜坡发生雪；降雪路段配备自动喷水器进行融雪；人工或机械清除积雪；车体下部易凝雪的地方加设防护装置和加热融雪装置；道岔处采用融雪装置；设置雪害监测设备等。雪害监测设备包括降雪计、积雪深度计、自动控制部分及除雪（热风融雪、温水喷射融雪）设备等。

（5）地震监测系统。借鉴国外地震预警的经验，开发适于中国高速铁路线路、构造物特点，并反映历史震灾情况及未来发展趋势的高速铁路地震预警系统。结合智能京张、智能京雄、京津城际等高速铁路地震预警示范应用，开展了高速铁路地震预警社会风险性分析，推动高速铁路地震预警信息发布与紧急处置等方面的政策法规建设；持续跟踪高速铁路地震监测预警系统的应用情况，继续深化高速铁路地震预警技术研究和应用，不断提高系统的准确性和可靠性。高速铁路地震预警系统是由高铁地震预警监测系统和车载紧急处置装置组成。可以实现高速铁路沿线地震实时监测。地震台网信息接入生成传输发布，地震警报信息和紧急处置信息通过车地联动的方式，对列车采取紧急处置措施。当地震发生时，高铁沿线的传感器，监测到地震波信息紧急发送到铁路局集团公司中心系统，铁路局集团公司中心系统结合国家地震台网信息，计算出震源、震级、影响范围，在地震波到达线路前，通过GPRS将信息发送至车载紧急处置装置，对行驶的列车发出预警信号，提前使列车减速或紧急制动，确保车上人员生命安全。

中国高铁结合智能京张、智能京雄、京津城际铁路等高速铁路地震预警示范应用，加快推进地震预警信息服务能力建设。双方将借鉴国内外已有的实践经验，开展高速铁路地震预警社会风险性分析，推动高速铁路地震预警信息发布与紧急处置等方面的政策法规建设；持续跟踪高速铁路地震监测预警系统的应用情况，继续深化高速铁路地震预警技术研究和应用，不断提高系统的准确性和可靠性。

3. 动车组列车运行状态监测

列车运行状态监控系统以信息网络技术为平台，以现场总线、故障诊断、无线传输、专家系统、数据库等技术为手段，以动车组运营安全为目标，实现主要设备的状态监测数据采集、网络传输、故障处理、远程监控、安全防护等功能，确保列车运行安全。

（1）车载监控系统。主要监测动车组性能、功能及主要部件的运用状态，进行故障诊断，显示故障发生的部位和功能，实现动车组运行跟踪监控及故障等。车载监控系统具有信息采集、信息处理、综合判断、故障安全恢复及故障数据存储等功能，提高了动车组运营安全性，便于运用和维修作业。通过布设于动车组重要部件和关键设备的各类传感器，实时监测速度、压力、应力、电流、电压、温度等参数和列车走行部、牵引传动和制动等系统的运行状态，网络控制系统将列车主要监测设备连为一个整体。根据各类传感器的检测、监测信息进行综合诊断，确定故障等级，提示司机采取排除故障的方式，必要时提示紧急制动、实现故障隔离和故障导向安全的目的。

（2）远程监控系统。车载信息采集设备采集车载网络控制系统中的运行状态数据及故障报警信息，将动车组运行位置、速度、牵引、制动、轴温等安全信息及客服设施信息，利用 GSM-R、GPRS 无线传输网络实现车载信息落地和远程传输，实时掌握动车组状态及故障情况，实现动车组安全状态的远程监控。通过远程监控实现地面中心实时掌握动车组故障情况及工作状态，为故障的应急处置提供技术支持，也为动车组安全运营及高效检修提供技术保障。

（3）地面监控系统。在车载监控和远程监控的基础上，目前正在积极推进动车组运行安全地面监控系统的研究，在高速铁路进出站、动车所进出库等咽喉地段安装地面监控系统，综合识别途经动车组的图像、声音和温度等，判断动车组运行是否正常，确保动车组运行安全。如动车组运行故障动态图像检测系统（TEDS），被称为守护动车组安全的"千里眼"。高速摄像机以每秒 3000 张图片的速度，第一时间把动车组高速行进中的各部位高清图像传递到 TEDS 监控中心，经由分析员对图像进行检查分析，判断动车组运行状态，及时发现故障并上报处理。对于随车机械师不能轻易检查到的部位，如动车组底板、车端连接处、牵引传动装置等相关部件，主要依赖 TEDS 监控系统进行检查确认。再如动车组轮轴探伤。轮轴探伤是动车组检修最为重要的内容之一，车轮主要缺陷分布为径向、周向和斜向。研究表明，径向缺陷扩展速度快，几千到几万公里就可能崩裂；周向缺陷几万公里可形成较大崩裂。目前，中国已建成较为完善的轮对探伤体系，只要严格按周期、按量值要求探伤，就可有效预防缺陷轮对上线运行。

4. 高速综合检测列车

高速综合检测车是为高速铁路安全护航的"体检列车"，是进行铁路基础设施综合检测的重要技术装备，为高速铁路运营安全评估和指导各铁路局的养护维修提供技术支撑。可检测内容为轨道、路基、桥梁、隧道、电力牵引供电、通信系统、信号系统、客运服务系统、自然灾害及异物侵限监测系统、综合接地、电磁兼容、振动噪声、声屏障等多个项目。就像"医生"一样对新修高速铁路或已通车高速铁路定期进行检查是否有"病"一样，黄色涂装的为"黄医生"，白色涂装的为"白医生"。

目前中国高铁共配属7列"黄医生"和5列"白医生"，其颜色区别可以概括为："黄医生"是从"设计"到"出生"本身就是综合检测车。"白医生"是"半路出家"成为的综合检测车。其"身躯"最初是用于载客运营的车底（CRH380AM除外），而为了"应急"或某种原因加装检测设备改造而成的综合检测车。CRH380AM实为冲高试验列车，后加装检测设备改造为综合检测车。

高速综合检测列车以高速动车组为载体，装备轨道、接触网、轮轨力、通信、信号专用检测系统和综合系统，对轨道几何状态、加速度、轮轨力、接触网几何参数、弓网动态作用、供电参数、通信、应答器、轨道电路等进行同步、动态、等速检测，同时，配套建成的地面检测数据分析处理中心，具有车地数据传输、海量检测数据存储管理、智能综合分析、数据挖掘、综合评估、维护决策支持和综合展示的能力，为动态掌握我国高速铁路基础设施状态、指导养护维修提供了科学、可靠的理论依据和数据支撑，对于保障高速铁路安全高效运营具有十分重要的作用。高速综合检测列车在新建高速铁路联调联试和运营高速铁路基础设施服役状态周期性安全检测中发挥了重要作用，已成为保障高速铁路运行安全和指导养护维修所必不可少的技术手段。综合检测车检测功能如图4.2所示。

图 4.2　高速综合检测列车

综合检测车检测项目内容主要有：

（1）轨道检测。综合检测列车具有轨距、轨向、高低、水平、三角坑等轨道几何参数检测功能。采用捷联式检测系统结构；采用多维惯性基准技术实现了大半径曲线精确测量。

（2）弓网检测。综合检测列车具有接触网几何参数、弓网动态作用、接触线磨耗和受流参数检测功能。通过高速图像处理算法，提出非线性摄像机标定模型；实现接触网几何参数与弓网动态作用参数测量的合成。

（3）轮轨动力学检测。综合检测列车具有车体加速度、轮轨作用力等的检测能力，通过列车动态响应特性评价轨道平顺性。

（4）通信检测。综合检测列车具有 GSM－R 场强覆盖、应用业务服务质量检测及评定功能，沿线电磁环境干扰检测和分析功能。

（5）信号检测。综合检测列车具有轨道电路、应答器、车载 ATP 等技术参数检测功能；轨道电路、应答器传输模型，实现轨道电路、应答器信号采集和实时分析；解决了动态无接触方式无砟轨道补偿电容状态检测难题。

（6）综合系统。综合检测列车具有检测列车精确定位和监测信息实时传输等功能。系统利用多种定位技术实现精确定位，实现了各检测系统的空间同步、时空校准、数据交换和集中监控。

第四节　综合维修

1. 综合维修技术指的什么含义

维护和维修是保证高速铁路安全的最基本要素之一。所谓综合维修是指把路基、轨道、桥梁、隧道、电力、牵引供电、通信信号、房屋建筑和给排水设施的施工维修作业内容统一整合起来，实行一元化领导。在高速铁路中，路基、轨道、桥梁、隧道、电力、牵引供电、通信信号和机车车辆关系密切，其相互影响程度远远大于普速铁路。这一特点直接影响到高速铁路的维护和维修工作。高速铁路使各种维修的关系更加紧密。例如：道岔转辙撤机的维修，必然涉及线路和供电系统；线路的捣固，要顾及轨道电路等设施；拨道和补砟，直接影响到信号设备和接触网高度；接触网的抢修，需要线路、信号的畅通。再如信号专业检查轨道电路，可以发现轨道缺陷；而轨道的结构设计特点也直接影响到轨道电路的性能。线路人员巡检时，可以发现有些明显的接触网误差；接触网人员在执行自己的任务时，也能发现线路、桥梁的问题。按惯例分专业段管理维修，则必须由各自的上级进行协调，然后由各自调度下令执行。这样由下而上反映，再由上而下指示，必然延误时间，影响维修作业。综合维修是尽可能授予基层权力，在组织施工方面发挥基层的主动性，自觉承担运营维护的责任。

维修实践需要一种思想观念作为指导，称之为维修思想。在一定的维修思想指导下，制订出的一套规定与制度（维修计划、维修类型、维修方式、维修等级、维修组织、维修考核等），称之为维修制度。目前的维修方式有三种：定期维修（又称计划修）、视情维修（又称状态修）、事后维修（又称故障修）。定期维修和视情维修均属于预防性维修，可以预防渐进性故障的发生，事后维修则是非预防性的，多用于偶然故障或用于预防维修不经济的部件。定期维修是按时间标准进行送修，视情维修是按实际状况标准，而事后维修则不控制维修时间。三种维修方式各有其适应范围。从这个意义讲，它们本身并没有先进落后之分，然而应用是否恰当，则有优劣之分，问题的关键是应该根据维修的具体情况，正确的选择维修方式。在现代复杂设备上往往三种维修方式并存，相互配合使用，以充分利用各个机件的固有可靠性。

铁路工电供作为专业分工是三个专业，但在铁路运输企业中只有一个共同的名字，即铁路运输固定基础设备（基础设施），也就是说设备早已融合，现在就是要在专业管理的基础上，强化结合部设备的维修融合，实现从物理融向化学融。铁路局集团有限公司实施高速铁路工电供"三位一体"模式。"三位一体"是指将承担铁路基础设施养修任务的工务、电务、供电三个专业整合到一个管理单位中，三个组织单元联合组成一个紧密协作的整体，建立一个设备共管、资源共享、天窗共用、责任共担，实行生产生活一体化，破除原有的各专业工种界限的综合维修的组织体制。以上海铁路局集团公司为例，装备在上海高速铁路维修段综合巡检车，集成了摄像采集、激光扫描、计算机图像处理、RFID精确定位、智能化分析判断等先进技术于一体，一次开行，可同时对工务、电务、供电三个专业设备同步进行检测、分析、预警。工务、电务、供电三个专业规划实施设备养修作业时，从检修周期的兼顾、检修项目的重组、计划编制的平衡、生产组织的优化、出行方式的统筹等方面进行组合优化，最大限度消除专业间的结合部问题，以最小的成本投入，提供高可靠性的设备质量，实现高速铁路基础设施综合养修的三个专业作业计划上统一平衡、劳动组织上优化组合、生产资源上统筹共享、生产效率上显著提高的目的。

2. 基础设施和动车组运用维修以及PHM系统

PHM按IEEE Reliability Society（美国电气和电子工程师协会可靠性分会）的定义为"针对复杂工程系统的健康与状态的监测、预测和管理的系统工程技术"简称"故障预测与健康管理技术"。最早由美国军方提出和发展起来，近年来在航空、机械、电子等领域已被广泛的研究与应用。

PHM是一种全面故障检测、隔离、预测及健康管理的技术。PHM不仅代表了技术的转变，更是维护策略和概念上的转变：即从传统基于传感器的诊断向基于智能系统预测的转变，为在准确的时间对准确的部位进行准确而主动维护的模式升级提供了基础。目前，我国高速铁路正在研发PHM技术，借助于智能系统的诊断与预测以指导高速铁路基础设施的养护维修。

（1）健康管理基本内容

PHM是一种全面故障检测、隔离、预测及健康管理技术，它的引入不仅为了消除故障，更是为了了解和预测故障何时可能发生，使得系统在尚未完全故障之前就能依据系统的当前健康状况决定何时维修，从而实现自助式保障、降低使用和保障费用的目标。PHM模型的体系架构如图4.3所示。

PHM模型重点完成三件事情：

① 确定"是否维修"。分析当前系统处于健康退化过程中的哪一种健康状况，是正常态、性能下降态或某一功能失效态，并估计当前的状态偏离正常态的程度大小。

② 确定"故障是什么"。依据当前系统的健康状况决定是否维修，若维修则需判断系统是由于何种故障模式引起其健康水平的下降，并能对故障模块或元件尽早检与识别，以避免系统完全故障。

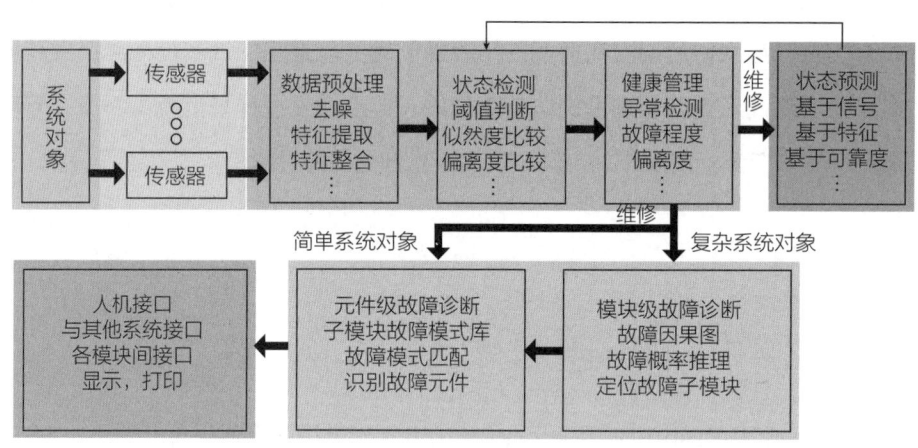

图4.3 PHM模型的体系架构

③ 确定"何时会故障"。研究未来时间内，系统是否能正常地完成下一次任务并根据过去和现有的状态预测出系统未来某时间的工作状态，提前预警。

（2）PHM关键技术

① 状态监测与健康管理技术。利用先进的传感器获得尽可能精确的系统对象运行状态信息，通过设计更先进的数据分析技术获得对系统对象健康状况的精确估计。

② 诊断技术。对系统维修时，如何定位出故障模块或元件是非常重要的。由于此时的故障程度还不足以使得系统完全失效，因此大多属于早期故障状态，设计先进的特征提取技术和具有良好性能的模式分类器就显得尤其重要。

③ 预测技术。当系统、分系统或部件可能出现小缺陷或早期故障，或逐渐降级到不能以最佳性能完成其功能的某一时刻点时，选取相关状态检测方式并设计预测系统来检测这些小缺陷、早期故障或降级，做到防患于未然。

④ 信息融合技术。多传感器数据融合是指对由两个或更多传感器组成的具有协同的、互补的和争性质的传感器阵列进行智能信息处理，其目的就是以高效率的诊断方法将各自的多传感信息综合起来，由此获得对系统对象更为准确的服役状态描述

⑤ 人工智能技术。广泛地采用相关人工智能技术，包括基于模糊推理的专家系统、基于案例的推理、基于规则的推理、神经网络、模糊逻辑和遗传算法等，利用这些智能推理方法获得对系统状态的准确监控和故障诊断。

（3）PHM 技术在高铁基础设施中的应用

高铁基础设施 PHM 技术的研究在国内起步晚，近年来在桥梁、道岔和轨道电路等方面开展了相关技术的研究，并取得了一些可喜的成果。

高速铁路桥梁 PHM 系统利用桥梁结构健康监测对结构的损伤位置和程度进行实时诊断，对桥梁的服役情况、可靠性、耐久性和承载能力进行智能评估，为大桥在特殊天气或桥梁运营状况严重异常时触发预警信号，为桥梁的维修、养护与管理决策提供依据和指导。

道岔 PHM 系统主要包含道岔运行的数据采集、数据处理分析（预处理、特征分析、智能挖掘）、可视化界面组成。

牵引供电 PHM 系统通过获取牵引供电设备产生的在线监测数据、离线试验数据等海量异构多态的数据，并存储于多信息源融合数据库，通过降噪、归类等信息处理手段，实现由短到长各时间尺度上的 PHM 功能，主要包括故障预警与故障快速诊断、健康评估与剩余寿命预测，以及可靠性分析和风险评估，最终结合成本、时间等维护相关信息，形成最优维护策略。

（4）PHM 在动车组中的应用及状态修

近年来，基于可靠性和系统安全理论，状态监测、故障预测与健康管理、以可靠性为中心的维修、状态修技术逐渐在轨道交通领域萌芽、发展。除了对动车组 PHM 系统开展

研究外，动车组状态修也在逐步完善。

高速列车是高速铁路典型的现代化技术装备，其检修管理的很多方面都体现了代修思想。随着新车型、技术和材料的大量应用，传感器技术、计算机信息处理技术乃至各种自动检测技术正逐步投入使用，车辆检测技术正在向智能化高科技、自动化方向发在车辆故障检测方面积极弥补由传统人工检查带来的不足。以往定期、定型及分解的列车检修方式，也正向状态监测、以功能为中心和非分解型的检修方式发展由于各国高速铁路采用的技术、牵引方式和运营情况不尽相同，在高速列车维修项念和维修制度等方面，日、法、德、中国等都已形成各自的风格和特点。动车组运用维修分类如图4.4所示。

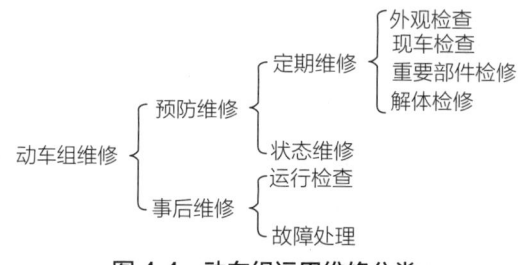

图4.4 动车组运用维修分类

动车组实行预防性维修体系，分定期维修和状态维修两种，对重点设备如轮对进行定期探伤，确保动车组性能和运行安全。在动车组运用维护信息管理系统建设方面，该系统以运用、维修、技术、物流4类业务为主线，包括调度、作业、技术、设备、安全、质量管理和动态监控等应用子系统，分为配属、履历、大部件、计划和故障5大模块，形成覆盖国铁集团、铁路局集团公司、动车段、动车所及主机厂的四级框架体系。动车组运用维护信息管理系统已在国铁集团、铁路局集团公司、动车（客车）段、动车所及主机厂实施运用，基本覆盖全路的动车组运用检修信息共享及技术管理平台，实现了动车组全路调配运用和网络化维修管理，为动车组安全运用和维护提供了技术支撑。

结合高速列车的技术特点以及既有线路检修设备、人员的布局情况，中国已逐步构建起高效、可靠、经济的现代化高速列车运用维修技术体系，在保证安全、稳定运行的前提下，始终遵循"提高车辆运用效率，节约维修成本"的原则，中国高速列车检修仍然是计划预防修为总体框果，基于在运高速列车的设计、运用和维修等方面特点，灵活采用分层次的"定期修、状态修、换件修、均衡修"相结合的检修制度，在到车不解编状态下，以"预防为主、检查为主，换件修为主、组装调试为主"为原则，从而减少在修时间，提升维护可靠性和车辆利用率。近年来，中国高速列车检修正逐渐向"状态修"发，基于设备状态检测，使设备和部件的更换时期和维修程度达到最佳化，最大程度上避免后维修可能带来的风险和预防维修可能造成的浪费。

在具体实施过程中，研究建立以客流波动规律为牵引的动车组用、检、修模型，根据年度、月度、周期客流预测形成用车方案，指导车辆部门科学合理制定全年检修计划；优化检修方式、压缩检修时间，全面实施动车组白天180分钟一级修，实施二级修"错峰"修，扩大动车组在线替换和在线解编范围。如上海局集团公司每日增加白天修和网络修分别达到42、15个标准组，既均衡了昼夜工作量、降低职工夜间工作强度，又为精准有效供车奠定了基础。同时，围绕"旺季多开"制定"高峰期动车组有效供给"、"动车组司机超图供给"等针对性挂钩考核，鼓励车辆部门旺季主动多出车、机务部门提供动车组司机保证，让动车组供给与客运市场需求更加精准匹配。

目前，动车组修程修制改革正在深化中。在动车组维修领域，由铁路局集团自主发挥市场主体作用，根据实际情况自主决定一、二级修检修项目和周期；对于高级修，铁路总公司将对关键条款和技术要求进行界定。动车组检修周期延长步入验证阶段，高速"复兴号"和时速300公里"和谐号"动车组，高级修里程间隔上限将从132万公里分阶段逐步延长到165万公里和145万公里。动车组检修周期延长是一个具体过程，从145万公里开始，每隔10公里为一次叠加，分批次检查列车，最终到165万公里，通过国铁集团的深度抽查，加大检查范围，来判定是否继续延长周期。除"复兴号"动车组外，既有和谐号CRH3C/380B/380C/和380D平台动车组高级修里程周期间隔延长10%，由132万公里提高到145万公里；CRH2C/380A平台动车组高级修由60万公里/1.5年延长至120万公里/3年。

除动车组高级修延长外，一二级修也逐步延长。时速200公里以下、200-250公里和300-350公里动车组一级修周期延长分别由4400公里（48小时）延长至6600公里（96小时）、4400公里（48小时）延长至6600公里（72小时）和5500公里（48小时）延长至7700公里（48小时）；二级修车轮探伤从现行25万公里延长至35万公里，车轮镟修由定期改为视情况而定。就修程修制改革目标，在确保动车组质量安全的前提下，通过改革优化检修周期、检修标准和检修范围，避免过度修，防止失修。实现压缩调试停时、降低检修成本，提高检修运用效率。

第五节　运输组织

1. 我国高速铁路运营环境特点和什么是高速铁路的"公交化"运营

我国高铁运营的环境特点是：

（1）全世界规模最大的高速铁路运营网络。点多、现场、面广；列车开行密度大、距离长。

（2）运营环境最为复杂，多样的自然环境（高寒、大风、热带气候）、复杂的地质条件（大面积失陷性黄土、高压强富水岩溶发育区、冻土）。

（3）客运供需矛盾日益突出。节假日短期大客流的冲击强。京沪、京广、沪杭等线路客流增长迅速、通道能力紧张。

"公交化"运营顾名思义即在区间内行列年数量多、发间隔小、运行时间短、站站停，可以像公交车一样随到随走，极大方便了旅客出行。我国已有多条高速铁路提供"公交化"运营服务，比如京津、沪宁、广深等线路。其中，京津高速铁路列车从北京到天津的运行的35分，高峰期每小时可发10多列高列车，已经成为京津两地居民快捷的出行方式和一部分人上下班的通勤工具，影响并改变了人的生活方式。

在一般人印象里，相比于市内交通，跨城通勤似乎道路更加漫长。而在长三角很多城市，高铁拉近了时空距离，让更多的人选择跨城通勤，通勤的费用和便捷度比起在上海租房更能让人接受。据同济大学建筑与城市规划学院发布的《长三角城市跨城通勤年度报告》显示，2020年，长期往返于上海及周边城市的跨城通勤族人数折算约7.2万人，较2019年增长了近25%。便捷的高铁缩短了上海与全国其他地区的时空距离，乘坐高铁从上海出发，1小时内可达无锡、常州、杭州；2小时内可达镇江、南京、金华、宁波、南通、扬州；3小时内可达合肥、蚌埠、徐州、芜湖、温州、丽水；4小时可达黄山、安庆、南昌、青岛……一日可达的城市已覆盖东北、华北、华中、华东和华南等全国大部分地区。"轨道上的长三角"活力涌动，为区域融合发展奠定了坚实的现代化交通基础。

2. 高速铁路运营组织过程包括哪些内容

高速铁路网规划、运力资源分布以及客运输需求是高速铁路运营组织的基础,其中运力资源布局特点和客运输需求结构很大程度上注定了高铁运输组织模式的选择、运输产品的设计、运输能力与运输效益的发挥。高速铁路运营组织过程主要包括以下几方面内容:

列车开行方案与列车运行图是高铁运输产品的主要表现形式。列车开行方案主要解决运输产品的空间分布问题,列车运行图主要解决运输产品的时间分布问题,二者共同构成高铁运输服务网络,其构建质量决定了高铁运输服务的经济、快速准点、便捷等特性。

动车组运用计划为列车产品提供运力保证,车站到发线运用计划为列车在车站的作业提供场所和允许占用时间,乘务运用计划是给列车运行与旅客服务提供人力支持。

同时,高铁车站是列车停靠的场所,同时也是旅客上下车以及获得多项延伸服务的场所,高铁车站往往也是城市交通的综合枢纽、站城融合的窗口,往往是城市对内、对外交通流、商业活动流、物流等各种流汇聚的节点,必须有一套精细化的车站工作组织方案来有效管理和控制各种流线。

以上讲述的列车开行方案、列车运行图、动车组运用计划、到发线运用计划、乘务运用计划构成了高铁运输组织的基本计划。实际工作中这些计划的编制过程是交叠的。例如,在编制列车开行方案时就要考虑动车组交路、检修地点、乘务担当等安排,铺画运行图时要根据动车组交路考虑列车的始发、终到时间;列车运行图既是动车组运用计划又是各车站到发线运用计划编制的基础;车站到发线安排不仅要考虑列车到发时刻还要考虑动车组交路,乘务运用计划主要以列车运行图与动车组运用计划为基础进行编制。在编制这些计划的过程中,由于各种约束的加入,下一个环节的计划有可能因能力限制等原因需要反馈调整前面环节生成的计划,因此基本计划的编制是一个反馈迭代的优化过程。运输产品需要通过市场营销以客票的方式销售出去,售票情况反映为列车的客座率,在运输产品的设计过程中还需要根据市场营销结果,反馈调整列车开行方案和列车运行图,不断提高运输产品的市场适应性,从而提高高速铁路的经济效益。

基本计划形成后就进入执行阶段。由于异常天气、人为活动、设备故障等干扰在所难免,在执行计划的过程中有可能偏离基本计划,这就需要铁路局集团公司调度所高铁调度人员编制列车运行调整计划,调整计划的主要目标是尽快恢复列车正点,减少旅客晚点,但调整的时间、空间和列车数量取决于干扰的大小。一般小的干扰可以通过调整乘务运用计划、到发线运用计划、动车运用计划实现，通过这些铁路内部工作的调整可能仍能保证列车正点，旅客也感受不到列车晚点（例如前序列车晚点后启用热备动车组）。

中国高速铁路调度系统集成了计算机、网络通信和现代控制技术，具有高度自动化，实行分级管理、集中指挥，通过国铁集团调度中心、铁路局调度所和车站调度室三级指挥机构，对运行在2万多公里高速铁路线上的4千多列高速列车进行远程调度集中指挥。列车调度员作为列车运行的直接指挥者，利用调度指挥系统对各管辖范围内的列车进行高效的指挥和管理，包括按照列车运行图制订列车运行阶段计划，自动排列列车在车站的接发车进路，监控列车按计运行，针对线路施工、自然灾害等外界干扰及整列车运行计划、下达行车指挥命令和快速复行车秩序，等等。

但是，如果干扰更大，就需要在一定范围内调整列车运行图，如果通过调整列车运行时间仍然不能解决问题，还可能需要进一步调整，例如采取取消列车、加开列车或调整列车运行径路的常用方式，这时会带来大量的车站工作调整以及票务的退改签服务如果干扰连续多日，甚至还需要调整客票计划，例如限售一定时段某些方向的车票等等。也就是说，随着干扰的加大和随机因素的叠加，列车运行调整工作也将逐步扩大，其难度和复杂程度也随之较大。同时，高速铁路列车密度大，动车组交路紧，特别是我国跨线列车多，一旦晚点很容易波及大量旅客，因此，高速铁路必须加强综合维修工作，确保设备设施的良好状态，以便从源头上减少列车运行干扰、增强抗干扰能力。

3. 高铁客流特征和客流分析为什么是首要的因素与客流调查及分析

高速铁路客流是一个复杂的要素集合体共同影响的产物，其形成和发展是内外各种动因共同作用的结果。系统内部因素主要有运营组织计划、服务质量、客运票价等；系统外部因素包括系统环境和旅客方面等因素。环境方面主要是区域经济发展水平、人文与自然环境条件交通结构等因素；旅客方面的因素诸如个人社会经济条件、消费偏好等。客流出行规特征主要包括客流的年龄、职业结构、出行目的、对票价的敏感性等，由于每个出行者的特征都不相同，每个旅客出行行为选择也各不相同，继而导致高速铁路客流量的响应变化。

影响客流的因素不会单方面发挥作用，而是相互交织、相互作用，其影响因素可归纳为安全、列车正点率、速度（旅行时间）、发车密度（特别是高峰时段）、票价、舒适度、营销策略等方面。其中，舒适度是指随着人民生活水平的提高，旅客对出行工具的舒适度有越来越高的要求。旅客不仅有满足于能实现位移的需要，而且要求在接受运输服务的过程中感到舒适，对这方面的需求也是多层次的。铁路部门在细节上做文章，全面开展差异化、个性化服务，拓展服务内容和方式。围绕旅客购票、进站、候车、检票、上车、乘车、下车、出站等 8 大环节，优化服务流程，改进服务方式，为旅客提供通畅有序、便捷温馨服务；继续抓好老弱病残孕等重点旅客进出站、上下车预约服务，旅客遗失物品查找服务，视力障碍旅客携带导盲犬乘车等服务。同时，高铁服务品质不断提升。自助售取票、自助验证验票、自助检票进站、互联网订餐、机器人问询、App 资讯查询、车站智能导航、服务预约、站车 Wi-FI 等一批创新服务产品的推出，极大改善了旅客出行体验。在营销策略上，主要是指寻找适应高速铁路客运市场需求的各种营销手段，如降低销售价格、实行优惠价、改进产品性能、提高列车速度及档次、提高服务质量等。

我国的高速铁路呈网状分布，规模大，网络复杂程度明显高于其它国家，而且我国经济发展较快，各地区间社会经济交流频繁，大中城市间中长途客流需求也十分旺盛。因此，我国的高速铁路网中存在大量的跨线客流，这是不同于国外高速铁路的重要特点之一。这客流的组织涉及不同线路乃至全路网的组织协调问题，在运输组织中，既要考虑到些运输的便捷性、快速性需求，又要兼顾运输的效率和能力利用水平，对列车开行提出了更高的要求。

除层次多样化、跨线客流多外，短途旅客的占比大也是高速铁路客流的显著特点。目前我国 500 公里以下客流占总客流量的 78.2%，周转量占比 42.6%，不同里程客流结构如图 4.5 所示。

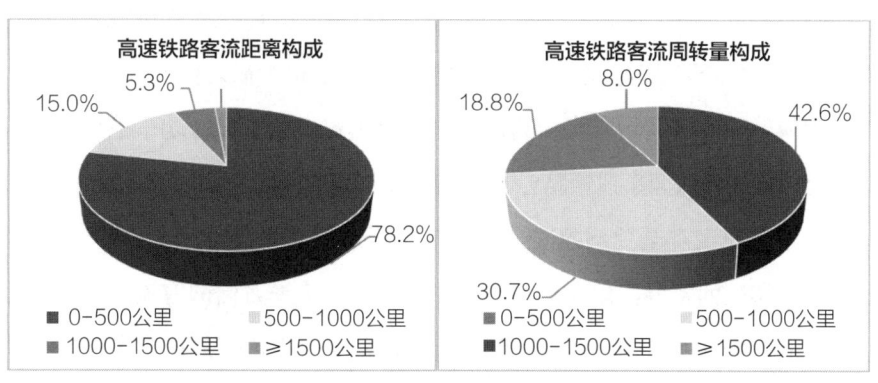

图 4.5 我国不同里程客流分布

旅客出行需求的相关信息是编制列车开行方案、优化票额分配和制订售票计划等运输组织优化和收益管理的基本输入数据。随着高铁网络化运营进程的推进，铁路的运输能力得到了极大提升，旅客对于高铁所提供的运输服务也有了进一步的要求：在出行需求总量得到满足的前提条件下，同时希望自身的出行需求得到及时响应，即满足高铁旅客的时变需求。于是，精准预测高铁客流时变需求是编制高质量的运输计划和制定科学管理决策，进而保证高铁服务质量和提高运营效率的基本前提本书针对如何获取高铁客流时变需求这一题进行理论研究。

旅客出行选择交通方式时，主要考虑安全、快捷、舒适、票价。公务、商务旅客出差费用可以报销、无须考虑票价，中短途旅客多数选择高速铁路，少数选择民航。长途旅游、探的客流中：收入较高的旅客多数选择高速铁路或民航，少数选择普速铁路收较低的旅客多数选择普速铁路、少数选择高速铁路。短途旅游、探亲的旅客中，有私家车的旅客，因节假日高速公路免收通行费，多数自驾车出行，少数乘高速铁路列车收入低的旅客，多数乘坐公路客运汽车或普速铁路列车，少数乘高速铁路列车。进城务工人员和低收入旅客因高速铁路票价较高，只有在春节期间因买不到普速铁路车票才乘坐高速铁路列车回家过年；少部分家庭经济富裕的学生，不愿意乘坐普速铁路硬座而购买高速铁路软座回家。

客流调查与预测是在高速铁路吸引范围内，详细调查公务、商务、旅游、探亲等客出行的要求，以及学生流、务工流的流向和流量，采用历年统计料和问卷调查等手段，测未来年度高铁客流总量，以及平常、周末和节假日客流变化规律和各次列车上座率情况，为编制高速铁路旅客列车开行方案，提供比较准确的客流资料。

目前，我国不同地区的经济发展水平不均衡，人均收入存在较大差距，对高速铁路票价承受能力各不相同。北、上、广、深、杭、宁等地区，人均收入水平较高，高速铁路客流较多，高速铁路线路和开行动车组列车较多，上座率也较高；西北、西南、东北地区，人均收入水平偏低，高速铁路客流和高速铁路线路相对较少，开行动车组列车较少，上座率也较低。此外，随着我国高速铁路已建设成网，高速铁路吸引的客流范围也在发生变化。例如在徐兰高速铁路宝鸡至兰州段未建成前，郑西高速铁路西安北站始发与终到的客流、大部分为西安市和陕西省境内始发与终到北京、广州、上海方向的客流。宝鸡至兰州段建成并投入运营后，增加了甘肃、青海、新疆、西藏等省、自治区的中转客流。这些不断变化的情况在客流调查与预测过程中，都要认真研究，深入分析，力求准确预测。此外，互联网大数据也可作为客流调查的参考。

近年来，为了更加适应旅客运输市场，我国高铁实行了"动态"的列车开行方案、采用"按流开车"和"一日一图"的运输组织形式，即针对高铁旅客时变需求，采用动态的运输计划来提升运输服务质量。从高速铁路运输供需市场的角度进行分析可以知道，运营管理部门可以根据 O-D 间的日客流量变化情况确定动态的高铁列车日开行频率数量，并根据 O-D 间的时变需求分布来确定该 O-D 间一天内高铁列车的发车间隔时刻，以此来尽可能地满足旅客的出行需求，提升高速铁路的服务水平。

4. 客流需求预测，有哪些实际做法确保精准预测

在实际应用中，铁路局集团公司一般选择多种算法（如时间序列法、指数平滑法、概率法、组合法、神经网络等），根据所需预测的目标、种类或精度选择相应的算法。元数据是为预测未来而准备的相近历史数据，主要包括历史客流数据、历史社会经济活动数据、气象数据、节假日数据等。高速铁路客流需求预测是基于以上因素构建而成的，在客票系统、客运营销辅助决策系统的基础上，利用大数据方法，采用合适的客流预测模型算法，对列车、区域、线路的总量或者OD客流进行预测，为客流需求预测提供科学依据。

预留充分的应急能力，保障在突发大客流情况下满足要求。构建了综合交通枢纽路地联动模式，遇有雨雪恶劣天气、突发大客流等情况，铁路、地铁、公交高效协同，及时有序疏散旅客，确保城市公共安全。上海局集团公司为实现精准把握旅客出行需求，重点突出了三个方面：

（1）通过精准市场调查把握需求。全面整合调查力量，发挥铁路集团公司和站段两级营销中心作用，网格划分调查责任，做到分片划区、全面覆盖；突出调查方向，重点掌握区域内产业经济、交通方式、流动人口等基础数据及变化，着重了解出行需求、选择偏好、消费习惯等行为动态；注重改进调查方法，依托客运段和"12306"手机客户端，问卷调查范围由车下扩大至车上，由线下延伸至线上，并积极向国铁集团建议通过采集旅客购票点击频次和数量，更全面地掌握市场需求；不断完善调查周期，在日常定期调查的基础上，开展新图新线、重大活动等不定期专项调查，促进市场调查常态化，增强对市场变化的敏

感度和市场竞争、消费热点等要素的把握度。

（2）通过精准客流分析把握需求。突出客流的结构分析，掌握直通管内、动车普速结构的变化，通商、通学、旅游等旅客成分、总量的变化；突出客流的去向分析，掌握区域之间、区段之间客流流向、流量、流时变化；突出客流的周期分析，掌握旅客出行规律、购票规律和客流波动规律；突出客流的影响因素分析，掌握内部条件变化、外部环境变化与客流的关联程度，为准确把握需求科学决策提供可靠依据。

（3）通过精准大数据应用把握需求。立足客票客图海量数据，研究开发分析工具，加强应用提高分析有效性；探索旅客信息标签化方法应用，学习借鉴银行、民航客户管理做法，通过细分旅客属性、完善旅客画像；加强与专业数据公司的项目合作，推进大数据应用，着力分析旅客出行选择、出行规律与列车开行、停站之间的关系，挖掘市场潜在需求，为有针对性的优化调整产品设计和供给提供支撑。

5. 高速铁路运输组织和客流分析的整个过程图解

（1）运输组织模式。高速铁路客流由本线客流和跨线客流构成，目前，我国高速铁路对于跨线客流主要采用跨线运输组织模式，沿用了传统的铁路既有线旅客运输组织模式。由于高速铁路列车运行速度高，大大缩小了时空距离，未来我国高速铁路应研究直达输送与衔接换乘方案相结合的跨线运输组织方法、并尽量减少长途跨线列车，关键在于解决好跨线客流的换乘组织。

（2）运营计划编制。高速铁路运输组织的关键在于协调好铁路行车组织与运输市场营销之间的配合关系，建立起对运输市场需求变化做出全面、迅速、准确反应的运输组织新机制，未来我国铁路应面向市场导向，以一体化设计思想为基础，进行高速铁路运营计划编制。

（3）动车组运用。动车组运用涉及动车组检修设施布局及规模、动车组运用模式、列车编组、动车组交路图优化等问题，目前，我国高速铁路动车组运用主要是以线路为研究对象，条块分割，未来我国高速铁路动车组运用的突出问题在于面临网络化运营的挑战。

（4）施工组织。目前，我国高速铁路主要采用夜间停运列车的施工组织模式，无法开行夕发朝至列车,降低了客流吸引能力,未来我国高速铁路施工组织应打破现有的模式,以满足开行夕发朝至长途跨线列车的需要。

(5)换乘组织。目前,我国高速铁路跨线客流采用直达输送方式,现有的客运乘降设施和组织方法不能适应换乘组织特点,未来我国高速铁路应重点解决与换乘组织相适应的运输组织体系方法。

高铁运营组织包括的内容如图4.6所示。

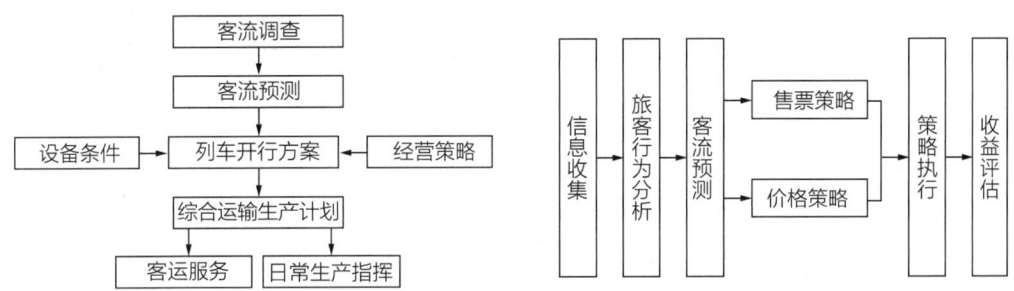

图4.6 高铁运输组织分析

当前,我国铁路运输的主要矛盾已经由运量与运能的矛盾转化为服务需求升级与运输供给不平衡不充分的矛盾。长三角铁路运输的不均衡性特点明显,上海局集团公司动车组对数占客车中对数的7成以上,同时,平常与周末客流相差三分之一,坚持以市场需求为导向安排运力。

6. 高铁客运产品内涵设计策略及方法

与一般产品类似,铁路客运产品也由多个层次构成,尽管层次划分及每层次内容不同,但其核心产品是旅客位移,不能把车票误以为是客运产品,车票应该理解为旅客与铁路之间的"合同"。而其他服务内容则是依附在核心产品之上、针对不同旅客出行需求而设计的。

客运产品设计就是要通过大量的客流调查、严谨的数据分析以及科学的运量预测,得出相应的分时段、分方向的客流计划,在此基础上,遵循"按流开车"的基本原则,确定旅客列车开行方案,包括列车运行区段、列车种类及开行对数,并根据列车开行方案编制列车运行图，包括列车"到发通停"时刻、列车停站方案、动车组交路计划、综合维修天窗等，尽可能优化列车运行方案，以缩短长短途旅客在途时间、减少途中换乘次数，确保列车运行计划与客流计划相匹配，并预留一定的储备能力使运行图具有一定的弹性，以适应市场变化与列车运行调整。同时，通过列车运行交路的长短结合，经济合理地使用动车组车底，并合理利用高速铁路的车站通过能力和线路通过能力（简称点线通过能力），以充分发挥并均衡使用运输设备的效能。

为满足旅客位移目的而提供的最基本的客运产品，内容包含与旅客位移相关的特征因素，有位移服务的时间性、便捷性（如发车间隔、换乘条件）、舒适性（如列车种类、等级、席别）等。具体来讲，是旅客出行需要了解的时刻表信息，从专业的角度是指列车开行方案与运行图的优化设计。

高速铁路客运产品设计的实质是高速铁路供给与需求逐层逐步精确匹配的过程，具体表现为不同层次产品的设计与组合，针对核心产品层，研究列车编组结构、运行区段、停站方案、开行对数、发车间隔等；针对形式产品层，给出基于车票种类、价格等要素的差别产品设计方案，针对附加产品层，设计不同的延伸服务；在此基础上，对不同层次产品的不同要素进行组合，得出组合产品的设计方法。

高铁客运产品设计遵循"按流开车"的基本原则，通过大量的客流调查、严谨的数据分析以及科学的运量预测，得出相应的分时段、分方向的客流计划，在此基础上，确定旅客列车开行方案，并根据列车开行方案编制列车运行图，尽可能优化列车运行方案，以缩短旅客在途时间、减少途中换乘次数，确保列车运行计划与客流计划相匹配，并预留一定的储备能力使运行图具有一定的弹性，以适应市场变化与列车运行调整。同时，通过列车运行交路的长短结合，经济合理地使用动车组车底，并合理利用高铁的车站通过能力和线路通过能力（简称点线通过能力），以充分发挥并均衡使用运输设备的效能。

庞大密集的高速铁路网为客运产品不断丰富提供了前提条件和支撑。目前，高铁列车产品主要按G、D两种速度，分干线、城际两种类型，体现在停站结构上有所区别，但大部分列车产品在装备设施、客流组织、服务水平、票价方面并无太大区别。而不同类型旅客群体在经济性、快捷性、方便性、舒适性等方面需求有着不同程度的差异，必然要求有差异的产品与之相适应。基于这种背景，在客运服务产品的设计和开发上，需要着眼于两方面，一是推进高铁客运产品的全面谱系化，促进客运列车产品优化设计；二是在谱系化的前提下，从专业化、定制化、全程化、差异化、人性化等角度出发，根据市场需求开发具有个性化特色的客运产品，提升客运市场竞争力。

 高速列车开行方案概念及优化手段有哪些

高速铁路列车开行方案是编制列车运行方案的基础。提高列车开行的经济效益和社会效益是编制和优化列车开行方案的基本原则，制定列车开行方案的市场依据是客流，而客流构成的四要素（流量、流向、流时、流程）以及客流性质（或目的），是确定列车开行方案的重要条件。列车运行区段、长短途比例、快慢比例、停站方案、编组辆数、开行对数等，都是从不同角度反映了列车开行方案与实际需求的符合程度。

综合考虑现有设施设备能力是开行方案编制和优化的基础，设施设备能力包括线路通过能力、车站到发能力、车底数量及折返能力等，需要在经济、合理地利用各种客运设备的基础上编制和优化高速列车开行方案。

编制和优化高速列车开行方案的基本原则是：以客流为依据，以提高经济效益和社会效益为前提，充分利用现有设施设备，最大限度地满足客运市场的需求。

高速列车的开行方案是指确定列车运行区段、列车种类及开行对数的计划。高速列车的始发站、终到站及经由线路，构成了高速列车的运行区段。列车种类区别出列车不同的速度等级以及不同的停站方案，开行对数的多少表示列车行车量的大小，三者共同组成了一个完整的高速列车开行方案。

高速铁路的开行计划方案应以市场需求导向为基础，做好客流的精准预测，在编制高铁运行图时，充分结合高速铁路运营实际，合理使用运能运力资源，实现客流预测。与列车开行方案、列车运行图、动车组交路图一体化设计是进行市场导向型运营管理的有效途径，因此，高速铁路列车运行图的编制具有协同一体化的技术特征和要求。

客运产品不可存储的特性，决定了必须把握客流波动规律，掌握节拍依流配能，才能实现经营效益最大化。高铁列车开行应遵循"运力跟着客流走"的基本原则，按照客流周期性规律探索实践"一日一图"开车模式。

（1）提高开行方案编制科学性。按照"一次铺画、按需开行"思路，不断优化开行方案。

针对日常与高峰客流特征，合理设计列车开行规律和编组规律，按照"基本、补强、打满"三套方案，编好日常图、周末图、高峰图。

（2）注重"一日一图"高效性。完善以周为周期的运输组织模式，建立"一日一图"运力动态调配机制。上海局集团公司层面坚持"需求分析、形成方案、审批下达、组织实施、跟踪微调"周运力优化五部曲的开车工作模式；站段层面畅通沟通渠道，紧密做好衔接，按需申请运力，做到适需增，更要做到依流减，最大限度实现运力投放与客流需求匹配。

（3）科学配置资源，实现系统集成最优。主要反映在"点"资源、"线"资源以及"车"资源的配置上。

①"点"的资源配置。拓展动车组存车能力，研究增加客流较小城市车站动车组存放，并逐步向客流较大城市扩展，减少空送式开车数量；加快动车所的布局，缓解枢纽地区动车所检修存放能力不足，适应客流饱满地区开车需要，提高动车组运用效益；加强配套能力建设，在重要节点站增加上水、吸污设施，适应灵活开车需要。

②"线"的资源配置。研究京沪高铁、沪宁高铁、沪昆高铁等繁忙干线、繁忙区段压缩追踪间隔可行性，为进一步释放繁忙线路通过能力创造条件。对于能力趋于饱和的高铁区段，尽力采用大编组、大容量车型，用足用好线路通过能力。研究调整天窗基本计划，压缩客流高峰期天窗时间，有效延长可利用运营时间。

③"车"的资源配置。通过年、季、周客流规律和用车需求交底，研究建立以客流波动规律为牵引的动车组用、检、修模型，做到高峰旺季多用车、低谷淡季多修车。充分发挥动车组网络修逐步扩大范围的优势，提高动车组运用的灵活性。积极探索改进动车组一级修作业内容，压缩作业时间，适当增加白天修数量，提升高峰期有效供给的同时提高动车组综合利用率。协同运输等部门研究扩大站内动车组在线解编重联、在线替换，拓展整交路运力调整空。

8. 高速列车编组数量指的是什么

列车的编组数量是影响列车定员的主要因素，进而影响开行方案中列车开行对数。列车编组辆数除了动车组运行、制动性能因素外，还要根据列车运行径路上沿途车站的到发线有效长度、站台长度、折返牵出线长度、线路能力等多种因素统一确定,当这些固定设备、移动设备因素确定之后,主要根据服务范围的市场因素决定编组辆数,此时的主要决定因素是运行径路上沿线客流密度、客流波动、列车服务频率等。

由于高速铁路采取公交化的运营组织方式,为保证较高的服务频率,需要扩大列车的行车密度。因此,高速列车的编组辆数相对较小。而当高速铁路通过能力比较紧张,或在节假日期间客流量较大时,为充分利用线路能力,通常需要开行大编组的高速列车。

当列车为8辆编组的单组列车时,列车开行数量则相应地增多,也即以短编组、高密度的方式,提高服务的频率,能较好地吸引客流,且为旅客提供可供选择的多时段、多车次的服务。但当线路能力紧张时,重联的大编组列车能够充分利用线路通过能力,并提高了列车的输送能力。因此,高速列车的编组辆数决定了列车的定员,列车定员进一步影响到列车开行对数。而列车编组辆数应根据市场需求、线路通过能力等具体情况综合考虑。

9. 高速铁路列车运行图概念,有何作用

列车运行图是组织全线列车运行的基础,通常以一天为周期。由于列车运行图规定了各次列车在每个车站的到达、出发、通过时刻,在区间的运行时间、在车站的停站时间、在折返站的折返时间,以及列车占用区间的先后次序,并规定了列车的重量、长度以及运行交路等,因而运行图也规定了铁路线路、站场、通信信号、动车组车底等设施设备占用的顺序与程度(称之为设备运用),以及与行车有关的各部门的工作要求。因此,列车运行图是铁路运输工作的综合计划,是铁路行车组织的基础,是协调铁路各部门、各单位按一定程序进行生产活动的工具,也是铁路与旅客、与社会联系的纽带。

高速铁路列车运行图是用以表示列车在高速铁路区间运行及在车站到发或通过时刻的技术文件,它规定各次列车占用高速铁路区间的先后顺序、列车在每个车站的到达和出发(或通过)时刻、列车在高速铁路区间的运行时分、列车在车站的停站时间,列车在折返站的折返时间,列车交路及出入段时刻等。高速铁路列车运行图是高速铁路运输工作的综合计划和行车组织工作的基础。

列车运行图是列车开行方案在调度指挥系统的直观显示。列车运行图是利用坐标原理

描述列车在轨道上运行的时空关系，直观显示列车在沿途各站到达、出发、停站或通过的时间，是各类列车在沿途各区间运行状态的一种图解形式。简单地说，列车运行图就是"距离—时间"关系曲线。中国列车运行图的纵轴为列车沿途运行的距离，被不同的站间距切分，横轴为一天24小时的时间轴，图上的斜线即为列车运行线，向右上方运行的为上行列车运行线，向右下方运行的为下行列车运行线，斜率代表列车的运行速度，如图4.7所示。

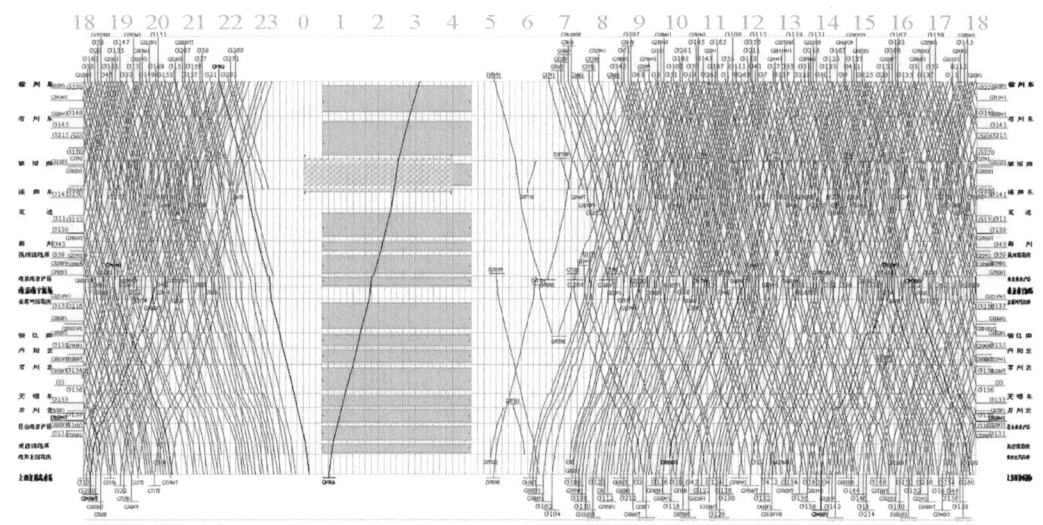

图 4.7　高速铁路列车运行图（局部）

高速铁路列车运行图铺画的均是速度在200公里/小时以上的高速动车组列车，与客货混跑的既有铁路不同，运行图上铺画的都是旅客列车运行线，主要分布在符合人们出行习惯的6：00-24：00范围内，夜间主要是高速铁路综合天窗维修时间。

高速铁路客流以通道流、区段流为主，呈现出明显的季节性、波动性、时段性特点，同一条高铁在一年、一季、一周，甚至一日内各小时之间的客流常有急剧的起伏变化，为充分发挥高速铁路的社会和经济效益，提升高速铁路适应市场变化的能力，铁路部门根据客流规律按年度分季节编制高速铁路日常图、周末图、高峰图。随着人们出行规律和出行习惯的改变，以往的高速铁路日常、周末、高峰图已逐渐不能满足旅客的出行需求。2018年，中国铁路总公司提出了高速铁路旅客列车运营实施"一日一图"的决定。一日一图就是在既有的动态调整图上，根据每日客流的精准预测，实施每日不同列车开行方案的原则，体现了精准贴近市场，精准投入运能，精准实施设备检修的动态化运营组织。

高速铁路列车运行图是铁路运输企业实现高速列车运行安全、正点和经济有效地组织铁路运输工作的列车运行生产计划，高速铁路的运输生产活动通过高速铁路列车运行图把各部门联成一个统一的整体，各部门须严格按照运行图规定的程序进行工作。因此，高速铁路列车运行图是高速铁路运输生产的一个综合性计划。

此外，高速铁路列车运行图又是铁路运输企业向社会提供运输供应能力和承诺运输服务质量的一种有效形式。从这个意义上讲，向社会公布的高速铁路旅客列车时刻表，实际上就是铁路运输企业服务供给产品的目录。因此，高速铁路列车运行图又是高速铁路运输组织生产和产品供应销售的综合计划。

铁路列车运行图的编制和管理均由铁路总公司统一领导组织完成。总公司确定列车运行图编制的原则、要求、技术标准、编制步骤，明确总公司和铁路局两级编图机构的职责分工。现阶段铁路总公司每半年一次定期召集各铁路局运输、客运、机务、车辆等相关人员集中编制列车基本运行调整图，每年暑运、春运前召集各铁路局集中编制暑运、春运分号图，其中跨局列车运行线由总公司组织各铁路局协同编制，各局管内列车运行线由铁路局负责编制。各铁路局编图人员统一在铁路总公司的编图专用服务器上完成跨局和管内列车运行图的铺化及相关参数修改。编图周期结束后，各局将编制完成的客货列车运行图和相关技术资料、运输生产指标，以及列车运行图数据库上报铁路总公司核备。编图软件日常更新升级和系统维护由铁路总公司编图中心（西南交大编图研发中心）完成。

铁路的现代化进程在逐年加快，铁路运营模式的改革会不断加速，以市场需求为导向，不断推出适应市场的客货运输产品和提高运能资源使用效率是铁路运输企业经营的根本。不断提高列车运行图编制技术能力和管理水平，编制高效、合理的列车运行图才能适应现代化铁路企业的发展。

10. 周期运行图特征以及我国高铁采用周期性运行情况分析

周期性列车运行图是国外高速铁路普遍采用的运行图模式，在不同种类的列车运行图中，周期运行图具有较强的规律性，便于旅客的时间记忆以及合理规划不同线路间的出行换乘，同时还可带动相关工作如铁路售票方式、车站服务模式的转变与完善。对于条件适合的线路，编制规格化的周期运行图能有效提升旅客服务水平及市场竞争力，如欧洲、日本的高速铁路几乎全部采用了周期运行图，取得了巨大的经济和社会效益。

周期运行图的编制还需要考虑周期长度以及列车方案线的开行频率。相比于非周期列车运行图，周期运行图主要有以下4个编制特点：列车运行线在每个周期内重复铺画；列车方案线中，在始发站最早出发列车的始发时间范围可以直接根据周期长度和列车方案线开行频率确定；属于同一列车方案线的列车运行线在周期内按照相同间隔时间均匀分布，故在确定第一列列车的运行线后，即可以相应地确定列车方案线中其余列车的运行线；规划时段长度较短，且需考虑列车数量相对较少，但是列车在始发站的始发时间窗范围相对较大。

国外编图贯彻以人为本编制理念：客流特点是高速铁路列车运行图编制的重要参考因素，符合旅客出行需求的列车开行方案，国外相对固定运行秩序，减少旅客换乘等待时间，不同方向的客车采用整点或半点开车等措施，便于旅客记忆。而且，周期化特征明显。分号运行图使用。在不同季节、不同时段，客流呈现出明显的波动性。国外通常以季节性运量作为编制基本图时的参考，采用分号运行图是通用做法。

随着世界高速铁路的发展，周期性列车运行图的优势愈发凸显，极大地方便了旅客的出行，充分体现了高速铁路快捷、舒适、方便的特点，是欧洲、日本以及中国台湾地区高速铁路普遍采用的运行图模式。周期性旅客列车运行图凭借其在运输组织和客运服务上的明显优势，已在日本、欧洲等发达国家或地区实施运行。随着欧洲一体化的加速，欧洲各国的铁路联系越来越紧密，并且逐渐形成"泛欧高速铁路网"，列车周期性的运行模式也将进一步在欧洲高速铁路网上推广。

周期性运行图是在运输能力合理负荷下，以一定时间间隔（单元时间）为单位，循环重复铺画的饱和运行图。所谓周期性是指单元时间内的高、中速列车开行方案及停站方案基本相同。例如：以小时为单元时间，则运行图上每小时内的高、中速列车种类数量以及停站地点、时间基本相同。

周期性运行图列车开行密度大，开行时刻、停站方案在各时段内相对固定，充分体现了高速铁路快捷、舒适、方便的优点，并可带动相关工作如售票方式、车站服务方式的转变和完善，提高铁路运输企业在客运市场上的竞争力。因此，全世界范围的高速铁路几乎都采用了周期性列车运行图。

周期运行图在此方面具有一定优势，相比非周期运行图考虑了列车运行线的规律性约束，能够在高峰时期组织列车密集开行，更好地满足需求较大的OD客流，从而一定程度上实现列车的"公交化"开行，提高铁路运输的服务质量。我国高速铁路"点多，线长，面广，跨线列车多"，一些线路只能采用部分列车周期运行，部分列车非周期运行的模式，在实际应用时，通常先编制高峰周期的运行图，然后根据客流波动对高峰周期的运行图作一些调整，如抽线或微调部分运行线以形成其他时段的运行图，周内工作日和周末或不同季节的运行图还须做相应的调整。

相比于其他国家，我国铁路路网结构具有车站数量多、单条线路跨度长以及线路覆盖面广等特征，并且部分线路的供需矛盾极为突出。而且直达化的思路是运行结构设计的主要核心，高铁线分为通道型和城际型，跨线列车较多，速度差又不同，周期性运行图在我国还处于适应阶段。例如，沪宁城际整点开行三站停列车，苏州、无锡、常州具有一定的周期性特征。沪宁城际铁路由于里程较短且明确定位为城际线路，在全路网列车谱系架构中，属于高铁谱中的"城际子谱"。基于旅速、节点等级维度，沪宁城际列车停站方式采取以下3种：仅停大站、停靠大中站、停靠大中小站，记为大站车、中站车和小站车，分别属于快车、次快车和中速车。基于开行时间维度，可划分为整点标杆车、早晚通勤车、其他时段车等。本线区段列车都可按大站车、中站车、小站车划分为3个谱系；根据开行时间属性（如整点、时间间隔是否规律、特定时间等）再划分"子系"列车。沪宁城际铁路停站方式客流比如表4.1所示。

表 4.1 沪宁城际铁路停站方式客流比

	包含车站	数量	沪宁线上客流占比
大站	南京南，南京，常州，无锡，苏州，上海，上海虹桥	7	82.32%
中站	镇江，丹阳，无锡新区，苏州园区，昆山南，惠山	6	14.12%
小站	上海西，南翔北，安亭北，花桥，阳澄湖，苏州新区，戚墅堰，宝华山，仙林	9	3.56%

11. 高速铁路列车运行图的分类、特点及要素

从国外高速铁路来看，高速铁路列车运行图可分为常规列车运行图和节假日列车运行图，开行定期列车和季节性列车，日常运营可增加临时列车。高速铁路可根据客流规律铺

画多种版本的列车运行图以更好地满足客流需求。

高速铁路列车运行图按需调配，可以分为日常运行图、周末运行图和节假日高峰运行图。日常运行图为周一至周四实行的运行图，周末运行图为周五至周日实行的运行图，如沪宁、沪杭高铁；也有采用日常运行图为周一至周五实行的运行图，周末运行图为周六、周日实行的运行图，如金山线。

节假日高峰运行图为春暑运、黄金周、小长假等运输期间实行的运行图。如果在日常和周末遇有突发客流，铁路局可向铁路总公司申请开行节假日高峰运行图中未开行的高铁列车，铁路局根据旅游旺季、特殊社会活动等可编制春游图、清明扫墓等高铁列车分号运行图。

高速铁路列车运行图特点有以下几点：

（1）不同速度值的高速旅客列车混跑。高速铁路是铁路网的重要组成部分，除了承担本线运输任务外还承担着大量的跨线客流运输任务，不同速度等级（300-350公里／小时、200-250公里／小时）的高速列车共线运行在相当长的时间内是高速铁路的运输组织模式。

（2）旅行速度要求高。旅行速度是列车运行图的重要指标，对于高速铁路要求更高。在高速铁路上运行的高等级列车的旅行时间，在一定的技术条件下，列车旅行速度与停站频次和停站时间有关。为确保低等级跨线列车的旅行速度，应尽可能地减少高等级列车越行低等级跨线列车的次数，且尽可能做到越行站与客运办客停站相结合。

（3）列车开行与综合施工维修天窗统筹安排。高速铁路建成运营后，均在夜间设置综合施工维修天窗，综合施工维修天窗开设的时间大多为0：00-4：00这一时间段，且综合施工维修天窗时间内禁止行车。而随着全国高速铁路逐渐成网，长距离跨线列车和夕发朝至列车的开行，高速铁路夜间仍需行车，因此列车的开行要与综合施工维修天窗的设置统筹考虑。

（4）高速铁路列车运行图具有鲜明的时段特性。高速铁路列车运行线的安排必须满足旅客对出行时间的需求，尤其是担任城际间运输任务的高速铁路，将形成列车晨间密集发车及晚间密集到达的早晚高峰时间带。例如，为旅客出行提供快捷、舒适的旅行条件是高速铁路运输组织的出发点，列车运行线的安排必须满足旅客出行规律的要求。高峰时段大量列车密集开行法，6：30-9：30和17：00-20：00形成列车密集刀法的高峰时间带。

因此，高速铁路应对其高峰时段的综合运输能力及供电能力进行检算。

（5）高速铁路列车运行线具有较高弹性。为确保高速铁路列车的高正点率，高速铁路列车运行图必须要有足够的应变能力，即具有较高的弹性；当列车运行紊乱时，要尽快恢复列车运行秩序，使列车回归按图行车的状态。也就是说，高速铁路列车运行线的铺画及列车运行线间均要预留一定的冗余时间，以减少局部个别列车的晚点对全局高速铁路列车的影响。

高速铁路列车运行图要素包括：列车区间运行时分、动车组起停车附加时分、列车在中间站停留时间、动车组在折返站和动车段（所）停留时间、列车追踪间隔时间、列车开行时段、分时段行车密度、综合施工维修天窗时间等。另外，在高速铁路运营过程中，目前常用的追踪列车间隔时间有：发车追踪列车间隔时间、区间追踪列车间隔时间、到站追踪列车间隔时间、到通追踪列车间隔时间、通发追踪列车间隔时间。以上时间标准，请查阅相关高铁运营技术书籍。

12. 高铁列车开行时段怎么确定的

高速铁路上开行的列车受到旅客出行时段和市场需求的影响，列车运行线一般不是均匀分布，而往往一个时段密集开行，而另一个时段则相对稀疏，从而使得高速铁路列车运行线分布具有明显时段性特征。根据旅客出行和市场需求，我们可以把一天24小时划分为不同的时段。

（1）高峰时段：由于不同等级的列车密集开行或不同速度的列车分布不均匀而产生的列车在某一时间段内密集到发或通过，这个时间段称为高峰时段。在一天之内可能会产生几个高峰时段，不同线路、不同区段或区间，其高峰时段将是不同的。高峰时段也是能力最为紧张时段，它是决定高速铁路线路能否满足运输市场需求的关键。

（2）平缓时段：在这个时段内，到发或通过的列车相对较稀疏，是能力缓和时段。

（3）空闲时段：指夜间最后一趟列车到达至次日首趟列车开行前的时段，在这个时段内，没有高速列车开行。

旅客出行不仅有对列车运行线数量的需求而且有对列车开行时间的需求，因此，要求铁路有关部门不仅要向运输市场提供足够数量的线路通过能力，而且提供的能力应是优质的，符合运输市场需求的，并能组织起高质量的列车运行。

13. 高速铁路列车运行图编制需解决的问题

合理确定高速铁路列车运行线的铺划顺序，可减少列车运行线间隔检查与调整次数，提高编图效率。高速铁路列车运行图一般按下列顺序进行编制，如列车运行线按列车等级高低顺序铺划；同等级列车按出发时刻先后顺序铺划：高速铁路列车运行线按等级由高至低顺序铺划，对于同等级列车，首先按出发时刻先后进行排序，然后顺序取出列车进行铺划；高等级及先铺划列车具有优先权。

在高速铁路列车运行线铺划及间隔调整的过程中，当前铺划的列车与已铺划列车发生冲突时，先调整当前列车，然后再调整与其冲突的列车。这样可减少检查、调整次数，提高编图效率。由于我国高铁直达化要求较高，本线和跨线列车融合在一起，构成列车运行图结构。高速铁路列车运行图的编制与既有线相比有其不同特点，技术上也有其特定要求。高速铁路列车运行图需解决的问题主要包括以下几个方面：

（1）本线列车运行线与跨线列车运行线的协调优化。高铁客流具有客流量大、客流集中、平均行程长、跨线客流所占比重大等特点，为协调高速铁路与普速铁路线的生产过程，有效利用高速线和普速铁路线的能力，缩短旅行时间及提高服务质量，必须合理安排本线高等级列车运行线与跨线低等级列车运行线，减少不同速度等级列车间的运行干扰，既确保高等级列车高速、安全运行，又能保证跨线低等级列车在既有线上的合理衔接。

（2）高速列车运行线与综合施工维修天窗的协调优化。高速铁路均采用矩形的综合施工维修天窗，一般铺设在 0：00 至 4：00 之间，且天窗内禁止行车，天窗的开设不仅缩短了列车运行图中可供高速铁路列车运行的时间段，且人为地将列车运行图分割为两个隔开的时间段，对高速铁路通过能力造成了巨大影响。随着全国高速铁路逐渐成网，长距离跨线高速列车开行的数量越来越多，以及为丰富客运产品开行夕发朝至高速列车，均须组织高速列车利用夜间开行，鉴于此，高速列车运行线的铺画应与综合施工维修天窗的开设方式综合优化。

（3）高速铁路列车运行线与动车组运用计划的协调优化。高速铁路列车运行图是高速铁路列车开行的综合计划，它规定了各次列车的始发终到车站及始发终到时刻，而这些列车都必须由具体的动车组来实现，高速铁路列车开行数量受动车组运用数量的制约，同时，高速铁路列车运行线的分布决定了动车组需承担的运输任务，单从动车组运用计划的优化问题着手，并不能从根本上解决动车组的运用数量的问题，必须将动车组运用与列车运行线综合优化，才能提高动车组的运用效率和列车运行计划的质量。

（4）高速铁路列车运行图的稳定性。运输的方便、快捷、舒适以及运营的安全、正点、可靠是高速铁路吸引旅客的主要优点，要保证这个目标，除技术上须提供必要的保障外，运输计划编制是否科学合理也是极为重要的。高速铁路列车速度高、密度大，列车之间联系紧密，一旦出现干扰，列车调整困难，鉴于此，编制高速铁路列车运行图时，要在保证运输能力的基础上，合理安排各列车的到发时间，并在适当的时间与空间加入缓冲时间，使列车运行图具有较好的抗干扰性与自我恢复能力。

14. 铁路调图缘何越来越频繁？揭秘为什么铁路总在调图

作为广大旅客外出旅行的首选交通方式，铁路对于全国资源的配置作用明显，铁路也与人们生活息息相关，铁路的调图一如既往地引起了民众的极大关注。随着铁路迅猛发展、新线建设投入、列车增开及新站开通运营，可以说铁路部门每一次调整运行图，都是原有基础上优化、提速、升级，对经济社会高质量发展起到有效推动，释放出更多惠民利民的信号。

过去铁路发展滞后、运能严重不足，铁路部门市场意识淡薄，很少考虑调整列车运行图，一般是以一个基本图为主，每两年编制一次，中间只有一两次小的微调。近年来，"调图"一词总是被提及，为何铁路又开始调图了呢？铁路的频繁调图，是为了最大限度地挖掘铁路运能，为人们提供快捷方便的交通条件。随着时代的发展，铁路也在发展，而随着铁路的发展，旧的运行图未必就能跟上时代的变化，所以变化运行图就成为铁路进一步发展的风向标，高铁线路越来越密，越来越长，要把硬件设施利用好，让铁路网络高效运行，就需要充分考虑市场需求，科学配置、精确调度，这就需要通过软件、管理来实现。"调图"就变得异常重要了。"调图"是铁路部门依据市场需求变化，通过增减列车对数、改变径路、调整运行时刻及停开站等来合理调整运能、运力，更方便老百姓出行的一种举措。

中国铁路的调图从1993年开始，起初是4年调整一次，但近年来频率开始增大，铁路调图步伐明显加快并逐渐进入"常态化"，"常态化"调图就是铁路部门为更好适应市场化需求，通过增减列车对数、改变径路、调整运行时刻等来合理调整运能、运力，使列车的运行更加科学，旅客出行更加方便。中国铁路总公司在春运前、暑假前以及每个季度都会根据情况进行调整，让线路的运行更加合理高效，更好满足客运、货运的需求。特别是在部分地区高铁线路开通后，怎么安排列车对旅客出行更方便？这就需要通过调图来进行优化。同时，编图的智能技术也发展起来，才使得近年来历次的铁路调图成为可能。可见，铁路调图，着眼于两个方面的需要，一方面是为了适应新线开通的运行需求，另一方面也是为了适应铁路部门新的改革举措。

（1）铁路建设是调图的基础。从铁路调图频率中不难发现，我国铁路建设发生了翻天覆地的变化，全国铁路新线不断建成投运，尤其是高铁建设。

（2）铁路调图是铁路部门对于现有运力资源的优化重组。每次调图都是铁路服务的一大进步，都会让人们出行变得更方便，乘车的选择更多，乘车的时间更短，乘车的环境更好。通过调图，实现铁路客运"快速化、公交化、便捷化"服务，改善人民群众出行体验。调图后，重点客流区段列车开行密度显著增加，公交化程度提升。大密度开行呈现列车公交化运输特点，给旅客出行提供了极大方便。

（3）拉动社会经济快速发展的需要，得益于国家对铁路建设的高度重视和大力支持，每年全国都有新建或改建的铁路线投入运营以及新购置动车组，需要通过及时调图来统筹新增运力资源安排，以充分发挥铁路拉动社会经济快速发展的作用。

（4）主动适应运输市场变化的需要。铁路部门结合季节性、节假日、周末高峰等客货运输市场变化规律等特点，通过大数据分析，组织实施"一季一图"、"一日一图"，淡季停运加强设备检修、旺季增开用足运能，优质高效地适应市场变化和需求。

（5）满足人民对美好生活向往的需要。一直以来，铁路部门围绕深化运输供给侧结构性改革，持续优化列车开行结构，增加开行方向，提升列车开行品质，不断满足广大旅客日益增长的便捷出行需求。

那么，铁路调图的基本原则又是什么呢？

（1）以出行需求为导向，提升人民出行幸福指数。为兼顾民众周末出行需求，铁路部门精细布局，最大程度满足旅客出行需求。除了时空距离缩短，更好地满足了人民群众对出行的安全性、便捷性、舒适性、时效性等多元化的需求，最大限度地实现旅游资源的互通有无，让民众从"走得了"到"走到好"，幸福指数跟着节节攀升。

（2）以市场变化为导向，助力运输能力持续提升。调整列车运行图，是铁路部门根据市场需求，适时改变供需关系的系列操作。直观地讲，调图就是优化调整列车运行时间，提高运输服务质量，最大限度符合市场需求，进而实现社会持续发展。从"面面俱到"到"精心雕琢"，铁路根据货物运输结构和增量需求变化，充分释放铁路成网背后运输能力。在科学合理利用运力运能的同时，优化运输资源配置，让有限的资源发挥出更大优势，更好的服务区域经济社会发展。

（3）以低碳环保为导向，助力绿色高质量发展。在生活日益美好的今天，生态是我们的宝贵资源和财富。铁路在构建新发展格局、推动绿色高质量发展的蓝图中，紧跟时代的脚步，通过调整货车车流径路、增加开行货物列车等方式优化货物列车开行方案，缩短运输时间、降低运输成本，在满足夏季电煤等国计民生物资运输需求的同时，更好地承接"公转铁"运量，为绿色低碳发展作出贡献。

调图是个系统工程，涉及面广，牵一发而动全身。铁路部门编图是在调查分析客流、跟踪市场、广泛听取各方面意见的基础上进行的。除了前期浩繁的调研，每次新旧图交替期间，是最忙最紧张的，各部门往往要加班加点，通力协作，还要合署办公，密切监控交替情况，及时处理突发问题。铁路运输部门要根据新图的变化，精细调整客货列车编组，精心组织车站作业，制定严密细致的作业流程和计划，编制调度日班计划，保障正常的运行秩序；客运部门要同步做好票额分配，加强旅客售票、乘降组织，做好站车服务，最大限度地便民利民；机务部门要做好乘务人员的学习和培训，提前熟悉担当区段乘务线路，掌握运行径路和行车组织办法，全面提高乘务人员的平稳操纵水平，严格执行调度命令的接收、复核、编辑、出示、传达等规定，把好每个关口，服从调度的统一指挥，严格按图行车，提高列车正点率；车辆部门要加强车辆检修和管理，确保车辆运行安全；宣传部门则要及时做好调图信息的对外发布和宣传工作。

总之，铁路部门调图频率不断增加，调的是发展，体现的是铁路部门的责任与担当。铁路部门不断适应我国经济社会秩序发展的新形势，精准预测客货运输需求，灵活增减列车，有效进行运行图调整，不断满足我国经济发展以及人民出行的需求。铁路调图，快的不仅是速度，更是民众对优质出行的期望与期许。新时代的中国铁路定能肩负起交通强国、铁路先行的伟大使命，为"十四五"开好局起好步贡献"交通力量"。相信在铁路部门不断的努力下，人民群众的出行一定会变得更加便捷，更加美好！

15. 高铁运力调整模式

（1）把握客流周期规律。高铁改变了旅客的出行习惯，并呈现明显的年、周规律波动。如周规律总体呈现周二至周四平峰，周五至周一为高峰，周高峰客流较平峰客流增幅在20%左右，但每日客流又各有不同规律，我们细分通勤流、商务流、旅游探亲流，以周为运输周期细化好运力安排。按照周客流周二至周四3天基本相同、周五至周一4天各不相同的规律性波动为节拍，制定客运开车、运营和服务方案，按周计划、按日组织，引导铁路运输资源的合理配置，努力实现铁路客运经营要素的系统最优化。

（2）科学编制运行图。围绕客运提质计划和"复兴号"品牌战略要求，以"一次铺画，按需开行"理念设计运行图方案，匹配日常、周末、高峰客流特征铺画运行线，客流量大则满图满编开行，客流小则减编或及时停运，按照客流波动特征合理安排列车的开行和编组。

（3）实现高效联动。建立"一日一图"运力动态调配机制，以运输、客运、机务、车辆、调度、工房等多部门会商协同、方案集成、联动执行、合力共为的开车保障机制，坚持"需求分析、形成方案、审批下达、组织实施、跟踪微调、科学评价闭环"周运力资源优化六步曲的开车工作模式。

（4）建立"一日一图"列车开行效益评估系统，对客流预测、运能投放、运营效率实施全面分析评估，实现旅客列车开行前评估、开行中跟踪和开行后分析闭环管理，不断提高客车开行效益。在此基础上，继续做好运能的精准投放，研究试行"半日图"开车机制，做好"一日一图"效果延伸推进工作。在一日一图的基础上，重点抓好周五下午、周六上午、周日下午、周一上午高峰时段的客流市场，实施客运、运输、机务、车辆在线合署办公机制，保障四个小高峰的运能有效供给。继续通过加密线条、在线替换、在线解编、在线重联等技术手段，繁忙干线推行旺季日常、周末、高峰线加图外临客线饱和式满编运营，淡季抽线减编，节约付费支出，提高列车开行质量。

（5）建立每周运力调整"五步曲"的工作模式，由集团公司客运部门牵头，与车辆、运输、机务、调度等多部门密切联动、紧密协作，按照周二上午收集站段意见、组织客流分析、运输资源会商和周评价，周三发令安排，周末现场组织的工作节奏进行细化安排，形成本周二至下周一为周期节点的"一日一图"方案。

16. 动车组运用计划指的是什么

动车组运用计划是高速铁路运输组织技术关键的重要组成部分，是动车组运用和维修的综合计划，在列车运行图、动车组检修修程规定以及检修基地条件等既定的条件下，对动车组担当列车车次周转和在何地点进行哪种类型检修等作出的具体安排，以确保良好状态的动车组实现列车运行图。动车组运用计划主要包括3个方面，动车组交路与运转制、动车组的乘务组织、动车组的周转时间与车组需要数量，动车组运用计划最终反映在动车组周转图上。

提高动车组使用效率和保持良好的运行状态是矛盾的两个方面，动车组运用计划就是要实现动车组的运用与整备、维修一体化。一方面，动车组的运载设备运用和管理理念已经从常规铁路的分散化走向集中化．动车组检修包括日常检修和定期检修，各级修程分别对应检修周期走行公里数或运营小时数；另一方面，动车组运用主要有固定区段和不固定区段使用方式两种。尤其是不固定区段的运用方式，因运行区段没有限制、一组动车组多车次套用而且可以兼顾长短交路套用，已经在国外的运作以及中国铁路既有线提速开行动车组得到了成功验证。同时，动车组乘务制度应随之与运行方式相协调，采取不固定交路轮乘制，有利于提高动车组的使用效率，减少配属站数量。因此，可以说，整备和维修是保证动车组有效使用和运用质量的前提条件，而动车组运用计划又是合理安排整备和维修工作的重要依据。将动车组运用、整备、维修计划同时编制、统筹安排，这也是运输组织的难点之一。

动车组运用计划须与客车开行计划、列车运行图以及调度指挥系统结合产生，以提高动车组利用率、减少动车组使用数量、降低运用成本为日常的运输组织原则，在实际中依靠综合调度来实施调整。中国高速铁路动车组运用的突出问题在于面临复杂网络化运营的挑战。

17. "翼形列车"动态编组指的是什么

随着高速铁路市场化改革的深入，列车开行产品设计优化要求更加精细，动车组列车灵活调整编组的运输组织方式日趋提上日程，需要减少动车组在非繁忙区段的运能浪费。动车组的动态编组基于科学的客流分析，在保证旅客出行需求的条件下，实现列车云进行过程中动车组"动车组+分解"作业，通过灵活调整区段列车的编组数量，匹配运能与客流需求，提高列车客座利用率，有效解决区段性、时段性虚糜问题。

为适应干线、支线区段不均衡的客流格局，欧洲和日本高速铁路常采取灵活的"翼形"列车开行方案，在干线开行重联动车组列车，在支线节点进行去程分解、回程重联，具有可操作性，且运用较为成熟。按旅客出行地点、方向的不同或人数的变化，实行分段列车摘挂方式或是改变列车的运行方向。对于客流密度不同区段，还会开行所谓的"翼形"列车，如图4.8所示。而"翼形列车"旨在通过灵活的列车编组方式，在满足不同客流区段运输需求的前提下，提高客座利用率、节省车底使用数，尤其是当干线通过能力利用率过高，难以铺画更多的单编组列车时更为实用。

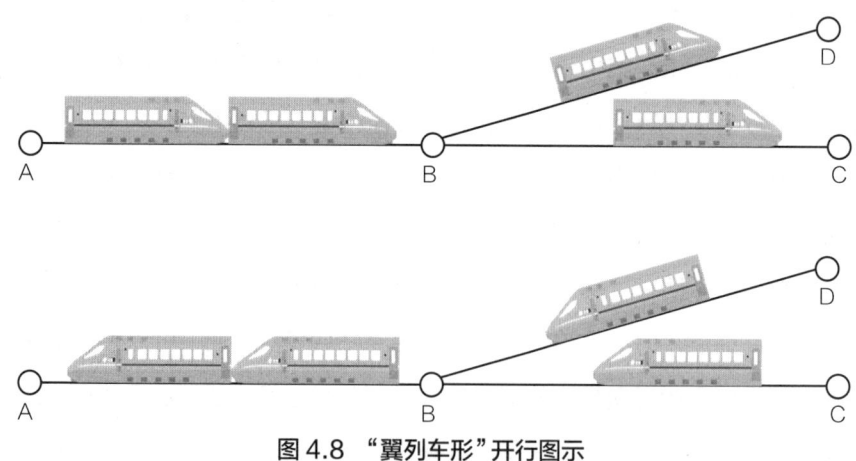

图4.8 "翼列车形"开行图示

针对地区经济、文化的差异，旅客出行规律及频次呈现出不均衡的特性，翼型列车开行方案需求是以市场为导向，以运输市场调研结果为依据，保证安全平稳的列车秩序前提下，及时、准确地满足旅客运输需求，并在保证良好运输服务质量的基础上，注重成本节约，扩大运输收入。客流结构不均衡比较明显时，而且可以通过有效的开行产品供给开适应客流变化。

例如，优化列车运行图基础上，结合不同时段、不同区段的客流变化，灵活运用编组和线路资源。针对城际高铁客流特点，早通勤区段客流密度大，不同于旅游、商务客流出行时段，通过在线解编和交路替换方式，在日常和节假日灵活调整运力供给，实现有效供给。以 G7461-G7464-G7463-G7466 交路为例，逢周一到周四及周六，G7464 次列车到达杭州东站后，在站内进行解编作业，甬端车底接续开行 G7463 次及其后续交路，实行在线解编后，G7463 全程平均客座率提高了 13.7 个百分点，G7466 客座率也有小幅提升，整体客座率提升的同时运营成本也大大降低。

18. 可变动车组是什么含义

众所周知，当前我国在用动车组都是按 8 节或者 16 节车厢固定编组。动车组列车固定编组、不可拆编，在实际运输中，对高速铁路运营企业的制约越来越明显。列车编组应根据客流波动特点，结合运营维修实际情况，从服务旅客、节约运营成本等方面统筹考虑。高速运输有客流淡季和旺季之分，春运期间和平时差距很大，线路繁忙程度不同，固定编组动车组不能增加车厢应对客流高峰，也不能减少车厢以减少支出或避免运力浪费，运能和客流常常形成冲突。如出现故障，维修期间整列动车组无法运营。中国中车股份有限公司已经开始研制可变的动车组样车，可编组数量 2-16 辆的任何节数的动车组，以适应灵活的客流变动情况。可变动车组拆解需要维修的一节，减少备用车组数量。

与传统固定编组动车组相比，可变编组动车组在运用中的优势：

（1）更好地适应客流变化。有效适应不同运量水平的高速铁路线路，实现"大运量大编组、中运量中编组、小运量小编组"的组织方式。可变编组动车组由于采用模块化设计，适应客流波动，提高列车客座利用率，提高运输装备利用率。在客流量不足的情况下，可以采用小编组动车组形式，适当加大列车开行频率，就可以明显增大高速铁路特别是高速铁路的公交化运行水平。还便于故障车辆的拆解、更换和维修，有效缩短临时检修周期，降低动车组的检修成本，提高固定资产利用率。

（2）可变动车组可根据不同线路的客流需求设置合理的编组数量，当线路客流量较小，可减少编组数量的方式，增加列车开行频率。当线路客流量较大时，在列车开行频率基本能够保证旅客需求的情况下，可变编组动车组既可以保持原编组数量，也可以采用更多的编组数量。当客流量出现周期性变化，如"春运"、"暑运"和"五一"、"十一"黄金周等时间段，利用动车组编组数量的调整，可以以较小的代价适应客流量的短期增长，而不会影响旅客的整体服务水平。

19. 综合施工维修天窗计划

其实如果你仔细观察到铁路运营时间，你会发现其实高铁相比普速列车，会有一个时间上的定格差距，火车基本一天24小时都有运作，但是高铁一般从早上6开始，到了晚上12点后，就不再运转，那这是为什么呢？为什么不能够像火车一样24小时都处于载客的状态呢？

为了保证高铁安全运行，必须要对高铁系统进行检修，保证高铁系统的可靠性。而为了不影响大家出行，高铁系统的检修时间就定在夜间，所以高速铁路夜间不运行，而是在检修。检修时间我国高速铁路凌晨0点至6点期间没有班次。这段时间是为了保证高速铁路安全运营的设备检修时间。在凌晨0点至6点期间，高速铁路各类设备都要进行检修，主要包括工务段要对线路进行检查，供电段要对供电设备（如供电网）进行检查信号段要对信号进行检查，动车组要回库进行检修和维护。

高速铁路综合施工维修主要指对线路、信号、供电等固定设备进行日常维护和检修。在列车运行图上预留的用于施工维修所需要的行车"空隙"，称为"天窗"。它是解决高速铁路列车运行与设备维修施工之间矛盾的技术保障措施。在高速度、高密度行车条件下，综合施工维修天窗开设形式和施工维修时间的确定，对铁路通过能力、行车组织方式有很大的影响。

我国高速铁路主要采用夜间停运列车的施工维修组织模式，综合施工维修天窗一般设置在夜间0:00-4:00，时间须不少于4小时，具体是否设置垂直天窗，须根据线路设施设备维护需要及运输组织需求决定。目前中国高速铁路的天窗设置主要有3类：300公里/小时及以上高速铁路区段及部分250公里/小时客专铁路，设置4小时垂直维修天窗；部分 250 公里/小时客专，铁路根据夜间列车开行需求，分日期设置不同时段天窗，但最少不低于 3 小时；针对 200 公里/小时快速线路，设置不少于 180 分钟分段矩形天窗或"V"型天窗，但同一区段的垂直天窗时间不少于 2 小时。高速铁路采取的是"垂直天窗"，虽然夜间列车不运行，但是也会有部分线路开行夜间的高铁动卧列车，比如北京至广州、深圳、南宁间，上海至广州、深间、深圳至厦门间等每周逢周五、周六、周日开行。

另外，高速铁路正式开通运营后，除每 10 天左右开行高速综合检测列车对高速铁路线路进行全面体检外，还要在每天早上开行第一班正式的载客高速动车组前，双向对开一班确认列车，对线路的安全状态进行确认，以确保旅客列车安全。在我们的现实生活中列车不就是为了拉人的吗？但这样一趟列车，从不载客，但却是高铁路上的安保先驱，其实每天都在发生着这样的事情，车辆悄无声息地来，然后车厢内空无一人。虽然你没坐过，也许你的快递坐过（有时快递公司委托办理短途的快递业务作业）。每天第一趟正式载客的高铁列车开行之前，都会开行一趟"不载客列车"，专门为当天开行的高铁提前"探路"，确认安全后，各班次列车才能开行。列车上配有相应的检测设备，同时也有工务、电务、通信等设备单位的职工，他们将对线路、供电、信号、通信等设备情况进行确认，保证后续开行的高铁列车安全。

20. 我国沪杭高铁实现列车运行时间间隔 3 分钟连发

随着旅客选择高铁出行的需求持续增加，在我国京沪高铁、沪昆高铁等繁忙干线上，运能与运量的矛盾日益凸显。在通过线路和运行速度不变的前提下，压缩高铁列车追踪间隔时间，成为提升繁忙区段通过能力，破解运能瓶颈的重要突破口。

2021 年 6 月 25 日调图首日，前 3 列 3 分间隔连发已实现，第 4 列间隔 4 分，俗语为"334"。世界最繁忙高速铁路之一东海道新干线的最高密度也是 334 间隔，但是东海道新干线限速 285 公里/小时且仅限东京站下行出发，并且东京站下行出发为低速区段。下面是日本干线 334 发车周期图。可与沪杭高铁比较下，是不是都是"334"。如图 4.9 所示。

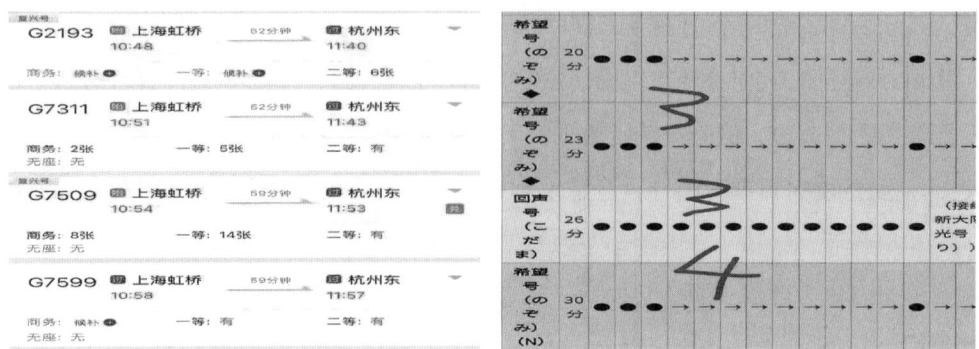

图 4.9　沪杭高铁与日本东海道新干线"334"比较

按平均值看，沪杭高铁实现 3 分 45 秒间隔连发 4 列高速动车组。该纪录在全世界 300 公里/小时高速铁路中力拔头筹，标志我国高速铁路运行组织迈入了更高台阶，为高铁走出去战略提供了更强的国际竞争力。此举也标志着我国高速铁路列车 3 分钟运行间隔运行将成为常态。

上海铁道记者跟踪报道：6 月 30 日上午 10：48，G2193 次列车准点从上海虹桥站 2 号站台出发，驶向杭州东站，10：51、10：54，G7311 次和 G7509 次列车依次从该站 6 号和 7 号站台驶出，同样开往杭州东站方向。

上海局集团公司于 2016 年开始，由运输部牵头，联合西南交通大学、同济大学、铁科院集团公司、集团公司科信部、电务部、机务部等相关专业处室，共同成立了高速铁路 3 分钟列车间隔追踪技术攻关团队。针对京沪高铁、杭黄高铁等典型线路进行调研写实，详细掌握了各主要车站间隔时间的瓶颈所在，提出了间隔时间压缩措施及试验方案，先后完成了 4 个国铁集团重点课题，积累了大量数据和经验，形成了中国高铁实现 3 分钟列车间隔的技术方案。

为顺利在沪杭高铁实现 3 列图定高铁列车间隔 3 分钟发车，攻关团队梳理出调度集中控制系统进路办理时间、司机操作、列车运行速度、动车组性能、列控系统性能、咽喉区长度、线路条件、电分相设置等影响出发间隔时间的关键性因素，逐一进行研究分析，制定相应措施。电务方面通过将调度集中控制系统的轮询时间由 30 秒缩短为 6 秒，为压缩行车间隔创造了条件。机务方面在优化司机作业流程的基础上，要求司机在出站信号开放后尽快发车，并在运行过程中贴线运行。车务方面提前进路办理时间，并从路网角度优化列车运行径路，合理设置列车始发终到站。在各部门各单位的通力协作下，成功达到了预期目标，为后续试验打下了坚实的基础。

下面说一下高速铁路列车间隔运行3分钟概念和作用。我国京沪高铁在2017年9月21日实现350公里/小时，已经达到世界上商业运行最高速度。衡量高铁技术领先的除了运营速度指标外，3分钟列车追踪间隔时间是另一重要指标。我国高速铁路运营里程和运营速度均达到了国际领先水平，但列车追踪间隔时间距世界先进水平尚有一定差距。目前，仅有日本和法国高铁列车可实现3分钟追踪运行。近年来，我国学者在高铁列车3分钟追踪间隔运行方面进行了深入探索，取得一些研究成果，主要包括列车追踪间隔的重要影响因素，高速列车制动减速度和车站咽喉区设计；结合普速列车追踪间隔的定义及计算方法，研究高速列车不同追踪间隔的定义及计算方法提出规范高速铁路列车追踪间隔时间的测试方法和测试流程；在分析列车不同追踪间隔原理的基础上，给出列车区间追踪间隔、列车出发追踪间隔、列车到达追踪间隔等列车间隔时间计算方法，对速度、闭塞分区长度、线路坡度、咽喉区限速和长度等关键影响因素进行了仿真分析；结合沪杭高铁通过实现运用EOAS数据的方法对高铁列车发到间隔进行了分析，并基于元胞自动机理论对杭高铁通过能力仿真研究。2014年，我国在《高速铁路设计规范（条文说明）》(TB10621-2014)中建议高铁列车出发和到达间隔最小值为3分钟，但该目标还没有实现，成果也仅限于理论研究阶段。

沪杭高铁示范线的选择是这样的：沪杭高铁运输现状如同哑铃状，东端虹桥站连接京沪高铁、沪宁城际铁路、沪苏通铁路（上海-南通）、江苏南沿江城际铁路（南京-上海）以及青盐铁路（青岛-盐城）、连镇高铁（连云港-镇江）、徐盐高铁（徐州-盐城）等，西端杭州东站连接着沪昆高铁、杭黄高铁（杭州-黄山）、杭甬高铁（杭州-宁波）、沿海通道（大连-北海）、杭绍台城际铁路（杭州-台州）等。

目前，沪杭高铁通过能力已经饱和，2020年7月前，行车量达到159.5对，为全路高铁之最，对压缩列车间隔时间、提升通过能力的需求十分迫切。根据《高速铁路列车间隔时间查定办法》(Q/CR471-2015)规定，高速铁路列车追踪间隔时间是指在运用调度集中（CTC）行车指挥方式和CTCS-2/3级列车控制系统的条件下，按一次连续速度曲线监控模式，以车载信号作为行车凭证，自动闭塞区段内同一方向追踪运行的2列高速列车间的最小间隔时间。高速列车追踪间隔应查定7类时间，但最常被讨论的是基于CTCS3列控系统的3类最基本的列车追踪间隔时间，包括列车区间追踪间隔时间、列车出发追踪间隔时间、列车到达追踪间隔时间，取其中的最大时间。高铁列车追踪间隔是线路与车辆、调度指挥与列控系统等因素耦合而成的综合性指标，而3分钟间隔时间影响因素更为复杂，包括高速铁路站场及线路条件、列控系统特征、技术管理规章、运营组织、列车运行图铺画、制动系统、电分相、CTC软件、司机贴限运行、技术措施和管理措施等，是高铁运营组织难度很大的综合体。

根据理论研究成果以及现场N次试验结果，结合2020年"7.10"调整运行图，沪杭高速铁路组织实施了2列列车3分钟运行间隔时间，将我国高铁运营组织实践提高到了一个新的水平。

2021年6月25日运行图调整中，沪杭高铁首次实现连续3列列车以3分钟间隔连发，为世界300公里/小时速度级别高速铁路的最大追踪密度。后续将逐步探索压缩京沪高铁等繁忙干线的追踪间隔，释放线路通过能力，为铁路和社会带来更大的社会经济效益。

21. 京沪高铁线上它最忙，平均一分半钟发出一趟车

作为京沪高铁的底站，上海虹桥站也是这条线路上最繁忙的车站。这里高铁列车进进出出，平均一分半钟发出一趟车，年平均旅客发送量也在京沪高铁沿线各站排名首位。如图4.10所示。

图4.10　上海虹桥站综控室

上海虹桥站是上海直属站管辖的大型铁路客运枢纽车站，京沪、沪宁、沪杭、沪昆高铁在这里交汇，是全国铁路网规划的"八纵八横"当中一个重要节点。车站地处虹桥商务区的核心区域，与航空、地铁、公交、出租、长途客运等多种交通方式无缝衔接，是全国首个与机场实现"零换乘"的铁路客站，成为展示中国高铁和上海城市发展的一个重要窗口。

上海虹桥站有个显著特点，就是开行列车密度高，特别是2021年"6.25"新图实施后，上海虹桥站日常开行列车321.5对、周末335.5对、高峰352.5对。由上海虹桥站始发至南京、杭州方向的列车最短追踪间隔仅为4分钟、3分钟，是全国铁路最繁忙的客运车站之一。在上海虹桥站的综控室，大屏实时显示车站的运营状况。当天发送人数、到站人数等实时更新，售检票、电梯、冷热系统等设备实时监控。

近年来，上海虹桥站准确把握客运市场发展态势，适应铁路客运由运能紧缺型向基本适应型转变，积极推动运营管理转型升级，致力追求高铁的速度和服务的温度相得益彰，全力打造需求引领型服务供给模式，深入推进人防、物防、技防"三位一体"安全保障体系建设，让旅客出行更安全；持续推广网络购票、刷脸验证进站，增设商务、急客专用通道，率先实施空铁联运，率先实施站内中转换乘，率先实行高铁旅客换乘地铁单向免安检，让旅客出行更便捷；建成全路首家集常旅客服务、高铁随手寄、遗失物品认领、外币兑换、旅游服务等多功能于一体的开放式综合服务窗口，让旅客出行更温馨。

22. 高速铁路车站作业的特点

车站的工作组织水平与铁路旅客运输的效率和服务质量有着直接的关系。由高速的特点，高速铁路车站更是把为旅客提供最大方便、保护环境、保障所有设施的高运营作为主要目标，主要体现在：

（1）车站作业单一，一般只办理客运作业，不办理货运作业。

（2）高速铁路车站一般不办理行包、邮政托运业务。高速列车牵引重量小、列车定员少，运输成本高，在高速列车上挂运邮政车和行李车不济，还会因装卸行包而延长旅客列车的停站时间，不符合高速铁路追求最短旅行时间的目的。

（3）高速铁路车站作业必须突出"以人为本、安全第一"的思想。高速铁路车站是一个大量人流集散的场所，应以方便旅客使用为宗旨，提供多层次的出入通道引导旅客顺畅地进出站，做到快速集散客流，尽量减少旅客步行距离和滞留时间。

（4）高速铁路车站的客运和行车组织工作要适应高效率、快速的作业要求。高速铁路列车停站作业时间很短，列车停站时间最短为1分钟，立即折返的列车停站时间为15分钟，必须提高车站客运和行车组织工作水平，以适应高速铁路列车高效、快速的作业需求。

23. 我国高速铁路到发线合理长度是多少

到发线有效长是高速铁路车站设计的核心标准，其不仅影响到工程投资，而且与行车安全、行车效率息息相关。我国《铁路车站及枢纽设计规范》中规定停靠长编组列车时高速铁路贯通式车站的到发线有效长度应采用650米，明显长于日本（530米）、德国（450米）等国家的相关规定。

京沪高铁车站到发线有效长大量在600米左右，未满足设计规范的相关要求。2019年1月5日，约440米长的17辆超长编组"复兴号"列车在京沪高铁正式上线运行，表明我国目前的到发线有效长对绝大多数不运行17辆编组"复兴号"的线路是有一定冗余的。

到发线有效长与列控系统、动车组牵引制动性能等有着密切关系，若无法与之合理匹配，则会导致司机对标停车困难、增加行车间隔甚至列车冒进信号等安全事故。考虑到我国列控系统已经进行了多次优化，有必要在分析高速铁路到发线有效长影响因素的基础上，研究与当前技术条件相匹配的到发线有效长。

到发线上的停车标、应答器、出站信号机、警冲标等技术设备相互耦合，关系复杂，共同决定了到发线的有效长。随着我国列控系统的不断优化以及动车组制动能力的增强，在当前技术条件下到发线长度可压缩110米，即到发线有效长最小为540米时仍可保证列车运行的安全、高效，这对提高运输效率、减少工程投资均有重要意义。

24. 高速铁路运营质量评价指标体系构建及实施

高速铁路运营质量评价对于提升其运营水平和可持续发展能力具有重要意义。为满足新形势、新环境下高速铁路运营质量评价需要，总结当前高速铁路运营质量评价中存在的主要问题，明确评价依据及评价内容，构建包含运营效率、服务质量、价格管理和综合管理4个维度的高速铁路运营质量评价指标体系框架。

（1）高速铁路运营质量评价存在的主要问题：

① 评价指标体系不统一，覆盖不全面。既有高速铁路运营质量评价指标体系以《高速铁路运营安全质量服务效益综合评价办法（试行）》文件中的评价项点为基础，由各铁路局集团公司自行细化评价内容。不同路局选择的评价指标不同，侧重点和覆盖面也有所不同，难以进行不同高速铁路线路间运营质量评价的横向比较。

② 定量评价指标不足，数据采集效率较低。现有高速铁路运营质量评价指标体系中，除列车开行数量、旅客发送量、客座率等定量指标外，多数评价指标均为定性评价指标，且对于定性评价指标的量化方法和评价标准尚不明确，评价结果也为定性评价，缺乏对于评价过程和结果的定量判断，不利于同一线路不同时间段的纵向比较和不同线路间的横向比较。

③ 评价实施主观性较强，客观性不足。既有高速铁路运营质量评价工作由各个铁路局集团公司、控股合资铁路公司自行根据国铁集团评价计划明确评价项点，各主体可能结合自身的优劣势有选择性地确定评价内容和评价指标，并以"自查"为主，存在评价项点不统一、评价标准不统一、评价结果不客观等风险因素。

（2）高速铁路运营质量评价依据及内容

① 运营效率和质量评价。对照运营标准，评价分析行车组织、客服设施、快运设施等达标情况，评价分析列车客座率、列车正点率、运行图均衡性等运营指标及运行图实施情况，提出提升行车组织水平的意见建议。

② 服务质量评价。对照服务标准及规范，系统梳理和分析高速铁路开通以来发生的典型服务问题和旅客、客户投诉，通过车站、列车的旅客问卷调查以及对快运客户的调查，提出改进客运服务、快运服务的意见建议。

③ 价格管理及规范性评价。依照价格管理法律法规，评价生产经营主体的价格策略制定合规性、价格收费行为合规性、价格浮动策略实施情况等内容，提出优化价格管理、提

升运输价格竞争力的意见建议。

④ 综合管理评价。从基础管理、组织管理、人员岗位、培训演练、生产生活设施等方面进行高速铁路的综合管理评价，提出高速铁路运营保障的意见建议。

构建高速铁路运营质量评价指标体系框架图表4.2示。

表4.2 高铁运营质量评价表

评价维度	指标类型	I级评价指标	II级评价指标
运营效率及质量	列车开行	旅客列车开行数量及增幅（日均、高峰）	旅客开车开行数量/对
			旅客列车开行数量增幅/%
		旅客发送量及增幅（日均、高峰）	旅客发送量/万人
			旅客发送量增幅/%
		客座率及增幅	客座率/%
			客座率增幅/%
		实际运量与规划运量一致性	
	运行图（区段内）	列车正点率/%	
		列车晚点恢复率/%	
		运行图缓冲时间利用率/%	
		运行图均衡性	
	客服设施	车站流线合理性	旅客在站平均停留时间/min
			旅客乘降舒适度
运营效率及质量	客服设施	设备配置规模合理性	进站/出站/候车能力适应性
			检票时间/min
		设备设施服役状态（分类别）	设备设施超期服役率/%
			设备设施完好度
		服务备品配置规范性	
		客运设施设备规范性	
	快运设施	装载器具配备	高速铁路列车快递柜配备数量/个
			高速铁路列车快递柜利用率/%
		快运客户满意度	高铁货运动车组配备数量/标准组
			高铁货运动车组满载率/%
服务质量	综合服务质量	旅客满意度（投诉率）/（件/百万人）	
		旅客服务率/（万人/人）	
		快运用户满意度	
		媒体曝光	正向曝光次数/次
			负向曝光次数/次
		内部检查综合评价	

续表

评价维度	指标类型	Ⅰ级评价指标	Ⅱ级评价指标
服务质量	车站/本线列车服务质量	可靠检查综合评价	
		舒适性满意度得分	
		规范性满意度得分	
		便利性满意度得分	
		服务价值满意度得分	
价格管理及规范性	价格策略制定	价格策略制定合规性	
		价格水平合规性	
	价格收费行为	收费行为合规性	标价外另行收费情况/(合格次数/不合格次数)
			强制服务情况（合格次数/不合格次数）
			强行收费情况（合格次数/不合格次数）
		收费标准公布合规性/(合格次数/不合格次数)	
		票价自助查询设备配置情况	
	价格浮动效益	价格浮动策略实施效果	调价后客票收入变化
			调价后客座率变化
			调价后高铁快运收入变化
			高价后高铁快运量变化
综合管理	基础管理	台账资料设备合规性	
		站车结合部管理水平	
	组织机构	机构设备适应性	
		人员配备适应性	新进率/%
	人员岗位	人员资格准入情况	持证上岗率/%
		上岗前资格性培训情况	上岗前资格培训率/%
	培训演练	日常培训考评情况	培训计划兑现率/%
		日常演练考评情况	演练计划兑现率/%
	生产生活设施设备	生产生活设施配套达标情况	
		生产工机具配备情况	配备/存放/使用/管理合规情况

25. 始发站客流大量滞留及解决方法有哪些

（1）出现原因。一般情况下，高速铁路的客流可以通过客票预售情况获得。然而，在出现以下特殊情况时，可能导致始发客流滑坡：因设备故障或天气原因导致列车晚点，使动车组接续发车失败败,从而导致始发客流量降低;上座率极低,导致取消列车;下雪导致高速公路封闭、航班停飞等条件,客流出现"计划外"激增;因中间站客流量大而车票售,始发站随到随走客流无票可买等,同时又由于事先未安排运力或事先安排的运力无法到位,这部分突发客流如何输送,是相关人员面临的首要问题。

(2)处理方式。这种情况下,首先应准确掌握留旅客是否持票、到站情况、乘车期望等,并按照突发客流模不同、影响程度不同,选择选用以下四种应对处理方式之一处置突发情况:

一是临时关闭售票系统,采用其他列车输送。当突发客流发生在白天,并且客流量不大时,应及时了解客票销售情况,若未来还有部分列车有空余票额,可暂时关闭售票系统,优先保证滞留旅客上车。

二是组织图定列车延发,临时增加停靠站。当突发客流发生较晚,只有一列车可用时,可以组织该列车延发,并根据滞留旅客的到站临时调整增加该列车的停站,同时做好车内人员的安抚工作。采用这种方式时,延发时间不宜太久,一般不超过30分钟。

三是启用高峰列车运行线。当突发客流发生时间与"满图"上的高峰线或节假日线接近时,可安排启用该线。由于需要准备运输、车底、乘务等,涉及部门协同,因此,采用这种方式,需要各部门事先制订联动协同计划。一般从决定启用高峰列车运行线至车底乘务等安排当,列车在站候客的时间最少需要2-3小时。

四是启动热备车底。当突发客流量大且输送任务紧迫且无检备车底可用时,可以考虑启用热备车底。此时,同时也应注意列车运行线和停站安排,当用设备车底时,如果热备车底与原车底类型不同,可能导致座位号无法对应的情况,针对这种情况,必须提前做好规划,并通过广播等形式告知旅客。

五是更改车底交路。在一些特殊情况下,例如列车晚点导致车底接续失败始发客流溶留时,留旅客还可以通过更改车底交路方式解决,如用其他先到达车站的动车组代替计划动车组接续列车。此时,乘务和车底需要精心安排组织。当然,退票与改签。对于确实无法输送的旅客,应及时安排组织改签和退票。

(3)客流状态检测方法的发展趋势

① 大客流监测。高速铁路车站客流量受列车运行图以及节假日影响较大,其在春节、国庆节等节假日,车站客流量剧增对车站的客运组织提出了更高的要求。虽然客流状态检

测算法在小客流状态下能够取得非常高的准确性，但是随着客流量的大，检测算法的精度会逐渐下降客流突发状况也会增加，所以有必要开发针对大客流状态的检测算法。

② 超高清化。在过去，视频监控只是单纯用人工监控车站现场情况，既无法做到实时监控车站全部情况，也无法定量检测客流状态信息。随着机器视觉技术的快速发展，目标检测、定位、识别以及跟踪等功能都可以通过监控视频实现。在智能算法服务监控视的同时，也对监控视频质量提出了更高的要求，因为超高清的视频能够有效提高智能算法的准确性。在车站视频监控摄像布设时，超高清摄像头将成为首选，进一步提高客流状态检测的效率。

③ 智能化。随着社会经济发展，高速铁路车站的客流量大幅度增加，传统技术及手段已经无法满足车站日常监测客流状态的需求。近些年，智能传感器以及机器视觉技术突飞猛进的发展，为提高车站智能化水平提供了可靠的支持。目前我国高铁车站监控集中在视频监控系上，但监控系统的自识别、自决策水平低，需要专人实时查看，不能满足车站客流安全管理的需要。为了提高监控系统的安全性、降低劳动强度，需要融合视频监控、无线监测以及红外线感应等信息，建立基于深度学习引和智能开放云平台的车站智能监控系统。

第六节　调度指挥

1. 高速铁路调度指挥体系构成

国外高速铁路调度指挥系统国外高速铁路调度指挥模式基本划分为三种类型。第一类是以日本为代表，通过构建各专业综合调度系统以适应高速客运专线的特点和需求，按照新的思路构成的综合型调度指挥系统，简称"综合型"系统。第二类为德国模式，其调度系统是以地区为中心建立调度控制中心，而不是以高速线为中心。第三类是以法国和西班牙为代表，线路为目标建立控制中心，基本沿袭既有铁路的传统模式。

中国高速铁路调度指挥机构的设置以满足高速铁路调度指挥需要为前提，在充分考虑高速铁路运营管理模式、行车组织特点、调度指挥模式及功能的基础上按照一般组织机构设置的原则来合理设置调度指挥机构，遵循"分工明确，业务不交叉"的原则，中国高速铁路调度指挥机构采取两级调度架构，即国铁集团调度中心、铁路局集团公司调度所。

（1）国铁集团调度中心（管理层）。总体负责组织协调全路高速铁路运输调度指挥。国铁集团调度指挥中心高速铁路调度设值班副处长、计划、列车、动车、客运、供电、综合维修调度台。国铁集团调度指挥中心作为全路调度指挥的领导者，主要负责全路列车运行的协调、监控。具体可以概括为：负责全路列车基本运行图的编制；组织跨线列车的开行，协调高速铁路公司和既有线铁路局集团公司之间以及高速铁路公司之间的利益冲突；监视全路列车的运行状况；非正常情况下指示相应调度机构的应急处理工作，必要时接管指定区域列车运行指挥工作等。

（2）铁路局集团公司调度所（高速铁路调度指挥中心）。高速铁路调度指挥涉及计划、列车、工务、电务、供电、动车、客运以及维修等部门，为满足高速铁路调度指挥业务的需要，在调度指挥中心设置相应的业务调度台，由各业务调度台来直接指挥现场的工作。铁路局集团公司调度所是列车运行的实际控制中心，主要负责实施计划的制订，组织列车按图运行，在列车运行偏离计划时实时进行列车运行调整，在非正常情况下开启应急救援模式等。要保证高速铁路运营的安全，离不开各高速铁路调度台间的紧密联系，密切配合。高速铁路调度值班主任领导和协调各工种调度，督促各岗位按章、按标作业，共同确保高速铁路列车运行的安全畅通，保证高速铁路调度指挥的安全稳定。铁路局集团公司调度所在高速铁路值班主任领导下，设有计划、列车、客服、动车、工务、电务、供电和施工调度等岗位，中国铁路上海局集团公司调度所如图4.10所示，其中：

计划调度主要负责列车运行计划、动车组运用计划、乘务计划以及维修计划的编制，列车运行实绩统计分析等，并负责日班计划编制及列车运行图数据维护和高铁计划子系统基础数据维护。列车调度又称行车调度，列车调度台是确保高速铁路调度指挥安全、列车安全畅通运行的中枢与关键，负责组织列车按计划运行，在列车运行偏离计划时实时进行运行调整等。列车调度员作为调度部门的关键岗位，是日常运输组织指挥工作的大脑，担负着保障运输安全、组织客货运输、保证国家重点运输、提高客货服务质量的重要责任，凡与行车组织有关的日常生产活动都必须在运输调度的统一组织指挥下进行。

图 4.11　中国铁路上海局集团公司调度所

　　按照集中领导、统一指挥、逐级负责的原则，一个调度区段内由本区段列车调度员统一指挥，列车调度员作为一个调度区段行车的统一指挥者，其发布的调度命令和指示，相关行车人员必须执行。列车调度一般有列车调度员（主调）和助理调度员（助调）两人协同配合完成工作。工务、电务、供电调度分别负责辖区范围内的工务、电务、电力调度及牵引供电调度、监控设备的监视、控制等。动车调度负责监控管辖范围内动车的运用情况，合理安排动车组的运用、检修；合理安排动车组司机及乘务组等。客服调度负责管辖范围内车站与旅客服务相关的各项事务，积极应对各种突发情况，做好旅客的疏导、安抚工作等。施工（综合维修）调度负责收集基础资料及各种报表信息，制定维修计划，监视线路以及列车运行状况等。根据工作量情况，综合维修调度的职能可并入列车调度岗位，也就是说，不单列综合维修调度，其工作职能由列车调度完成。

2. 中国高速铁路调度集中系统（CTC）——列车运行指挥官

　　调度集中（centralized traffic control，CTC），亦称列车集中控制，是调度中心（行车调度）对某一区段内的信号设备进行集中控制、对列车运行直接指挥、管理的现代化技术装备；是实现铁路各级运输调度对列车运行实行透明指挥、实时控制的高度自动化的调度指挥系统；是保证行车安全、提高运输效率、改善行车指挥人员工作条件的重要设施；是用计算机网络构成的重要行车设备。调度集中的主要功能是集中控制列车进路，其直接效果是实现了行车管理的自动化和通控化。调度员在控制中心可以直接掌握所辖区段的列车运行情况，以此确定列车的行动，并利用相关技术手段通过传输网络控制所辖区段内各个车站的接发车进路，从而实现向列车传达指令。也就是说，调度集中系统建立在列车调度指挥系统基础上，由中国铁路各局集团有限公司（以下简称铁路局）、车站两级组成。调度集中系统不仅要完成列车调度指挥系统的全部功效，还要满足列车编组信息管理、调车作业管理、综合维修管理、列/调车进路人工和计划自动选排、分散自律控制等相关功能。

高铁调度区别于普速列车调度，变单一指挥者为组织者、指挥者和执行者于一身，既负有高铁行车指挥者的职能，还要担当车站值班员、信号员等一线执行者的职责，集行车、工、动车组、客服、供电、应急"六体"于"一体"；除正常的运输组织外，还需对运营中出现的设备故障、灾害天气、线路障碍、列车晚点等30多种非正常情况进行应急处置，实现运输组织的规范有序和畅达高效。

高速铁路普遍采用分散自律调度集中CTC系统，通过设置在调度所的中心设备，可以实现列车运行进路的自动触发、列车运行计划自动生成与调整、车次号追踪，实时监督调度区域内所有列车的运行位置、运行状态，指挥列车运行。通过CTC系统与列控系统的接口，调度中心可以实时监测列车运行位置、轨道区段占用/空闲状态、道岔位置、进路状态、信号显示状态，以及装备CTCS-3级列控车载设备动车组的实时运行状态，设置、下达或取消临时限速等；通过CTC系统与相邻调度台的信息交互，可以实时掌握通过调度管辖边界或局界列车的运行信息。通过设置在调度所的大风监测及异物监测报警系统终端，调度员还可以实时掌握沿线自然灾害发生情况，为行车指挥提供了足够的信息支持。高铁调度集中（CTC）的基本特征：满足高速度、高密度及双向运行条件下CTC各项功能的正确实现；CTC与临时限速服务器连接，实现临时限速命令的设置和监督执行；CTC按照阶段计划，控制车站计算机联锁办理列车进路；CTC与RBC连接，完成列车的注册注销及运行跟踪等功能；CTC可直接向司机下达调度命令；CTC与灾害防护系统连接，对管辖内列车进行灾害预警和防护等。

3. 高速铁路计划调度有哪些内容

计划调度主要具有基本计划的编制和实施计划的编制与下达等功能。国铁集团和各高速铁路调度所运输计划编制部门采用统一的计划编制系统，能随时按业务需求的调整进行权限控制和功能切换。计划编制系统依据计划编制规则要求，提供计算机辅助计划编制方式、具备牵引计算、合理性检查和模拟仿真功能。基本计划编制系统依据计划编制规则的要求自动编制计划，具备较高的智能辅助决策水平，同时在计划编制的各环节提供人机交互手段，切实保证所编制计划的可行性。

高速铁路基本计划包括：基本列车运行计划、基本动车组交路计划、基本车辆分配计划、基本乘务计划等。基本计划的编制功能能够依据计划编制规则的要求自动编制出基本计划，在计划编制过程的各环节提供人机交互手段，提供并具备对基本计划校验、分类管理、审批、下达功能，对车站、动车基地等的能力验证功能，时刻表管理及发布等自动处理功能，具备较高的智能助决策水平，保证所编制计划的可行性和合理性。基本计划以线路数据、信号系统参数、基本列车运行时分、动车组参数、车站参数等数据为依据，结合客流分析与开行方案进行编制，并根据动车组运用规程、动车组基地分布乘务规程、乘务基地分布等状况形成基本动车组交路计划和基本乘务计划，反复进行合理性检查后生成基本计划。基本计划编制完成后，生成时刻表等相关资料，并下达到各相关铁局调度所、车站、动车组基地、运用所和动车乘务基地。例如，上海局调度所成立了高铁计划台，负责次日的高铁列车运行线，增减列车以及数据的维护等工作。其中，"一日一图"模式实现方式如图 4.12 所示。

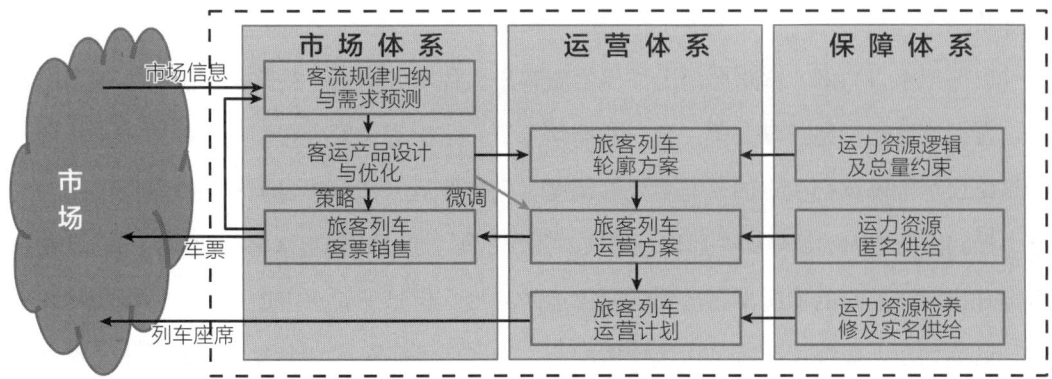

图 4.12 "一日一图"实现模式

4. 高铁动车组列车运行怎么组织，怎么调整，列车调度员说的算

铁路点多线长、单位多、分工细各单位和各工种必须协同动作、相互配合，列车调度员担负着组织、协调、指挥工作，是整个铁路运输组织的核心，中国铁路网延伸到哪里，他们的舞台就延展到哪里，调度指挥的列车就开向哪里，确保运输安全高效。

作为铁路运输生产指挥的"最强大脑"，每名调度员都经历无数个日夜的苦练提升，《技规》《行规》《调规》，个个倒背如流，他们熟练地掌握着不同线路的特点、作业方式、通过时间，在他们的调度指挥下，各单位有节奏地，协同动作、相互配合。运筹帷幄方能决胜于千里之外，列车调度员用烦琐、细致的工作，高度认真负责的精神，保证了列车运行安全正点、运输组织有序进行。

调度所的一名列车调度员早上8时前，准时来到调度台，面前至少有10台电脑显示屏连成一排，显示着300－600公里30－50个车站的运行状态，显示屏上布满了蜘蛛网般复杂而有序的运行图，每趟列车的运行情况一览无余，通过复杂多变的数据和图像，对每趟列车及时准确地进行调度就是列车调度员每天的主要工作。

密密麻麻的彩色线条是列车的运行路线，频繁闪烁的图标，令人眼花缭乱，左右手的4部电话，铃声此起彼伏，列车调度员全神贯注地盯着列车运行状态。一个班下来，他们鼠标点击上千次，调度命令拟发放和发布上百条，不断地部署、确认、下达，各种运行计划、接听和拨打调度电话。

调度大厅24小时灯火通明，键盘敲击声、电话声、发布命令声，持续不断。无论白天黑夜，忙起来连吃饭都是种负担，喝水要大口喝，上厕所要跑步去，这就是列车调度员的工作状态。

以郑州水害为例。铁路部门为了保障旅客最大程度的出行，铁路部门进行了很多的努力。全国铁路运行是一盘大棋，牵一发而动全身，这次水害发生在河南，停运不是任何一个铁路公司能够自行决定的，需要统筹调度。列车停运、开行都要听从国铁集团的统一部署，接到国铁集团的调度命令后进行落实。2021年7月20日起水害初期，列车在从北京等地开出时，前方的情况没有达到需要停运的程度，但是随着水害加重，前方设备损坏严重，造成列车无法继续通行，在这种情况下，为了保证旅客的安全要果断折返。郑州区段通行不畅，铁路加开了少量的绕路列车，郑州地区的水害对郑西高铁的影响比较严重，主

要集中在郑州以西路段。从北京发出的列车经过郑州再到西安、成都、重庆方向的列车，按照图定线路必须经过这一区段。水害发生后，高铁利用了高铁成网的优势，列车从西安出来后通过大西高铁直接进太原南，再通过石太客专进入石家庄，最后回到北京。这样就避开了郑州的水害区段，这种运输叫做"迂回运输"。通过这种迂回方式开行的就有8列高铁，分别开往西安北、成都、重庆等方向。迂回列车的开行，需要在国铁集团的统一部署下，北京局、太原局、郑州局、西安局、成都局等多个局进行大联动。同时，司机对于迂回线路并不十分熟悉，为了保障安全，这种迂回列车并没有开行过多。

5. 高速铁路设备故障下调度指挥风险

设备故障情况下的调度风险控制，一直是调度指挥工作的重点和高风险点。发生设备故障风险后，列车调度员应冷静对待，迅速、正确地进行处置，合理组织，采取限速或停运等风险规避方式，把故障风险对列车运行的影响降到最低。

（1）动车组故障风险防控。动车组是高速铁路旅客运输的运载工具，高速动车组在运行中存在内部风险和外部风险。内部风险是指动车组各个系统和设备发生故障影响动车组正常运行；外部风险是指因与行车相关的设备设施、线路环境、天气因素、人为干扰等影响动车组正常运行。动车组典型故障影响体现在内部和外部风险方面，主要包括车体下部异音或异状、撞击障碍物或撞人、车辆设备侵限、轮对抱死或轴不旋转、轴温报警、制动力不足、行车监控装置异常、重联装置异常、火情火警、TEDS预报需停车检查的故障、烟火报警故障、玻璃裂纹、自动过分相装置故障、动车组轮对踏面磕伤等。

（2）工务设备故障下调度指挥风险。高速铁路工务设备要满足高可靠性、高稳定性和高平顺性等要求，以适应高速度、高密度的行车要求，要具有更高的抵御设备故障的能力。工务设备故障风险主要有：基本轨折断、站台有裂痕、隧道内壁不良及积水、线路晃车、信号机倾斜、应答器破损、路基有划痕、夹板保护大卡断裂、电容线断裂、红光带等。工务设备故障处置不当，直接影响到高铁的运行和旅客安全，列车调度员接到工务设备故障信息应立即采取指挥列车限速或扣停等措施。以轨枕伤害为例，当轨枕破损时，为可接受风险，可维持列车运行；当轨枕轻伤时，为可容忍风险，需要列车调度员组织列车限速运行；当个别轨枕失效时，为不可期望风险，需要列车调度员继续组织进一步降速运行；当遇有连续轨枕失效情况时，为不可接受风险，需要列车调度员组织扣停列车，以规避风险。如，上海局集团公司管内高铁营业里程突破6000公里，辖区内河网密布、山区较多，防洪压力较大。集团公司强化"技防"能力建设，重点围绕新近开通运营的高铁线路，对289处高铁防灾监测设备进行检修、标定，提升冒雨出巡的及时性、有效性。同时，利用无人机对路堑、隧道口等防洪重点处所进行全覆盖拍摄，研判变化趋势，甄别风险隐患，及时开展现场复核。对500处防洪地段、285处航道桥梁加装视频监控，实现重点地段实时监控和灾害智能识别，全面清除路基边坡变形、桥墩基础冲刷等隐患，并抓住当前河床水位较低、易于观察病害的契机，以皖赣、衢宁、杭深等山区、沿海铁路为重点，突出支挡设备、隧道仰坡、排水系统、沿线危树等8类问题多发处所，全方位开展复查，动态研判潜在风险，更新防洪地点等级，切实提升设备防汛抗洪能力。

（3）电务设备故障风险控制。高速铁路电务设备主要由信号、通信两大设备组成，主要承担着铁路行车的指挥与控制、信息联络等功能。高速铁路电务设备故障有主要有ATP（列控车载设备）黑屏和死机、列控车载设备不能正常使用、进站（出站、进路）信号机、线路所通过信号机或车站（线路所）道岔失去表示、轨道电路非列车占用红光带、轨道电路分路不良、列车占用丢失以及通信设备故障主要有列车无线调度通信设备故障、GSM-R故障行车等风险。

（4）供电设备故障调度指挥风险。高速铁路牵引供电系统或设备一旦发生故障，极有可能导致列车停运、降速运行、晚点，高速铁路接触网故障风险主要包括接触网停电、接触网上固挂有异物、受电弓上挂有异物、运行途中自动降弓、自动过分相地面设备故障等风险。接触网故障直接影响到高铁列车运行，甚至造成列车"趴窝"。列车调度员应迅速研判故障风险，采取措施，降低风险影响。以外部电源断电故障风险为例，当单回外部电源中断供电为不可期望风险，当两回外部电源中断供电为不可接受风险。

（5）CTC调度集中设备故障风险防控。调度集中系统（CTC）实现了列车进路及调车进路的控制、列车运行监视、车次号追踪、列车运行计划调整和临时限速设置等功能，这通常是高铁区别于普铁行车组织关键所在。CTC设备故障风险一般可分为以下几种情况：CTC终端列车车次号错误或丢失、CTC不能下达列车运行计划、CTC不能自动触发进路等故障风险。CTC调度集中设备对某一区段内的信号设备进行集中控制、对列车运行直接指挥、管理的技术装备，其强大的功能为铁路组织按图行车、运力资源调整、减轻行车指挥人员的劳动强度、促进行车调度指挥现代化提供了广阔的空间。但要注意的是，设备先进的同时，调度员安全风险关口前移，设备使用故障会给调度指挥带来风险，不能掉以轻心。在正常情况下，列车调度员可利用CTC设备直接操纵集控站的道岔和信号。CTC系统发生故障后，如果不能及时、正确地处理，必将严重干扰列车运行秩序、降低运输效率，甚至会导致列车运行事故。集控站因故转为车站控制时(非常站控)，根据列车调度员指示，为不可期望风险，可由该站应急值守人员指挥。

6. 恶劣天气下调度指挥的风险防控

恶劣天气都会对交通运输造成影响，相对其他交通运输方式高铁抗恶劣天气的能力是较强的。对高速铁路构成安全威胁的恶劣天气主要有强暴风雨雪。高铁在设计建设时已充分考虑了恶劣天气对高铁安全的影响，建有高速铁路防灾系统，提供给列车调度员作为恶劣天气风险控制的依据。防灾系统通过在铁路沿线设置监测仪器，收集现场风速、雨量或雪深等环境数据，传送至数据处理中心，数据处理中心根据现场环境数据和设定的阈值，按等级进行实时报警，列车调度员根据实时报警采取控制风险和规避风险的措施。

(1) 大风天气安全风险防控。当大风达到一定速度时，会对高铁列车产生升浮力和仰俯力矩，会使列车产生晃动，严重时可能会导致列车脱轨事故。大风天气影响高铁列车运行时，列车司机感受到大风影响晃动时会向列车调度员汇报，并适当采取降速措施，风速监测系也会提供给列车调度员沿线各区段的风速值。列车调度员据此来做好大风天气列车运行安全的风险管控。如遇有台风在沿海登陆，在得到台风预报时，调度所密切关注天气变化和台风的路径情况，随着台风的不断临近，列车调度员采取了高铁列车限速的方式；当台风预报已经登陆时并可能造成巨大的威胁时，铁路采取了停运当日部分线路多趟列车。等台风过后，确认已无台风影响，逐步将停运的列车恢复。

(2) 强降雨风险防控。雷暴，是一种自然现象，是发生于热带和温带地区的局地性强对流天气。雷暴发生时可伴随有雷击、闪电、强风和显著的降水，例如雨或冰雹。强降雨时，雨水冲击和汇聚，会造高铁线路沿线山体滑坡、危岩落石、边坡溜坍以及水漫线路等危险，高铁线路桥梁占了很大比例，强降雨还会桥梁墩台基础冲空，路基陷穴。强降雨的预警有多个方面的来源，常用的是雨量监测系统，当降雨量达到警戒值时，雨量监测系统自动报警，列车调度员根据报警信息和限速提示指挥列车限速运行。

除雨量检测子系统的信息来源外，列车调度员还通过司机或车站值班员（车务应急值守人员）的报告接受雨情、水情信息。当列车调度员接到列车司机或车站值班员（车务应急值守人员）报告积水高于轨面时，为不可接受风险，需要立即指示列车立即停车，并通知已进入区间的后续列车停车，不再向该区间放行列车，当列车调度员接到洪水漫到路肩时，为不可期望风险，需要指示相关列车司机按规定限速运行；当列车调度员接到报告线路塌方、道床冲空等危及行车安全的突发情况时，为不可接受风险，指示列车司机立即采取应急性安全措施，并立刻通知追踪列车、邻线列车立即停车。

2021年7月20日，受河南郑州遭遇特大暴雨，郑州局集团公司管内多条线路出现严重水害，致使多趟列车晚点、待避，然而调度指挥中心也被大水围困，遭遇了断水断网、正常用电无法保证的危机。巡查人员发现地下一层配电所灌进雨水，迅速组织抢险人员进行围堵、排水，但雨势太猛、水量太多，抢险人员竭尽全力仍无法阻止水位上涨。整个调度指挥中心跳闸断电。应急人员迅速启动备用电源，继续指挥列车行车。调度指挥中心一方面协调各方力量，请求地方政府支援，另一方面高效指挥相关单位迅速调配应急物资。国家电网第一台应急发电车迅速赶到，但却发现因水势过大导致汽车抛锚。为了保障列车正常运行，调度指挥人员利用尚可接通的有线电话，与沿线各车站保持紧密联系，继续进行列车调度指挥，协调工务、供电、电务等部门加派人员巡查设备，全力确保旅客和行车安全。后来，2台应急发电车终于涉水到位，工作人员立即开始铺设电缆。由于地面积水，无法正常铺设，他们只能用绳索将1000多米长的线缆"吊"进位于6楼的设备间。调度指挥中心调度系统恢复供电，指挥系统恢复运行。

（3）冰雪天气下风险防控。一般小雪对高速铁路的影响不大，如果是大雪或暴雪，会影响到高速铁路的安全运行。降雪积累的冰凌使道岔等设备被冻住，道岔受冻导致道岔不能转换，若是积雪侵入列车走行架底部，可能导致绝缘不良。高铁暴雪的预警通常也来自雪深监测系统。列车调度员接到雪深监测系统报警雪深值达到警戒值后，需要迅速判断雪深影响达到的级别，向相关列车发布限速运行的调度命令。

综上，调度指挥中心堪称铁路部门的"神经中枢"，指挥千车万列有序运行，确保各条铁路线安全畅通,这里时刻处于高强度运行模式,电话铃声此起彼伏,24小时灯火通明。针对不同恶劣天气影响情况,运输调度部门会根据灾害情况采取不同的高铁运输组织方法。比如大风天气采取限速运行;降雨造成车站、中继站内轨道电路水淹会采取变更行车闭塞法;冰雪天气,道岔不能正常转动时,采取固定动车组运行股道;接触网挂异物降弓通过;当在接到或发现危及行车安全的报告后会立即组织封锁故障区间(线路)等非正常行车方法。

7. 高铁异物侵限风险防控

高速列车运行必须有一个安全的空间,维护单位对机车车辆和接近线路的建筑物、设备规定了不允许超越的限界。当有异物落入高速铁路线路上,会对高速运行中的动车组列车造成巨大威胁。列车调度员异物侵限信息一方面来源于防灾系统中异物侵限监测子系统,系统监测主要是对道路上跨高速铁路的立交桥机动车、隧道口落石等进行监控、汽车侵限、倒杆等,异物临近线路进一步发展存在掉落线路可能为可容忍风险,异物存在掉落线路可能为不期望风险,异物掉落至线路上为不接受风险。列车调度员接到异物侵限监测子系统的报警信息后,要立即通知区间内已进入报警地点及尚未经过报警地点的列车立即停车,不再向该区间放行列车,通知设备管理单位进行处置。另一方面来源于司机,供电、工务等现场发现异物人员的汇报,此类异物指鸟巢、塑料薄膜、风筝等轻质异物。列车调度员根据汇报人描述的情况判定该风险是否可以接受,采取通知司机继续观察瞭望、限速运行或立即停车措施规避风险的措施。当异物侵限子系统故障不能反映现场情况时,列车调度员应立即通知设备管理单位,异物侵限子系统故障未修复前,设备管理单位须派人在现场看守,并及时向列车调度员报告现场情况,列车调度员应下达限速120公里/小时及以下注意运行的调度命令,限速位置为监测点所在闭塞分区,司机应加强瞭望。遇有异物侵限时,看守人员应立即通知列车调度员,列车调度员呼叫列车停车。在看守人员未到达异物侵限监测点前,列车调度员应下达限速120公里/小时及以下(异物侵限监测点为隧道口时,限速40公里/小时及以下)注意运行的调度命令,限速位置为监测点所在闭塞分区,司机在该处注意运行。

8. 应急指挥调度中心是怎么回事

高速铁路调度指挥在高速铁路运营安全风险管控中的重要作用，围绕调度指挥在自然灾害、设备故障防控方面，铁路局集团公司调度所做了很多有益的探索，也总结了一些好的做法，如为了强化高速铁路调度风险管控，提高应急处置能力，在铁路局集团公司成立应急指挥中心来协助调度所应急处置、研发应急处置仿真培训系统和应急演练方面采取了有效的措施，加强了调度所应急处置能力的建设。

高速铁路运营安全是一个复杂的动态系统，涉及人为、设备、环境和管理因素，通过各种相互作用而彼此影响，是由于事件发生的不确定性而可能引起的影响及偏离预定目标的综合。例如，"723"甬温线特别重大铁路交通事故是一起因列控中心设备存在严重设计缺陷、上道使用审查把关不严、雷击导致设备故障后应急处置不力等因素造成的责任事故。事故的起因就是长时间的强雷击造成设备故障，同时设备本身设计违背了故障导致安全的设计原则，存在严重缺陷所造成。这就是一个综合因素耦合在一起发生的特别重大事故。在自然灾害造成设备故障的条件下，设备先天存在缺陷，若调度在应急处置过程中存在不力，就容易发生重大事故。

鉴于高速铁路运营在有恶劣天气和设备故障条件下安全风险防控的复杂性，涉及专业知识点的多样性，列车调度员在遇有复杂性的安全风险应急处置时，会受到业务能力的限制。考虑到高速铁路调度指挥风险耦合的复杂性、设备高科技性、知识的复杂性，设备发生故障带来影响的严重性以及相关人员专业知识的掌握深度，为满足铁路快速发展需要，充分调动铁路各部门资源，提高应急处置效率，铁路局集团公司在调度所成立应急指挥调度台，由调度所副主任主持带班，铁路局集团公司运输、客运、机务、工务、电务、供电、车辆等部门指派业务熟练、经验丰富的人员组成专门的应急调度台的值守基本队伍。根据需要，带班负责人可指定其他相关部门人员参与应急处置。同时，在站段设置应急指挥中心，协调指挥站段内应急处置工作，作业点层面规范应急协调机制，最终形成上下联动、分工明确、职责清晰的四级应急处置体系，为高速调度指挥风险识别、评估、预警、决策和防控保驾护航。

应急指挥中各专业部门职责如下：调度（车务）负责铁路突发事件的应急处置、救援抢险的指挥、协调工作；制订运输组织调整方案，及时发布调度命令，督促下级实施运输调整方案，根据现场和专业部门要求，最大限度提供运力保障。客运负责指导、制订疏散旅客、收集整理旅客携带品、站车客运组织及服务等工作方案，参与制订旅客列车运行调整方案。机务、车辆负责指导本专业部门进行应急处置措施的落实、突发事件的应急救援，提高本系统的行车限制条件。工务、电务、供电负责指导本专业部门进行设备故障的抢修和应急处置，提供本系统的行车限制条件。

遇设备故障、突发事件、铁路交通事故等情况时，应急指挥中心职责主要包括以下几个方面：畅通现场信息渠道，掌握人员到岗情况。应急处置时，掌握下级单位及部门干部到岗，应急抢修、应急处置人员的到位情况。及时、准确掌握现场应急处置进度信息；提供技术支持。在应急处置中涉及设备故障处置、规章制度、应急处置方法等方面，给作业人员提供技术指导和支持；督促协调，快速处置。督促本专业、本系统开展应急处置，加强应急处置中的协调和配合，为快速处置故障创造条件；提供行车限制条件。及时掌握相关信息，各专业部门负责提供本系统的行车限制条件，为调度行车指挥正确处置提供技术支持；记录过程，统计分析。对应急处置的过程进行记录，对故障处置情况进行统计，对故障处置和值守工作进行分析总结。

应急指挥台处理高速铁路故障主要涉及固定设备、移动设备、恶劣天气、调度设备等几个方面，应急调度台相关人员到列车调度台组织应急处置，按等级启动响应，按照事故导向安全、按章处置、减少损失、单一指挥，但不得干扰列车调度员单一指挥，要维护列车调度员的集中统一指挥。主要承担：一是为调度员提供辅助决策。及时掌握相关信息并及时提供本系统的行车限制条件在应急处置中涉及的规章制度、应急处置方法等方面，给作业人员提供技术指导和支持。二是督促协调，掌握进度。督促本系统站段开展应急处置，加强应急处置中的协调和配合，掌握现场应急处置进度，同时掌握站段安全生产指挥中心、现场作业点干部到岗以及应急抢修、应急处置人员到位情况；三是对故障处置情况进行统计及分析，查找存在的问题，以便进一步改进应急处置工作。

当发生铁路安全问题时，铁路局集团应急调度指挥中心首先应该进行事件信息的收集，尽快识别明确事件发生的原因、事件当前的态势、事件发生的时间以及详细地点等，根据收集的信息评估安全问题的影响程度，评估事件可能造成的影响、事件的危害程度以及事件的种类等，按照评估等级确定相对应的应急处置方案。围绕"信息报告准确及时、应急指挥稳妥得当、应急响应快速全面、现场处置安全有序"的目标，上海铁路局集团公司建立了以应急调度台、站段应急指挥中心为核心的横向两级应急指挥层和纵向"行车指挥、应急把关"两条线构成的网络体系，形成了"监测——评估——决策——指导——盯控"的应急指挥模式，实施了集团公司调度所"一元化"指挥和专业处室、站段专业科室技术支持并参与决策的应急工作机制，实现了应急指挥集中管理，有效防止了多头指挥、多专业决策和反应迟缓等现象的发生。同时，基于各类应急预案、案例知识库、应急资源以及现场状况等大数据的辅助决策平台，在应急处置时，根据设备故障影响范围和时间，自动提供影响范围内列车相关资料，如影响区段内列车车次、编组情况、车底交路、售票情况、直供电资料、乘务担当、运行速度、列车实际运行点等基本资料，自动生成多套应急调整方案供选择，选择最优方案，并生成相关调度命令和调整方案，实现调整方案的下达和执行。

9. 前方线路受阻，火车能"绕路"吗

2021年7月20日起，受河南特大暴雨影响，从北京、天津、石家庄等地开往水害地段的，上百趟高铁、普速列车停运。另有多趟列车折返运行。铁路部门运用高铁成网优势，增加迂回运行的旅客列车，最大限度提供运力保障。

火车能"绕路"走吗？为何开出去的车要折返？中国铁路北京局集团有限公司应急指挥中心，听听工作人员的讲解。停运方案是如何落实的？

全国铁路运行如同一盘大棋，牵一发而动全身，据应急指挥中心，这次水害发生在河南，列车停运、开行都要听从国铁集团统一部署，接到调度命令后进行落实。与此同时，铁路部门组织各地，"12306"客服中心人员快速响应，耐心解答退票改签政策等咨询，组织各单位通过新闻媒体，官方微博微信等渠道及时发布列车运行动态信息。

为什么开出的列车要折返？由于列车从北京等地开出时，前方"路况"不需要停运，但是随着水害逐渐加重，造成列车无法继续通行，在这种情况下，为确保旅客安全，铁路部门第一时间下达调度命令，果断决定列车折返。铁路部门在折返列车途经站点设立食品补给点及时向旅客发放应急食品，安排乘务员陪伴照顾，独自出行的老人和儿童，"点对点"与重点旅客家人联系，在列车返回始发站后，面对面与其家人办理交接手续。

火车能"绕路"走吗？铁路术语叫做"迂回运输"，铁路部门利用高铁成网的优势，最大限度提供运力保障。

例如，列车从西安开出后，通过大西高铁直接进入太原，再通过石太高铁进入石家庄，最后回到北京，这样就避开了郑州的水害区段。迂回列车的开行需要在国铁集团的统一部署下，北京、太原、郑州、西安、成都局集团公司等多个单位进行大联动。但为了保障铁路运输秩序，迂回列车并不多。生命至上，众志成城，在极端天气影响下，列车出现停运、折返等情况，归根结底是为了确保旅客和行车安全。北京－郑州铁路迂回径路如图4.13所示。

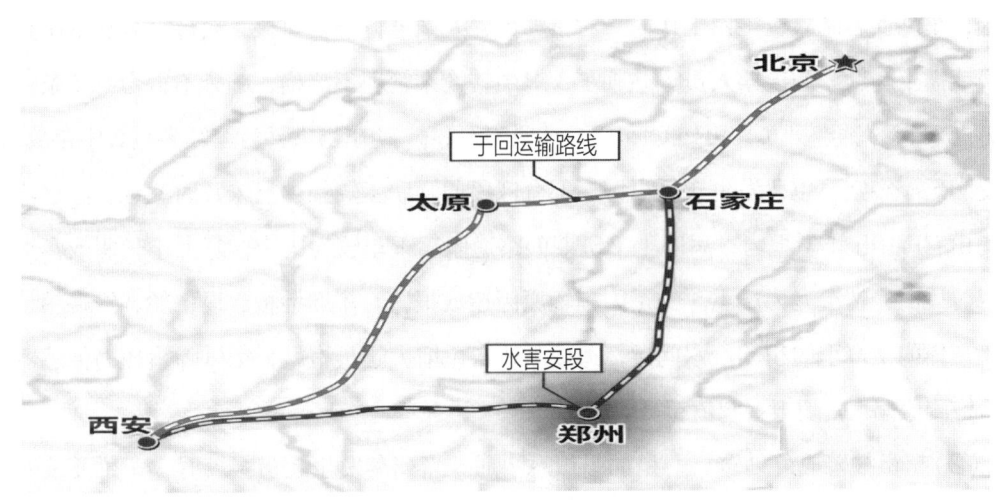

图 4.13 北京－郑州铁路迂回径路

10. "复兴号"动车组超员报警和超前防范

与和谐号动车组相比，"复兴号"动车组充分考虑旅客的舒适度和安全性，对负荷量进行严格限制，设置了单车和整车超员预警和超员报警功能，2019年，国铁集团组织对"复兴号"动车组超员报警功能进行了优化升级，增加了预警功能。动车组通过制动控制系统（BCU）实时采集本车空气弹簧压力，并将空气弹簧压力值转化成车辆重量信息，通过总线发送至列车网络控制系统（TCMS），TCMS将检测车重与预设值比较，判断输出超员预警和报警信息。一般超员量控制在20%以内，超出时智能系统自动报警。系统发出报警后，就要及时组织旅客疏散，经确认报警消除才能开车，这样会给运输秩序带来一定影响。超员预警时,在机械师室和乘务员室弹屏显示超员预警,不影响列车本站开行;超员报警时,在司机室、机械师室、乘务员室弹屏显示并声光报警,同时在报警车厢内广播和显示,影响列车本站开行。列车运行组织具有"速度快、密度大、区间长、追踪间隔小、站停时间短"的特点,一旦发生超员报警、则需要疏散旅客,消除报警才能继续运势必造成列车晚点。后续列车的运行秩序、停靠站台、旅客乘降等也将相应调整,这样既不利于列车安全,也给旅客出行带来不便。

(1)超员报警常见原因。一是超员超重造成报警。"复兴号"动车组担当的车次,车站禁售无座票,但乘客买短乘长、越站乘车、无座旅客较多或聚集,是造成超员报警的最常见原因;车站实名制验证验票工作时,对票、证、人未进行严格审核,放行部分非本次列车人员或需上车补票的无票人员进站乘车;对中转换乘管理不严格,部分不符合乘车条件的旅客进入"复兴号"列车;再如CR400BF型"复兴号"动车当大件行李较多且集中存放时,即使满足旅客定员也可发生超员报警。部分区段通勤职工较集中且未及时签证。如京津城际均由CR40E车型担当,早晚上下班期间路通职工乘车较为集中,赶上小长假或春运等高峰时段时,情况尤为严重。二是因车辆原因造成报警。车厢地板、设备舱、终端箱、风挡和车体内主严重的积和积水问题,造成车体自重增大超员报警;空气弹簧压力传感器故障,检测值偏大,超报警阀值超员报警。

(2)超员报警应急处置。一是加强信息沟通。当列车发生超员报警时,司机要及时知列车长和随车机械师,由列车长组织乘警、相关列车服务员等,做好旅客疏散。有关车站客运种公安人配合列车进行宣传,控制客流,做好应急随车机械师确认报警消除后及时通知司机开车可能减少列车站停时间,缩小对运输序的影响。二是迅速疏散旅客。单车超员报警时,列车长组织客运人员将超员军旅客或超重行李及时疏散到其他车厢。整列超员时,列车长要组织乘警、随车机械师、客运人员最大限度动员持短途票越站乘车人员和无票、无签证人改乘其他车次,并通知车站协助处理,站车配合依法处置。三是车站配合依法处置。高铁各车站接到列车超员信息后,要积极组织车公安、值班部上站台接车,配合列车做好旅客疏导。控制本站客流,组织旅客改乘坐其他列车。对于不符合乘车条件且拒绝下车的旅客进行法制传。对无理取闹、扰乱铁路运输秩序的,公安人员依法处置。四是防止次生事故。在组织旅客疏散过程中要做到"先下后上",防止上下车旅客在车内、车门口、站台边缘等位置对流拥堵,导致挤伤踏等人身伤害。同时,要做好被疏散旅客的疏导工作,防止个别旅客因情绪激动,造成误拉急制动阀或使用消防锤击碎车窗玻璃等意外情发生。五是迅速恢复运输秩序。列车长及时联系车站,确认客运作业是否完毕,与司机、随车机械师进行联控,由随车机械师确认列全车消除报警信息具备开车条件后,迅速通知司机开车,尽可能减少站停时间。

(3)防止超员预防措施。一是高铁车站合理控制售票。高峰时期,车站要严格落实列车超员率的规定,适当控制长途列车发售短途车票,采取停售短途套用车票、停止席位复用等措施;对惯性超员较多的动车组进行重点研判,严控列车超员风险;要重点关注热门方向列车,提前掌握列车车票发售情况,中间站上下旅客人员较多(包括持非本站上车车票旅客较多情况),车厢较为集中时,提前与列车联系,确保乘降组织顺畅;要严格按照旅客持当日当次票乘车的规定进行组织,车站检票口严格查验车票后,组织旅客放行。二是超前防范精准应对。动车组客运人员和随车机械师要掌握"复兴号"动车组超员报警机理,熟知控制人数和重点卡控车厢,关口前移、超前防范,防止超员问题发生;列车运行途中,列车长、列车员应提前通过站车交互系统查阅前方站上下车人数,遇节假日客流高峰要掌握旅客到站信息、提前与前方站联系,分散车厢车门组织上下车。对需要办理越站的人员重点掌握,动员按照票面记载到站下车;对团体、带大件行李等乘车的旅客,加强乘降组织,分散车厢安放大件或超重行李,确保均衡乘车。遇动车组发生超员时,列车长要用客管系统(App)拍发电子超员电报,并及时向有关部门汇报;列车广播要告知旅客按照所购车票票面所载发到站信息乘车,宣传列车超员对行车安全的危害性。列车原则上不再办理不符合乘车条件人员的补票或续签手续,同时督促不符合乘车条件人员尽快离开列车,由车站安排后续行程。三是严控通勤职工乘车。严格执行通勤职工签证乘车规定,在售票系统中预留一定量的公免签证票额,方便职工签证,开通"12306"网站办理公免签证功能,方便职工乘车,对超员列车原则上不允许无签证人员乘车,车站加强与列车沟通,组织通勤职工指定车厢均衡乘车,发生超员报警时,首先组织无签证人员下车。四是分流旅客超重携带品。积极开办快运业务,通过"12306"网站对携带超重、超大行李的旅客积极探索开展"门到门"快运业务,既保证列车运行安全,又可以增加高铁快运收入。五是加强车辆检修维护。车辆部门要加强对"复兴号"动车组检修与维护,监控空载时各车厢空簧压力值,出现偏高时要及时查找故障原因,定期组织对设备舱、风挡等处进行清洁除尘作业,发生超员报警时,第一时间要排查空簧压力检测系统是否存在异常,及时排除故障隐患。

"复兴号"动车组超员报警功能一定程度上控制了超员行为,提高了高铁运行的安全性,同时,还要积极有效地做好超员报警后的疏散处置,确保高铁和旅客万无一失,坚守安全底线。

11. 救援列车是指什么

救援列车是铁路线上发生故障或者事故时前去抢修的列车,能够在发生列车脱轨顺覆、线路水害、塌方等事故时,排除线路故障物,起复机车和车辆,恢复铁路安全畅通。救援列车由牵引机车、动车、轨道吊车、吊臂平车、平车、棚车、修理车、宿营车发电车、工具车、水车、餐、重型物道车、工程材料车、电力线路修复车和接触网检修车等组成。其中,轨道吊车用来吊装脱轨的火车或者其他重物。吊平车宿营室用来提供工程指和临时休息。平车用来放置钢轨、拖拉机、吊杆等,用来存放备品和工具。宿营车供救援人员食宿和休息用。水车提供生活用水和消防用水。电力线路修复车是修复信号、通信线路损坏的专用车。接触网修车是修复电气化铁路发生接触网断线、电杆或供电铁塔倒伏等情况的专用车。

12. 扣停列车确保安全!突发地震,铁路部门启动应急预案

2021年9月16日4时33分,四川省泸州市泸县境内发生6.0级地震,震源深度10公里,西成高铁、成贵高铁、渝贵铁路、兰渝铁路、郑渝高铁、沪汉蓉铁路、成渝高铁、绵泸高铁内自泸段、成灌铁路、成雅铁路、内六铁路等沿线及部分车站均有不同程度震感。面对突发情况,铁路人行动迅速、应对有序,以专业能力与责任意识,守护旅客生命财产安全。

(1) 紧急扣停在途列车。地震发生后,中国铁路成都局集团有限公司第一时间启动应急预案,扣停在途列车,封锁受地震影响的相关区段,设备管理单位及时组织人员采取添乘轨道车、步行巡查等方式对地震受影响区段进行全覆盖检查。铁路部门通过车站大屏幕、

列车广播、官方微博等载体发布列车停运、晚点信息，组织人员做好退票改签、旅客疏导等工作，努力确保旅客生命财产安全和铁路运输安全。

（2）对封锁区段线路进行巡查。内江车务段值班人员第一时间赶赴安全生产指挥中心，全面部署安排应急处置相关工作，管内泸州、泸县、富顺、自贡等站干部职工全员上岗，全面落实应急处置相关要求，并组织前往站台、候车室、售票大厅等重点部位开展震后巡查，确保旅客和铁路行车安全。宜宾工电段组织300余人分组对封锁区段线路进行巡查，重点检查轨道、道岔、接触网支柱基础、通信机械室等关键设备有无松动、损坏等情况。同时，结合当前防洪工作要求，重点对桥梁、隧道进出口、防护栅栏等关键设施进行记名式巡查，防止出现危树、落石侵限等安全隐患。

（3）帮助旅客快速办理退票。受地震影响，成都客运段途经该区段部分列车出现不同程度晚点、停运，列车工作人员及时与相关车站沟通联系，及时为列车补充应急餐料，并通过列车广播播报信息、加强车内巡视、提供送水服务等举措，确保旅客情绪稳定。成都东站及时通过官方微博、站内大屏幕、广播等方式滚动播出列车晚点、停运信息，组织人员重点对站内设备、悬挂物进行巡查，确保设备设施安全可靠。同时，车站组织党团员志愿者支援售票窗口，并积极向旅客宣传网上退票方法，帮助旅客快速办理退票。

13. 遇有中秋小长假长三角铁路迎来客流高峰，怎么去组织的

铁路部门提醒广大旅客，节日期间客流密集，出行当天，要适当提前出门，为进站安检、实名制验证、验票留足时间；旅行途中，请配合铁路部门做好进出站测温等站车疫情防控工作，全程正确佩戴口罩；许多城市有两个或两个以上火车站，务必查清乘车站，勿因跑错乘车站而耽误行程。

（1）提升运力资源配置。长三角铁路客流增幅明显，根据预计发送旅客的量，铁路部门增开大量旅客列车，还应对部分动车组列车组织重联运行，同时全力做好疫情防控和运力保障工作。

（2）打造安全、有序、温馨、放心的出行环境。中秋小长假期间，长三角铁路严格执行属地化疫情防控措施。所有客运车站全面落实进出站旅客体温检测，配合属地政府做好健

康码、行程码查验；提醒旅客候乘车全过程规范佩戴口罩，常态化做好候车厅、旅客列车车厢等服务场所通风、保洁和消毒，加强电梯扶手、门把手、进站闸机、安检设备、卫生间等重点部位消毒，保持公共场所空气新鲜、温度适宜、环境整洁。

上海站在售票厅为脱网老年旅客解答问询和协助办理手机注册；上海虹桥站和地铁10号线做好重点旅客"路地接续"，为行动不便的旅客进站、乘车提供方便，在爱心服务区内设立医疗服务点，为旅客提供医疗咨询和应急处置；上海南站更新了"心尚"雷锋服务站的母婴候车室躺椅、折叠床以及儿童游乐设施。杭州站根据客流情况动态调整窗口功能。南京站、南京南站对进、出站流线进行了优化，开启全部进站通道，并在进站口、售票厅等旅客容易聚集位置安排专人引导，确保旅客出行顺畅。合肥站、合肥南站投入新型科技手段，将刷脸进站和电子测温相结合，在刷脸进站同时进行测温，节省了旅客进站时间，方便旅客出行。

第七节　人员培训

1. 高铁岗位培训标准和规范

高铁岗位人员培训规范主要包括车站值班员、车务应急值守人员、车站客运值班员、客服系统综合控制岗位、车站售票员、车站客运员、随车机械师、列车长、列车员、探伤工、焊接员、配电、变电值班员等。上岗人员必须依据高铁岗位标准和高铁培训规范，组织岗位准入选拔和培训考核，合格后方可上岗。岗位培训是指对从业人员进行以提高本岗位需要的工作能力或生产技能为重点的教育活动。高铁岗位培训标准编制工作主要包括两大部分，即：编写高铁岗位人员培训规范及大纲、规范高铁岗位人员培训流程。例如，上海局集团公司依据总公司《高速铁路岗位标准》、《高速铁路岗位培训规范》，明确了高铁岗位培训工作的"三不"原则，即：培训学时不减少、考核内容不缺项、合格标准不降低。

以标准化建设为载体，把站段职工培训工作与安全、专业等各项管理要求进行系统集成，编制了大量的岗位作业指导书。上海局集团公司制定《作业指导书管理指导意见》，对编制管理的全过程进行规范，并明确编制错误造成严重后果的、纳入安全"红线"管理，倒逼各级干部提升专业管理能力。

各专业部门按照"简洁、实用、高效"的原则，分系统制定编制模版，组织专业技术力量，把和工种岗位、作业项目相关的规章制度、技术标准等"梳理分解、精挑细选"，把安全管理、专业管理的要求转化为现场可执行的作业指导书。同时，结合日常学习培训、岗位练兵、实作演练等，开展作业指导书"学标、对标、考标"活动，提高职工标准化作业能力。并不断丰富表现形式，从纯文字到图文版，从视频化到手机App，让职工清楚地知道干什么、怎么干、干到什么程度。采取跟班写实、现场验证、职工纠错、评优竞赛等措施，提高编制质量。

按照高铁开通时间节点的情况，分高铁理论知识、高铁实作技能、高铁"四新"知识培训、提前介入高铁联调联试等阶段组织培训。同时，针对高铁试运行和开通以后，在人员素质方面暴露的薄弱环节，按照"干什么学什么、缺什么补什么"的原则，以提高故障处理及非正常情况下应急处理能力为目的，以强化实作技能及安全规章培训为重点，有针对性地组织补强、提高培训，确保不同阶段的培训内容达到适应岗位能力的要求。

保证培训质量，坚持真培真考，从培训手段上提高培训的针对性和有效性，各专业处室每季度对各系统站段进行抽考，并对抽考情况进行分析和通报，将抽考结果作为评定培训质量的重要依据，纳入安全质量、班组管理等考核项目。各站段定期定量逐级组织抽考，检验人员素质和培训质量情况，促进真培、真学、真考机制落实到位。各站段全面推开月度抽考制度，确保考务组织科学性，注重考场纪律严肃性，重视抽考结果能客观地反映职工业务素质的真实情况，将抽考结果纳入岗位星级管理和标准化创建考评。

对高铁岗位人员的岗前培训，落实"逢进必培、持证上岗"的要求，即上岗前须经岗位资格性培训，考试合格，持证上岗；上岗后须按规定要求参加岗位适应性培训，动态考试考核，不断提高岗位作业技能。高铁人员培训按照"分层次组织、分模块培训、分阶段实施"的原则组织实施，采取自主培训与送外培训相结合、理论培训与现场实践相结合、既有高铁培养与新建高铁介入相结合等多种方式，实现新进高铁岗位人员符合岗位任职要求，实现在岗高铁岗位人员技能素质动态达标。

结合标准化车间班组建设实际，集团公司不断优化岗位星级考评运作机制，针对职工岗位性质特点，综合考量技术素质、按标作业、工作业绩等因素，在各运输站段深入推进岗位星级评定，并将岗位星级评定结果与职工的工资待遇、与职工职业生涯发展、与标准化班组创建相挂钩相结合，最大程度发挥岗位星级评定对职工学业务练技能，"遵章守纪、按标作业"的促进作用。如图 4.14 所示。

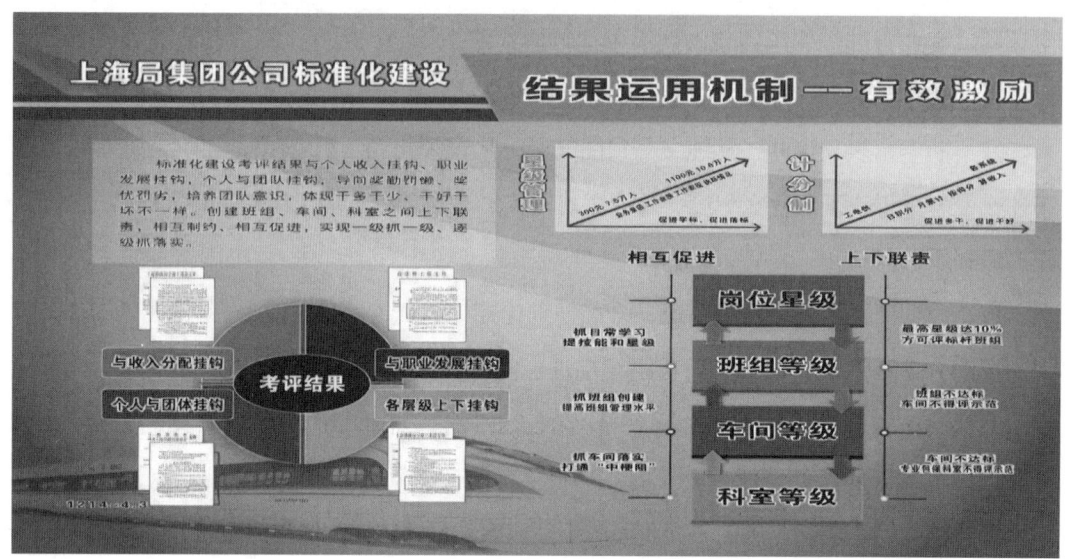

图 4.14 岗位星级管理

2. 如何完善设施配套的实训基地

按照"总体规划、分步实施"的思路，可逐步建成与培训需求相适应的运输站段高铁实训基地，配齐配强高铁实训设备设施，提升职工教育培训基础能力，为技能人才队伍建设提供强有力的实训手段支撑。

（1）建成动车组司机仿真驾驶室

为机务段配置 CRH 型相关动车组仿真模拟操纵实训室，规范新职动车组司机操纵，运用动车组仿真操纵驾驶室，再现动车组现场运行环境，为新职动车司机在真实驾驶动车组前，提供身临其境的感受，熟练掌握各类标准作业流程和规范操纵动作，提高动车组司机应急处置能力。针对动车组司机在非正常情况下应急处置能力薄弱环节，运用动车组仿真驾驶室，模拟各类非正常情况下的突发事件和故障，确保动车组司机熟练掌握应急处置办法和非正常应急处置流程。上海局集团公司动车组仿真驾驶室如图 4.15 所示。

图 4.15 上海局动车组仿真驾驶室

（2）打造动车组司机和机械师实训基地

在南京、上海动车段按照"贴合培训实际"原则，建成动车组机械师实训基地，基地按照实训功能分成理论、实作、主题教育三大区域。其中动车组机械师实作功能区域设有钳工实训间、电工实训间、车门实训间、转向架实训间、车钩实训间、司机室实训间、高压实训间、故障排查实训间 8 个实训教室，各实训教室依据"分可各自为政，合则无一不备"的设计理念，既可单独实作培训，又可整体演练培训，既可本地操作，又可远程联动。实训基地主要用于提高新入职人员动手能力。新入职人员通过选取动车组闸片更换、碳滑条更换、单车检查、电路基础等动车组基础实训项目，解决动手能力差的问题，提高动车组机械师应急处置能力。

根据《应急故障处理手册》开发了随车机械师实训平台，实现 135 个关键应急处置实训项目，真实还原各动车组相关型号途中应急处置流程，提高了随车机械师培训效果，解决了现车培训故障无法模拟且存在安全隐患等传统培训存在的问题。上海局集团公司动车组机械师实训基地如图 4.16 所示。

图 4.16 动车组机械师实训基地

(3)建立信号实训基地

在完善设施配套的实训基地方面,大力推广动车组司机、动车组机械师、轨道车司机、大型养路机械司机等模拟仿真装置,组织开展模拟仿真训练,提高培训直观性、现场感。在各电务段,先后建设了信号工实训基地,各供电段建设了接触网工实训基地,实训基地有限的空间内汇聚了与现场基本一致的各类设施设备;在各机务段、动车段,配置了动车组司机、动车组机械师仿真模拟实训系统;还在调度所配置了高铁CTC仿真模拟实训系统,既有场景逼真的模拟操作,又有典型故障的模拟处置。如图4.17所示。

图4.17　南京供电段实训基地

(4)工电供一体化实训基地

西安局集团公司绥德工电段紧密围绕"现场就是课堂,课堂设在现场"要求,始终坚持变思维、转观念,整修房屋地面、清理杂物垃圾,通墙扩改室内面积2620平方米,铺设室外工电供设备13560平方米。以"实训、实做、实练"为切入点,打造集电务机械室、变配电实训模型、电教室、学员食堂多元一体的室内培训基地。历时9个月,一座以培养职工技术应用能力和专业素质为导向,集聚工务、供电、电务三大专业基础性、实战性、综合性的职工实训基地全面落成。在室外实训场地铺设线岔、信号机、转辙机以及相配套的轨道电路模型,购置安装7项教具模型,涵盖工务、电务、供电专业主要设备类型。同时借助3D、VR、网络视频等信息技术手段,实现设备联动连接,丰富教学方式方法。如图4.18所示。

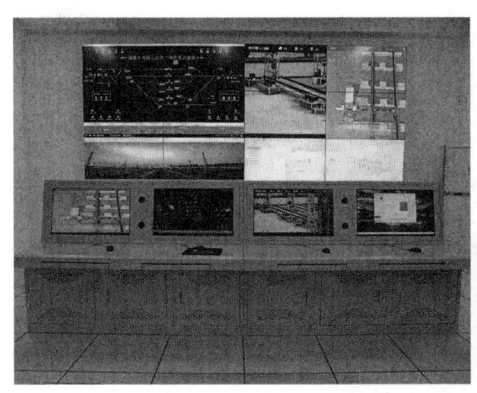 

图 4.18　工电供融合统一实训

同时,坚持在干中学、在干中练,在培训基地建设中实现了多个"第一次",即第一次自主进行多专业融合设计;第一次自主铺设线路、道岔;第一次架设接触网承力索和导线等。施工中,各专业相互配合、联合作业、无缝衔接,专业间技术要求、行业标准、基本知识一体贯通,为培训课程设置、打造综合型人才提供了基本遵循。

(5)建立动车组客运人员实训基地

客运培训基地——地点在浙江的诸暨。该基地位于诸暨站南侧约 100 米,占地面积 41.3 亩,建筑面积 23631 平方米,主要包括客运实训楼、乘务作业实训场地、室外培训场地、宿舍楼等,设计日均办班能力 400 人,年培训能力超过 6 万人。该培训基地是集团公司首个实物化、实景式、信息化技能培训基地,拥有全路规模最大、理念最新的动车组实训室、红十字实训室、保洁实训区等多个实景教学场所,真实还原客运生产现场,以学员为中心的参与式教学、沉浸式体验,能显著提高学员的学习兴趣和培训效果。如图 4.19 所示。

图 4.19　客运培训基地

随着客运职培的对象呈低龄化趋势，为创新教育培训方法，调动学员积极性，把书本上看似枯燥的知识和刻板的标准、规范，变成学员乐于学习、长于应用的技能，培训基地围绕科学合理开发设计教材课程、发挥电气化教学手段优势、运用实景练习和仿真软件模拟实操方法等。

按照"教学大纲+培训教材+课程开发"的模式来全面规范客运职工培训内容。大纲采用"1+7"的模式，其中"1"为通用部分，"7"为17个客运工种集合而成的7个矩阵，包括售票组织、安检查危、乘降组织、行包组织、乘务组织（动车）、乘务组织（普速）和餐售保洁。可以根据不同授课对象，选择不同的深入程度，做到因人施教、因材施教。同时，在教材内插入二维码，二维码内设置微课或其他相关小视频，供学员在使用教材的时候配套使用。同时，按照"精干高效、素质优良、好中选优"原则，探索专业化培训新模式，增加品牌服务、小语种等相关课程，由原有的"应试"单一培训模式向"应试、应用、应急"培训体系转型，提升乘务员服务技能水平。

走进多功能应急演练实训区，这里集成了5种不同解锁方式车门，车体内部设置了教员台装置，研发安装了应急模拟系统，可以流程化训练区间运行状态下各种非正常情况应急处置，解决了应急知识具体化训练的难题。实训室内设有多功能作业实训舱一组，多功能应急演练实训舱两组，动车组模拟餐车吧台一组，动车组模拟厕所一组。多功能作业实训舱内有CRH380B、CR400BF型仿真车，车内设有商务座、一等座、二等座等仿真设备，可用于出库整备、商务座服务、乘务中的礼仪话术、各席别作业流程等实训课程。动车组餐车厨房实训舱可用于餐售、保洁人员作业标准，以及相应礼仪话术的实训课程。多功能应急演练实训舱设有CRH1、CRH2、CRH380B、CR400BF、CRH6等5种车型的车门设备，车底间设有1.5米深地沟，可模拟动车组初期火情、动车组故障启动热备救援、动车组空调故障、旅客疾病等常见突发情况应急处置教学。实训室模拟现场真实情景，仿真模拟软件的引入和使用，通过对单项作业项目、单人综合项目、结合部联合作业项目的反复实景训练，可有效提高现场作业执标水平以及应急处置的能力业务技能。

在日常生活中，心脏急症是发生心搏骤停最常见的原因，许多意外伤害，如电击伤、溺水、中毒及严重创伤等都可导致呼吸、心搏骤停。一旦发现心搏骤停者，必须争分夺秒，尽早开始心肺复苏，以保证大脑血流和供氧，促进其恢复自主呼吸和循环。在心肺复苏培训方面：简称CPR，是最基本和最重要的抢救呼吸、心搏骤停者生命的方法，可以徒手实施，以维持人工循环、呼吸和纠正心律失常。心肺复苏的操作步骤包括：第一步：观察环境；第二步：判断意识；第三步：判断呼吸；第四步：紧急呼救；第五步：摆正体位；第六步：胸外按压；第七步：打开气道；第八步：人工呼吸高质量心肺复苏的标准。

心肺复苏时为保证组织器官的血流灌注，必须实施有效的胸外按压。有效的胸外按压必须快速、有力。有关要求：成人按压频率 100-120 次/分钟；按压深度 5-6 厘米；每次按压后胸廓完全回复，按压与放松比大致相等；尽量避免胸外按压的中断；避免过度通气，看到患者胸廓微微起伏即可。

培育出专业、优雅、美丽的"高铁玫瑰"需要多少"铁路园丁"的努力？老师的无私奉献，促使学生成长成才，在术业有专攻的铁路行业，培育出专业、优雅、美丽的"高铁玫瑰"。

（1）什么人能担任外在形象课程的老师？有较高的审美能力，有一定的化妆、美术基础，接受过专业的彩妆培训，能够帮助学员打造适合自己的职业形象。职业之外的美是多元的、个性化的；职业中，美丽是统一与和谐。形象不是简单的穿衣打扮、发型和化妆，而是一个人外表容貌与内在修养的综合体现。客运服务岗位是企业的窗口，客运人员在旅客心目中的形象代表了企业的形象。我们要向旅客展示出自信和专业的职业形象。

（2）什么人能担任礼仪课程老师？礼仪二字看似简单，做好很难，包含站姿、走姿、坐姿、蹲姿及行礼、手势、端拿递送、表情管理等，细节决定成败，客运人员要把细节意识体现到工作中的方方面面。毕业于相关专业，参加过单位组织的礼仪培训，考取礼仪培训师资格证。周到的礼仪，能够全面地展示出铁路人的优雅风度和良好形象，自然地表现出铁路服务的善意与温暖。

（3）客运人员外在形象有哪些要求，日常工作中要注意什么？制服熨烫平整，无污渍，无破损，无毛边，丝袜统一颜色、厚度，无破损，无抽丝，黑色亚光皮鞋，跟高不超过 3.5 厘米，头发颜色自然，长短适宜，短发前不遮眉，侧不过耳，后不超领，长发盘成发髻，发髻中心点与耳廓上边沿齐平，双手保持清洁，指甲修剪整齐且不超过指尖 2 毫米。

（4）工作妆容有哪些要求？工作妆容要端庄知性、自然协调、干净清透，同一班组的妆面要和谐、统一。

（5）礼仪学习的内容包含哪些？职业形象塑造、仪容仪表（职业妆容、发型发饰、着装标准、配饰搭配标准）、仪态（包含站姿、走姿、坐姿、蹲姿、行礼、手势、端拿递送、表情管理等）、服务技巧、服务意识和沟通技巧、情境运用、服务话术中的礼仪运用等。日常乘车的过程中，还有一些不留心的细节，可体现了客运人员的礼仪素养。如，旅客上车时，在车门立岗的我们会送上一个温暖的微笑和一句轻声的问候；旅客下车时，做好重点旅客的帮扶、引领工作；在服务身体不适的旅客、重点旅客（老、幼、病、残、孕）的过程中，要采用蹲姿服务，目光微微仰视15度等。

（6）常见的客运应急处置包括哪些？为了更好地服务旅客，提高应急处置能力，最大程度减少甚至避免，旅客人身伤害及财产损失，确保铁路运输安全有序。高铁非正常情况应急处置约有二十多种，其中常见的包括：旅客列车发生火灾报警应急处置、动车组列车故障启动热备救援应急处置、动车组列车发生旅客急病应急处置等。应急处置课程授课老师，由历年业务技能竞赛的佼佼者，以及各站段经验丰富的。安全生产指挥中心值班员、列车长担任，他们不仅自身功底扎实、意志坚定，更具备丰富的一线工作经验，灵活掌握各类应急处置办法。

（7）客运人员学习手语的意义？随着无障碍社会的发展，铁路客运岗位从业人员有义务和责任助力特殊旅客无碍出行，将指尖上的对话和心里的服务理念落到实处。手语译员需要"手语技能＋教师资格"的认证，有初中高级。有一名乘务员反映，她在高铁上遇到一位听障人士，用手语和对方进行交流，最终将这位特殊旅客照顾得很好，可以使更多特殊旅客在旅途中获得帮助，是她最有成就感的事情。

第 5 章
高速铁路为什么能提供快捷方便与舒适出行

第一节　客运服务

1. 高铁是如何定价的

现行的虽然大多数高铁执行递远递减的规则，但是并非所有线路都是这样。详细的计算标准要以国家发改委的文件为主。高铁车票的价格问题主要涉及车次的等级以及旅行距离的远近。价格跟时间没有必然联系，只跟里程和车次级别有关。

（1）一等座的票价计算度对应不同的票价

时速300米的一等座价：G高速列车，0.74元/(公里·人)

时速200米的一等票价：D高速列车，0.37元/(公里·人)

如果分别提速至350公里/小时与250公里/小时，大约有5%的价格变动。

（2）二等座的票价计算二等座的票价计算也和速度有关，不同的速度也对应不同的票价。

时速350公里的二等座票价：G和C高速列车，0.48元/(公里·人)。

时速250公里的二等座票价：D高速列车，0.32元(公里·人)

现在降速后，统一降价5%。

时速300公里的二等座票价：G和C高速列车，0.48×0.95元/(公里·人)。

时速200公里的二等座票价：D高速列车，0.32×0.95元/(公里·人)。

（3）递远递减的分段计价原则高铁的票价执行递远递减的计价原则，分段实行折扣，大致是这样一个原则：

500公里以内，执行原价。以时速300公里为例，那就是0.46元/(公里·人)。

500-1000公里，约执行9折，约0.414元/(公里·人)；1000公里以上，约执行8折，约0368元(公里·人)。

目前，法国、德国、日本等国家的高铁票价远远高于中国。法国高铁的票价是每公里0.24-0.31美元，美元德国是每公里0.34美元，日本是每公里0.19-0.31美元，而中国是每公里0.077美元，约相当于他们的四分之一。中国高铁具有明显的大众化国家发展和改革委员会发布的《关于改革完善高铁动车组旅客票价政策的通知》发改价格（201513070 号）意味着自 2016 年 1 月 1 日起，中国高铁运价由政府定价向政府指导价、市场定价转变。根据市场因素决定价格是市场经济国家通行的做法，该政策的发布实行，打破了高铁票价的一成不变，给中国铁路总公司一定的自主权，而铁路总公司作为铁路运输企业是最了解市场状况的企业，可以自主制定更科学的票价提高上座率，减少资源浪费，提高整个铁路行业的市场竞争力。

（4）铁路儿童票拟改为以年龄划分拟实施。2021 年 10 月 31 日，国家铁路局关于《铁路旅客运输规程（征求意见稿）》公开征求意见的通知称，铁路客票儿童票拟将由身高划分改为以年龄划分，实行车票实名制，年满 6 周岁且未满 14 周岁的儿童可以购买儿童优惠票，年满 14 周岁的儿童，应购买全价票。每一名持票成年人旅客可免费携带一名未满 6 周岁且不单独占用席位的儿童乘车；超过一名儿童时，超过人数应当购买儿童优惠票。

2. 高速铁路为什么无座车票不半价

（1）从经济性上讲，无座火车票半价难实现。软卧、硬卧、商务座、一等座、二等座等都在不同的车厢，以车厢为单位各自独立存在，但无座票和坐票旅客是在同一车厢。一列高速铁路从起点站到终点站中间要停很多站，每个站点都有旅客上下。若无座票实行半价或打折，则买无座票的乘客是无权坐座位的，但旅客不会眼看着座位空出来而不去坐的这样对于铁路部门就不公平了。

（2）从社会性上讲，无座火车票半价难实现。若无座票实行半价或者打折，则在春运期间，求大于供，火车车厢会比较拥挤，对于长途旅客来说买座位票是首选，但也会有部分旅客会存在蹭座的想法，去买价位更低的无座票。但平时供大于求的时期，火车车厢相对比较空闲，则买有座票和无座票的都有空位置可坐，此时旅客便不会买有座。目前，我国各个铁路局集团公司根据实际情况推出了"学生票"以及"务工人员团体票"等活动，通过这些政策和措施，实现大家购票的公平性。

3. 火车票的变迁

火车票是铁路运营商发行的有价票券。通常火车票允许乘客乘坐特定时间的特定区间列车，或者任意时间的特定区间列车，但有些允许在有效期内任意次乘坐任意车次（这种火车票一般称为通票）。火车票面上包含多样信息，包括车型、时间、座位号等。中国火车票为硬纸票、软纸票、磁卡票等。采用电子票之前，高铁车票一般为蓝色，买高铁票一般需要实名，车票上会有个人姓名和身份证号，个人信息位于车票左下角。在车票的中间位置有黑字粗体的站名，始发站在前，终点站在后，二者中间的箭头上标有该趟列车的车次号。在终点站名的上方位置标注有车厢号与座位号，通常现实在票上的红框内。始发站名的上方则标有发车的时间。在车票的正面你可以看到，列车的车次以及你的座位，甚至是出发的时间等，而在车票的背面则显示着乘坐的注意事项。

20世纪80年代，深圳火车站率先使用计算机售票，车票也改为软纸式火车票。1997年，铁道部确定了计算机车票的统一式样。这种电子车票不是事先印制好的，而是在售票时采用非击打式打印技术的热转出票机现场打印。

2007年7月，沿用了100多年的硬板式火车票逐渐退出历史舞台，完全被全国联网的电子车票取代。凡是实行计算机联网售票的车站，都可以发售软纸式火车票。

2008年，国内部分大中型城市的火车站陆续开始发售磁卡式火车票。这种闪烁着银色金属光泽的磁卡式火车票为一次性车票，票面硬度比软纸式火车票更高，车票正面印有动车组图案，车票背面印有铁路旅客乘车须知。在售票时采用非击打式打印技术的热转出票机现场打印，并在车票背面植入磁性信息和热敏信息。国内很多城市的火车站均采用磁卡式火车票发售动车组列车车票和普通列车车票。

2009年12月10日起，车票上的防伪条码更变为二维码。全国铁路售票系统升级换代，车票下方的一维码防伪标记变成了二维码防伪标记，防伪功能更加强大。全国铁路售票系统将列车信息利用二维码制码软件加密后生成二维码，并将其打印在火车票的票面上，因此新版火车票将具有更高的防伪性。此次升级，除了常见的红色软纸式火车票，浅蓝色的磁卡式火车票也在升级之列。

2011年，火车票实行实名制后，票面上加了二维码、购票人姓名、身份证号码等信息，其中身份证号码中有4位号码用星号替换，以保护个人信息。铁道部运输局有关负责人介绍，实行车票实名制初期，因新旧软件兼容的需要，存入二维码的旅客身份信息是按照业界标准技术进行存储，可通过通用的二维码识读软件读取。火车票二维码采用专门的强加密技术对存入其中的所有信息（包括旅客身份信息）进行统一加密处理，具备较强的保密性，只有通过铁路专用的识读软件才能读取，防伪能力得到提升。

2011年6月12日，京津城际率先试行网络售票，标志着中国大陆铁路售票首次进入互联网售票时代。2011年6月30日，京沪高铁开通已就实行网络售票。2011年9月30日起，所有高铁及动车组列车实行网络售票。2011年12月24日起，所有旅客列车实行网络售票。

2014年1月8日，所有"G"字头列车起售时间由11:00移至14:00。2014年3月1日，"12306"网站将对互联网购票进行身份信息核验。2014年10月17日，"12306"售票系统进行优化调整。

2015年6月25日，铁路"12306"网站公布了新车票式样，8月1日起全部使用新车票。2015年11月26日，订购2016年春运图定旅客列车火车票。互联网、手机客户端、电话等三种渠道的预售期为60天。

从2016年12月30日（车票票面乘车日期）之后，全国铁路部门旅客列车车票预售期调整为30天。

2018年4月28日起到年底，铁路部门下调28条城际铁路部分动车组列车票价，部分线路的折扣将达到20%。铁路部门同时表示，未来将按照市场供需状况执行票价灵活浮动，逐步试行"一日一价"。2018年9月21日，"12306"新出台的购票新规正式施行，购买两张或者以上火车票，新增了一条限制条件，先到达的时间与后出发的时间间隔须在40分钟以上。2018年9月23日，铁路部门修改换乘购票规定，将换乘购票需间隔40分钟以上，修改为乘客购买同站换乘的车票间隔不少于10分钟，不同站不少于40分钟。如果购票间隔少于规定时间，系统会弹出出票失败的提示。2018年11月22日，铁路部门在海南环岛高铁实行电子客票服务试点。2020年6月20日，电子客票在全国普速铁路推广实施。

2021年1月13日，为配合各地政府落实疫情防控常态化措施，避免重复购票退票给旅客带来不便，自发售2月12日（正月初一）车票起，铁路车票预售期调整为15天。

4. 何为票额分配，有什么作用

票额分配管理简称票额管理，是铁路客运日常管理工作的重要内容之一，不仅关系到铁路旅客运输资源的充分利用、客运收益的提高，同时也影响着铁路满足社会需求、发挥社会效益的能力。

票额分配是实现高速铁路效益最大化以及调整和优化列车开行方案的基本依据之一，同时也是适应客流需求的重要手段之一。票额分配是一项复杂而细致的工作，是以列车运行图为基础，以旅客列车开行方向客流分布为依据，根据列车编组、停站方案等数据，计算动车组列车在经由停靠站一、二等座票额的分配以及各种指标的计算和统计，其实质是运能和客流的分配，也是组织均衡运输、缓和供求矛盾的一个重要方法。票额分配计划的制定与实施有利于运输能力资源的公平分配、组织均衡运输、缓和供求矛盾；在客运输送能力供需平衡或相对富裕的情况下，票额分配计划应该有一定的执行弹性。只有合理地分配票额，才能全面安排售票、客运、服务等工作，从而真正起到运营组织的作用，避免出现列车拥挤或虚糜现象。

高速铁路票额分配是在编制新列车运行图后，根据旅客列车输送能力和编制新运行图所使用的客流图、客流计划资料，结合往年售票实际情况，分车次、分上下行、分席别对各次列车的席位能力针对车票各项要素制定的计划，具体包括车票的发售站、乘车站、终到站和运行区段等。

国外高速铁路运营较为成熟的国家，在客票营销方面更加关注客票类型的多样化，以满足不同的旅客人群。例如德国不仅车票价格有多重优惠政策，推行铁路交通卡优惠办法，而且还推出多种客票种类，如特价票、通票、年票、团体票等。德国高速铁路销售渠道近年来的发展趋势是尽量减少人工售票，以减少人工费用支出。另外，德国铁路公司的客票营销组织按照顾客不同的需求形成不同营销渠道方案，除车站人工售票、互联网系统订票、电话订票外，还有多种营销渠道，包括旅行中心、自动售票机、获得代售资质的旅行社、列车上的售票系统、订票中心等。

为什么会出现全程有票、中途站无票的情况？在节假日等高峰时段，这种情况的确有。这是因为，节假日运输需求"扎堆"、造成运能阶段性紧张。在这种情况下，铁路部门会把长途列车的票额，优先满足从始发站乘车到终点站的长途旅客，实现运力资源利用的最大化。当然，也会兼顾短途旅客需求，在长途票额充足时，会根据需求变化动态调整票额投放，自动分时段将部分票额转移到沿途各站，满足短途旅客需求。

以 2020 年 1 月 21 日（农历腊月廿七，客流高峰日）为例，当天北京至徐州旅客列车共 62 趟，均为经停列车，共发售北京至徐州短途车票 9554 张，占 62 趟列车客座能力的 14%。

（1）到达沿途经停站的旅客购票需求如何满足？

首先，在旅客需求集中的方向，铁路部门会根据城市客流汇聚度和旅客出行需求预测数据，实施"一日一图"，按照不同分工定位，开行高铁、城际、普速等各种类型列车，长、中、短途均有，已考虑不同旅客的需求。

其次，长途列车也会根据沿途各站的历史出行数据，投放部分票额。

再次，客流高峰时，根据旅客需求，加开短途列车。对于短途旅客来说，建议优先选择始发站至终点站的"点对点列车"和有票额的长途列车。以北京至天津为例，建议优先选择京津城际列车。

（2）为什么长途直通列车不能敞开出售沿途各站车票？

有的旅客提出，希望长途列车敞开出售沿途各站车票。要是这样，会出现什么情况呢？

一是会直接挤占长途旅客的票额。如果短途票敞开出售，那么从始发站到终点站的长途票就会减少，有刚性需求、选择面本身就小的长途旅客购票机会就少了，实际上也是一种不公平。

二是会造成宝贵的运力资源浪费。长途车票随机分段出售，必然会造成部分区段席位闲置，运力得不到充分利用。

因此，在制定长途列车售票策略时，铁路部门优先考虑长途旅客的购票需求。

（3）"候补购票"能买到票吗？

2019 年，铁路"12306"推出了"候补购票"功能，平均兑现率达到 70% 左右，被网友们亲切地称为官方"捡漏神器"。"候补购票"不仅让很多旅客成功买到了车票，而且为铁路部门加开列车提供了重要依据。

旅客购票时如遇所需车次、席别无票，可在线排队候补，当对应的车次、席别有退票时，系统将自动兑（购）现（买）车票。候补列表里还可以查看车次、候补人数等信息。

"候补购票"的成功率取决于日期、车次、席别等多种因素，一般情况下，非热门车次兑现率较高。建议大家尽可能选择非高峰时段车次,多提报几个"车次+席别"组合需求("12306"最多可提报 5 个不同组合需求),这样成功概率更大一些。

(4)为什么不多开列车、满足各方需求?

在节假日等高峰时段,一些热门方向的确出现车票紧张的情况,主要是出行需求集中,而铁路运能仍然难以满足。加之铁路处于"价格洼地",性价比高,成为大部分旅客的出行首选,使供求矛盾更加突出。

在这种情况下,铁路部门已经实行"满图运行",线路、车辆资源进行最大限度运用,继续加开列车的空间很小。如果为了满足集中需求,进行大量投入,在日常又会造成闲置浪费。解决这一矛盾,一方面尽可能实现均衡运输、错峰出行,另一方面要积极发挥综合交通运输体系作用,为旅客出行提供差异化、多样化选择。

5. "12306"十年成长经历是怎样的

"乐民之乐者,民亦乐其乐,忧民之忧者,民亦忧其忧。"从"12306"互联网线上售票经过十年变革,我感受更多的是中国铁路"改革是为人民而改革,发展是为人民而发展"为出发点,通过一次次变革,不断完善服务升级,以更优质的服务提升旅客的出行体验,使"坐着高铁看中国"成为百姓出行的真实写照,努力赢得人们更多的点赞和好评。"12306"十周年发展如图 5.1 所示。

铁路"12306",这个全球访问量最大、交易量最大的票务系统,不仅让"说走就走"的旅客出行生活成为可能,而且改变了中国人的出行方式和生活方式。为方便旅客出行,"12306"网站和铁路"12306"手机 App 为旅客提供接续换乘的推荐方案服务,旅客购买接续换乘车票时,系统会推荐接续换乘方案供旅客参考,旅客可以按照推荐方案购票,也可以根据自己的需要购票。目前,接续换乘推荐方案仅提供动车组列车换乘动车组列车和动车组列车换乘普速旅客列车两种换乘方式。为了确保旅客有足够的时间换乘,根据不同换乘方式,客票系统中设置了换乘推荐方案最少换乘时间,原则上同站换乘时间不少于 30 分钟,同一城市不同车站间换乘时间不少于 120 分钟。自 2017 年 10 月 12 日起,铁路推出了"接续换乘"方案推荐及动车组列车"自主选座"两项便民服务新举措,进一步改善旅

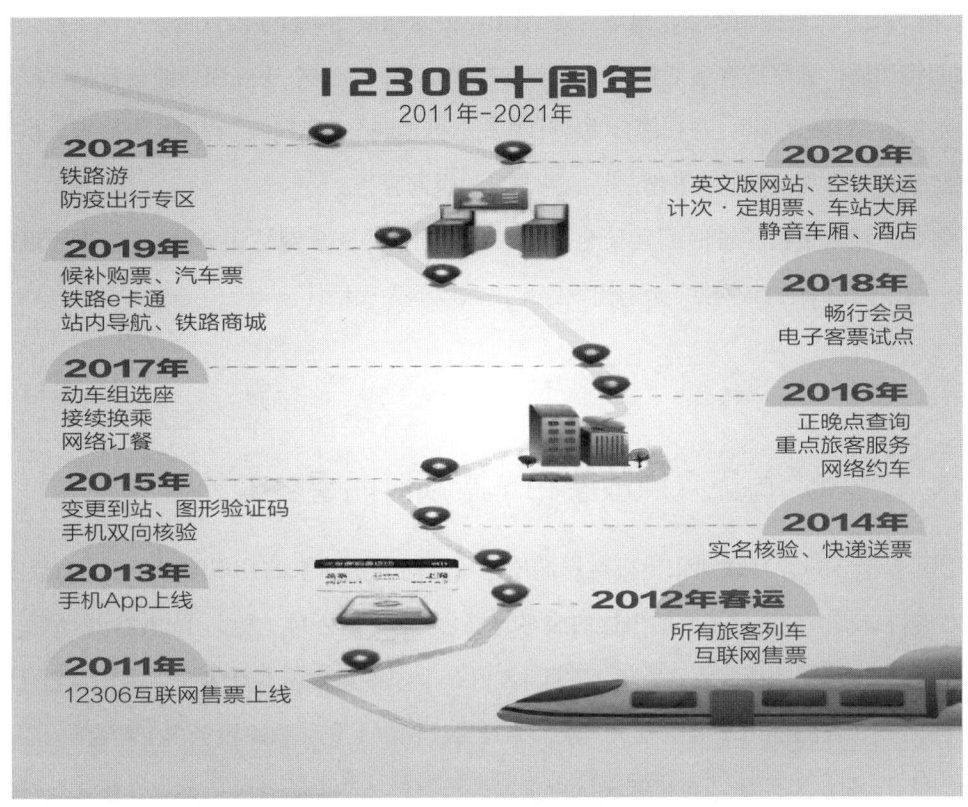

图 5.1 "12306"发展历程

客出行体验。旅客通过"12306"网站或手机客户端购票，当遇到出发地和目的地之间的列车无票或没有直接到达的列车时，旅客可选择"接续换乘"功能，售票系统将向旅客展示途中换乘一次的部分列车余票情况，如果旅客选择购买，可以一次完成两段行程车票的支付。

目前，全国最大铁路客服中心、上铁"12306"客服中心承担着长三角地区江苏、安徽、浙江、上海三省一市铁路客运咨询、求助和增值服务等重任（无订票功能），一年呼入电话量超过1100万个，日均达3万个；2017年人工服务电话日均接听1.4万个、接通率达99%以上。除了票务咨询之外，上铁"12306"客服中心通过电话、网络、移动客户端受理等途径，向旅客提供多种特色服务，打造"一站式"解决旅客需求的客服平台。比如提供重点旅客预约、遗失物品查找、器官转运绿色通道等特色服务。2017年惠及近万人次重点旅客出行，找回近15万件遗失物品。上铁"12306"客服中心还充分运用"移动互联网+"模式提升旅客咨询体验,集成官方 App、公众微信号、QQ 公众号等主流平台,嵌入智能问答功能,满足旅客全媒体交流互动的需求。同时,中心还应用智能语音、智能机器人技术推出"智能客服",并在部分重点车站充电桩加载"智能问答"程序,为旅客提供全天候、全维度的售票、乘车、进出站等业务的自助查询服务。

如今,领取报销凭证时间延长至 180 天,推出 12306 网站和 App 适老化无障碍功能……越来越精细化的举措,折射出铁路部门深厚的为民情怀。

6. "12306" 每天几点放票和车票预售期是多少天

2015 年 5 月,互联网和手机客户端停止售票时间由原来的开车前 2 小时缩短为开车前 30 分钟,极大地方便了临时出行的旅客购票 2016 年 12 月 1 日,"12306" 网站开始试行手机客户端选座功能。2017 年 12 月 18 日,中国铁路常旅客计划正式推出。2018 年 11 月 26 日,铁路部门又推出电子客票,刷身份证直接上车,铁路服务再上新台阶。2018 年 12 月 27 日,"12306" 客户端又试点推出火车票候补功能,各种抢票软件正式被扫入历史的垃圾堆。

例如,2022 年 6 月起,铁路 12306 网站、12306App 售票改签服务时间为每日 5 时至次日凌晨 1 时,为了保障 12306 系统稳定运行,每周二 23 时 30 分至周三 5 时进行系统运维巡检。但各地规定不同,很有可能会随时发生变化,请根据当地铁路局集团公司最新通知为准。

7. 购票方式的有哪些转变

购买车票方式发生了历史性变革,不断提升系统设置。如今,"12306" 已成为全球交易量领先的票务系统,累计注册用户近 6 亿,年售票 40 亿张,单日最高售票量突破 1700 万张,互联网售票量占比高达 90%。从 "12306" 互联网售票上线、"12306" 手机 App 上线、实名核验快递送票……车票可以在网上订购,一部手机走天下,体现着中国铁路的用心。现代生活水平的提高，伴随着人民对于出行的要求，也不再只停留于"走得了"，而希望旅途能够更加便捷，迫切希望创新要深度融合人文理念，更好服务于自身。

购票方式的改变，伴随着提升服务质量。铁路部门不断推出电子客票、刷脸核验、在线选座、网上订餐等便民利民措施，特别是针对60岁以上老人出行，部分车站设置了爱心窗口，可优先为老年旅客办理现金购票、改签等业务，预约叫醒、预约轮椅等"定制化"接送站服务，让老人乘车出行全程无忧。这一细微之处让服务更有质感和温度，体现出"以服务为宗旨，待旅客如亲人"的以人为本服务意识。铁路部门还推出了计次票和定期票，是在给人们实实在在地办了一件好事。人们可以随到随乘，便捷自如，省去经常购票的时间，营造"公交化"出行感般的体验，力求给人们更舒适缩时的旅途，这也体现了中国铁路在日益多元的市场下坚持供给侧改革，不断随着人们的需求做出"新产品"，促进服务的优化和升级。

电子客票由航空公司率先发明、使用，是普通纸质车票的替代产品。铁路电子客票是以电子数据形式体现的铁路旅客运输合同，与纸质车票具有同等法律效力。旅客在"12306"网站订购车票后，可以凭二代身份证直接进站、过闸机、乘车、出站等，实现"无票乘车"。为提高客运服务质量、增强客运工作效率、减少运营成本，铁路部门正在扩大推进全流程电子客票工作。在购票环节上，自助售票机和窗口也将支持电子客票。在身份证件上，突破二代身份证限制，支持所有有效身份证件。在办理手续上，乘车前，旅客自行打印乘车牌信息；检票时，实行严格第一次身份验证、二次闸机检验的查验方式。在表现形式上（主要指检票、乘车等环节），支持二代身份证、带芯片的港澳通行证件、移动二维码等。在报销凭证上，支持纸质发票和电子发票。

为提高客运服务质量、增强客运工作效率、减少运营成本，铁路部门正在扩大推进全流程电子客票工作。在购票环节上，自助售票机和窗口也将支持电子客票。在身份证件上，将突破二代身份证限制，支持所有有效身份证件。在办理手续上，乘车前，旅客自行打印乘车牌信息；检票时，实行严格第一次身份验证、二次闸机检验的查验方式。在表现形式上（主要指检票、乘车等环节），支持二代身份证、带芯片的港澳通行证件、移动二维码等。在报销凭证上，支持纸质发票和电子发票。

8. 城际铁路推出"计次票"和"定期票"的怎么回事

为进一步方便商务、通勤旅客快捷出行，2021年8月18日起，广珠及珠机城际铁路在提高运行效率的同时，同步推出"计次票"和"定期票"，两种灵活便捷、经济实惠的新型票制产品。计次票、定期票最大的优势是便捷，对于需要在广珠及珠机城际之间频繁出差的商务人士或是每日都需往返两地通勤的旅客来说，旅客出行不用一次次买票，只需携带身份证就可进站乘车，方便快捷。

"计次票"是指有效期内，持有者可乘坐限定次数的指定发车、到达站间规定列车的车票。"定期票"是指有效期内，持有者乘坐有限次数、指定到达、发车站及席别的列车车票。

"20次计次票"是指在90天有效期内，乘坐20次在广珠及珠机城际线路开行的、购买产品时指定发到站和指定席别的列车，每张票相当于原有票价的9.5折。"30日定期票"是指30天有效期内最多可乘坐60次的在广珠及珠机城际线路开行的、购买时指定发到站和指定席别的列车，坐满60次，每张票相当于原有票价的7折；坐满50次，每张票相当于原有票价的8.2折。

旅客可通过席位预约或直接刷证两种方式乘车出行。产品仅限乘车人本人使用，不能转让或共用。购买计次票、定期票后，乘车人需在30天内（含当天，下同）启用乘车，30天内未乘车的，产品自动失效并全额退款。定期票、计次票为全价成人票，有效期从首次乘车之日起计算，铁路畅行会员购买和使用产品后可累积乘车积分。

沪苏通铁路是国家"八纵八横"高铁网沿海通道，也是京沪第二通道的重要组成部分，于2020年7月1日开通运营，南通至上海间最短运行时间压缩至1小时3分钟。沪苏通铁路日均开行旅客列车147趟，运行时间内平均每7分钟开行一趟旅客列车，客流需求旺盛，人员来往密集，沿线人民群众出行便利。2021年11月16日起，沪苏通铁路推出30日定期票、20次计次票。新型票制产品方便上海、苏州、南通三地商务差旅和通勤旅客出行。

沪苏通铁路开办新票制产品的车站有：上海、上海西、上海虹桥、安亭西、太仓南、太仓、常熟、张家港、南通西、南通，新票制产品可以在沪苏通铁路上开行的所有动车组列车（不含动卧列车）上使用。

在乘车方式上，旅客在购买以上新票制产品后，可通过席位预约和直接刷证两种方式乘车。使用席位预约方式乘车，可在铁路"12306"网站、"12306"App、自助售取票机提前预约产品所对应发到站及席别的席位，预约席位后，乘车人持购买产品时使用的有效身份证件原件进站检票乘车。使用直接刷证方式乘车，当列车有产品所对应发到站及席别剩余席位时，乘车人可持购买产品时使用的有效身份证件原件，直接进站刷证检票获取席位乘车。

购买30日定期票、20次计次票后，旅客需在30天内（含当天）启用乘车，30天内未乘车的，新票制产品自动失效并全额退款。新票制产品为全价成人票，仅限乘车人本人使用，有效期从首次乘车之日起计算，铁路畅行会员购买和使用产品后可累积乘车积分。

9. 郑汴焦城际铁路公交化开行的几大看点

自2021年10月26日起，中国铁路郑州局集团公司管内郑开（郑州东至宋城路）、郑机（郑州东至新郑机场）、郑焦（焦作至南阳寨）城际铁路开启高密度"公交化"运营模式，旅客可使用"铁路e卡通"扫码通过专用通道乘车，城际出行更加方便快捷。

（1）高密度"公交化"、旅客"随到随走"。郑焦、郑开、郑机城际铁路实施公交化开行，具有列车间隔时间短、开行密度大的特点：郑州东至宋城路日开行公交化列车27.5对，平均密度30分钟/班，列车最短间隔21分钟；焦作至南阳寨日开行公交化列车26对，平均密度30分钟/班，列车最短间隔16分钟；郑州东至新郑机场日开行公交化列车41对，平均密度22分钟/班，列车最短间隔8分钟。

（2）快捷通道进站、专属乘车区域。为满足城际旅客快速进出站的需求，郑州东站在一层出站口设置可反向上站台的城际公交化快速进站通道；焦作、南阳寨、宋城路、新郑机场等车站进站口设置城际旅客专用通道，实现城际旅客与高铁旅客分口进站。同时，固定郑州东站18、19号站台、焦作车站8号站台、南阳寨车站2号站台、新郑机场站1、3号站台作为城际列车专用候乘站台。这样可以节省城际旅客进出站时间。

（3）"购、验、检"三合一、进出站e卡通。旅客进站、出站各扫码一次就完成乘车过程：在保留现有电子票购票刷身份证进出站的基础上，城际公交化列车将购票、实名核验、进站检票三个环节合并为"12306"手机App扫码进站一个动作。旅客只需在"12306"手机 App 注册核验"铁路 e 卡通"扫码乘车业务，进站过程中无需购票、无需验证、无需检票，扫二维码即可进站乘车。

（4）出行候乘一体、不分车次席别。乘坐城际铁路公交化列车，持电子票旅客可乘坐当日运营时间内任意车次，不受车票票面车次限制；使用铁路"e 卡通"旅客进站一次扫码即可到站台乘车，不分车次即来即走；在同一区段内乘车，不分时段、车次、车型，不分席位、等级，均为同一票价，旅途中列车不查验车票，到站后扫码扣款出站，尽量减少对旅客的乘车干扰，提升旅客乘车体验。

（5）点到点一站达、快速中转换乘。目前，城际铁路公交化列车在郑州东至新郑机场间、焦作至南阳寨间实行点到点开行，中间不停站；在郑州东至宋城路间停靠绿博园站。同时，焦作、南阳寨、宋城路站通过协调联动地方政府，加密公交车班次、延长公交车运营时段，并在南阳寨车站加开车站与地铁站间的公交车，方便旅客中转接驳；郑州东站在18、19 站台设置旅客中转换乘高铁列车专用通道和扶梯，方便旅客进入候车大厅换乘高铁列车。

郑汴焦三条城际铁路公交化开行，为河南交通发展注入新的活力，对于构建中原城市群紧密层"半小时"交通圈，巩固郑州现代综合交通枢纽地位；对于改善民众出行环境，缓解区域交通运输紧张状况，满足沿线城镇之间旅客便捷出行；对于促进郑州、开封、焦作三地经济社会发展、提升城市格局具有重大意义。

10. 积分换车票是怎么回事

随着高速铁路陆续投入运营，铁路运能得到快速扩充，铁路与航空、公路的客源竞争日趋激烈，旅客对铁路客运经营能力和客运服务质量的要求越来越高，旅客个性化和差异化需求日益明显，因此迫切需要开展铁路常旅客积分系统研究。

从 2017 年 12 月起，铁路部门推出"铁路畅行"常旅客会员服务，会员可凭积分兑换列车车票。凡是符合条件的旅客，都可以注册成为铁路畅行的常旅客的会员。那么旅客通过购票以后完成乘车就可以参加积分累积，积分累积达到一定的标准以后，可以初步兑换车票，并可根据需求推出更多个性化的服务。年满 12 周岁可申请"铁路畅行"常旅客会员，年满 12 周岁的自然人，通过"12306"网站、手机客户端、车站专门窗口等渠道，在主动申请并完成身份认证后，就可以成为"铁路畅行"常旅客会员。积分按 5 倍于票价累积、铁路常旅客会员购买车票将获得相应乘车积分，积分按照 5 倍于车票票面价格进行累积，也就是说旅客购买 100 元车票就能获得 500 分积分。积分首次达到 10000 分以上，就能获得兑换资格，兑换铁路部门指定车次的列车车票。使用所兑换车票的乘车人可以是会员本人，也可以是其设定的受让人。申请铁路常旅客会员的有效证件包括居民身份证、港澳居民来往内地通行证、台湾居民来往大陆通行证、护照等。推出常旅客会员服务，目的就是回馈广大旅客对铁路的支持和帮助，增加旅客乘车旅行的获得感。

积分兑换的车票可否办理改签？积分兑换的车票可在车站会员服务窗口和"12306.cn"网站（含铁路"12306"手机 App）办理改签，但不能办理退票和变更到站。改签范围须为允许积分兑换的车票，且会员账号内有足够的积分。改签新票票价高于原票票价时需使用积分支付差额，新票票价低于原票价时差额不退。办理时核收 1000 积分手续费。会员在车站会员服务窗口使用积分为本人或受让人兑换的铁路电子客票，乘车人须持有效身份证件原件到车站改签窗口办理。

11. 学生票有何规定

学生每学年可购买 4 次学生票，不再受每学年 6 月 1 日至 9 月 30 日和 12 月 1 日至次年 3 月 31 日的时间限制（每年 10 月 1 日至次年 9 月 30 日为一个完整学年）。那如何办理学生票资质核验？

（1）车站售票窗口办理。旅客将贴有火车票学生优惠卡的学生证和身份证交给车站售票窗口工作人员，说明核验学生票优惠资质意图即可。

（2）自动售票机办理。旅客在自动售票机上依次点击"优惠资质绑定""学生购优惠票资质绑定"，认真阅读"绑定须知"后点击"知道了"，依次将贴有火车票学生优惠卡的学生证、身份证放置于自动售票机"优惠卡及身份证件识读区"，根据提示完成身份证的核验和绑定即可。

那么，除了大中专院校的学生还有哪些学生可以购买学生票？购买学生票要符合以下条件：在国家教育主管部门批准有学历教育资格的普通大、专院校（含民办大学、军事院校）、中等专业学校、技工学校和中、小学就读，没有工资收入的学生、研究生；家庭居住地（父亲或母亲之中任何一方居住地）和学校所在地不在同一城市；大中专学生凭附有加盖院校公章的减价优待凭证、学生火车票优惠卡和经学校注册的学生证，新生凭学校录取通知书，毕业生凭学校书面证明；小学生凭学校书面证明；在优惠乘车区间之内，且优惠乘车区间限于家庭至院校（实习地点）之间；每学年乘车次数限于4次单程。当年未使用的次数，不能留至下年使用。

下列情况不能发售学生票：学校所在地有学生父或母其中一方时；学生因休学、复学、转学、退学时；学生往返于学校与实习地点时；学生证未按时办理学校注册的；学生证优惠乘车区间更改但未加盖学校公章的；没有"学生火车票优惠卡"、"学生火车票优惠卡"不能识别或者与学生证记载不一致的。

学生票按近径路或换乘次数少的列车发售。根据铁路部门规定，学生票可享受普速旅客列车硬座客票、加快票、空调票和动车组列车二等座公布票价的优惠，学生票普速旅客列车票价，按相应客票和附加票票价的50%计算。持学生票乘车的学生用普速旅客列车硬卧时，应另收全价硬卧票价，有空调时还应另收半价空调票票价，动车组列车二等座，按公布票价的75%计算。

学生票票价享受的优惠均是在列车公布票价基础上享受的优惠，而旅客在购票时查询的票价是执行票价，部分列车执行票价是已优惠票价，购买学生票不能享受折上折的优惠。

12. 高铁客站的信息服务和车站咨询服务有哪些

根据各服务处所和服务设备设施的功能、用途设置揭示揭挂，采取电子显示屏、公告栏等方式公布规章文电摘抄、旅客乘车安全须知、客运杂费收费标准、列车运行信息等服务信息，可在车站内用于指引站内及站外周边设施的位置。

车站各处具体的信息设置如下：售票处、候车区（室）、出站检票处和补票处设有儿童标高线；售票处、候车区、站台有时钟，显示时间准确；特大、大型车站进站大厅（集散厅）设置进站显示屏，显示车次、始发站、开车时刻、候车区（检票口）、状态等发车信息；候车区内设置候车引导屏，显示车次、始发站、开车时刻、站台、状态等信息；天桥、地道内设置进、出站通道屏，显示当前到发列车车次、始发站、终到站、站台、到开时刻、列车编组前后顺位等信息；站台设置站台屏，显示当前车次、始发站、终到站、实际开点（终到站为到点）、列车编组前后顺位、引导提示等信息；出站口外侧设置出站屏，显示到达车次、始发站、到达时刻、站台、状态等信息；售票处、候车区可设置自助查询终端，显示车站概况、列车时刻等信息。如图 5.2 所示。

图 5.2　高铁车站站内指示牌

通过铁路客户服务电话、互联网（"12306.cn"网站、微信公众平台、手机 App、电子邮件）、信函等方式受理客户投诉、表扬、建议、咨询、求助、延伸服务等；督办责任单位妥善处理客户投诉。如，在客户关系信息互动方面，人工在线、自助语音及邮件等方式受理客户信息查询，采用互联网（"12306.cn"网站、微信公众平台、手机 App）、短信、电台等多种渠道，开展信息发布；受理电子支付问题申报，并转报相关部门；定期汇总和分类统计客户投诉、表扬、建议、咨询、求助、延伸服务等内容，分析铁路服务存在问题，提出改进意见和建议，报铁路局集团公司和北京客服中心；接收、搜集、整理与客户服务有关的文电、命令和信息，分析客户投诉、建议、咨询等内容，查找铁路服务存在问题，及时补充、更新知识库；建立绩效考核机制，不断提高运营管理和服务水平；开展客服人员相关业务知识和技能素质培训；针对铁路局集团公司管辖范围内的客户实际情况，开展客户关系管理；开展客户延伸服务工作。

各大客运站还组织相关部门结合候车室布局、候乘能力均衡、旅客走行线路、列车编组安排等情况进行综合调研，梳理统计单联动车组列车候乘组织相关情况，对检票口方向与站台停靠位置不在同一侧的单联动车组列车是否具备优化调整条件进行梳理；同时，针对上下客流相对较大且位置靠近电梯口、地道口，极易造成旅客聚集拥堵的短编、长编（重联）动车组列车车厢同步进行梳理，排摸情况。根据动车组列车编组变化情况，积极并适时调整候车室检票口，减少旅客走行距离；对于无法调整的动车组列车，一是要根据旅客走行距离合理设定提前检票时间，避免旅客因走行距离过长造成漏乘、误乘等情况；二是检票、站台等岗位间要加强信息联控，楼梯口、电梯口等关键地段要加强旅客引导，关注旅客走行速度，把握作业关键重点，确保乘降组织有序；三是坚持"重点服务有保障"，针对病患、轮椅、盲人等不同类别的重点旅客，要细化服务流程和措施，完善服务信息链，实现重点旅客服务乘降组织全流程追踪。同时，对于具备调整条件的单联动车组列车，要在调整实施前及时做好调整车次的信息维护工作，确保旅客行程信息提示、手机短信等内容及时更新。同时，根据新旧调整变化对显示屏、检票计划、广播宣传等客运组织模块内容进行修改，确保信息准确无误。

另外，一些大客站的机器人内部植入海量的数据，涵盖站内导航、检票、行李搬运、自动柜员机、寄存、餐饮等综合信息，旅客不仅可以在电子屏上直接点击对应图标查找相关信息，而且还可以用语音回答问题，为旅客提供更加实用、精准的服务，还有将陆续加入导航缩略图、热点图文说明、智能翻译、音视频解说等功能，让旅客出行更方便。北京南站坐落于北京市丰台区开阳桥南开阳路（原永定门火车站西南），地处宣武区、崇文区及丰台区交界处，南二环、南三环、马家堡东路、马家堡西路之间，凉水河北侧。北京南站作为高速铁路车站，日均发送旅客十余万人次，春运、节假日高峰更是经常突破20万人次。北京南站开启地下7个快速进站通道，实现车站所有始发车次全覆盖，将地下换乘层旅客最快进站时间缩短至10分钟。在功能布局上，改变以往平面布局模式，采用上下五层立体化布局模式，将地铁、公交等市内交通引入车站内部，较好地解决了车站与市内各种交通方式的换乘和地下空间的统筹利用等问题，实现了车流的无缝衔接。在流线设计上，采用"上进下出"和"下进下出"相结合的流线设计方式，使得车站内部各种流线便捷顺畅和路径最短，实现了客流的"零距离换乘"。北京南站在北京和天津之间，每天往返的高速铁路有251趟，平均10分钟就有一班，比五年前增加了30%。

还有一个问题，就是在大都市内因为车站多，跑错车站怎么办？如果距离开车时间较近，建议先到人工售票窗口或在铁路"12306"App上办理车票改签、退票手续。如果时间比较宽裕，可乘坐地铁等交通工具前往正确车站。以首都北京为例，目前市内共有六大客运火车站，包括北京站、北京西站、北京南站、北京北站等，一字之差，南辕北辙，乘火车的时候一定要看清楚，乘车站点名称。北京市区内的六大客运火车站内均设有综合服务台，铁路工作人员随时帮助旅客解答各种疑难问题。

13. 重点旅客服务有哪些

客运其他服务方面包括重点旅客服务等，高速铁路客运站可根据自身特点和实际情况，设立特色品牌的爱心服务专区和贵宾区，安排客运人员负责引导专用通道检票乘车，为老、弱、病、残、孕等重点旅客的出行提供便利和帮助。按照"先重点、后团体、再一般"的原则组织旅客有序检票进站，对重点旅客进行主动帮扶，并做好服务和交接。

什么是重点旅客呢？目前重点旅客有以下9种类型，老年旅客：70岁以上的老年旅客；担架旅客：手术后或重病需使用担架行动的旅客；轮椅旅客：使用轮椅的旅客；盲人旅客：双目失明或重度弱视的旅客（含携带导盲犬的盲人旅客）；孕妇旅客：怀孕28周以上的旅客；婴幼儿旅客：随同成人旅客旅行的婴幼儿旅客；病患旅客：身患疾病的旅客（包括突发疾病旅客）；护送器官人员：运送人体器官的OPO工作人员、运送人体造血干细胞、血液等的医务人员或志愿者；特殊需求旅客：其他需要提供特殊辅助的旅客目前重点旅客接送站服务的。

重点旅客预约服务主要面向依靠轮椅、担架等辅助器具旅行的老年、伤病、残疾等已购票旅客。可以通过铁路"12306"网站、铁路"12306"App、铁路"12306"小程序、铁路"12306"客服热线、中国铁路微信公众号或关注出发车站的公众号、微博提前预约重点旅客服务。还可以联系车站服务台或问讯处说明所乘坐的车次、时间、联系方式及所需服务内容等信息，由车站工作人员为您预约。

近年来，越来越多的互联网智能设备走进生活的方方面面，在提高人民群众生活品质的同时，也出现了一些老年人、脱网族不会操作、不会使用等"数字鸿沟"新问题。上海局集团有限公司聚焦老年、脱网等群体在网络购票、扫码出行、刷证乘车等方面遇到的难题，组织客运单位通过设置咨询服务台、发放宣传册、开设专题课堂等多种形式，开展"关爱老人·共享智慧出行"铁路公益活动。在上海、杭州、南京、合肥、苏州、常州、徐州站，上海、杭州、南京、合肥客运段，芜湖、新长、徐州车务段等铁路客运单位纷纷组织党团员、业务骨干走社区、到园区、进商区、去老年大学，重点对老年群体进行面对面、手把手引导，帮助其学会操作铁路"12306"App，通过手机自主办理购票、改签、退票等业务。

2021年6月23日，在安庆开往上海虹桥的G7131次列车上，一名男性旅客瘫坐在座位上，失去了意识，列车员多次呼叫都没有反应。所幸的是，车上旅客中有两名医务人员，听到广播寻医后赶来参与救助，在众人的及时相助下，这名旅客经过救治最终转危为安。由于这名旅客的睡姿有些反常，细心的列车员在巡视车厢时发现了异常，多次尝试沟通，并轻轻拍打旅客的肩膀，但这名旅客一直没有回应。列车员随即呼叫了列车长。列车长立即广播寻医，随后一名穿着白色上衣的旅客赶来，表明自己是医生，并对旅客的身体状况进行检查，采取了掐人中、听心跳等紧急措施。经过医生检查，虽然旅客脉搏呼吸正常，但多次按压人中仍没有反应。列车长尝试为旅客喂饮料，但旅客已经无吞咽反应。考虑到旅客情况没有好转，且距离下一停靠站南京南站还有几分钟，列车长联系前方站救援。过程中，另外一名赶来的旅客表明自己是医务人员，并现场查看了旅客情况，为他量血压。血压测量结果仅为86/56mmHg，数值偏低。几分钟后，列车到达南京南站。在列车工作人员、热心旅客的共同帮助下，众人将旅客送至站台，等待120急救中心的后续救治。

14. 国外旅客换乘方式有哪些经验和中国高铁旅客换乘组织便捷化方式

由于城市规模和综合枢纽站内各种交通方式的引入条件、衔接和疏解方案等不同，车站内外客流组织不尽相同。国外高速铁路车站和地铁通过在空间上的错层设置，加上站外城市公交、出租车等的合理配置，能够使进站客流或出站客流较好的疏解。许多大城市能够实现高速铁路车站和地铁的衔接，因此，车站工作组织必须高度重视这一工作，主动和城市交通管理部门协调沟通，寻求良好的交通网络体系。

在客运站布局方面，有些国家将铁路客运站设在城市繁华的居民区或商业区内，有的伸向市区广场，缓解和减轻了市内交通所造成的能源紧张和交通拥挤的压力。在车站结构设计上，有很多铁路客运站基本上没有站前广场，有多个方向的出入口，使客运站四周与城市连为一体，融入城市当中，且充分利用城市各种交通资源，与各种交通方式有效衔接，形成以自身为中心的空间立体化、功能综合化的综合客运站。在客运站客运设备布置方面，国外一些大城市铁路枢纽一般都修建穿过大城市中心区的干线地下直径线，并在直径线上修建 1-2 处大型客运站，在城市其他区域，布置若干辅助客运站以分担客运业务。国外综合客运站在规划设计时特别重视换乘功能的实现，通过将各种不同交通方式的站场设置在不同层面上，实现旅客在不同交通方式之间的垂直换乘，缩短旅客换乘距离。

中国实施便捷换乘的高铁大客站，购买联乘票的旅客，在这些车站不用出站即可换乘。旅客中转换乘更方便、更快捷。站内中转给旅客带来了方便。以上海虹桥站为例，车站大量配置自动售取票机、自动检票系统、自动引导系统等自助服务设备。作为综合交通枢纽重要组成部分，上海虹桥站与民航、城市轨道交通、公交、出租车紧密衔接，形成了多种交通方式一体化的现代化综合交通枢纽，实现了旅客"零换乘"。2017 年 4 月起，上海先后有 10 多条地铁线路将常态化延时 1 小时，这意味着中心城区地铁服务将超过午夜零点。这项举措给高速铁路到达时刻较晚的列车乘客带来交通衔接方式的方便，满足了这部分旅客的出行需求。实现同台交互换乘之后，市民们只需在站内步行 2-3 分钟即可找到换乘入口，整个过程最快需要 5 分钟。比起之前不同台的换乘，至少节约了 10 分钟的换乘时间。

如果你从杭州站乘坐 G7362 次到上海虹桥站后，换乘 G598 次到汉口，站内 7 分钟完成换乘。上海虹桥站检票口的反向自动验票机，不仅可以正面"读票"进站，也可以让需要中转的旅客反向"读票"出门。上海虹桥和南京南站候车层 A 侧分别安装有 16、15 台这种装置。并在出站闸机左侧增设了人工检票通道，车站根据新的换乘路线，统一了换乘标志和换乘广播。缩短了旅客中转换乘的路程。只需 5 分钟左右时间。每月还要进行专项检查保养，清理、调试设备安全性能，技术维修人员接到车站保修后，10-15 分钟内要赶到现场抢修。旅客不用出站，只需下车的站台乘垂直电梯，即可直升至候车厅，省时省力。客运服务变得越来越精细化和人性化。同时，为进一步提高客运服务质量，缩短换乘旅客走行距离，减少安检、进站等中间环节，解决换乘费时耗力等困难，为旅客提供安全、舒适、快捷的换乘条件，在全路指定便捷换乘车站，对持有本站当日经停的G、D字头列车联程车票的旅客试行便捷换乘服务。采取利用站台一侧进站通道（楼梯、自动扶梯、无障碍电梯等）反向进入候车区（室）的换乘方式，车站负责有旅客到达车次车票和联程车票的核验。

另外，在国铁与城市轨道交通两大体系，突破管理体制限制、实现轨道交通协同发展，迈出了标志性的一步。犀浦站在全国率先实现铁路与地铁的安检互信、同台换乘。过去，市民乘坐动车到达犀浦站后只能同站台单向换乘地铁，而乘坐地铁2号线到达犀浦站并需换乘成灌（彭）动车的乘客，需历经地铁出站、铁路进站、铁路安检等复杂流程才能换乘动车。

成灌市域铁路作为成都市城区连接都江堰、彭州、青城山的一条市域快速铁路，成灌快铁每天开行密度达64趟次，投用以来每天早晚高峰和周末的动车上座率都在80%左右。其中，犀浦高速铁路站是这条成灌快铁往都江堰、彭州、离堆公园方向的枢纽车站，由于犀浦高速铁路站接驳了成都地铁2号线，这里也就成为旅客换乘的主要车站。2017年7月25日开始，已购买、换取了动车票或者持有中铁银通卡的市民乘坐地铁2号线到达犀浦站后，就可同站台通过铁路闸机进入动车站台，换乘开往都江堰、青城山、彭州等方向的动车，从而实现铁路、地铁的无缝同台换乘。对于没有来得及购票或换取车票的旅客可通过换乘站台的自助售取票设备可购买换乘车票。犀浦站为双岛四线车站，实现了成灌线与地铁2号线同台换乘，最大程度方便了乘客的出行，交通功能实现最优化，是国家铁路与城市轨道交通有效衔接的典范。如图5.3所示。

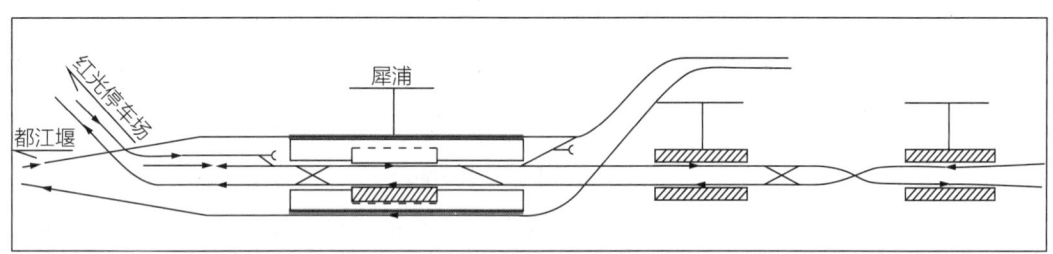

图5.3 犀浦站双岛四线线路图

实现同站台换乘需要硬件、软件两个条件。从硬件看，车站和地铁、动车线路设计建造之初，就要考虑同站台换乘问题，即高速铁路和地铁在一个站台上下车。从软件看，要实现同站台换乘就不能出站进站，乘客不能再次安检，地铁、铁路要互认对方安检结果。因为地铁、动车，分属国铁和城市轨道交通两个系统，由于组织模式差异明显，当前在技术标准、运营管理等方面各成体系。动车地铁同站台交互换乘，就是两个系统突破各自体系、协同发展的尝试。经过成都市政府相关部门、单位与成都局集团公司协商，地铁、动车在各自车站设计上就考虑了同站换乘问题，相关方又签署安检互信互认协议，促成"全国首例"的诞生。并根据成灌铁路的客流变化及出行需求对运行图持续进行优化和调整。目前，成灌铁路已全面开通"中铁银通卡"支付功能。办理了中铁银通卡的旅客，无须购票，可直接在安靖、犀浦、郫都区、都江堰、青城山等沿线车站直接刷卡乘车。

15. 厕所革命与智慧厕所指什么

在一些高铁客运站，所每逢节假日、庆典时，人流量非常多，需要如厕的人也相应增多，会经常出现大量人员拥挤、排队等候的现象。铁路部门组织设计并安装了智慧厕所引导系统，通过实时显示厕所（有人、无人）使用情况，可快速有效地将有需要的人群引至空余的厕位。智能厕位引导系统可有效地疏散人群，提高卫生间使用率，避免因如厕人员过于集中导致安全事故。智慧厕所有其特殊性，它是一个地方文明的象征，其功能主要有：

（1）疏散人流：一般人都习惯就近原则，会出现有些卫生间人比较多，有些卫生间人比较少。所以通过加装智慧厕所引导系统，通过有人、无人的显示可以很方便地让用户知道现在卫生间是否有人，可以为客户提供人性化的便利。

（2）提高安全性，防止人多拥挤产生不安全的因素：当人员太过拥挤，会出现不可预料的不安全因素，比如踩踏、盗窃等等事情的发生，安装排队智能引导系统可有效地疏导人流，提高卫生间使用效率，防止人群过于集中而发生意外。

（3）智能化：通过厕所外面的厕位引导大屏和厕位门头状态屏可指引入厕人员直接到无人的厕位，节约如厕时间，方便快捷。智能厕位引导系统不仅能够给如厕人员提供便利，还可以使服务区的服务更先进、更智能化、更人性化。

（4）控制系统软件：控制系统软件采用可视化、模块化的设计方式，整个厕位引导系统界面简单易懂、操作简单。

16. 人脸识别含义

人脸识别技术是基于人的脸部特征信息进行身份识别的一种生物识别技术。用摄像机或摄像头采集含有人脸的图像或视频流,并自动在图像中检测和跟踪人脸,进而对检测到的人脸进行脸部的一系列相关技术,通常也叫做人像识别、面部识别。人脸识别主要包括人脸检测、特征提取、人脸分类三个过程。简单地说,就是通过人脸检测,对五官进行一些关键点的定位,然后提取计算机能够识别的人脸特征,最后进行一个相似度的比对,从而得到一个人脸识别的结果,也就是判断"刷脸"的是不是你本人。"刷脸"进站不仅提高了实名制验票的准确率,还缩短了旅客验票时间,只需3-6秒。最大限度为旅客提供更便捷、更个性化的出行服务。

人脸识别与指纹识别、掌纹识别、视网膜识别、骨骼识别、心跳识别等都属于人体生物特征识别技术,都是随着光电技术、微计算机技术、图像处理技术与模式识别等技术的快速发展应运而生的。人脸识别普遍采用2D方案,但受到光线影响很大,三维图像和热成像人脸识别精度更高,作为一种快捷、精准、卫生的身份认定技术,其具有不可复制性,即使做了整容手术,该技术也能从几百项脸部特征中找出"原来的你"。脸识别技术一直因其便捷性、安全性的优势,被广泛看好,是生物识别领域重要的研究对象。如今,中国人脸识别技术从无到有,从有到精,已经实现了跨越式的飞跃,很多经典算法和人脸库相继出现,识别正确率达到99.5%,甚至超过人眼识别的正确率。

17. 高铁静音车厢含义

旅途中一部分旅客需要更好的休息环境或阅读环境,而愿意遵守相关规定的旅客可选择"静音车厢"。通过"12306"网站或App购票时,自行选择"静音车厢",并遵守约定。乘坐"静音车厢"时,请配合遵守"静音"约定。

2012年,澳大利亚悉尼在公共交通线路上推出了"静音车厢"的服务。"人为噪声"长期以来是一个痛点,营造更好的乘车环境离不开各方共同努力,既需要执法人员的监督约束,也要依靠乘客的自觉自律。

静音车厢的"静音"约定：静音车厢内保持安静；避免电子设备放出声音，建议关闭外放功能或使用耳机，再刷短视频或看电视剧、电影。请将手机模式调整为静音或震动状态。重要电话需要接听或互相交谈时可离开静音车厢。携带儿童的出行旅客照看好您的孩子，避免喧哗。

静音车厢不妨一试：首先，希望有一个安静的环境，是许多乘客乘车、乘机、乘船时的良好愿望。其次，所谓"静音"，标准也不难把握，以努力不对他人产生声音上的影响为最低标准。如把手机设在非响铃状态，必须接听的电话到车厢外接听等，这些都不难把握。至于打呼噜这样的非主观状态，且声音有大有小，可以暂不做明确规定。当然，设置静音车厢，不意味着在其他车厢可以肆无忌惮地制造噪声。保持旅途安静，是维护良好乘车秩序的必需，也是社会公德的一个具体体现。但毕竟，在漫长的旅途中，在晴朗的白日，同行者之间进行一些不影响他人的交流，也应是可以理解和允许的。

"静音车厢"可为旅客提供更加安静舒适的旅行环境，愿意遵守相应行为规范的旅客，通过"12306"网站和手机客户端等购票时可自行选择"静音车厢"。2020年12月24日起，铁路部门在京沪乘车要求旅客在该车厢内需要把手机调成静音或者干脆关闭掉，如果接听电话或者乘客之间需要对话的话，须要离开车厢。如果在火车上你要听音乐当然可以，但前提是你必须要戴耳机听。传统的列车广播报站名也一律会被取消，乘客需要靠车厢内的显示屏来获得站点信息。购买方法：旅客通过铁路"12306"网站、手机App、自动售票机等渠道购买京沪高铁、成渝高铁指定车次车票时，如需提供"静音车厢"服务，可根据系统提示自愿选择购买"静音车厢"车票，"静音车厢"设在3号车厢（二等座车）。试点车次：京沪高铁、成渝高铁部分车次试点"静音车厢"服务。

18. "双网融合"指的是什么

高速铁路网与互联网的"双网融合"，实现了资源共享、优势互补。旅客网购动车组车票时不但可以实现"自主选座"，而且还有"接续换乘"功能可供选择，这让购票旅客从原来的被动接受，变为了自主选择。在互联网时代，中国铁路上海局集团有限公司将"互联网+"应用到客运服务中来，大力推广自助、网络购票新方式，共设置自助售、取票机近

2000 台，在 193 个车站售票窗口和自动售票机开通扫码支付功能，在主要大站设置互联网购票推广体验区，引导旅客自助购票。

全新的技术为铁路服务的提升创造了更多可能。通过"上铁 12306"移动客户端，方便旅客查询列车时刻、增开停运、候车和售票等客运信息，并为旅客提供团体预约订餐和重点旅客预约等特色服务，让旅客不再为列车延误烦恼，不再为路上吃喝操心；通过在高速铁路车站开通移动支付，加大免费 Wi-FI 建设，让旅客随时了解信息，享受现代生活，也可以玩玩游戏、看看电影、跟朋友聊聊天消遣，提高人们出行品质。

19. 5G 体验是什么样的感觉

目前，铁路部门加快推进 5G 技术研究应用，加快 5G 覆盖工程，不断打造便捷、温馨、舒适的旅客乘车环境。5G 能给旅客带来哪些享受？在时速 350 公里的动车组里，5G 用户可享受流畅的通信服务。在线看电影、商务办公、阅读新闻更加高效流畅，使高铁旅行体验更加美好。在车站候车室等场所，旅客可利用 5G 高带宽、低时延的特性，体验 VR、AR、云游戏乃至 8K 视频。高铁列车移动信号优化，是一项非常复杂的工作。既要投入大量的资金，又要克服很多技术困难，离不开铁路通信工程师的辛勤付出，期待在 5G 黑科技的赋能之下，列车上的手机信号越来越好我的"高铁芯"！

随着铁路换乘地铁安检单向免检、停车"先离场后付费""智慧杭东"App 智能指路等项目陆续在杭州东站落地，为旅客出行带来了美好体验。作为杭州推进城市数字化的试验场，杭州市江干区还与杭州移动签订"网络共建长三角高质量一体化数字门户战略合作协议"，推动杭州东站枢纽 5G 基础建设，通过在杭州东站设立 5G 体验区，让旅客感受 5G 应用的方便快捷。5G 具有高速度、低时延、低功耗的特点，覆盖了 5G 网络的火车站将为旅客提供更加美好的乘车候车体验。5G 网络下，智慧机器人问路、送餐等互动也将走进我们的生活。随着 5G 室内数字系统应用场景多样化，未来的 5G 车站除了可以满足大量人群场景下的高速上网、随时随地移动支付的需求外，还可以支持 4K 高清视频通话、超高清多路视频回传等业务，不仅让旅客体验更美好，同时也为车站管理和服务提供强有力的保障。

杭州东站 5G 网络的启用，标志着杭州东站枢纽的城市大脑建设进入了新的阶段，服务提升工作踏上了新的台阶。杭州东站枢纽将不断拓展智慧应用场景，努力把杭州东站建设成为集前沿应用技术，具有主动感知功能的智慧枢纽，为浙江省、杭州市打造未来枢纽驿站、探索智慧治理模式贡献更多标准与经验。在多方的合作推动下，未来杭州东站还将配备无人行李运输车和移动式问询机器人，并准备在商业区内，开设无人超市、无人餐厅等。

 "空铁联运"模式是指的什么意思

高速铁路优势逐渐显示，其快速、环保、节约能源等方面的优势已得到社会认可和政策支持。应将航空和高速铁路优势进行整合。上海机场定位为国际航空枢纽港，对"长三角"地区有较强辐射能力，其国内和国际航班的覆盖范围很广。虹桥枢纽的正式启用，将航空、高速铁路、城际铁路、磁浮、地铁、公交车和出租车等多种交通方式便捷地联系在一起，大大便利了联运旅客。但目前"长三角"空铁联运可以说正处于起始阶段，仅仅具有成熟的铁路客运网络和"空铁联运"基础设施，且火车站与机场能实现内部的紧密衔接。考虑到可持续发展，就需要成熟的"空铁联运"信息系统，实现票务信息的整合，使其具有城市航站楼，能够实现异地值机。但最终的发展阶段，就要实现"零米高度航空"，即概念上将火车当做是地面航行的飞机，空铁两方式高度协同。"空铁联运"一般是指航空与铁路之间的一种联合运输方式，把航空运输特有的空中快速、地理条件受限少、适合远距离运输的优势与高速铁路地面公交化运营、方便快捷、安全舒适等优势相结合，通过速度、区域、线路上优势互补，将高速铁路网与航空运输网实现高效衔接，形成空铁一体化的交通运输网络。广义的"空铁联运"还包括城市轨道交通（地铁、轻轨）、普通铁路、城际铁路以及高速铁路动车、机场轨道专线等各种联合运输方式。高速铁路动车与机场之间的联合运输是"空铁联运"衔接的最高形式。

自2012年5月起，上海局集团公司与合作的航空公司建立空铁联运信息服务管理平台，开发国内首个空铁联运虚拟班次产品，建立空铁联运营销机制，推广应用的高铁航空客运联程运输管理，优化了铁路和航空部门运输组织方式、营销模式、客运服务流程等，基本实现旅客一次出行、一个订座、一个运价、一次购买、全程无缝旅行的目标。实现了高铁航空高效客运联程运输和多方共赢目标，提高了联运综合效益和效率。

21. 何为无轨站方式和高铁便民车

高铁带来了大规模的人口流动，这就需要加强各种运输方式的协调，为人口流动提供更好的交通服务。发展旅客联程运输、客运"节点运输+接驳运输"，支持"空铁通""空巴通"等客运服务模式，加强高铁与民航的落地衔接，鼓励发展直通机场和高铁客站的公路接驳班线等服务形式。围绕实现客运零距离换乘，着力打造以高铁客站为主的现代化综合客运枢、提升人性化、便捷化服务能力。加强不同运输方式运行时刻衔接，优化枢接驳服务，支持依托综合客运枢组创新运营服务模式，探索开展旅客"行李直挂"和跨方式行李联程托运等业务，规范服务行为，提升服务品质，提高综合运输体系服务质量和服务效率，促进人口流动便利化。

2016年12月，全国首个高速铁路"无轨站"在广西凌云县启用，指的是没有高速铁路线路经过的城市开设的具有"购票、取票、候车"功能的专门站点，通过开通专线大巴与就近高速铁路站实现无缝相连，将客流引入高速铁路，让边远山区群众也能快捷出行。依托高速铁路无轨站，凌云县实现与南昆高速铁路相连通，旅客从凌云高速铁路无轨站出发，4小时可到抵达南宁，7小时左右抵达广州。凌云无轨站到百色高速铁路站之间82公里的短途驳接，根据百色高速铁路站动车运行时刻开行点到点专线大巴，1.5小时左右到达。借当日高速铁路票，可免费或半截乘坐驳接车。"高速铁路+大巴"的交通无缝衔接实现了人流、物流的快速流通，有效增强了凌云县招商引资和旅游产业的吸引力。此后，容县、北流、陆川、博白等县也复制建成高速铁路无轨站，畅通高速铁路出行"最后一公里"。

2017年8月，云南省普洱、西双版纳、文山、玉溪、昆明、楚雄6州市的28个县市区交通运输企业与昆明铁路旅行服务有限公司签订了高速铁路无轨站合作协议，共设立28个高速铁路无轨站。其中，一半以上的无轨站在少数民族自治县和少数民族聚居地。旅客可在这28个高速铁路无轨站购买高速铁路车票，并乘直达车前往昆明南、玉溪等高速铁路站。无轨站的设立，给当地群众提供了便捷的出行服务，促进了贫困地区和少数民族地区招商引资、土特产品外销以及乡村旅游开发。

再如，高铁便民车是指什么内容？以江苏省为例。覆盖江苏的高速铁路网络已基本建成，全省13个设区市实现市市通动车，县级以上节点高铁覆盖率达到75%左右，基本实现各设区市到省会南京2小时通达。但仍有少数县(市)未通高铁。交通部门将"高铁便民车"项目作为省交通部门重要为民办实事项目之一，决定在全省部分暂未通达高铁的县（市），试点开行定时定点定线、安全便捷舒适、直通周边高铁站、具有定制班线属性和特定服务功能的专线班车。并在宿迁市沭阳、泗洪两地先行试点。两地按照"企业主体、政府引导"原则，精心组织实施，开行定时定线、直通周边高铁站的专线班车，成功让当地老百姓挤进了"高铁圈"。

拥有近 200 万人的沭阳县是江苏人口大县，外来创业务工人员近 25 万人。但是，在江苏目前已经开通、在建的高铁项目中，无一条线路途经该县。2021 年 6 月 27 日 7 点，江苏省首趟"高铁便民车"从沭阳县城区出发，一个半小时后，于 8 点 30 分抵达徐宿淮盐高铁宿迁站。随后，车里的 16 位沭阳当地百姓轻松换乘坐上高铁。沭阳县成为全国首个开通"高铁便民车"的县级城市。泗洪至宿迁高铁站便民车，全程 58 公里，用时约 1 小时，返回线路原则上按原路返回，根据旅客需要可以实行点到点服务。

沭阳县交通部门率先在全省开通试运营沭阳至宿迁、泗阳、淮安 3 条高铁便民车线路，有效地弥补交通领域民生短板。高铁便民车的开行，有利于加强公铁衔接，更加方便未通高铁地区群众的出行。宿迁开通的"高铁便民车"，发班时间和间隔与高铁时刻表无缝衔接，可在"落客"平台直接下车。

宿迁参运的"高铁便民车"均为安全技术等级高的正规客运车辆参运，车辆外部显著位置喷印统一的"高铁便民车"标志标识。沭阳"高铁便民车"经营企业依托客运站、高铁站、网络平台发布信息、组织客源和调度车辆，在城区内实行公交化管理，出城线路直达高铁站。在价格上，沭阳试运行班车票价，至宿迁高铁站便民车票价 20 元／人，至淮安高铁站便民车票价 24 元／人，至泗阳高铁站便民车票价 19 元／人。

随着百姓出行人数的增加，沭阳至宿迁高铁站便民车运力增加至 6 台，全天运行 12 个班次；沭阳至淮安高铁站运力增加至 5 台，全天运行 10 个班次；沭阳至泗阳高铁站运力 3 台，每天发 6 个班次。2021 年底，沭阳至宿迁、泗阳、淮安高铁便民车线路运力达到 26 台以上，将"高铁便民车"打造成全省示范窗口，进一步提升人民群众出行的安全感、幸福感和获得感。

目前，宿迁铁路规划也在发展中。合宿铁路泗县至宿迁段前期工作正在加快推进，力争尽快开工建设。淮沭新铁路已作为近期建设项目列入《长三角地区多层次轨道交通体系规划》，沭阳县、泗洪县两地群众将真正迎来高铁时代，实现经济发展与高铁"同速"。

22. 高铁时代慢火车存在的必要性

在高速公路和高铁铁路的时代，平均时速不到 40 公里的"慢火车"看似格格不入，其实存在自有其必要性。对于沿线居民来说，就学、就医、探亲、赶集等生活需求都仰仗火车，"慢火车"既是多年间的情怀寄托，也是必不可少的生命线。

以始建于 1958 年、高峰日客流量过万的宜宾火车站为例。曾经把一众游子和外来宾客迎来送往到这座"万里长江第一城"，在近一甲子的岁月里，承载了无数旅客的铁路回忆。但随着 2019 年 6 月 15 日，成贵高速铁路乐山至宜宾段开通并投入使用，宜宾火车站几近退出历史舞台。车站方面，目前每天只有一对内江 – 昭通的绿皮火车往返，这就是 5635 次车。早上 8 点 13 分从四川内江出发，18：45 到达云南昭通。沿途停靠 34 个车站，每隔 20 分钟就是一站。367 公里的路程，要用 10.5 小时才能走完，平均时速约 35 公里——和电动单车的速度也相差无几。

尽管高铁越来越普及，目前全国一共开行 81 对这样的公益性"慢火车"，占普速旅客列车开行总量的近 6%，数十年如一日地以不到 40 公里的时速穿行，途经吉林延边、内蒙古东部、湘西地区、云贵地区、凉山藏区、南疆地区等 35 个少数民族地区，每年运送沿线群众 1200 万人次。

乘客们坐着火车去赶集，同时火车也成了集贸市场。穿行于大凉山彝族地区的 5633 次，让人大感惊奇的场景就是乘客带着鸡、鸭、鹅、猪、狗、羊等活物上车，还有一袋袋的蔬菜水果——为了便于放置货物，每节车厢特地拆掉两排座位腾出空间；还专门拿出一节车厢改装为行李车，增设牲畜拴挂处，专放乘客带的大型家畜。

党的十八大以来，109 个县结束了不通铁路的历史，198 个县跨入高铁时代。铁路系统坚持运输扶贫，81 对公益性"慢火车"26 年不调价，每年运送沿线群众 1200 万人次，增强了脱贫地区发展的内生动力。

可见，高铁动车虽然是很多人的出行首选，但又为什么不取消慢悠悠的绿皮火车呢？如果说高铁体现了中国速度，那绿皮火车体现的便是中国温度。绿皮火车帮百姓将农产品从山里运到城里，更连接着家与学校，承载着下一代"走出大山"的梦想。绿皮火车给予了偏远地区人民"流动致富"的美好梦想。不论是过去还是现在，绿皮火车承载的总是无数人远行的梦想和对美好生活的向往！

23. 聚焦高铁特色品牌创建，怎样提升乘务服务质量

为努力提升乘务服务质量，以上海局集团公司为例，有关对策和建议如下：

（1）做实品牌主体。确保服务品牌载体稳定恒久、积淀价值，如在外在冠名列车的同时，由铁路提供列车平台，由路外企业开展深度合作，进行形象包装，设计主题产品、附属产品和衍生产品，可开发诸如"进博号""迪士尼""特斯拉"等主题列车。

（2）构建成套的品牌集群。深化铁路与旅游、文化等产业融合发展，围绕热门和特色线路，打造主题文化旅游列车新品牌，创新旅游专列等定制产品。

（3）做精品牌服务。营造灯光柔和、安静舒适、空气清新的乘车环境；探索功能性车厢，可设计制作漫画提示卡、动画宣传片、中英双语静音标识等内容，拟定的小声交谈、手机调至震动和禁止外放、调低广播分贝等"静音"约定。

（4）提供定制化服务。探索软卧车厢"女性包房"、商务人士会议专用座席、家庭旅客家庭专区等，改善旅客乘车体验；用好大数据资源，精准推送常旅客会员旅行偏好、性别、生日等信息，通过在生日当天赠送小礼物等方式，创新推出更多增值服务；针对老年人运用智能技术困难的问题，切实解决老年以及脱网群体的"数字鸿沟"问题，推出"订餐服务、迎送服务、现金服务、席位服务、应答服务、查询服务、识别服务、话术服务"等"适老化"服务举措。

一段南京客运段高铁女车长智勇擒贼视频，经集团公司全媒体平台推送后，在社会上引起强烈反响。长三角铁路微信视频号、新浪微博同步进行联合推送，视频点击量超百万。2021年7月30日，由南京客运段担当的上海开往合肥的G7222次列车驶离苏州站，4号车厢一名男子从行李架上拿下一个单肩包进行行窃。列车长阮青（化名）机智勇敢、果断处置，协助警方抓住窃贼，成功帮失主追回损失。全媒体平台相关产品相继被人民日报、新华社、央视、人民网等平台转载转发，全网浏览量超过1亿次，留言约20万条，总点赞量过千万次。广大网民纷纷为这位高铁女列车长的沉着、冷静、勇敢、睿智点赞。

2021年9月的一天，在上海客运段值乘的G99次列车上，发生了惊险一幕。乘坐列车时，吃东西请不要大声说笑，不要把花生米、豆子之类的东西抛到空中，再用嘴去接着吃，嘴里不要含着食物。此时，一名旅客被食物，卡住了呼吸道，出现呼吸困难。例如，用海姆立克急救法对旅客施救。关键时刻，列车长周晓晶出手相救，她巡视车厢时，被一位旅

客拦住,只见该旅客咳嗽不止,满脸通红,痛苦地指着嘴巴吞吞吐吐地说自己被卡住了,列车长及时上前拍打旅客后背,但发现旅客仍未好转,情况变得十分危急,列车长迅速疏散周围旅客,旋转座椅腾出位置。根据自己的急救知识,对旅客采取海姆立克法进行急救,并让乘务员进行广播寻医。通过挤压,帮助旅客呕吐出海带一类的食物,转危为安。

24. 创新餐饮服务模式 提升旅客出行品质

旅客通过"12306"网站或手机 App 的方式,可以享受到互联网订餐配送服务,不用离开席位,就可品尝到餐车或沿途供餐点供应的餐饮美食。高速铁路餐食以冷链为主。一种是上海局、南昌局、广州局集团公司为代表的生产外包、销售自主的模式,高速铁路餐食实行外采、外包或者委托加工等方式,供应商主要是航空餐食企业、传统方便食品企业;另一种是北京、沈阳、济南、武汉局集团公司为代表的自主生产销售模式,自建了高速铁路餐食生产基地或中央厨房。

根据保守估计,目前高铁餐食日均销售 10 万份,其中 4–45 元中档餐食占销量的 50% 左右。销售旺季为春运、暑运,与客流变化正相关。东部地区呈现高增长态势,上海局集团公司从日均 2 万份增长到 5 万份。根据不完全统计,多数铁路局集团公司冷链餐食供应比例在七成以上。自主生产销售高速铁路餐食的铁路局集团公司,基本具备生产 0—10 度条件下,保质期为 72h 的餐食产品。

根据高铁站点设置和客源分布情况,为准确掌握高铁旅客的消费心理和需求,通过问卷调查并进行相应分析,集中反映在以下几点:列车上的餐食价格偏高,比地面餐食贵出不少,很多旅客更倾向于在地面餐饮消费;认为用餐可有可无,列车上可选择餐食种类较少,不如下车后去食用更为多样的餐食;认为用餐时间不充沛,高铁餐食多为半成品快餐,餐服人员加工后送至座位,用餐显得较为仓促,用餐环境也相对无趣。以下建议如下:

(1)融入流行元素。要迎合旅客心理,刺激消费欲望,在努力丰富高铁餐食种类的基础上,改变很多旅客对高铁餐饮仍停留在"果腹"的认识层面,改变他们认为高铁餐食品种单一、营养不够均衡的状况;抓住"追网红""赶时髦"等心理,打造吸引人眼球的网红食品;结合流行元素,利用微博、抖音等形式做好食品推介;提供小份额食品试吃,邀请旅客品尝；不断推陈出新，形成"新品效应"，激发旅客消费兴趣、产生新的购买欲望。

（2）提升餐食质量。旅客对餐食抱怨最多的是：肉菜那么少，价格还这么贵；品种那么少，挑选都很难。为此，集中精力提高中等价位餐食的性价比，在适当压缩价格的同时保证荤素搭配、营养均衡，打造中等价位的畅销盒饭；根据列车运行区间不同和地区经济发展状况，因地制宜调整餐食供应。在经济较为发达的地区，尽可能多地供应中高价位套餐，而在经济欠发达地区，应当增加一些偏低价位的套餐；在"众口难调"的情况下，可根据列车运行区间不同、乘客的口味变化，适当提供一些有偿或免费的"酸、甜、辣、咸"小包装调味品，以满足不同地区乘客的口味需求。

（3）提供个性化餐食服务。针对老年人牙口不太好、消化功能差的特点，适当供应清淡不油腻、非油炸、稀烂软糯、好嚼易消化的餐食；针对小孩年幼好动、好奇新鲜的特点，可以准备一些形状奇特、味道鲜美的餐食，提供一些列车特有的包装精美、形象卡通的小零食；针对年轻女性保持"魔鬼"身材、尽享"健康"美食、有意识控制食量、热量的特点，可为其定制一些品种较多、分量减少的"一人食"类型的轻量套餐；还可搭配新鲜水果，让乘客在尽享快捷出行的同时感受到高铁温馨的餐食服务。

（4）汇聚地方特色文创。丰富餐食品类，打造"舌尖上的高铁"，探索增加沿途地域特色餐食，增加商务座手磨咖啡、无糖苏打水、高品质茶水等个性化商品；将具有地域特色的文化元素与高铁服务有机融合，如餐食盒、环保袋和手提袋上印制富有创意的文化图解；高铁餐乘人员要用热忱的态度在旅客中倾情推荐，在介绍地方文化特色的同时，有意识地引导带动餐饮消费。

（5）注重联合推介。挖掘高铁沿途特色餐食，主动与当地的旅游部门、特色餐食供应商建立联系，分门别类做好高铁餐食供应，为高铁乘客提供沿线地域特色餐食服务，让高铁出行成为美食之旅。纵观上海局高铁运行路线图，沿途有很多突显地域风格的特色食品，例如广州的煲仔饭、西安的肉夹馍、成都的辣子鸡等，乘务人员应在到达特色地域站点前做重点推荐。

（6）确保食品安全。造成食品质量问题的原因主要有：物流运输过程中装载不正确导致包装破损或开裂；餐乘人员自查自纠意识薄弱，未能完全执行售前检查流程，错失最及时、最有效的补救机会；车上硬件设施设备不稳定等。为提升列车餐食品质，要引进市场竞争机制，增加铁路食品供应渠道，保持信息公开透明，从供应源头上，消除餐食安全隐患；要致力于高铁配餐流程的规范，完善责任体系，明确"谁接手谁负责"的原则，建立交叉检查机制，从供货商到仓库配货、车上销售，每一个环节都坚持严格把关，层层查验，从制度上消除隐患；为确保夏季列车食品安全，要严格落实餐料进料验收签收制度，确保餐料先进先发、分类摆放；加强仓储管理，通过铺设防潮垫、加装除湿机、餐料隔离储存、加强物理通风等方式，保持储存食物的仓库24小时清洁干燥；食品质检管理人员增加巡视频次，积极做好控温除湿工作；持续完善突发公共卫生事件应急预案，组织开展应急演练，储备应急物资、畅通信息沟通渠道；加强客流数据分析，精准调控餐料领取加工、加热食品数量，对加热后超时饭菜及时销毁，禁止受潮、霉变的食品原料及包装材料再次投入生产使用，让旅客享用健康新鲜的食物。

25. 高铁小姐姐下班后都忙些什么

你印象中列车乘务员都是怎样工作的？优雅精致、温柔有爱，一年四季全国各地"公费"旅行？其实，乘务员要做的工作远远不止。

出乘前学习，在出乘前一天，乘务员小姐姐们会到车队学习室，进行出乘前的业务学习。根据本周值乘工作的重点任务，进行业务知识强化，确保在线上工作时，拥有一个"最强大脑"，守护每位旅客平安出行。

值乘时，乘务员可能需要长时间工作，为了保证充沛的精力，出乘时间较早的班组，需要提前一晚到车队备乘室休息，第二天的出乘工作做准备。

整理仪容仪表，形体礼仪是乘务员的"必修课"，为了迎接每一次出乘之旅，乘务员要早早起床梳洗打扮，保持精致的妆容，大气端庄的仪态，是对自己的认可，也是对旅客的尊重。

整理车容车貌，爱美之心人皆有之，动车也不例外，在旅客踏上列车前，乘务员会对车厢内的环境，进行彻底整理和清洁，让旅客拥有舒适的乘车体验。

还有就是不断地学习和努力，除了出乘前的业务学习，乘务员还要参加各种应急演练，以应对值乘时遇到的特殊情况，学习典型案例，作经验总结，不断"充电"，不断"扩能"。

当前在疫情防控当前形势下，疫情防控是重中之重，乘务员除了做好自身防护之外，还要在列车始发后，定期对车厢内的设施设备，进行全面的消毒，保障旅客乘车安全。

第二节 出行常识

1. 动车上是否可以吃榴莲，白酒、大闸蟹能带上高铁吗

根据铁路部门最新修订的《铁路进站乘车禁止和限制携带物品目录》，请勿携带以下危害列车运行安全或公共卫生的物品：可能干扰列车信号的强磁化物，有强烈刺激性气味的物品，有恶臭等异味的物品，活动物（导盲犬除外），可能妨碍公共卫生的物品，能够损坏或者污染车站、列车服务设施、设备、备品的物品。如臭豆腐、榴莲等，如果影响其他乘客，也属禁止之列。

（1）乘坐火车时，这些物品限量携带。防晒喷雾、发胶、空气清新剂等自喷压力容器属于限量携带物品，不能超过120毫升。注意！产品包装上对容量的标注是唯一标准。洗面奶、洗发水、沐浴露、粉底液、隔离霜、口红、睫毛膏等日化用品都是可以携带的，注意不要超重。如图5.4所示。

限量携带物品		
	染发剂	不超过 20毫升
	指甲油	
	去光剂	
	杀虫剂	不超过 120毫升
	冷烫精、摩丝、发胶	
	空气清新剂	
	防晒喷雾	
	其他自喷压力容器	
	普通打火机	2个
	安全火柴	2盒
	香烟	50条

随身携带行李限重		
旅客	成人 公斤	儿童（含免票儿童）
	20kg	10公斤 10kg

体积和长度要求		
体积	普通列车	动车组列车
	长+宽+高	
长 宽 高	≤160厘米	≤130厘米
杆状物	长度	
长	≤200厘米	≤130厘米
残疾人代步 用折叠轮椅不计入上述范围		

图5.4 限量携带物品

保湿喷雾、防晒喷雾不得超过120毫升。保湿水可以带，但保湿喷雾等自喷压力容器不得超过120毫升；只要是标注容量大于120毫升，实际容量无论还剩多少都不能带上车。常见喷雾类产品包括：防晒喷雾、保湿喷雾、驱蚊喷雾，防晒喷雾建议替换为防晒霜。香水携带不能超过120毫升。香水、剃须泡、花露水等超过120毫升含有甲烷丁烷等易燃成分的物品，都不允许随身带上火车。高铁可以带多少条烟？每名旅客最多可携带50条香烟进站乘车。

化妆水、爽肤水、乳液、洗发水、沐浴露不用担心，这些基本的护肤品是可以携带的。

花露水禁止携带，花露水成分中含有很高程度的酒精易燃，很容易被误带。

携带指甲油、染发剂不得超过20毫升。

（2）哪些日用品不能带？水果刀、剪刀禁止携带：坐火车任何刀具都禁止携带，日常用的水果刀、剪刀、陶瓷刀也不行。由于各地车站对修眉刀的限制有所不同，建议提前咨询当地车站。平衡车、电动滑板需包装好：打包好的折叠自行车、公路自行车、电动滑板可以携带上车，但需注意尺寸。注意：包装的长宽高不超过130厘米，重量不超过20千克。充电宝可以带上车，蓄电池禁止携带。生活中常用的干电池、锂电池、充电宝可以带上车，但电动车、汽车电瓶等蓄电池禁止携带。

（3）消毒酒精、84消毒液禁止携带。酒精喷雾禁止携带，消毒湿纸巾可以带。酒精类消毒剂属于易燃易爆危险品，是禁止携带上车的；倒在分装瓶中，无法辨认成分的酒精、消毒液也是禁止携带的。可随身携带有包装、有密封的消毒湿巾、棉片以便擦拭扶手等。

消毒液禁止携带。具有强烈腐蚀性，属于危险品，是不能带上火车的。过氧化氢（双氧水）禁止携带。属于强氧化性、腐蚀性物品，也是禁止携带上车。2018年6月26日，郑州东开往安阳东的G6602次高铁上，列车行至新乡东站区间时，列车长紧急刹车，原因时列车内火灾烟感探测报警仪发出火灾警报。随后工作人员到报警现在，排查原因为一女子在车厢内喷洒高浓度香水，香水浓度超过报警限值，导致发生火灾警报，整趟列车延时3分钟。

（4）猫猫狗狗能坐火车吗？除了导盲犬，任何活体动物，不论体型大小，都不能带进车厢，包括你家的狗子、胖橘、小乌龟、小仓鼠、小兔子……多小多可爱都不行。猫猫狗狗可以办理托运吗？部分符合要求的宠物可以办理托运或押运，比如仓鼠、乌龟、宠物猫／狗等。如何办理托运／押运？给宠物称重：需小于20千克，确认到发城市间开办了行包运输业务自备装运容器，办理动物检疫合格证明，乘车当天到车办理宠物托运／押运手续。

那么，遗失物品怎么办？如图 5.5 所示。

遗失物品怎么办？	
👥	请您及时联系所处车站或该列车终点站的值班人员，要详细说明所乘坐的车次、座位，以及物品所放的位置。
💻	通过 12306 网站尝试找回，打开遗失物品查找页面后填写个人信息、乘坐的列车车次信息、遗失物品的信息，工作人员会尽快联系您。
📞	可以拨打 12306 铁路客服电话进行咨询，工作人员将联系相对应车次的列车长、乘务员等，帮忙寻找遗失物品的下落。
🧳	客流量较大的车站均设有失物找零处。

图 5.5　遗失物品办理方式

2. 乘坐高铁时这个踏板千万别碰

一位小姐姐乘坐高铁的尴尬经历，这位旅客想要调节座椅靠背，却误踩座椅外侧下部的踏板，结果整排座椅全部回弹，同排已半躺入眠的旅客，被迫"梦中惊坐起"。这些不太起眼的小踏板，其实控制着列车座椅的方向。如图 5.6 所示。

图 5.6　踏板移动装置

为什么要设置这个"机关"？这就要从动车组列车，双车头的设计谈起。动车组列车一般由 8 节车厢编组而成，列车两端都有车头。在列车运行过程中，两个车头并不会同时启用，只有一个车头在工作，另外一个处于"休眠"状态。当动车组列车终到后，司机只需要走到另一端车头上岗，即可完成列车换向运行。列车员这时候就要手动调整座椅方向，她们只需轻轻一踩这个小踏板，座椅靠背就会回弹，此时，再握住座椅上方的黑色把手，用力一甩、一摆，座椅换向就完成了。

那么，到底如何调整座椅靠背呢？调整座椅前，先提醒后排旅客，调整动作应轻缓。二等座调整开关在扶手上，揿下按钮的同时向后倚靠，松开按钮即可固定。一等座按钮在扶手内侧，揿下圆形金属按钮的同时轻轻向后倚靠，调整至合适角度时，松开按钮即可固定，离开座位时及时调直靠背。移动座椅靠背按钮示意图如图5.7所示。

商务座的座椅调节功能更强大，根据扶手内侧的按键说明调节，可坐、可躺，也可以上下、前后微调，还有固定好的记忆模式座椅！避免突然大幅调节，调整好坐姿可以大大缓解。

 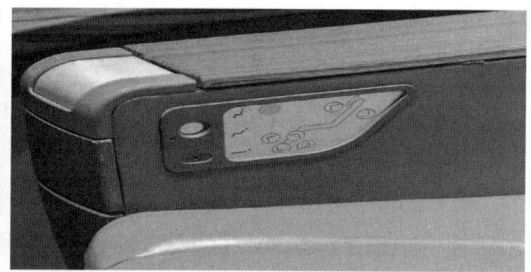

图5.7 移动座椅靠背按钮

旅途中久坐带来的疲惫，在后排旅客打开小桌板时，如果突然大幅调节椅背，小桌板可能会磕碰到后排旅客，或导致桌板上的物品倾倒，如果您在旅途中遇到任何问题，请及时联系铁路工作人员。

为了给您和他人提供更多便利，请下车前调直座椅靠背，收起小桌板，放下座椅扶手拿好随身物品，照顾好随行的老人和小孩。

3. 乘车忘带身份证怎么办

虽然这真是个头疼的问题，但是没带身份证，可以在车站办理临时身份证。为方便旅客出行，越来越多高铁站开始设置临时身份证明自助打印机，一分钟搞定，超方便。如有旅客到站后发现没带身份证，寻找售票大厅是否有办理临时身份证的自助终端机，在机器上输入自己的身份证号码之 由于已在公安部门进行联网，因此这台机器上所出具的临时身份证明，都是直接加盖公安局公章，具有法律效力，临时身份证明上还印有识别真伪的二维码和使用有效期，多方位保护旅客隐私、保障出行安全。但若没自助终端怎么办？即使所在车站大厅里没有自助终端，也无需着急，一般车站都会设置临时身份证人工办理处，具体可咨询车站工作人员，办理过程中需要把自己的身份证号码，告知办理人员。如果不排队，整个流程应该几分钟就能办理完毕，拿到临时身份证后就可以去窗口买票或者取票。不过需要注意的是，不管是在哪里办的临时身份证，都不能在自助取票机上使用，只能在人工的取票窗口使用，而且临时身份证有效期只有一天，仅供购票、取票、验证、检票、乘车退票使用。不过为了减少不必要的麻烦，大家出行乘车还是记得要带身份证，可以通过掌上高铁添加行程，开启行程提醒，提前做好出行准备。

4. 哪些高铁 8 号和 9 号车厢不相通

铁路部门为提高运力，会将两列 8 辆编组动车组联挂运行，因此，虽然重联列车组有 16 节车厢，但 8 车和 9 车并不相通。不过，当所乘坐的列车是 16 节，甚至 17 节车厢的长编组车型时，所有车厢便是贯通的。所以，如果偶遇重联动车组，即使你是 8 号我是 9 号，也是咫尺天涯见不到面。如果邂逅长编组动车组，纵然你是 1 号我是 17 号，中间也是畅通无阻。

那么，如何避免同趟车却难相见的尴尬呢？那就需要用到购票神器——铁路"12306" App 了！

方法 1：适用于购票前查车型。打开铁路"12306" App，点击首页下方"我的"，页面显示出列车时刻表和车型信息。如根据所需乘车车次列车为 17 辆超长编组列车，就可知道不是重联动车组。

方法 2：适用于购票后已知车次，查车型，进入"时刻表"功能页面后，直接输入所购车票的车次，点击查询即可。

方法 3：使用"车站大屏"功能，足不出户就能查询列车状态——"票价查询"功能，也是计划旅行时的实用好帮手。

5. 高铁没电了，你该怎么办

接触网供给的电都是高压电，而现在高铁车厢内都设有充电插座，是正常的 220 伏电压，这里面的电是怎么来的呢？

原来，高压电输送到辅助变流器后输出 440 伏的电压，各设备再通过变压器将电压调整到所需要的理想电压。比如说，动车的空调使用的是 440 伏电压，充电插座通过变压调整为 220 伏，这样可以最大限度地保证用电设备的正常使用。

动车组每辆车上也自带蓄电池为列车启动时受电弓运行等提供电能，还可以作为高铁停电时安全和辅助电器系统的紧急备用电源。

首先，一定要保持冷静。当停电停车时，车内大部分系统都无法运行。国内高铁和动车的窗户均为密闭性设计，不到万不得已时，车门不会打开。

其次，合理饮用饮用水。闷热环境下，人通过汗液排热，水分补充不足时就可能脱水。

最后调整心态，保持秩序，心平气和地应对突发困难，等待恢复供电。

6. 你买的高铁车票中，有几块钱是电费

高铁按"段"供电，也就是所谓的"XX 供电段"，电费相应按"段"收取，供电段的电费交给所在地的供电公司。高铁用电执行大工业电价，分基本电价与电度电价两部分，基本电价以变压器容量或者最大需量为准，每月固定收取，有点儿像通信公司的月租座机费；电度电价按客户实际耗电度数计算，就像通信公司的话费、流量费。此外还有一个调整电费，根据功率因数进行调节，设备使用率高的话，会减收电费，这时调整电费就是负数。

以京沪高铁为例，和谐号动车组时速 300 公里时，人均百公里耗电量为 3.64 度、单趟全程总耗电量约 48 度。"复兴号"动车组实现时速 350 公里运行，据《科技日报》报道，该动车组人均百公里能耗仅 3.8 度电，单趟全程总耗电量约 50 度。按照目前大工业电价算，用电成本约 40 元，为京沪高铁全程二等座票价 555 元的 7%。

路人甲：电费居然占票价那么少？那我为高铁掏的钱都去哪儿啦？实际上，高铁票价

包含很多成本，电费成本只是其中一部分啦。除此之外，据说高铁最费钱的地方主要是维修费，包括人工成本、设备购置与更换等。可能很多旅客并不知道，火车上也有电表呢？不过它不是计量的表计，也不是交电费的标准，而是用来生产核算的。交班时的用电量减去接班时的用电量，就是这趟运行所耗费的电量。

7. 高铁晚点的原因有哪些？列车正晚点如何查询

（1）雨雪天气：为了保证高铁的安全运行，每当暴雨或者大雪天气高铁要限速运行，因此容易导致列车晚点。

（2）地质灾害：大家都知道地质灾害的破坏是巨大的，为了保证高铁的安全运行，每当有地质灾害发生时高铁要限速运行或者停运，这样就容易导致列车晚点。

（3）设备故障：任何机械设备都会出故障，高铁也不例外，如果出现了故障也是会影响列车的正点到达的。

（4）突发或者意外事故造成的晚点，比如：有乘客在车上抽烟触发列车紧急制动等等。

准时和安全？孰轻孰重，已不攻自破。旅客安全也要无条件至上，风雨无阻保驾护航。高铁大面积晚点，铁路的这种看似"不为"的做法，实则是大有可为，作为普通旅客，我们理应给他们多一点理解，多一点信任和支持！

高铁正晚点情况如何查询？

（1）首先你得在你的手机上下载"12306"手机 App。一定要下载官方版本哦，本人也建议大家购票的话也用官方版本，安全放心。

（2）打开"铁路12306"手机 App 选择"我的"，即可进入一个子界面。

（3）在"我的"子界面中，找到其中的"出行向导"按钮，点击即可找到正晚点查询，点击进入查询页面。

（4）进入查询界面后，在输入需查询的车站名和列车车次后，即可查询该列车在指定车站 3 小时内的正晚点信息。

8. 受强降雨天气影响,一旦出现列车晚点或者停运情况那么后续如何退票

列车停运怎么办?

(1)全程停运列车的退票处理办法。已购停运列车车票的旅客,可于票面乘车日期起30日内(含当日)在互联网办理退票,或持购票时所使用的有效身份证件原件到车站专窗退票(已打印报销凭证的请将凭证交予车站窗口工作人员),以上均不收取手续费。

(2)区段停运列车的退票处理办法。如您所持车票的发站或到站在停运区段内,未使用的情况下,则可办理全额退票。例如:上海虹桥-宁波的G7533次列车,运行过程中由于自然灾害,调整运行区段为上海虹桥-绍兴北,绍兴北-宁波区段停运。所持车票的发站或到站在绍兴北-宁波之间,未使用的情况下,可在票面乘车日起30天之内(含当天),办理全额退票。

(3)联程票、往返票其中一趟列车停运的处理办法。如您购买的联程票、往返票其中一趟列车停运,需办理联程票(返程票)车票退票,则必须在联程票(返程票)开车前办理,并同时携带停运列车和联程票(返程票)车票到车站退票窗口办理,均不收退票费。

列车晚点怎么办?

(1)列车晚点,车票怎么退?因列车晚点,您可在晚点列车实际开车前,办理退票手续,不收退票费。

(2)列车晚点,接续车票怎么退?因列车晚点导致您无法乘坐接续列车时,可到车站办理接续列车车票改签或退票手续,退票时不收退票费。办理接续列车车票退票,原则上在前程列车的票面到站或接续列车的换乘站办理。

(3)正晚点查询方式。若您已经通过"12306"官方网站或铁路"12306"App购买了停运列车的餐食或特产,经核实后网站将自动给您退餐并且全额原渠道退款至您的账户。

旅客可关注中国铁路"12306"铁路客服网站公告,以及"长三角铁路"等微博、微信信息,查询列车停运及正晚点动态,以便合理安排行程。

9. 为什么火车还没开，就停止检票乘车了

在车站，检票员被问过最多的问题就是"明明车还没开走，为什么不能让我冲上站台呢？"听起来似乎很有道理，绝对不可以！为什么要提前几分钟停止检票？每一条高铁在开通前都经过严格缜密的联调联试，数千名科技工作者对全线进行成百上千次的试验开行，才最终确定列车时刻表，这也是我国高铁为什么准点率高的原因。

高铁调度指挥系统是一个计划性很强的系统，1分钟的延误可能导致调度员要为后续列车变更接车站台，车站接发车人员及其他车次的旅客要紧急从原定计划的站台，转移到变更后的站台，对车站运输秩序带来极大的干扰。

站台是安全管理十分严格的场所，为确保旅客的乘车安全，车站检票口与站台间均设有一定距离，旅客在仓促赶往站台时，容易发生摔倒或其他危险，所以车站必须为乘车旅客提供足够的乘车时间。考虑到旅客从检票口到站台的时间及列车开行预备时间，车站会根据自身结构设定科学停检时间，这就是为什么各车站的停检时间略有不同的原因（例如：有些车站为3分钟，有些车站为5分钟）

没赶上车怎么办？若列车已停止检票，赶不上所乘列车，可改签当日24时前的其他列车，如果当日已没有其他列车或者当日其他列车没有余票时，车票将不能改签，赶不上所乘列车时，您可按规定办理相关退票手续，千万不要在情急之下，做出危害站车秩序的过激行为。如曾旅客在贵港火车站乘车时，因错过检票时间，在检票口大吵大闹，强行掰开检票闸机门，闯过检票口，扰乱站车秩序。车站民警将其带离，依法对其进行处罚。

出行前记得做好这一步，您在出行前，记得打开铁路"12306"App手机客户端，在首页右下角点击"我的"，在显示界面的"出行向导"里，查看"车站大屏""正晚点查询"等信息，提前调好闹钟，以便提前安排好行程。在"车站大屏"搜索栏输入"站名"，可以快速找到自己的候车位置，还能查看列车正晚点信息，手机上信息与车站大屏信息一致。

规则就是底线，为了自己的人身安全，也为了不耽误他人乘车，大家一定要预留足够时间，顺顺利利乘车。

10. 为什么火车很少提前到站和高铁为什么不能等你

其实火车很少提前到站是有原因的：列车按时刻表运行。列车有严格的运行时刻表，什么时间出发，从哪儿到哪儿，什么时候到站都是有计划的。运行图会有调整，一旦确定，所有列车都会按计划的时刻表准点发车和运行。全国列车被紧凑地安排在一起，如果一趟列车晚点，整个干线也会跟着晚点；如果提早进站，可能会与其他列车发生冲突。

为了防止列车发生追尾，高铁上每趟在跑的车前后要保持一定的距离，只有当前列车通过后，其他列车才能通行。而火车轨道数量和车站站台数量是有限的，前方区间或者站台有车，想进都进不去。牵一发而动全身就是这个意思了。

站台接车有计划。"工作人员请注意，由 xx 站开往 xx 站的列车即将到达本站，请工作人员做好接车准备"。我们在火车站里听到的接车其实也是有计划的。列车进站并不仅仅是停在站台上这么简单，大站有可能需要加水抽污换车头，小站也需要有人接车。不管是列车晚到还是早到，都会打乱原定车站计划。可能导致后续列车变更接车站台，其他车次的旅客要从原定站台换到变更后的站台。如果列车早到，车站出现占用，这个时候需根据调度员的指示，减缓车速或者停车，等待车站满足条件后，再驶入车站。

提前开很多旅客会赶不上。火车早到的情况也是有的，一般多在终点站，因为那里只有下车，没有人上车。如果中途站提前到站了，还是会按照票面时间发车。因为旅客并不知道列车是否早到，也不是所有人都会提前很久到站。

铁路网是一个庞大的系统，每位铁路人为保障旅客乘车安全以及列车运行通畅而辛苦工作着，都是为了大家的出行安全，安全出行最重要。

高铁时刻表一旦确定，列车就会在列车运行控制系统的指挥下准时准点运行。可是在遇到大风、大雨、大雪、冰雹等恶劣天气下还会按预定时间和速度运行吗？考虑到安全，当然要调整。全国铁路一张图，几分钟甚至可能影响全国路网运行。随着我国高铁"八纵八横"骨干网的成型，对于整个高铁路网来说，超过五分钟，这趟高铁线路时间就要做出调整，随即可能就是整个干线的调整，以及所有与之相连的高铁线路的调整，甚至可能带来半个中国高铁时刻的变化。

高铁枢纽站，高铁晚点牵一发动全身。如今，我国高铁开行了时速 200-350 公里不同速度等级列车，分别采用中国通号 CTCS-2、CTCS-3 高铁列车运行控制系统，能够实现不同速度等级高铁的跨线运行，能够适应我国高铁开行速度高、铁路枢纽多，发车间隔短的特点。

高铁列车运行控制系统究竟是如何运行的？列车运行控制系统可以为高铁自动生成行车许可，告诉高铁列车前方多少公里是没有车的，这个距离可以达到32公里。短短5分钟，200公里时速动车可以开16公里；350公里时速高铁可以开近30公里。3高铁运行靠调度指挥，延误5分钟扰乱运输秩序。高铁调度指挥系统是一个计划性很强的系统，因为这五分钟的延误，可能导致调度员要为后续列车变更接车站台，车站接发车人员、其他车次的旅客要紧急从原定计划的站台转移到变更后的站台，对车站运输秩序带来极大的干扰。

11. 进站安全检查的作用和二次安检的必要性

安全检查事关旅客人身安全，所以旅客都必须无一例外地经过检查后，才能允许上车或飞机。安全检查中一般方法：一是X射线安检设备，主要用于检查旅客的行李物品。通过检查后，工作人员在行李上贴有"XX机场行李安检"的不干胶条，然后方可办理托运手续或随身携带登机；二是探测检查门，用于对旅客的身体检查，主要检查旅客是否携带禁带物品；三是磁性探测器，也叫手提式探测器，主要用于对旅客进行近身检查；四是人工检查，即由安检工作人员对旅客行李手工翻查和男女检查员分别进行搜身检查等。

二次安检是在旅客在进站口进行首次安检（安检机＋安检门）的基础上，警方和铁路部门在候车区域再设置安检卡口，对进站乘客实行第二次安全检查。重点是针对旅客行李中的瓶装液体、可疑物品等进行再次检查，预防不法分子携带危险品和违禁品上车。一般在举行重要活动的城市、重点港口、关卡城市等处车站均有设置。所谓二次安检，是指旅客在持票进入火车站候车厅前，包括行李、人员等需要先经过一次固定安检仪的检查。此后，工作人员还将在划定的二次安检区域，使用不同的安检仪器再进行第二次安检。旅客应自觉接受、配合铁路部门实施的安全检查。同时"二次安检"需要一定时间，旅客须提前1小时到达"二次安检"区域，以免耽误行程。

两次安检的内容与流程区别不大，但第二次会更加严格，且主要检查对象为驶向南方的列车。为了进一步加强车站反恐防暴工作。筑牢环铁路安保防线，确保乘车旅客及物品安全，防止危险品、违禁品带上列车，流入活动举办地。

每当北京有重要会议活动期间，进京列车都会二次安检。二次安检是为了保证乘客的安全。为加强安保，铁路警方加大了检查力度，对旅客进行二次安检。主要从反恐防止危险品方面考虑，但不是所有车都二次安检，只是特殊车次或特殊时间，比如进京，进出新疆的列车，或国家再开什么会，遇到什么重大节日的时候。所谓二次安检，是指旅客在持票进入火车站候车厅前，包括行李、人员等需要先经过一次固定安检仪的检查。此后，工作人员还将在划定的二次安检区域，使用不同的安检仪器再进行第二次安检。

为了不耽误您的出行，旅客应自觉接受、配合铁路部门实施的安全检查，同时"二次安检"需要一定时间，旅客须提前 1 小时到达"二次安检"区域配合安全检查，以免耽误行程。安全检查的内容主要是检查旅客及其行李物品中是否携带枪支、弹药、易燃、易爆、腐蚀、有毒放射性等危险物品，以确保列车及乘客的人身、财产安全。安全检查必须在旅客上车前进行，拒绝检查者不准上车，对破坏安全者，依照安全保卫条例，进行处罚。

12. 等车的时候我们应注意什么

高铁动车时速 300 公里 / 小时，每秒可跑 83 米，是正常走路速度的 50 倍，是 12 级台风最高风速每秒 37 米的 2 倍以上。普速列车也大都由电力机车牵引，噪声小，速度快，如果看到列车时再行躲避，极其危险，更别提抢越股道。且由于列车惯性大，紧急制动距离长，一旦发生险情，很难及时刹住车。同时，慌张时人容易陷入混乱不知所措，事故便随之而生。

由于高铁列车高速运行，1 斤物品撞击会产生 500 公斤以上的冲击力，向列车抛物会对列车和人身安全造成不可估量的伤害。铁路的电力接触网的交流电压达到 2.75 万伏，比人体能够接受的 36 伏安全电压高出 700 多倍，比 220 伏生活用电高出 125 倍。

在月台上等火车、地铁的时候，一定要站在黄色安全线外等待。防止在拥挤中跌落月台。切忌穿越铁轨，因为现在高铁站台都很高。

在车站，看到汽车即将进站时，千万不要随人流拥挤，最好先离开汽车一段距离，等汽车停稳后再上。孩子比较矮小，容易处在司机盲区，极易引发意外。

看到汽车已经启动，千万不要追着车跑，一是容易被汽车带倒或撞倒，二是奔跑中孩子容易摔伤或丢失。等待上车时，一定要告诉孩子，手不要放在车门附近，以免车突然开动时被车门夹伤。

13. 假如不慎掉下或被挤下站台，该如何逃生呢

赶紧爬上站台，这是最简单有效的办法，但事实并不是你想象的那么简单，如今大部分火车站（包括地铁站）都是高站台，轨面距离站台高度为1.25米，那么站台边缘距离轨道一般将近1.4米，相信这个高度对于一般人来说爬上来也并非易事，当然了，可以叫别人把你拉上来，这都是最基本的自救。

对于铁路来说，如果掉下去又没受伤可以走路，而此时站台上又没有帮助你的人，列车又马上进站了，那么这时可以跑到两条轨道之间的空余地带。

但需要注意的是，旁边的轨道是不是正线，比如上图的中间两条轨道就是正线，靠近站台的两条叫到发线，铁路的正线一般是给不停站的列车通过用的，车速很快，虽然站在两轨道中间列车碰不着你，但强大的气流有可能把人卷入车底，并且这种情况人也比较慌张，这时可以趴在两轨道之间的空余地带，以消除心情紧张可能做出慌乱的错误的决定。如果都是到发线，列车进站速度一般就比较慢了，气流问题不用担心了，人一般也不会太紧张，先到两轨道之间的空余地带躲避一下，等列车停稳后，再绕到车头或车尾寻求帮助回站台。

那么如何判断是到发线还是正线？对于一般旅客来说，对铁路常识了解较少，可以简单地总结，如果两站台之间只有1-2条轨道，一般都是到发线，如果两站台之间有3条以上轨道，中间的那条或中间的两条一般为正线。

但对于地铁来说就不同了，地铁两轨道之间设备复杂，电缆较多，如果是第三轨供电（一般为直流750伏），就更危险了，所以在地铁站掉下站台时尽量不要跨轨跑，说不准就触电了。

终极的就是最危险的情况：掉下站台后脚或腿受伤，无法远距离躲避；虽然能移动躲避，但掉下去时列车已到跟前，没有时间远距离躲避。因为从站台上如果掉下去，掉到轨道两钢轨中间地带的可能性最大。如果发生事故无非两种：被撞或被压。防被撞的解决方

法就是躺下或趴下，绝不能站着或坐者等着被撞。防被压的解决方法就是使身体的所有部位离开钢轨。合起来就是躺在或趴在轨道中间是最安全的。因为列车（包括普通火车，机车，动车组，地铁等列车）最低的地方距离轨道中间平面的高度容纳一个人是绰绰有余的，如果非要讲究方向的话，那就是最好头朝向列车来临方向，因为可以避免顺向时气流把衣服刮起来挂在车厢底部零件上。

现在肯定会有人问，这种方法可行吗？难道有人试验过吗？答案是可行的，但不保证百分百可行，因为这种情况下人的心情肯定比较紧张，跟人的心理素质和反应能力有关，作为终极方法，是别无选择的时候的最后一道方法，如果此种方法都不能挽救你的生命，估计在那种极端危险情况下已经别无他法了。

14. 高铁对人体的辐射

高铁作为电力驱动的交通工具的确会产生辐射，但是车厢中的辐射值仅仅是相比于家中的那些家用电器大一些而已，符合国际电磁辐射安全标准，目前没有证据证明对人体健康构成威胁。防辐射玻璃防的是电离辐射，与高铁电磁辐射无关。

（1）高铁的辐射有多大？高铁是否有辐射，答案是肯定的，有电的地方必然会有辐射。所以不止高铁，普通火车、地铁都有辐射，手机、剃须刀等就不更用提了。列车车厢内的电磁辐射，不仅和列车使用的电气特性有关，还与车辆类型、测量点在车厢内的位置和高度、列车行驶状态等复杂的因素有关。我国高速铁路上运行的列车，使用的电力一般为2.5万伏特、50赫兹交流电。相应地，高铁的高压电力设备就会辐射出这个频率段的电场和磁场。国际非电离辐射防护委员会（该领域全球最权威组织，我国环保法律制定参考该组织标准），高铁产生的50赫兹左右的"极低频电磁辐射"，电场辐射的安全标准为$5kV/m$，以下，磁场辐射为$100\mu T$（μT即微特斯拉，磁感应强度的单位）以下。英国1998年一项研究表明：动力集中式列车乘客车厢的磁场辐射值一般在$30\mu T$以下，在乘客坐着的高度，典型的辐射值小于$5\mu T$。动力分散式列车，在车厢里面略高，但是也在安全范围之内。

（2）高铁辐射是否影响人体健康。有人用仪器在列车的车窗附近测量了磁场辐射值，测到的值大约是 10μT 左右。需要指出的是，这是紧靠车窗测量的，在乘客的座位上，该数值将低于 5μT，远低于 ICNIRP 规定的限值（100μT）以内。有研究团队测量了动车中的电场辐射，发现对于 CRH2A 和 CRH5A 型动车组，在一等车厢、二等车厢、车厢连接处、驾驶室等位置，电场辐射值分布在 0.011-0.021kV/m 的范围内。这个值也在 ICNIRP 规定的限值（5kV/m）以内。国内 2010 年有一篇论文《电力机车弓网离线噪声辐射场强车厢内外转换关系的研究》对动车组列车车厢内的这类辐射进行了实测和分析，重点关注了 30MHz 到 200MHz 频段的辐射。经实测，这个频段的辐射在车厢内电场强度只有 50dBμV/m 左右，不到 1mV/m（毫伏特每米）。而 ICNIRP 给这个频率波段的电场辐射制定的安全标准是 28V/m，我国环保局制定的电磁辐射防护标准则未指定限制，而是给出参考值为 12V/m。无论按哪一个值来看，上述研究中的测量值与安全标准相比还有较大距离。对这类辐射一般只考虑对电子设备的干扰，对人体的影响可以忽略不计。

既然中国高铁的电磁辐射量要远远低于国际标准，那中国高铁在防辐射方面是怎么做的？高铁车厢内部的电磁辐射主要来源于车厢底部的牵引电机，其实阻挡电磁辐射并非难事，一块金属板就能起作用。国产高铁车厢的金属外壳对于电磁辐射有一定的屏蔽作用，车厢座位下的加厚金属板，也可以有效阻挡来自于牵引电机的电磁辐射。

15. 高铁上遇有手机夹在座椅缝隙中千万不能这样做

获悉在多趟列车上发生了旅客不小心将手机、打火机等物品掉落至座椅缝隙内，第一时间没有立即通知乘务员，而是自行手动操作座椅，致使手机电池板被挤压造成冒烟，险些发生事故。乘坐列车旅行时，我们提醒旅客们保管好手机、打火机等小件物品，如果不小心滑落到座椅内，请您立刻通知列车工作人员，切勿自行移动座椅，以免发生意外。手机里的锂电池为何会起火？锂电池因为小巧高能而得到了重视，广泛用于移动电子设备。但电能充足会导致短路和过热，而且密封加压的电池内含有易燃的电解质，一旦电池破损就会被点燃，引起火灾。

16. 雨天在火车站台上撑伞会触电吗

雨是一种自然现象，是从云中降落的水滴。陆地和海洋表面的水蒸发变成水蒸气，水蒸气上升到一定高度之后遇冷液化成小水滴。这些小水滴组成了云，它们在云里互相碰撞，合并成大水滴。当它大到空气托不住的时候，就从云中落了下来，形成了雨。雨水的主要成分是水（化学式 H_2O），有少量二氧化硫（化学式 SO_2）、二氧化氮（化学式 NO_2），通常雨水的 pH 值约为 5.6，pH 值小于 5.6 的雨水为酸雨，如遇雷雨，雨水中会含有少量臭氧分子（因闪电造成），还有空气中各种各样的杂质和浮尘。

进入雨季，很多地方都经常下雨。在火车站站台候车，当风吹雨斜时，你有没有撑伞躲避风雨的举动？又有多少人知道，这有触电的危险？有人讲：电气化铁路上方是高压接触网，撑伞靠近站台黄线，将自己暴露在电网的接触距离内，可能会造成触电，十分危险！特别是下雨天，撑伞更危险。这是真的吗？事实上，相比晴天，雨天时电网的"杀伤"半径更大，再加上有雨伞在淋湿之后成为导体，更容易造成人身伤害事故。

雨天撑伞会招致触电？高铁站台安全白线的斜上方均分布着高压电接触网，这些接触网带有 27500 伏的高压电，且高压电的安全距离是 2 米，正常的电压有一个弧度，天气晴好时，电网的"杀伤"半径只有 0.5 米，即使乘客站在白线外都不会有大问题。但天气潮湿或者雨雪天气时，高压电可能会击穿一些雨滴，导电范围成倍增加，0.5 米的半径就会扩展到 1 米甚至 2 米，站在安全线外就十分危险了。此外，列车通过时，空气流动越快，那么气体压强越小。在列车疾驰而过时列车附近空气流动快，压强小，人如果站得很近，容易被大气压挤入而造成危险。同时可能导致雨伞脱手而掉落在轨道内，这就对列车运行又带来了安全隐患。

高压电网容易带来电击。电力接触网架设在铁轨上方，电压高达 2.75 万伏。在其导线及连接部件 2 米范围内，通常都有强大的电磁场，风、雨、雪、其他外界条件的变化，都可能会危及旅客安全。尤其是当旅客带着雨伞、木棒等高长物件，又遇上下雨天，水流成线，容易触电伤人。另外，从物理学的角度讲，雨是含杂质的水，也就是说它是导电的，雨大了会连成线，也就相当于高压线上面接了几根电线下来。因此，电气化铁路接触网放电致人伤亡是有可能的。不过，这一危险多发生在半封闭或者露天的站台，比如奉化站等小站，一些比较大的火车站封闭性比较好的话不会有这样的问题。

辐射范围内勿出现异物。有人认为，只要不是金属伞尖就好。但事实上，伞布上有水，而伞骨很多是金属的，仍然是有危险的。要避免这种危害发生，其实也很简单，那就是站得离站台边沿远远的，至少也要确保1米黄线的安全距离，如果仅是避雨则可以躲到有雨廊的地方去。对于这条安全距离黄线，"空气流动越快，那么气体压强越小。在列车疾驰而过时列车附近空气流动快，压强小，人如果站得很近，容易被大气压挤入而造成危险。"为安全起见，铁路警方一般建议：在铁路高压电辐射范围内，最好不要出现异物，不仅仅是雨伞，还包括风筝、钓鱼竿、鱼线等等。

安全距离保安全。《电气化铁路有关人员电气安全规则》中规定，为保证人身安全，除牵引供电专业人员按规定作业外，任何人员及所携带的物件、作业工器具等须与牵引供电设备高压带电部分保持2米以上的距离。如果在雨天出行，所带物件应尽量远离接触网带电体，与接触网带电部分（包括定位管等）的距离不小于2米。"高压线下触电"须有许多先决条件，比如要离电网足够近。

《铁路技术管理规程》中规定接触线距钢轨顶面的高度在区间和中间站不小于5.7米（旧线改造不小于5.33米）；在编组站、区段站和个别较大的中间站站场不小于6.2米。想象一名普通身高的旅客，举着一把普通长度的雨伞，在站台安全线以内候车时，距离接触网会有多远。为保障旅客乘车安全，在车站站台也有相关安全提示，站台工作人员也会引导旅客安全乘车，如图5.8所示。

 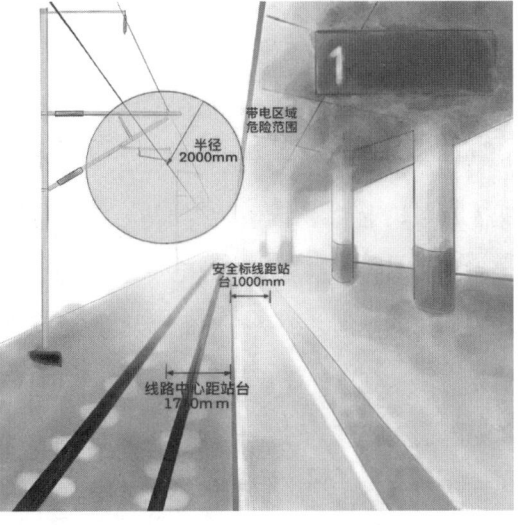

图 5.8　接触网距离比较图

图5.8中,圆形半径为2000毫米,即牵引供电设备触电区也是危险区域。高铁站台安全白线外侧打伞,越靠近站台边缘就容易引发触电。因此,只要旅客听从工作人员引导,遵守铁路规章制度,就能确保人身安全。据了解,目前还没有因雨天在站台撑伞触电的案例。

当下高铁站台设计规范合理旅客行走路线一般都是有顶的因此,遇到下雨天也是不需要打伞的但是小编要提醒大家雷雨天出行更应注意脚下安全小心地面湿滑,谨防摔倒注意站台与列车间的缝隙避免出现安全意外。

注意站台上那条白线。经常坐火车的小伙伴一定对此情景印象深刻——站台上的铁路工作人员手持扩音器反复提示:"请大家往白线里面站!"尤其是在列车进站的这段时间里,他们可能要奔走呼喊几十次。那是因为当列车快速驶进站台时,会带动人和车之间的空气流动速度加快,产生向内侧的负压。有个最简单的实验可以演示这一物理现象:对着两张平行且相互靠近的纸张中间吹气,两张纸不会被吹开,而是更加靠近。但如果两张纸分得太开就不会发生这样的现象。此外,由于列车经过站台时带动气流,风力较大,可能导致雨伞脱手掉落在线路上,影响列车运行。新建高铁站台有全封闭或者半封闭式顶棚,可以为旅客遮风挡雨,为了您和他人的安全,请不要在站台上撑伞。注意!不同站台的安全线距离站台边缘的宽度是不一样的,这是根据列车通过时的最高时速决定的。据了解,目前还没有因雨天在站台撑伞触电的案例,只要旅客听从工作人员引导,遵守铁路规章制度,就能确保人身安全。铁路部门提示,为防患于未然,乘车时请尽量靠站台里面走,多注意出行安全。

"火车站处在电气化铁路沿线,电力接触网架设在铁轨上方,电压高达2.75万伏。在其导线及连接部件二米范围内,通常都有强大的电磁场,风、雨雪、其他外界条件的变化,都可能会危及旅客安全。尤其是当旅客带着雨伞、木棒等高长物件,又遇上下雨天,水流成线,容易触电伤人。"这一观点解释有理有据,难道下雨天在站台上打伞真的有触电危险吗?从理论上说,"下雨天高铁站台打伞会触电"的说法的确有可能。但是,一般情况下不会发生。因为,"高压线下触电"须有许多先决条件。首先,站台地面要有大量积水;其次,旅客所撑的伞还必须是导电的金属伞尖;第三,该旅客得靠电网足够近。当这些条件全都满足时,才有一定概率发生"触电"这样的极端情况。

怎么理解"足够近"?从技术层面上说,只要雨伞距离接触网带电部分(包括定位管等)不小于0.5米,就不会放电。也就是说,晴好天气的情况下,只要离开电网超过一个手臂的距离,就是安全的。他还提醒,如果在雨天出行时,所带物件应尽量远离接触网带电体,打伞时不宜举得太高,与接触网带电部分(包括定位管等)的距离不小于2米。

那么"水流成线"这种情况是否会在高铁站台出现呢?新建的高铁站台都是有全封闭或者半封闭式的顶棚的,即使遇到斜风细雨的天气,一般也不会出现"水流成线"的情况。所以,旅客们无需担心。至于高铁站台上的黄线,并不是用来防止触电的。当列车快速驶进站台时,带动人和车之间的空气流动速度加快,产生一个向内侧的"负压",将人推向火车,导致危险发生。有个最简单的实验可以说明这个问题:对着两张平行且相互靠近的纸张中间吹气,两张纸不会被吹开,而是更加靠近;但如果两张纸分得太开就不会发生这样的现象。黄线的主要作用就是提示人和列车的安全距离。有了它,维护接触网的工作变轻松了。

17. 高铁为什么不用安全带

飞机上有安全带,汽车上有安全带,而你乘坐的 300 公里/小时的高铁上却没有安全带?高铁没有设置安全带的真正原因是:

(1)高铁对稳定性的控制极其严。高铁起步时,无论你正在与朋友们一起聊天,还是在低头看自己的报纸,若不是窗外的风景与光线出现快速的变动,你都很难意识到车辆已经起步了。有乘客曾经测试过,在京沪高铁上列车从静止加速到时速 300 公里期间,他在列车的小桌板上立的一根香烟竟然一直屹立不倒。还有一个镜头也让人印象深刻,有位小朋友在时速 300 公里的高速列车上竟然搭了一个十几层积木的楼房,并高兴地向着他的爷爷拍手。虽然高铁受制于两条轨道,也受益于两条轨道。一方面中国的高速铁路在控制加速度方面有严格的控制,保证纵向运动的平稳性,另一方面高速列车又被两条钢轨牢牢地控制着,特别是我国高铁使用的无砟轨道严格控制了轨道的平顺性,保证了列车不能有大的横向和垂向震动。所以正常情况下,你可以在列车上自如的行走,而不用一直把自己固定在自己的座位上。

(2)发生事故时,安全带给予乘客的伤害远大于潜在的保护。这是最重要、最根本的一个原因。欧洲对高铁主被动安全的研究也比较多。欧洲铁路安全与标准委员会通过大量调查发现,在发生重大事故时,乘客被束缚在座椅上受伤的概率更大,主要是因为被安全带束缚在座椅上的乘客,更容易受到车厢结构坍塌所造成的伤害,因为他们无法进行有效的躲避。研究结论显示,在高铁上改进座椅的设计更能有效提升火车事故时乘客的安全,而不是加装安全带。目前，世界上高铁普遍使用的座椅已是"防撞"的安全座椅，在设计上能够保证在后排乘客头部或膝部向前撞向椅背时，能够及时溃缩变形，防止将乘客卡住。

（3）舒适的高铁座椅，令人拒绝被"束缚"。飞机设计安全带主要是防止气流的颠簸。飞机飞行在空中，不像列车稳定运行在轨道上，所以遇到的情况比较复杂。加速度的变化引起的人体前后被动位移和复杂气候所引起的上下剧烈颠簸，都需要安全带的帮助。严重时，上下旋动的强烈湍流，会将没系安全带的旅客，抛到飞机的舱顶再摔到座位或地板上，所以飞机需要安全带。汽车安装安全带主要是防止二次碰撞。当汽车发生碰撞或遇到意外紧急制动时，将产生巨大的惯性作用力，使驾驶员、乘客与车内的方向盘、挡风玻璃、座椅靠背等物体发生二次碰撞，极易造成对乘员的严重伤害，甚至将乘员抛离座位或抛出车外。安全带能将驾乘人员束缚在座位上，防止了二次碰撞，而且它的缓冲作用则能吸收大量动能，减轻驾乘人员的伤害程度。

18. 站台上为什么有条白色安全线

高速列车通过车站时会产生空气压力波，对站台人员造成的危险也随之增加。因此，站台需要加宽并设置白色安全线，以保证旅客和铁路工作人员的安全。

这里就要提到一个伯努利原理。行进中的列车会带动附近的空气快速流动，此时人与列车之间的空气流速远大于人背部空气的流速，因此来自背部后方的强大压力就会把人们推向前，而这个力是非常非常大的。飞机能飞上天，台风能将坚固的屋顶掀翻也都与这个原理有关。

不同站台的安全线距离站台边缘的宽度是不一样的，这是根据列车通过时的最高时速决定的。

列车过隧道时耳朵不舒服也与这个原理有关；列车在隧道内的空气动力作用要比在露天环境中强烈得多；被列车头部推开的空气被迫在隧道内高速运动，大量空气被推向前方，少量空气通过列车及隧道壁的间隙流向列车后方，形成了空气压力波。

列车头部？列车通过隧道时，人们感受到的是剧烈变化的膨胀和压缩压力波的混合变化以及邻线列车交会时所产生的压力波。压力的迅速变化作用于人耳，使旅客产生不适感。

为了减轻隧道内列车风的影响，铁路部门也采取了一些相应的措施，如合理布置隧道中的通风井等，来减少隧道内的空气压力变化。

列车高速运行时，不但会带动空气快速流动，还会让附近空气"粘"在列车表面一同前行。紧贴列车表面的空气保持与列车的相对静止，离开列车表面的空气相对速度变大。"列车风"对线路两侧会产生一定压力，对沿线人员及建筑物造成一定的危害。因此，在高速铁路线路两侧会架设声屏障，不仅可以减轻噪声的危害，而且可以保护线路两侧人员及建筑物的安全。

各位小伙伴们在站台候车时，一定要站在安全线以内候车，切勿越线；上下车时，注意站台与列车间的缝隙。此外，特别要嘱咐带小孩的旅客，一定要看护好自己的小孩，以免发生危险。

列车过隧道时，如耳朵有不适感，可以多做几次吞咽动作或者喝点水、吃点东西来打开连接耳朵和口腔的咽鼓管，使鼓膜内的空气与外界相通，消除压强差。

19. 车站站台上的彩色"地标"是什么意思，如何快速找到自己所在的车厢

细心的旅客可能发现了，在高速铁路/动车停靠的站台，有一些固定在站台地面上，标有本处车厢号、其他车厢方向箭头，而且还分为黄色、蓝色、紫色。不同颜色的地标，它们是什么呢？又有什么作用？如图5.9所示。

图 5.9　高速铁路车站站台指示示意图

这些是啥？我们叫它们"地标"，即地上的标志（标识）。如图 5.9 所示。

为什么要设地标？动车组列车在车站停靠的时间较短，为了到站时大伙儿不必拎着大包小包赶车，车站往往会提前让乘客检票进站。

地标的设置就是为了让乘客们能够，根据指引，快速找到所购车票的对应的车厢位置该以哪个"地标"为准？如图 5.10 所示。

图 5.10　高速铁路车站标识核对图

地标（站台动车组车厢位置标）是用于告知旅客所持车票票面显示动车组车厢位置的定位标识，按照动车组编组、动车组单重联情况以及运行方向用不同的颜色予以区分。

由于车站每天来往列车较多，一个站台往往会接发不同方向的列车，方向不同车厢排序自然也不同。同时，在客流高峰期，前往某些方向的旅客较多，铁路部门会将动车组重联（两组 8 节车厢动车组相连，车厢总共 16 节）。因此，站台上的"地标"位置也就发生了变化。所以，为最大程度利用资源，在同一站台上，设定了多个颜色的"地标"。站台动车车厢位置示意图如图 5.11 示。

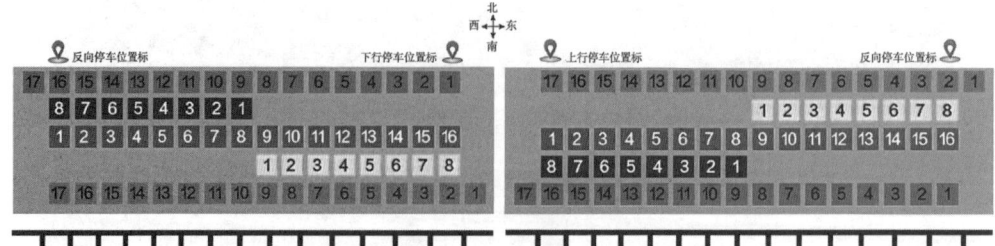

图 5.11　站台动车组车厢位置标示意图

相信很多旅客在乘坐动车时都遇到过这种情况，站台上这么多指示动车车厢停靠位置的"地标"，到底该以哪个为准呢？

其实，由于车站每天来往列车较多，一个站台往往会接发不同方向的列车，由于方向不同车厢排序自然也就不同啦。

同时，在客流高峰期，前往某些方向的旅客较多，铁路部门会将动车组重联（16节车厢），这样一来，列车编组既有8节又有16节。因此，站台上的"地标"位置也就发生了变化。

所以说，为最大程度利用资源，在同一站台上，设定了多个颜色不同的"地标"。

站台上这么多，指示动车车厢停靠位置的"地标"，到底该以哪个为准呢？面对花花绿绿的一片，这时可千万不要慌乱，科普君三步教你找到，对应"地标"

第一步：在候车室内看大屏。后车室内的车次信息大屏上，会有对应车次的地标颜色，看看手中车票，看看信息大屏，如图5.12所示。

图5.12　乘坐车次候车指示图

第二步：看站台上的引导揭示牌。来到站台，看悬挂在站台上的揭示牌提示，去往所购车票对应车厢的位置，如图5.13所示。

图5.13　旅客按照地标候车指示图

第三步：根据提示找位置。知道了"地标"颜色，按照揭示牌提示方向，很快就可以提前站在车厢门口，如图 5.14 所示。相信大家在火车站站台上排队等车时都见过站台边上有一条白线，火车站工作人员会经常地提醒大家要在白线内排队候车。但是，还是有很多小伙伴因心急总想进入白线看看火车到底来了没有，这时就会有工作人员拿喇叭提示，要站回到白线以内，这是为什么呢？因为列车进站行驶时，火车带动火车周围的空气流动，火车的行驶速度快的话，其周围空气流动就快，根据伯努利原理可知：流体流速快的地方压强小，流速小的地方压强大。列车周围的气体压强小，如果人离的火车近了，可能被外面的大气压压到火车上而发生事故，所以旅客应该在安全线白线以内（安全位置）等车。快速移动的物体将空气推动形成气流，火车快速运动带走气流，火车位置形成低气压，造成周围气流回填，会将人卷入车下。所以，在动车组列车进站时，旅客一定要听从客运人员的指挥，自觉地在安全白线以内（安全位置）等车，等列车停稳后，按照先下后上的原则，排队顺序上车。各个车站的引导信息系统可能不尽相同，请以车站具体提示为准哦！

图 5.14　旅客按照地标排队候车指示图

20. 坐高铁时，你有过在站台上为找车厢，而跑错方向的经历吗

其实这个问题很简单，只要会看站台地标，就轻松解决啦，站台地标有哪些颜色？站台候车时，我们会看到橘黄色、绿色、蓝色和紫色 4 种颜色的地标。地标上的数字以及方向指示，对应着动车停车时每一节车厢的位置，方便旅客快速找到对应车厢号。

为什么要区分地标颜色？不同颜色的地标，是为了对应不同的列车编组及不同方向的列车。列车编组不同，我国大部分动车组列车单列为 8 辆短编组列车，还有 16 辆、17 辆长编组列车；当客流大时，不少列车 8+8 重联，车长不同对应车门的位置也会有差别。

方向不同，一个站台往往会接发不同方向的列车，由于方向不同车厢排序也就不同。

大多数动车组列车车次为单号时，1 车一般是车头方向，8 车 /16 车是车尾方向，双号时则相反。但当在中间站的时候，会出现同一个方向既有单号又有双号的情况，此时的车厢编号就可能全部倒过来了。

以哪个颜色地标为准？看候车室车站大屏，站台上找什么颜色地标？其实早在检票时就已经告诉你了，候车时别光顾着玩手机，候车室内，检票口上方的大屏上已标注了各车次对应的地标颜色，按照相应的地标颜色在站台上找自己车票上的车厢号排队候车就行。

看站台显示屏，刷证进站后，在迈上自动扶梯的时候，首先要看一眼站台上方的显示屏。除了核对车次信息以外，还要留意在屏幕下方一行字，提示着该显示屏位置，对应的是几号车厢，其他车厢是该向前走，还是向后走。

听站台广播，在您寻找车厢位置的时候，车站会播放一条这样的广播：持有 xxxx 次列车的旅客，请按照地面 xx 色的车厢号标识排队上车。

21. 为什么高速铁路座位没有 E 座

由于早期的飞机多是单通道的，一般每排有 6 个座位，分别是 A、B、C、D、E、F，这样就形成了 AF 靠窗，CD 靠走廊，BE 是中间位置的座位格局。动车组二等座座位示意图如图 5.15 所示。

图 5.15　动车组二等座座位示意图

久而久之，A—F 这六个字母就不是单纯的表示顺序的意思，而是形成了用特定的字母代表靠窗、过道与中间座位的国际惯例，高速铁路自然遵循了这种惯例。座位车厢座位编号示意图如图 5.16 所示。

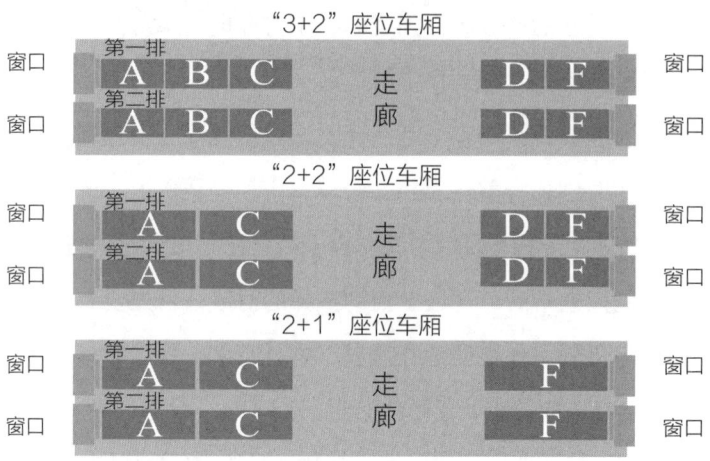

图 5.16　座位车厢座位编号示意图

高速铁路二等座，采取的是"3+2"的坐椅排列，A、F 表示靠窗座位，C、D 表示靠走廊座位，B 表示三人座位 ABC 中的中间位置，所以就只有 ABCDF 五个字母，而没有字母"E"。

22. 为啥普铁座位面对面，高铁却朝前？普速火车上的座位，几乎都是面对面坐着的

提高空间利用率，增加载客量。面对面座椅就是两个人共用一个靠背，相比一人一个靠背更节省空间，同时也节约了设计成本。这样设计的原因之一是为了装下更多座位。举个例子：拿普速上常见的 25G 型空调车与和谐号 CRH380A 相比：25G 型空调车。

（1）硬座车。3+2 座位布局，定员 118 人，和谐号 CRH380A，二等座 3+2 座位布局，定员 85 人。25G 型空调车硬座一节车厢比 CRH380A 二等座多 33 个座席；"复兴号"CRH400AF 二等座定员 90 人，比和谐号多出 5 个席位。座椅对坐可以节约车厢内部

空间，提高空间利用率，搭载更多的乘客，从而提升运载能力。

（2）火车不能掉头。火车在到达终点站后折返时是不能掉头的，而是在尾部挂上车头继续行驶。如果火车都是顺座，就会出现整车人背向火车行驶方向坐着。或许你可以脑补一下整车人都背向车头坐着的画面。目前绝大部分普列硬座并没有转向设计，只有面对面座椅设计才能保证始终有人在正面。那么火车朝两个方向都能跑，去的时候一边是前，回来时另一边就是前了。动车虽然是朝向一个方向开，但动车的座椅是可旋转的，到终点站后乘务员会把座椅都转过来，朝向列车运行的方向。

（3）沿袭国外的火车设计。火车车厢源自欧洲客运邮政马车，即两排座位相对而坐。后来车厢变大，由多个马车车厢串在一起，形成一个个包间。再后来车厢进一步扩大，从包厢式到全通式车厢，车厢都延续了相对而坐的传统。而现在的动车组列车的横排式座位更多参考的是飞机的设计，统一面向一个方向。

23. 无障碍卫生间一般在几号车厢呢

长编组列车的无障碍卫生间设在 8 号车厢，短编组列车设在 4 号车厢。重联动车组列车分别设置在 4 号和 12 号车厢。如图 5.17 所示。

图 5.17　无障碍卫生间

无障碍卫生间的门是平开式自动门，开关门时，只需按压相应按钮即可。进入卫生间内部后，需要手动锁闭。切记，进入卫生间后，一定要手动锁门！

24. 哪些物品可以放上行李架

小、中型行李箱，小、中型行李袋，背包类物品均可放置在行李架上。哪些物品不可以放上行李架？我们先看一下《动车组列车服务质量规范》，《动车组列车服务质量规范》规定：

行李架、大件行李存放处物品摆放平稳、牢固、整齐。大件行李放在大件行李存放处，不占用席（铺）位，不堵塞通道。锐器、易碎品、杆状物品及重物等放在席（铺）位下面或大件行李存放处。

是不是听起来很晕，给大家具体讲解一下：水桶等圆形、弧形的物品，列车晃动时容易滚落，不能放在行李架上。行李箱需要顺着行李架方向放，不能超过行李架边缘，行李不要堆叠，婴儿车、小推车，不能放在行李架上，背包侧边的水杯应该装在包内，以免滑落砸下。如图 5.18 所示。

图 5.18 行李架放置不正确图示

另外，大件行李放在哪里？可以放置在座椅上方的行李架上，车厢内还设置了大件行李存放处，可以为旅客存放少量、体积较大的行李物品，重物品一定要贴身保管。大件行李可以放在自己视线范围内，除了防止被盗，也可防止下车旅客错拿。

还有哪些地方不能放行李？行李不能放在车厢过道和车门口，这会造成其他旅客行走不便，同时也堵塞通道，造成安全隐患。

还有的小伙伴喜欢把行包挂在灭火器或门把手上，这样做是十分危险的。挂着的物品不仅会影响其他旅客正常上下车，还有可能卡住车门或造成灭火器损坏。另外在衣帽钩上放置物品时，需要注意以下情况：

衣帽钩可以挂衣服、围巾、帽子等较轻的物品，但不能挂背包等重物品，大件行李放哪里？如图 5.19 所示。

图 5.19　衣帽钩等部位放置物品正确和不正确样图

每节车厢最后一排座椅背后，都会有一块空闲的位置，可以将大件行李放在这里。在两节车厢的连接处，有大件行李存放处，用于存放行李箱等大件物品。

商务座行李怎么放？"复兴号"智能动车组列车的商务座，除了固定配备的衣帽钩，每个独立的座椅旁设置有行李绑带，可捆绑 20 寸以下的行李，购买商务座车票的旅客，要记住这个可以放行李的地方哦。特殊旅客乘车时轮椅放在哪里？为方便特殊旅客乘车，高铁列车专门设置了，无障碍车厢配备更宽阔的通过门、无障碍卫生间、盲文标识，贴心设计了轮椅放置区，带给特殊旅客最贴心的出行环境。如图 5.20 所示。

每位旅客可以免费携带多少行李？《铁路旅客运输规程》规定：旅客携带品由自己负责看管。每人免费携带品的重量和体积是：儿童（含免费儿童）10 千克，外交人员 35 千克，其他旅客 20 千克。每件物品外部尺寸长、宽、高之和不超过 160 厘米，杆状物品不超过 200 厘米，但乘坐动车组列车不超过 130 厘米。

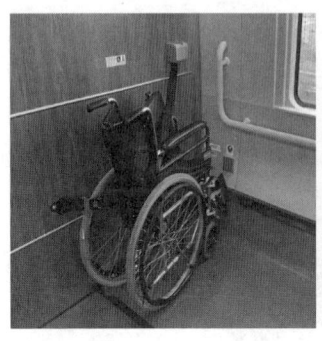 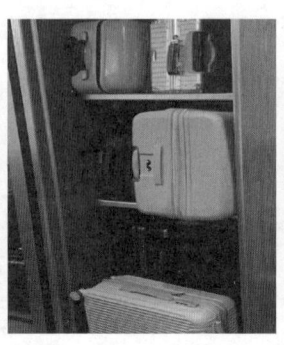 

图 5.20　特殊旅客及大件行李放置正确示意图

25. 座椅靠背按钮，到底按哪个

动车组列车的座位分为商务座、一等座和二等座，调节靠背角度均可以通过扶手上的按钮进行调节。商务座的调整按钮在座椅内侧，可实现由坐姿到半躺、平躺状态，一键转换功能。一等座的靠背调节按钮也设计在扶手内侧，按住按钮同时，后背往后倚靠就可将座位调整。二等座的座椅扶手上，揿下按钮的同时向后倚靠，松开按钮即可固定。如图 5.21 所示。

 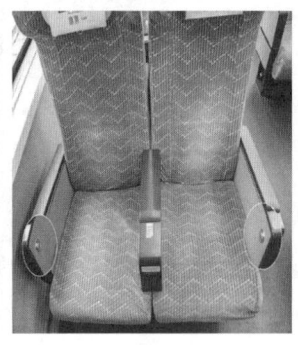 

图 5.21　节座椅靠背按钮

26. 如何调整动车小桌板，为什么不能趴在动车小桌板上睡觉

小桌板可以用来放置小的背包、水杯等随身物品，重量超过 10 千克的物品不能放在小桌板上，也不能让儿童攀爬或坐在小桌板上，这样不仅容易造成小桌板损坏，还有可能导致儿童受伤。如图 5.22 所示。

图 5.22 小桌板使用示意图

小桌板与前排座椅相连，调整座椅时，要注意后排旅客小桌板上的物品，以免造成烫伤或物品损坏。动车组列车上的小桌板，是为了方便旅客就餐，和放置水杯、书本等较轻物品，大部分动车组车型，位于座位上的小桌板，最多可承受 25 千克重量但是部分车型的小桌板，承重为 10 千克位于车厢墙体上的小桌板，也只能承受 10 千克重量因此，趴或坐在小桌板上，都容易导致小桌板被压坏，也会影响到自身安全。

27. 车站里的这个救命神器，你注意到了吗

我国每年心源性猝死者多达 55 万人，平均每天约有 1500 人死于心脏骤停，心脏骤停超过 4 分钟，脑组织会发生永久性损害，因此心源性猝死救援，有"黄金四分钟"的说法，在救命的"黄金 4 分钟"里。

正确、及时使用 AED 和实施心肺复苏就有可能救人一命！原来 AED 这么厉害啊！早在 2017 年 12 月 12 日，铁路上海站就在虹桥车间"心尚"雷锋服务站内安装了全站第一台 AED，曾有旅客因此获救！2019 年 7 月 12 日，一名男性旅客突然在上海虹桥站 18B 检票口倒地，神志不清，没有了脉搏。时间就是生命。车站客运员立即呼叫"心尚"雷锋服

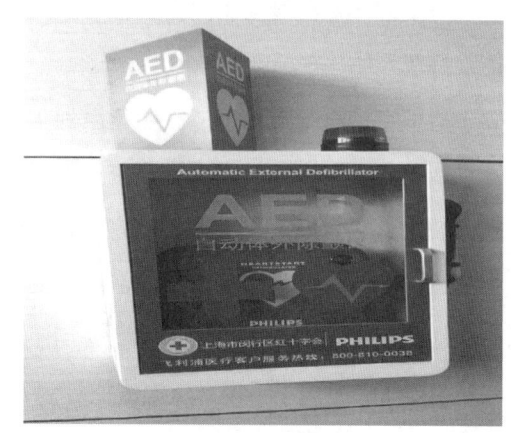

图 5.23 救命器

务站，拨打120急救电话并广播寻医。"心尚"工作人员携带AED火速赶到现场，驻站医生随即对旅客进行心肺复苏并使用AED设备进行抢救。经过10多分钟的不懈努力，旅客终于恢复了呼吸和心跳，随后被120急救送往医院救治，终于，一条年轻的生命被抢救回来。如图5.23所示。

28. 高铁上为什么空调这么冷？温度是怎么设定的

遇到冬天时候，新一轮冷空气来袭，如多地降温幅度达8-10℃，天气越来越寒冷，那高铁列车开始供暖了吗？当然，"供暖"的是列车空调系统四季都处于运转状态，用于通风换气、维持气压、调节温度。

高铁列车车厢空调出风口在哪里？动车组列车空调出风口大多设置在车厢顶部或侧壁，位于车窗上沿的出风口，可以手动调节风量大小。为给旅客提供更舒适的乘坐体验，动车组空调系统采用了胶减震器、阻尼涂料以及帆布或人工革制的软风道等，具有良好的降噪效果。

高铁车厢温度如何调节？动车组车厢能保持恒温是因为列车空调系统具有自动调温功能，不同位置的传感器，采集车厢内外和送风温度值。经过科学计算得到车厢实时温度，空调系统的变频装置将实时温度与设置温度进行比较。

当实时温度低于设置温度时，空调制热；当实时温度高于设置温度时，空调制冷。因此，冬季时车厢温度能始终保持在20℃左右，夏季保持在26℃左右，一年四季车厢内都能维持在人体适宜温度。

动车空调温度自动调节。动车组列车车厢是一个密闭空间，依靠空调与外界进行空气流。动车组空调系统一般由客室空调机组、空调控制器、连接风道、废排单元、混合箱及压力波组件等组成。为了提高旅客舒适度，动车组列车全系标配空调系统，在每节车厢压力波组件的外格栅上布置新风的温度传感器，用于采集客室外的环境温度值；在车厢内部对角线侧墙上布置两个温度传感器，用于采集客室内的环境温度值；在送风的风道内布置一个温度传感器用于采集送风温度值。

空调系统温度调节功能十分智能，即使在夏季，当列车通过长大降雨区间或山区等低温环境时，空调系统也会自动切换"制热"模式，维持车体和车厢温度。当动车组列车运行线路长，沿线温度差异大时，空调系统在"制冷""制热"间切换，更是十分常见。

此外，车厢温度还可以手动调节，当系统故障或旅客反映温度不适时，随车机械师可用手动模式调节温度，最大限度保证旅客乘坐舒适性。另外，大多数车型的出风口靠近窗户，走道的冷气会相对少一些。对空调冷气敏感的乘客建议购票时选坐在靠过道的座位，怕热的朋友可以选购靠窗的座位。

再深入一些进行科普。空调控制系统根据测得的车外环境温度，依据国际铁路联盟UIC553规范获得旅客区额定温度值。动车组空调温度控制的，则依托于控制算法。PI调节器是一种线性控制器，它根据给定值与实际输出值构成控制偏差，将偏差的比例和积分通过线性组合构成控制量，对被控对象进行控制，从而实现温度控制的。

一般而言，动车组空调温度通常设置在22-26℃之间。当车厢内温度大于设置温度（研究室控制算法发挥作用）时，空调就会制冷，当车厢内温度小于设置温度时，空调停止制冷。不同的车型由于内部空间和布局有所差异，所以动车组客室空调温度控制的算法：PI调节器算法比例系数和积分系数都有所不同，实际应用中，会根据车厢进行参数的整定，以得到稳定准确的数值，从而设置每个动车组车厢都相对比较舒适的温度控制。可为什么有人说冷有人说热？同一节车厢，为什么有人觉得热有人觉得冷？其实体感温度和实际温度是两回事，个人体质等因素都会让你觉得热或冷。影响温度感受的因素主要有：车厢内出风口等不同区域的温度会稍有差异，位于出风口的部分乘客可能会因为冷风直吹感觉温度偏低；热门时段车厢乘客较多，部分乘客会感觉温度偏高；低峰时段车厢乘客相对较少时，部分乘客会感觉温度偏低；不同乘客因体感差异对空调温度感受不同，尤其是老人和小孩对温度更敏感。

29. 高铁动车白天也开灯

高铁动车车厢内也永远是灯火通明，这时候就有人提出疑问了，大白天为什么开灯，这样做不会浪费电吗？车厢内部的灯为什么一直亮着？先来说说车厢，列车在行驶中途经地形不同，有时是平原，有时是盆地，甚至是丘陵、山地，光线也会随着户外环境而改变，在山的背阴坡室外光线相对较暗,在阳光直射区光线则比较刺眼,车厢内白天亮灯是为了让大家适应列车内强烈的光线变化,方便大家在漫长的路途中,追剧、享受美食,是不是很贴心?而且,"复兴号"还拥有多种照明控制模式,车厢灯光会根据户外情况自动调节,同时走廊顶部的灯光、亮度高低、光线冷暖都是能自由调节的。

车头照明灯为什么一直亮着?行驶照明作用,列车路上可能会经过多个隧道,而在极端天气,如大雨、大雾、大雪等能见度低的情况下,开车灯就和汽车开灯是一个作用,照亮前行的路,警示提醒作用。

(1)车厢内灯光照明。列车在行驶中途经地形不同,难免要穿过丘陵、平原、盆地等不同地形,所到之处的光线也会随着户外环境而改变。比如在山的背阴坡室外光线相对较暗,在阳光直射区光线则比较刺眼。因此,车厢内白天亮灯,是为了让乘客适应列车内强烈的光线变化。毕竟在车厢内,仅仅依靠自然光是很难满足大家看剧、吃零食的需求。而在这方面,我们的"复兴号"列车就做得超棒,拥有多种照明控制模式:车厢灯光会根据户外情况自动调节,同时走廊顶部的灯光亮度高低、光线冷暖,都是能自由调节的。

(2)列车行驶照明灯。车厢内开灯说清楚了,那么行驶中的火车车灯为啥也是开着的呢?列车在不同省市间穿梭,一路上可能要经过多个隧道,车灯开着即可以为火车的前行照路。此外,列车行驶中的区段天气也会有不同,途中可能遇到大雨、大雾、大雪时能见度低,开车灯为了给火车行驶照路,这一点与汽车需要开灯是一样的。如图5.24所示。

图 5.24　高铁动车白天也开灯

(3)警示提醒作用。火车在行驶过程中,铁路信号分为听觉信号和视觉信号。我们在火车站常听到的鸣笛声是一种听觉信号,这就是要告诉火车站的工作人员,火车要进站了或者出站了。光鸣笛还不行，开灯更是必要的。因为光的速度比声音更快，在火车鸣笛声还没到达前，我们会先看到车头的灯光，这就是用灯光信号来提醒火车要来了。车灯加上鸣笛能引起人们的注意，无论是站台工作人员、候车乘客，还是在铁路维修工人，提醒大家保持安全距离。

总之，说到底，亮灯就是为了安全，为了提醒乘客、铁路人、行人注意。

30. 站内停靠的时候动车司机在干什么

到站停车的短短几分钟里，司机需要完成许多工作：确认站台位置→开启车门→确认列车到达时间→记录数据→确认各显示信号→设置各项参数→等待旅客上车→关闭车门→确认各仪表参数→确认时间……全部工序完成后，才能开车。

（1）动车到站的时候车门是谁开的？在停车的这几分钟里，动车组列车司机还要负责开关车厢门。动车组列车与普通客车的开关门方式是不一样的，动车组由司机操作开关门按钮进行开关门，普通客车则由列车乘务员负责开关门。只有在司机把控制键拨到"允许"的情况下，车门的开关指示灯才会亮起，这时列车乘务员就可以操作按钮开启或关闭车门。

（2）动车到站的时候为什么能准确停在地标前？动车组之所以能停得如此精准，得益于司机的勤学苦练。为实现"零对标、控制误差不超过 5 厘米"的高要求，司机每次停车后都要到站台，采取数地板砖的方式来测量制动点与站台标的距离，摸索出精准对标的操纵方案。

31. 高铁坐过站了怎么办

我们在日常生活中，搭公交什么的往往都有坐过站的情况。惊慌失措的同时连忙下车，又去对面的站台搭车，浪费几块钱。不过，这个公交车还算好，坐过站也不是很长的距离，而且即使是返程，费用也不贵。但是，如果是高铁呢？要知道高铁的速度是很快的，而且站点之间的距离间隔也很大，运行时间也不可能太短。往往当乘客醒来或者是发现的时候，已经距离自己的目的地很远了。

这价格……但旅行又偏偏容易犯困，万一不小心睡着了，又不像卧铺有列车员叫醒服务。不过，现在告诉你一个小诀窍，可以免费返程。

根据《铁路旅客运输办理细则》第三十七条："旅客因误售、误购、误乘或坐过了站需送回时，列车长应编制客运记录交前方停车站。车站应在车票背面注明'误乘'并加盖站名戳，指定近区列车免费返回。在免费送回区间，站车均应告之旅客不得自行中途下车……"

千万记得，一定要立刻找工作人员！立即找车长开具客运记录！车长会开客运记录，给你交前方站，跟着工作人员走不要自己乱跑！有客运记录就不用重新补票，到下一站后安排免费送回。站车交接后，车站会给你安排其他的车坐回去的！

32. 没赶上火车咋办？第一时间就该这么做

"我起晚了，没赶上火车咋办？"尤其是节假日出行高峰，错过火车可能每个人都会遇到，怎么办呢？是改签还是退票？哪些车票可以改签？距离发车前30分钟以上，发车前30分钟以上，且没有换取纸质车票可直接在线办理改签手续；出发地不能改，修改目的地需提前48小时更改；往后改签至少要提前48小时；离发车不到30分钟，发车不到30分钟，只能在车站窗口办理退改签手续等。发车之后，发车后的车票可在票面发车站改签窗口办理改签，但必须以铁路有运输能力为前提，即只能改签当天其他有票车次。

开车后改签的车票不退；已经办理过改签的车票，不能再办理改签；改签只变更乘车日期、车次、席（铺）位，不变更发站和到站（同城车站除外）。

另外，一般高铁同一个线路会有很多趟相同的列车车次，票价也都是一样的，相差的时间也不多，当你发现你的车次晚点的情况下，无需改签就可以上前面正点的车次，列车员一般都会让你上车的，当然这样上车的话只有站票，没座位。

33. 坐在高铁上速度再快也不会有颠簸感

高铁虽然速度很快，但是大部分的时间都是匀速行驶的，而且加速度不快。在坐车的时候之所以会有颠簸感，是因为惯性的原因，比如说坐飞机的时候会感觉到颠簸和剧烈的失重感，其实就是因为加速度太快造成的。特别是飞机起飞的时候，由于需要足够的速度才能够升空，所以飞机在这个时候的加速度是非常快的，于是产生的惯性就很大，人就会依照惯性往后退。

但是高铁与飞机有很大的不同，虽然高铁的运行速度也非常的快，但是它的加速度并不快。高铁的加速过程是比较缓慢的，从动车开始运行的时候开始就会慢慢地加速，由于在加速的过程中加速度不是很快，所以说惯性感觉就不大，人坐在高铁上的时候是感觉不到速度的变化的。等到高铁加速到一定的速度的时候就会保持匀速行驶了，这个过程会更加平稳，因此坐高铁的时候是不会感觉到颠簸感的。

34. 高速列车进入隧道时，有的乘客耳膜会疼痛

为了减少空气压力波的影响，保证旅客的舒适度，高速动车组采用了先进的车体密封技术提高了车体结构和各部件的密封性能，并在动车组出厂前进行车体气密性试验。此外，还在空调的进气口、排气口加装可自动调控的进气、排气控制装置，或安装压力保护通风机，能够在车体外部的空气压力发生变化时调节空调的工作状态或者关闭整列车的风阀，阻止车外空气猛然进入车内，避免车内空气压力变化过大。中国标准动车组以 350 公里/小时的速度通过隧道时，车内空气压力的变化率每秒不大于 200 帕，达到优秀级别。

高速列车进入隧道后，如同活塞压缩隧道中的空气，会产生压强变化，引起耳朵不舒服、使有的乘客可能会产生耳膜疼痛感。如果车内气压变化过大，乘客甚至有耳膜破裂的可能。因此，高速列车的设计是把车体密封起来，使得车内气压变化控制在定范围内。这种密封结构作气密结构。动车组车体的气密性非常重要、气密性不光影响动车组的安全运行同时也会影响乘客乘坐的舒适性，如果气密性不好，在高速行驶中会有很大的噪声，同

时在进出道时也会有比较大的气压差、车外压力的波动会传到车内，使旅客感到不适，轻者压耳膜，重者头恶心，甚至造成耳膜破裂。

高速列车的气密性标准要求为：车窗、车门、车厢间连接风挡、电缆管道、厕所洗脸室以及空调排水排污口都要具有良好的密封性；空调新风吸入和废气排放通路，必须考虑在外部压力变化对车内压力变化产生影响时，采取关闭或者自动控制措施为了减少压力波的影响，保证旅客的舒适度，车体结构采用连续焊缝以消除焊接气隙；对不能焊接的部位，用密封胶密封；采用密封性能良好的塞拉门；车头、尾的端门采用可充压缩空气的橡皮条，风挡采用橡胶大风挡；厕所、洗脸室的水不能采用直排式而是采取必要的密封措施。

如何调节车内外微气压变化，高速列车通过隧道以及在隧道内与其他高速列车交会时，将产生较大的空气压力变化，传到车厢内，可能影响乘客的耳感舒适度。

35. 高铁上的盒饭是要收费的，为什么飞机却不收费，怎样智能取餐

现在有不少人都发现了高铁和飞机一个比较不一样的地方，那就是高铁上的盒饭是要收费的价格还都不便宜，飞机不仅免费还可以要多几份，甚至可以要饮料茶水，究竟是为什么？

我们都知道，高铁和火车一样它们的路线都非常长，需要经过许多个站点经常停停走走，而如果免费供应盒饭的话那么很容易将已经供应了的乘客和未供应的乘客弄混淆，最终造成资源的浪费，一路上都要不停地供应盒饭这笔开销不会小。可飞机则不同，通常飞机都是从起点直接飞达目的地，那么飞机只需要向乘客供应一次盒饭即可，这样不仅快速便捷且可以节省很多资源，就算乘客要多一份盒饭也会继续提供。

2021年2月23日，旅客张先生在南京南站候车时，在A3检票口旁的智能取餐柜中看中一款新鲜的芝士蛋糕，直接扫码购买，全程仅用时30秒。春运期间，新上铁集团公司精准对接旅客需求，推出智能取餐柜"无接触"服务，如在南京南站候车室6个检票口旁，试点投放了6组智能取餐柜，每个取餐柜有19个独立取餐格，里面放置了中西餐热链餐食、面包、点心等30余种食品，采用24小时不间断紫外线杀毒模式，保温、保

鲜。旅客到站后，无需找店、不要排队等候，可以通过订餐小程序提前点好外卖餐食，到指定地点的取餐柜扫码领取，也可以在智能取餐柜前直接扫一扫，现场下单，购买可口的新鲜餐食。

36. 高铁上为什么不卖方便面

为了提高旅客舒适度，在列车上安装了空调装置、冷却系统和换气系统，就需要布置进、排风口位置，让新风进入，旧风和空调冷凝水顺利排出，否则因无风冷却而导致温度过高，使空调等电器设备无法正常工作。理想状态是进风口布置在正压区，排风口布置在负压区。但由于高速列车采用双向运动模式，即头尾车都是驾驶室，无需掉头，只要驾驶员从头车交换到尾车即可。这样进、排风口位置的压力方向会随迎风面和背风面而变，风口位置只能布置在列车表面压力比较稳定的区域，造成高速列车比火车新风交换能力弱。加上为了隔离车外噪声的传入，满足噪声规范的要求，高铁车厢气密性好，各种气味不易散发出去，只能通过排风口排除。因此，为了旅客的乘坐舒适，高铁上不售卖方便面是有一定科学道理的。

高铁上为什么不卖泡面？原来是……

我们知道坐高铁有一些特别的注意事项，比如，为了确保飞速行驶的高速动车组的安全动车组全程禁烟。乘坐高铁时，我们还会发现，高铁上一般不卖泡面，这是为什么呢？

跟普通火车不同，高铁动车有一个重要的特点：车厢是全密封式的。这是因为，高铁动车有一项重要的性能要求——气密性。

37. 坐动车组看外面的景物为什么不快也不晕车

乘坐时速300公里/小时的动车，窗外景象速度感与普速列车的时速感差不多，也不会感觉眩晕，高铁玻璃难道是减速玻璃？高车窗玻璃不是"减速玻璃"，而是"安全玻璃"。高铁车窗玻与汽车前风玻璃的结构是相同的，没有减速效果。最理想的玻璃就是可见光透射率高、完全没有光变,透过这种玻璃能够完全实地反映外面景物的物理形态与运动状态跟没有玻璃一样的视觉效果。现代高速交通工具(包括飞机、火车、汽车等)上用的玻璃,按照有关标准必须是安全玻璃。可见,高铁列车使用的车用安全玻璃,是一种夹层玻璃,在两层钢化玻璃中间,夹有一层PVB胶片。这种玻璃具有良好的光学性能,没有光畸变,能真实反映景物形态与运动状态,视觉非常清晰。光线透过玻璃均匀折射时给肉眼一种"减速"感。

那为什么高铁车窗的边角都是椭圆的?无论是普速列车,还是高铁列车,车窗的边角都是椭圆的。列车运行时,车窗需承受巨大的压力波,椭圆边角比方形边角受力更均匀,可以分散压力均匀受压,大大降低了窗户破损的风险。高铁超过300公里/小时的运行速度,会让附近空间的空气流速加快压强变小,和远处空气间产生压强差,形成一股空气压力波。当两列车相向交会运行时,产生的会车压力波;再加上高铁经常要穿梭隧道,瞬间压力波的增强,对车窗来说也是一种考验。而椭圆形的设计就是为了均匀受力,提高车窗的抗压能力。

另外,列车开行时,我们眼里的速度与列车前进的线速度无关,而是与"角速度"有关。顺着列车前行方向看风景的角度趋向于0,这时角速度变得很慢,垂直或180度时则反之,这也是高铁座椅为啥不倒坐的原因,因此你感觉到的速度慢。同时,由于高铁线路大多建在桥上,近处没有遮挡物,车窗视野大,远处景物可视时间长,角速度很小,因此会有开得慢的感觉。

还有人要问,高铁为什么不能开窗?高铁不能开窗,这与列车高速运行产生的巨大空气压力波有关。动车运行时速快,当空气压力波进入车内后,车内物品会被吹得一片狼藉,车外噪声也会进入车内。更严重的是,这种空气压强差,轻则让旅客耳膜产生压迫感,重则令旅客头晕恶心,甚至造成耳膜破裂。实际上,动车上不仅要关紧车窗,它的车门、车厢连接处等都要尽可能地做到密闭,这样才能保证旅客有一个舒适的乘坐环境。

38. 为啥高铁列车越跑越快,手机信号却比以前好

"喂?喂!我过山洞呢!信号不好!"在人们的认知中,一般在无遮挡的平原地区,手

机信号比较好，当列车进入隧道时，信号就容易不稳定。不过，现在高铁列车越来越快，途经的隧道越来越多，手机 4G、5G 信号却还是满格。这是怎么做到的呢？简单来说，坐火车时手机信号不稳定，是因为手机运动的速度太快，信号都追不上了，当信号到达的时候，已经错位了。一是火车跑太快影响信号传输。当列车高速行驶时，手机和车外信号塔之间传输信号是相对运动，而传输的信号就是电磁波。在车内高速运动的手机发出的电磁波和接收的电磁波波长不一致，有可能超出车外信号塔识别的范围，接收不到信号，这种现象就是"多普勒效应"。全封闭车体结构阻隔信号。为了保证高速行车安全，高铁车体采用全封闭结构。部分高铁的车窗玻璃采用金属镀膜技术，用来减少热量损失。但这些涂层也会阻碍电磁信号的进入，封闭的金属车体会使手机信号迅速衰减。二是信号覆盖区域不停切换。列车高速行驶，手机会迅速切换不同信号覆盖区域，这样快速切换容易导致信号丢失。按人的运动速度，越区切换的时间是充足的。但是，在高铁列车上，根据切换算法时间的估算，3 至 6 秒就要发生一次切换。这样的频率，是非常考验系统覆盖和性能的。

为什么手机网络叫做"蜂巢移动网络"？每个信号塔的覆盖区域是六边形，全国的移动信号网络由无数个六边形组成，就像蜂巢一样。现在"漏缆"技术让信号在涵洞里穿梭为了让大家在高铁列车上"不掉线"。高铁沿线进行信号覆盖时，基站和钢轨之间最佳间距是 100 至 500 米，方便信号到达旅客的手机，天线的高度也有讲究，不能太低，也不能太高。一般是天线高出轨面至少 15 米。在山区或丘陵地带，铁路沿线有大量的隧道，那么，隧道中如何保证信号覆盖呢？如果是短隧道，可以通过隧道口的天线，向隧道内进行定向辐射覆盖；如果是长隧道，就需要用到"泄漏电缆"就是它。跟普通的电缆不同，这种电缆在金属屏蔽层的外导体上周期性地开有一定形状的槽孔，所以又称为开槽电缆，相当于连续发射无线信号的小天线。如可根据山区地形变化"量体裁衣"，在铁路线路两侧铺设通信光缆、架设通信铁塔，通过光缆和铁塔装置不断"接力"，即使在 4560 米长的东土村隧道里，手机信号依然满格。

39. 高铁停运了,火车站在忙什么

铁路部门有备而战,无惧风雨,坚守岗位,严阵以待,全力应对。2021年7月,第6号台风"烟花"登陆浙江舟山,持续强风伴随强降雨,长三角地区多条线路停运,等"烟花"影响逐渐变弱,为尽快满足旅客出行需求,停运线路全部恢复通车。

早在台风登陆前,杭州东站就制订了应对"烟花"的预案,落实24小时值班制度,加强人员值守并提前备好防汛应急物资。5支应急保障队伍共150名人员随时待命,储备抽水水泵59台、防汛沙袋3400多个。站内12个服务点还配备了爱心雨衣。由于地铁和公交停运,网约车和出租车通道旅客激增,工作人员在出站通道提供咨询引导、重点旅客帮扶等服务。站房设备维保人员集中治理了浙江、上海、江苏各大车站的集水口、排污井,确保站房下水道通畅、站内雨后无积水。

上海站防汛的难点是排污基坑和管沟,需用铁锹、钩子等工具及时清理淤泥、垃圾。基坑和管沟大概1至2米深,污水浅的地方没过膝盖,深的地方在腰部以上。工作人员穿着厚厚的防水背带服,跳进黑漆漆的污水中,一点点地清理杂物。管道内温度高,蚊虫成群结队地飞舞。需要在污水中一泡就是一整天,连续三四天下来,从发丝到脚跟,浑身散发着浓浓的污臭味。

"12306"客服中心接听电话同比增长123%。铁路"12306"客服中心代表每天接听的电话增加至300多个,最多时达到461个。虽然官方微信、微博第一时间公布了列车停运信息,但很多旅客还是不断地拨打官方电话再次确认。客服代表们接听的电话90%以上和"退票""停运"有关。她们几乎一刻不停地回答咨询,耐心地做好解释和安抚工作。

"烟花"逐步散去,远行的人们又拾起行囊,乘着高铁奔向四面八方,风里雨里,铁路人为您尽心守护。

40. 疫情防控期间怎么坐火车和列车空调如何抑制病毒传播

疫情防控期间,铁路客运站密切关注疫情变化,严格落实疫情防控政策要求,筑牢车站疫情防线。

严格进出站测温验码；严格落实进出站旅客全覆盖测温筛查，确保"旅客测温一个不漏、发热人员一个不放"；强化健康宣传提醒；通过站区广播、电子显示屏等形式，加强防疫宣传，提醒旅客规范佩戴口罩，保持安全距离；加强站区环境消毒；加强候车室的全面消毒，加密对安检仪、电梯扶手、座椅、进站闸机等重点处所消毒频次；严格落实"人物同防"；每日对旅客托运物品进行全覆盖消毒，严控人与人、人与货之间交叉感染风险。

在现代列车空调系统如何抑制病毒传播方面，现代列车空调系统可以降低乘客感染的风险，且不需要做额外的改进就可以实现。原因有三个：一是把大量的新鲜空气引入车厢：根据车辆类型和空调模式的不同，新鲜空气的引入可以保证每分钟将车厢内10%到30%的内容积更换一遍。二是实现高的车厢空气的换气率：用过的空气以及它可能携带的病毒颗粒只会在吸入车厢后停留2-3分钟。三是消除车厢内的死区：用过的空气均匀地从车厢内排出，与此同时新鲜空气被均匀的输配到车厢的内部。车厢内不会留存气溶胶的空间。

针对当前疫情防控形势，铁路部门认真贯彻落实党中央、国务院决策部署，坚持人民至上、生命至上原则，采取从严从紧措施，科学精准施策，坚决阻断疫情通过铁路传播的风险。如5.25所示。

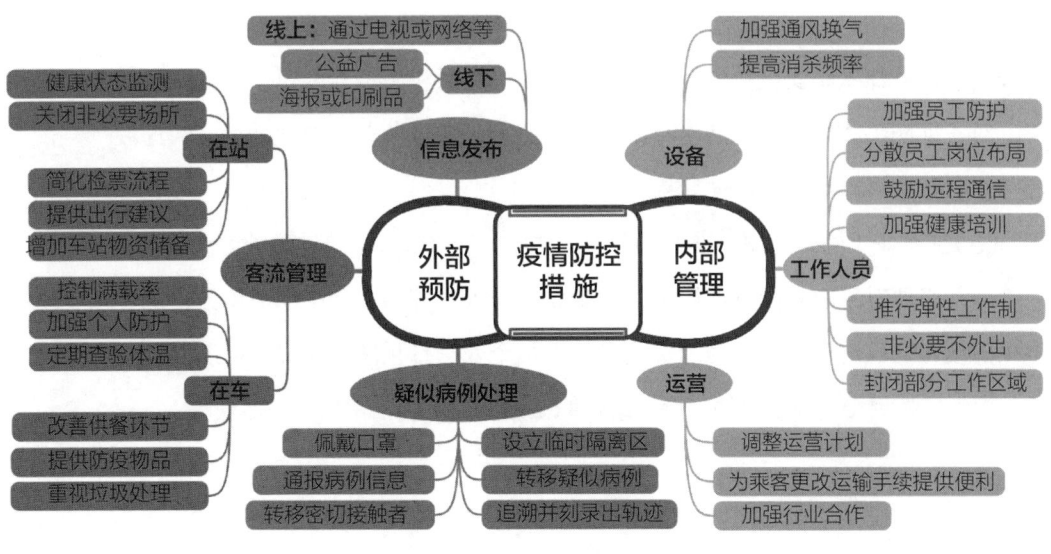

图 5.25　疫情防控示意图

（1）停开减开部分旅客列车，减少人员流动。在保证各主要方向旅客出行基本需求的前提下，果断调整旅客列车开行总量，及时减少长途普速旅客列车开行数量；停减涉疫地区旅客列车，停、限涉疫地区车站进京车票发售；不向中高风险地区或14日内有本土新增病例的城市开行旅游列车；对停开、停售前已售出的相关车票，实行免费退票。

（2）严格落实站车防控措施，营造安全健康出行环境。坚持做好进站旅客100%测温工作；对黄码、红码旅客，拒绝进站乘车，列车上发现的立即安排前方站下交；加强无接触服务，确保旅客通过闸机（包括门式检票机、柱式检票机、手持检票终端）检票进站；规范开展旅客高频接触区域、设施预防性消毒，定期开展环境采样监测；暂时取消旅客列车餐车堂食，降低聚餐聚集产生的防控风险；严格车站商超、餐厅等经营场所管理，实现旅客扫码进入；加强站车防控巡视和宣传，车站不间断巡视，宣传间隔不大于0.5小时，列车巡视与宣传间隔不大于1小时，及时提醒旅客全程佩戴口罩，对于不听劝阻的旅客交由公安部门予以处罚。

（3）加强铁路口岸防控，坚决防止境外输入。按照"非必要不接触"、"先检测、再消毒、后作业"的要求，优化口岸站生产劳动组织，推广甩挂、接驳、吊装等非接触式作业模式；规范开展站区环境、设备、车辆、集装箱、货物、票据等消毒工作，做到消毒时间充分，消毒效果可靠；安排口岸站区内各类作业人员全员接种疫苗、每日健康监测、定期核酸检测，工作期间实行集中住宿、封闭管理，减少人员接触传播风险。

（4）坚决确保铁路安全畅通，保障防疫和国计民生重点物资运输。统筹铁路运输和疫情防控工作，确保铁路安全畅通，为人民群众生产生活和经济社会正常运行提供运输服务保障。对各地防疫物资，坚持特事特办、急事急办，快速装车、快速挂运、快速放行、快速卸车，确保疫情防控物资运输需求。

（5）加强职工健康防护，维护正常生产秩序。加强涉疫风险地区关键岗位、主要工种人员管理，必要时采取封闭管理措施，减少职工与外界接触，划小作业单元，加强作业场所卫生防疫和通风消毒工作。准确掌握各类人员个人信息和健康状况，组织开展疫苗接种工作，做到应接尽接、应快尽快，全力维护职工健康安全和正常生产生活秩序。

41. 如何减少高速列车车厢内的动车组运行过程中产生的振动与噪声

高速列车车内噪声性能是高速列车的舒适性指标之一。为了避免高速列车车内噪声影响旅客，乘车的舒适性，通过优化动车组性能降低车内噪声。一是优化车头头型和车体外表，使全车轮廓表面平滑，并采用全包外风挡等结构降低车辆表面的气动噪声；二是采取部件隔声措施，从结构供传声和空气声传播两方面控制噪声传递的路径，从而降低车内噪声；三是对整车的密封性能进行优化，阻挡车外声向车内的传播。中国标准动车组各项声学指标优良。

42. 高速列车内电磁干扰有多大

对中国标准动车组各车厢电磁环境进行现场实车测试，电场强度为 1.2-23 伏／米，远低于国家标准 5 伏／米的电场强度限值要求；磁感应强度分布在 1 至数十微特之间，也远低于欧洲标准针对植入心脏起搏器的特殊人群而规定的 100 微特磁感应强度限值要求。

为减少高速动车组车厢内的电磁干扰，动车组车底、车内和车顶布设的不同等级的电力和信号电缆均采用屏蔽电缆，以降低电力和信号传输过程中产生的电磁干扰。将变压器、变流器等大功率的电力电子部件，安装在屏效能较好的箱体内，优化控制工作状态，降低电磁干扰。将行连接大功率设备的动力电缆，敷设在有一定厚度的线槽（线管）或车体结构中，以衰减低频磁场另外还在车体之间采用良好的电气连接；在车体上采用低阻抗接地技术，进一步降低车厢内的电磁干扰。

43. 如何减少车辆振动，保证运行平稳性

为了使高速运行中的列车保持平稳，避免车辆振动引起旅客的不适，动车组主要在转

向架的悬挂系统上采取了隔振和减振两大类措施来减少车辆的振动。隔振措施主要包括在轮对的轴箱与车辆构架之间安装轴箱弹，在转向架与车体之间安装空气弹簧和抗侧滚扭杆等。减振措施主要采用了先进的液压减振技术，通过安装横向减振器、垂向减振器、车辆间减振器以及抗蛇行减振器等实现车辆的减振。如，中国标准动车组以350公里／小时的速度运行时，按照国际通用标准衡量其平稳性指标远远高于优级。

44. 高铁上的热水，能饮一杯否

喝点热水，坐高铁时喝杯热水可以缓解疲劳、提神解渴，在喝水的同时，有没有想过这样一杯热水来自哪里？背后有哪些故事呢？

（1）水从哪里来？没注意过车顶吧？每节车厢都配备一个550升-740升的蓄水箱，装满水后，通过管道将水传送至开水炉供旅客自行取用。不过，仅此容积无法满足长时间的用水需求，在列车停站的短暂时间里，专业上水员要快速为列车上水。

（2）这水干净吗？和家用的自来水一样，车站清水池的水同样来自城市里的供水管网。但是，从供水管网到旅客的水杯中，还需要过消毒关和检测关。除了进行紫外线消毒、二氧化氯消毒，等日常消毒及定期全面检测之外，对常规水质指标还进行在线检测，检测数据实时传输到后台。如中国铁路上海局集团有限公司合肥给水公司等给水单位的员工无间断盯控，确保旅客饮用水质量安全。一滴水的旅途要经历"重重关卡"，这也保证了旅客手上每一杯水的洁净安全。

高铁上许多看似微不足道的细节背后都有完善的体系支撑，希望当你下次再坐上高铁，接起一杯水时，能够更加珍惜这杯来之不易的热水。

45. 高铁站里凉爽的风哪来的

如何保证封闭的高铁车厢空气洁净？空调系统运转时，车厢外的新鲜空气进入新风入口后，首先要经过滤网进行灰尘过滤，再由通风机送入车厢内。针对当前疫情防控要求，铁路部门加强动车组列车，空调滤网和通风换气装置的清洁消毒，增加消毒频次。当列车在动车段接受Ⅱ级修作业时，做到百趟列车均更换全列车空调滤网。以一列CRH380A型动车组为例，动车机械师需要一次性更换96块各种尺寸的滤网。针对顶部、侧向同时送风的动车组列车，他们优化调整空调供风控制策略，提高顶部送风量比例，有效降低疫情传播风险。

另外，在空调系统中，溴化锂机组承担着制冷控温的功能，是空调系统的心脏，每天都要对其进行维护。每天中午时段，石家庄站设备检修车间客站工区维修组的2名职工走入溴化锂制冷机房，用测温枪测试空调水泵的温度52.5摄氏度，此时的机房俨然就是一间"桑拿室"。在闷热的机房里汗水不断渗出，不到半小时，他俩的衣服就全部湿透了。由于每天都需要对机组检修维护，6名职工分3个班轮流值守，确保机组正常运行。他们一天最少要换三四次衣服，一天下来班组每名职工要喝五六升水，是平常人的3倍左右，大部分水变成汗排出去了。

空调冷却塔是把空调系统产生的大量热能进行降温的装置，每天下午，他们要对冷却塔例行检修，检修前，测温枪显示，冷却塔铁墩基座的温度62摄氏度，他们穿上隔热胶鞋，脚踩滚烫的铁墩基座，娴熟地爬上冷却塔开始拆卸机组防护盖、擦拭除尘，同时还要进行绝缘测试、性能试验等，严格执行每一项检测作业步骤。除了检修空调冷却塔，他们还要检修52台组合式空调机组，为了保证空调制冷效果，每一台组合式空调机组的检修都要经过十几道严苛的作业工序。虽然酷暑难耐，但他们坚持高标准作业用布满老茧的双手，将空调机组维护到位，老茧是经年累日的作业磨出来的，伤痕是修理空调时不小心碰伤的。每一个出风口的温度都是26摄氏度，为了给旅客提供安全、清洁的候乘环境，中央空调通风系统要定期消毒，使用空调专用消毒剂对空调通风系统各部件，进行清洗、消毒。所以，候车室空调吹出来的风是绝对健康的。每天17时，候车室内空调整体消毒工作完成后，他们会仔细检查每一个机组工作状态是否正常，用测温枪测试每一个出风口，出风温度是否为26摄氏度。

46. 在动车上如何找到列车长

在动车上，乘客遇有事情，最直接是要如何区分列车长与列车员？认准臂章和胸牌：列车长左臂上的臂章是最明显的标志，胸牌上也会标明"列车长"。列车长作为列车乘务负责人，负责办理补票、组织乘降、处理突发情况等，而乘务员则主要负责车票查验、旅客问询、维护车内公共秩序等。

遇到以下几种情况，可直接寻求列车长的帮助：一是坐过站：如果不小心坐过站，这时需要联系列车长，由列车长编制客运记录，与车站进行交接。二是乘车途中身体不适：如果乘车途中感到身体不适，可以联系身边的任何一位乘务员，列车长也会第一时间赶到现场提供帮助。三是重点旅客：乘车过程中列车长会关注重点旅客，帮助他们安全上下车。列车长通常都是在各车厢里来回巡视，处理各项事宜，您可以先寻求乘务员的帮助或请乘务员通过对讲机呼叫列车长。不论是列车长还是列车员当旅客遇到困难时他们都会第一时间提供帮助正是有了他们的贴心服务铁粉们的旅途才更加温馨便捷。

旅客下车后，列车长就下班了吗？除了做好乘务工作外，旅客下车后，列车长还要对全列消防、安全、应急、服务等设备设施再次巡视检查并记录，按规定处理旅客遗失物品。

第6章

如何精心呵护高铁设备设施

第一节　设备管理

1. 高速铁路为什么实行全线封闭管理

高速动车组以 200 公里/小时以上速度高速运行时，遇到突发情况实施紧急制动停车需要的制动距离一般是 2—6 公里，如果司机目视发现情况后再采取制动措施根本来不及。因此，如果行人、社会车辆和牲畜等进入高速铁路线路，将会导致严重的后果。并且，疾驰而过的高速动车组会搅动周围的空气，产生强烈的"列车风"，危及靠近线路人员的人身安全。为了保证高速铁路的行车安全以及人民生命财产的安全，必须对高速铁路全线实行全封闭管理。同时，全封闭管理也为高速铁路高速度、高密度运行提供了管理上的基础保证。

2. 动车组顶上闪光的是什么

高速列车运行时，受电弓高速滑过接触网导线，受电弓和接触网会产生振动，振动剧烈时，会造成受电弓滑板与接触网导线脱离接触，形成离线，出现电弧和火花，就会产生高温，损伤接触网导线和受电弓，严重时还会烧断接触网导线，影响行车安全。如果受电弓和接触网导线之间接触力过大，虽可大大降低离线率，但接触网导线与受电弓滑板耗也增大，使用寿命缩短。因此就需要不间断地监测受电弓和接触网的几何尺寸、磨耗情况、位置偏移等关系，为确保行车安全，避免发生事故，动车组车顶闪光的是车载接触网运行状态检测装置（Catenary-Checking on-Line Monitor Device），它包括一个安装在动车组车顶的高速摄像机，用来拍摄受电弓和接触网的动态运行情况，获取悬臂、线架、绝缘子等的高分率图像，旁边还有正对着受电弓和接触网接触处的照明灯。另外，还有系统天线激光测量装置，用来测量接触网和电杆的几何尺寸。

在动车组列车运行的时候，车载接触网运行状态检测装置监测接触网的运行状态，以实现高速铁路接触网状态的全覆盖、全天候的动态检测。它对于高铁供电部门排查受电弓和接触网的异常故障很有帮助，通过分析拍摄的视频，可以判断列车运行区段的受电弓和接触网的状态是否正常，指导铁路供电部门对接触网状态进行检查和应急处置。

3. 雷电击中动车组怎么办，动车组有防雷措施吗

假如在雷雨天、雷电以超高压击中快速行驶中的动车组，会发生重大事故吗？

动车组列车行驶在钢轨上，与钢轨有多处接触，而钢轨非常长，等同于良好的接地的导体，列车和轨道都有接地系统。因此，列车和轨道不需要防雷击。但铁路沿线设施是有严密的防雷措施的。

发生雷击时，动车组的金属车身外壳起到"法拉第笼"的作用，金属车身外壳阻隔了电场和电流，保护了乘客的安全。金属车身外引导强大的电流通过外壳而不经过客舱，再从轮子经过钢轨流入大地。

什么是法拉第（Faraday Cage）？法拉第笼是由金属或者良导体做成的笼子，以电磁学的奠基人、英国物理学家迈克尔·法拉第的姓氏命名，用于演示等电势、静电屏蔽和高压带电作业原理的设备。法拉第笼由笼体、高压电源、电压显示器和控制部分组成，其笼体与大地连通高压电源通过限流电阻将10万伏直流高压输送给放电杆，当放电杆尖端距笼体10厘米时，就会出现放电火花。根据接地导体静电平衡的条件，笼体是一个等电位体，内部电势差为零，电场为零，电荷分布在接近放电杆的外表面上。导体的外壳对法拉第笼的内部起到"保护"作用，使法拉第笼的内部不受外部电场的影响，这种现象称为静电屏蔽。即使法拉第笼内人员将手贴在笼壁上，使放电杆向手指放电，笼内人员也不会触电。这是因为人体触电的原因是身体的不同部位存在电位差，导致强电流通过身体才构成触电。试验者的手指虽然接近放电火花，但放电电流是通过手指前方的金属网传入大地，身体并不存在电位差，没有电流通过身体，所以人没有触电的感觉。

动车组的金属车身就像是一个法拉第笼，形成了一个等电位体，当动车组在雷天行驶时车里的乘客不用担心到雷击。但位置比较高的物体容易受到雷击。如在山区，铁路线路

处在较低的位置，不会遭到雷击。而在空的平原地区，铁路路旁的电线杆的高度比列车高，所以有可能受雷击的一般是供电设施。电线杆、接触网、变电所等需安装防雷设施，必要时还需在雷暴多发地区增加防雷器的设置密度。

4. 高铁时速300公里，为什么车轮却不会磨出火花

在日常生活中，我们偶尔看到，金属在摩擦的过程中，会产生火花四射的画面。车辆在高速行驶的过程中，底盘摩擦地面也会产生火花，这让有些人产生疑惑，那为什么高铁速度高达300公里/小时，铁质轮子与轨道之间为什么不会磨出火花呢？这要从高铁的轮子说起，由于车轮在行驶过程中，与轨道之间的摩擦是属于滚动摩擦，摩擦力比滑动摩擦要小得多，因此并不能起火花，我们也就不能欣赏到火星四溅的场景。那为什么有些列车会产生火花呢？真相是因为紧急刹车，摩擦类型从滚动变为滑动，摩擦力增大导致温度升高，铁屑脱落，从而变成了火花。那在某些视频中，一列火车行驶得特别慢，为什么轮子两侧还冒出大量火花，是因为机器坏了吗？在这里要介绍一种轨道修理机，名字叫作钢轨打磨车，从外形上看，这种车和火车并没有什么两样，就是长度短了一些。主要作用是给钢轨涂油、钢轨打磨，在机器运行的过程中，由于要对坏损的轨道进行修正，会产生巨大的摩擦力，形成十分夸张的火花，其实是属于正常现象。但如果看到高铁轮子磨出火花，那就要注意了，可能是紧急制动，采用了快速刹车，应该做好保护措施，保障人身安全为好。

5. 有人在高铁上拿着手电筒照来照去，在干什么

提起手电筒大家第一反应，应该是这样高铁列车上，除了美丽的"高姐"，最常遇到的就是他，也拿着手电筒，在车厢内外东照照、西照照，有时候用手比画一下，嘴里还默默念叨着什么。他是随车机械师，也是动车组列车的"随车医生"，带有摄像功能的特殊手电筒，是他的随身"武器"之一。

动车组随车机械师主要负责监控列车运行状态故障的应急处置，是护航动车组安全运行的"卫士"。动车组上线前，随车机械师会手持摄像手电筒进行巡检确认动车组接触网车底转向架、车厢设施设备等重点部件状态，确保列车上线质量良好。主要包括检查头罩外观，倾听有无漏风声音，检查列车转向架状态，对列车两侧进行巡视检查，检查车外显示器状态是否良好。列车运行过程中，随车机械师定时巡视车厢内部设施，在监控室监控列车运行数据、空调等服务设施状态，为旅客营造良好的乘车环境。还检查灯带照明状态检查安全锤等安全备品是否齐全，检查茶水炉是否使用正常，检查消防器材是否完备，检查配电柜等设备状态，检查餐车设施设备是否正常，通过监控屏查看受电弓运转情况。

机械师作业完毕后，摄像手电拍摄的视频、照片将会导入视频评价系统，进行存档、备案，定期复查、评价，确保动车组运行中，设备设施的状态实时监控、有迹可循。

随车机械师使用的手电筒，已经过几代的功能演变。如今的摄像手电可以方便地查找照片、回放视频及时确认拍摄情况，增加了飞行等情景模式，更加省电、续航时间更长，还可以通过蓝牙与热点，随时传输数据以供分析。

6. 这些设备绝不能碰

（1）紧急制动阀。紧急制动阀是铁路运输工作中必不可少的安全保障，铁路普速列车、动车组列车车厢内均有设置。当列车遇到突发情况时，工作人员通过操作"紧急制动阀"，让列车迅速制动停车。因车型不同，动车组列车上的紧急制动阀，位置设置也不相同。但紧急制动阀一般以"红色"涂装，并注明"紧急制动阀""非紧急情况下请勿操作""紧急制动，危险请勿动"等字样。为确保安全，铁路部门规定，除列车工作人员以外，旅客不可触动"紧急制动阀"。通常情况下，动车组车门一般由司机统一开启和关闭，但遇到特殊情况时，如需列车紧急停车情况下，需要开门通风或疏散旅客，由列车工作人员操作车门紧急开关，开启列车车门，如同"紧急制动阀"。动车上不能碰的设备如图6.1所示。2015年6月29日，一位汪姓乘客从合肥南站登上一列开往汉口的动车，出于好奇，竟蹦起来按下了车上的紧急制动按钮，导致列车紧急停车。该举动直接导致此次列车晚点2分钟。

图 6.1 动车上不能碰的设备

（2）安全锤。在动车组列车里，通常会看到带小红点的车窗，这是列车的紧急逃生窗。在紧急逃生窗旁边，配套设置了安全锤，当列车遇到紧急情况时，握紧安全锤敲击红点处，破碎玻璃打开生命通道，逃生窗玻璃经过特殊处理，破碎时玻璃不会四处溅射，但遇到突发情况时，也应由铁路工作人员操作，旅客不得随意使用，更不能将其带走。

（3）手持灭火器。动车组列车车厢里配备有规格为 2 千克的干粉灭火器和规格为 2 升的水基型灭火器，一红一绿两种手持灭火器，并排放置在车厢两端显眼位置。同时，在列车餐车内还配备了 2 个 4 千克的水基型灭火器。旅客在乘车过程中不要随意触碰灭火器，如发生突发情况时使用，应按照相关操作标准谨慎使用。

（4）SOS 紧急呼救按钮。SOS 紧急呼救按钮设置在无障碍卫生间内，醒目的红色标识"SOS"按钮。旅客在使用卫生间时，遇到突发情况按下按钮，列车工作人员会第一时间赶到救助。因为其设置在冲水按钮旁，时常会有旅客误碰等情况的发生，如果列车工作人员闻讯赶到，厕所内还无人回应的情况下，会发生比较尴尬的场景。因此，建议旅客们使用无障碍卫生间时一定要看清确认，避免发生误碰，带来不便。

其他还有列车电茶炉和驱虫药等。列车电茶炉是满足旅客在乘车过程中饮水需求的设备，但由于是高温开水，旅客在使用过程中一定要注意安全，热水不要接得太满，以免烫伤。同时，电茶炉设备限制小朋友触碰，以免操作不当造成烫伤，带来危险。在动车组列车的行李架端部，通常会粘贴防虫药，如蟑螂胶饵，旅客在放置行李时请注意，不要触碰。如不小心触碰，请及时冲洗，避免影响身体健康，这些设备谨慎触碰。

《铁路安全管理条例》第七十七条第五项、第六项规定：禁止实施下列危害铁路安全的行为：擅自移动铁路线路上的机车车辆或者擅自开启列车车门，违规操纵列车紧急制动设备，拆盗、损毁或者擅自移动铁路设施设备，机车车辆配件、标桩，防护设施和安全标志，违者将由公安机关责令改正，对单位处 1 万元以上 5 万元以下的罚款，对个人处 500 元以上，2000 元以下的罚款。

另外，动车组上还有不少标识。一是禁止倚靠标识，动车组列车车门、配电柜门等部位都张贴了禁止倚靠标识。二是禁入标识，在动车组列车上，乘务员室、随车机械师室、司机室，餐车厨房都是禁止旅客进入的。三是禁止伸入标识，在动车组列车坐垫下方，有一个禁止伸入的标识。如果旅客在乘车过程中，不慎将随身物品掉入空洞内，请立即联系列车工作人员，切勿将手，或手指伸入，以免受伤。如图 6.2 所示。

图 6.2 动车组禁用标志

7. 为什么高铁列车半夜不开

随着我国高铁网络的日趋完善，快速、舒适、便利，很多旅客都将出行的首选定为高铁，大家会不会有这样的疑问，为什么飞机有"红眼航班"，而高铁却少有夜间的车次？

众所周知，飞机飞行，一般需要航线、空中交通管制员和飞行员几个要素的相互配合。而高铁相比航空，则还需要轨道线路设备的配合。

目前，我国高铁列车运行最快时速已经超过了 350 公里。列车的高速运行，对线路和车体部件耗损都比较大，所以检修的标准也非常高，铁路工作人员每天都要对高铁线路和动车组列车进行检修和维护工作。

高铁列车速度快，发车密度大，而高铁线路设备的检修涉及工务、供电、电务等多个专业，区段和项目均比较复杂，用时也较长。所以，铁路部门在编剧高铁列车运行图时，就专门预留出一段不行车的空闲时间，用于高铁线路的维修养护工作，这个时间通常就是凌晨到清晨的五六个小时，也被称为高铁的"天窗"。

高铁列车选择不在夜间开行，也是考虑旅客能够在最适宜的时间出行。

在夜间检修时间，工作人员需要对高铁线路、接触网、信号设备进行全方位检查，每一个细节都不能放过。同时，还有一部分工作人员，则在忙着对动车组列车进行保养。在作业过程中，工作人员需要保证精力的高度集中，克服疲劳，不能出现任何差错。

8. 什么是"重车压梁"

"重车压梁"防护是铁路部门常用的汛期应急方案之一，可以在关键时刻派上大用场。压梁时机必须准确掌握，每一次指挥、每一道命令、每一步判断、每一个决定都要科学操作，确保人员安全。铁路部门会通过精细测算，综合研判水位、水流速度、桥梁线路状态等多重因素果断出击。执行任务时，机车不会停在桥梁上，而是驶过大桥停在指定的安全位置。例如某日19时，48448次列车到达余姚站，由8辆载重60吨的水泥罐车组成。在工作人员的指挥下，列车以不到10公里的时速驶上大桥。如图6.3所示。

图6.3 "重车"压梁

5公里时速！上桥。某日，上海工务段何家湾线路车间殷行工区巡查设备时发现何杨线1号桥水位较高，申请对水害地段殷行至何家湾区间线路封锁，准备实施重车压梁。根据命令，从何家湾站调派东风7G内燃机车1台，编挂10辆敞车，每辆满载60吨钢材，以5

公里时速驶上大桥。为防止上涨河水造成水淹桥头两侧路基，工作人员提前在桥头两侧安放闸板。

在水位超高、水速超限的紧急关头，铁路部门会安排多趟重载列车上桥压梁，有力保障了铁路运输安全畅通。每一次任务都考验着火车司机的勇气和定力，更是铁路部门合力攻坚的信念和行动。

9. 高铁客运站设备设施的维护创新有哪些

大量客运设备设施伴随车站的建成投入使用，随着使用时间的延长，设备的故障也随之增多。虽然不少设备配有各自的监控手段，但大多自成体系，缺乏统一的检测、报警及联动机制。车站日常设备运维靠人工定时巡检，人力成本高、劳动强度大，难以及时发现并排除故障。同时缺乏有效的用能计量、分析及诊断手段，客站能耗日益增高。

借助科技的力量，高铁客站变得越来越"聪明"了。设备运行参数自动采集、故障处置"精确制导"、不同系统设备运行状态"一屏感知"……利用物联网、大数据分析、人工智能等新一代信息技术手段，大力推进高铁客站设备设施智慧运维，以科技创新引领改革发展、创造更大效益。

（1）建立智能化管理统一平台。建立统一的设备智能化管理平台，实现对客站所有机电设备设施及部分客服设备的集中检测、监视和管理，使各个原本独立的子系统，可以在统一的平台上展现、分析，设备智能化管理系统平台通过与车站运维管理系统的联动，实现了实时报障、故障诊断、检修恢复的闭环管理以及运维策略的实时调整。同时，还可实现设备用能检测及能耗分析管理，为车站精细化用能及节能减排提供技术支撑。如，南京南站综控室指挥中心的巨幅电子显示屏上，实时显示着车站客票设备、空调、电梯、照明、消防、给排水等十几项客站设施设备的监控信息。这些信息以柱状图、饼图、趋势图等形式直观地展现在工作人员眼前，每一项设备的运行情况都配有详细的数据和指标信息，以便科学高效地指导现场进行设备运维。例如，每部电梯的上下行状态、停靠楼层、运行速度、运行次数、超时、超载、扶梯的启停、上下行状态等数据，都可以在这里检测到，为监控人员了解电梯当前运行状态提供了最直观的途径。因为解决了不同厂家的电梯信息代码标准和通信协议不同的问题，从而对不同厂家的电梯实现集中监控，这不仅能捕捉到所有电梯的"一举一动"，还及时掌握了电梯的"健康状况"。此外，该系统还可密切跟踪电梯管理维保人员的维保轨迹，增强对电梯生产厂家维保的监管和考核力度，从而延长电梯的使用寿命。在"电梯医生"的超级大脑里，不但存储着每部电梯的品牌、梯号、注册编号、维保公司等静态信息，还存储着它们的运行状态、故障状态、报警历史等动态信息。这些资料被采集、整理后，经"大脑"以日报和周报方式进行统计分析，针对每一部电梯形成一份包括报警记录、历史曲线、历史数据、操作日志、控制记录及统计分析报表和数据的私人定制"健康报表"，成为管理、运营、维护、决策的数据依据。"电梯医生"还能通过模型参考比较等方法，利用信号控制系统、拖动控制系统的采样数据来对电梯的运行状态进行综合评估，发出故障预警信息。

（2）深入挖掘数据使用价值。大客站一级负荷配电设备运行可靠性要求极高。如上海虹桥站北辅楼内有多个一级负荷供电设施，如信息机房的 UPS 电源及精密空调电源等，一级负荷供电中断，将导致现场生产秩序混乱。为适应发展需要，需借助先进的技术手段提高管理水平。以数字化升级改造、预测性维护、快速响应、设备全生命周期管理等方式，推进虹桥站配电设备数字化信息化改造工作，实现了设备运行状态可视化监控，设备故障预警、报警、设备检养修数字化管理，电气安全风险智能化监控，能耗数据采集智能化控制等。上海虹桥站生产指挥中心巨幅的电子屏幕上集成化地展示出客运作业管理系统、设备智能化管理系统、列车作业安全风险卡控系统等围绕车站生产组织和设备运维保障等各系统的数据信息。在对客站设备进行数字化、信息化改造中，充分挖掘数据的价值，将客运组织方式与设备运维进行深度融合，实现了部分数据的交换及信息共享，把设备智能化应用扩展到面向旅客服务、面向客运组织、面向区域协同联动，旅客列车到发信息与市政、公共交通系统共享后，可实现遇突发事件造成旅客列车大面积晚点后旅客的快速输送。同时，车站部分区域视频监控信息与公安系统共享后，可为大型活动提供安保支持。

（3）提升设备运维智能化水平。如京沪高铁沿线各站配电、消防、空调、视频监控、电梯等重点设备温湿度传感器、压力传感器等监控装备安装覆盖率达到 80%。通过对这些客站的设备设施进行改造，实现设备数据的自动采集、传输、汇总及智能化分析。同一条线上的客站设备数据在统一的平台上展现、分析，工作人员足不出户便可实现对不同点上的客运设备远程集中监控，极大地提高了设备监控能力和劳动效率。

另外,你坐过最晚的一班高铁是几点?由于高铁的检修时间都在夜间,大部分高铁站夜间都不办理客运业务。在夜晚的高铁客运站,每天23时左右,随着最后一趟列车发出,结束了一天工作的客运人员,在巡检完各个区域后,将陆续返回间休室休息。虽然没有旅客,但这时的候车室还没有到关灯的时候,检修人员、消杀人员、保洁员陆续登场,开始了工作。自疫情发生以来,在静谧的后半夜,消杀人员便会"全副武装"上岗,每天对车站内公共设施,进行全面消杀。与此同时,保洁员擦拭全部座椅,做好车站的清洁消毒工作,维修人员则会对车站各项设备进行检修与维护。虽然,高铁站在深夜不办理客运业务,但仍然会有很多列车通过,除了不办理停站的旅客列车,还有工务、供电等部门的检修列车。因此,部分站台会留灯守候,在全部的检修和清洁作业完成后,候车室的灯会全部关闭,整个车站也将进入短暂的休憩模式。短暂的休息后,车站再次开门迎客,日复一日,车站的工作人员开启了新一天的工作。还有,那么多灯,关得过来吗?实际上,车站所有的照明设施,早已按照区域位置被分好类,汇总成一个系统,进行统一管理。工作人员只需通过终端监测,就能知晓全部灯的开闭状态。车站的照明方案,也会根据一年的白昼更替情况,分成夏天模式和冬天模式,同时兼顾特殊照明需求及夜间施工、保洁作业、天气变化等,在做好节能环保的同时,满足车站的各项需求。

10. 电务检修"四诊合参"

在长期的设备维修过程中总结经验,呼和电务段职工将中医理论与电务设备维修理念相结合,以"中医智慧"守护着铁路运输安全。"四诊法"是中医诊断疾病的基本方法,是我国传统医学文化的瑰宝,而呼和电务段职工在检修作业中总结出"望其形,以知其病;闻其音,以别其病;问其象,以知其病所起所在也;诊其虚实,以知其病在何处也。"

望:检修作业中观察设备状态,道岔是否宏观密贴,螺丝是否紧固,走行部是否有异以及工电结合部检修项目。

闻:听道岔解锁声音判断道岔密贴状况,听轨道变压器是否异响、听灯丝转换继电器动作声音、根据声音的不同判断设备状态。

问:向前一次设备检修人了解设备运行状态,向第一时间到达现场的人员了解故障现象，查看检修记录本，了解设备有无病史。

切：无论用卡尺量、锤子敲还是用仪器仪表测试，调阅信号集中监测曲线，这都是在为设备"把脉。"

除此之外，他们还建立了段调度中心、车间、现场工区三级微机检测调阅体系。通过专人分析监测各项设备的实时值、日报表、日曲线等预先发现可能会出现的问题。这就像是中医"不治已病治未病"的理论，做到未雨绸缪，在出问题之前发现风险，及时制止。

通过段动态检测工区微机监测、车间查看报警信息、工区测试电气特性，实现了日常调阅设备与自然和谐统一。自然环境的变化影响着信号设备的稳定状况，如潮湿多雨的季节轨道电路漏泄较大曲线出现波动，道岔缺口会随气温变化而变化，摩擦电流调整在不同季节有不一样的标准。这正是中医讲的人的健康状况受自然环境影响。

道岔缺口受气温变化影响较大，作业时需要根据气温变化规律将缺口留有余量。不同季节摩擦电流的调整标准不同，经过长期总结，他们掌握了季节、天气变化对设备影响的规律，制定了相应的作业标准，采取了必要的防范措施，以确保铁路运输安全。

11. 动车吸污情况及关键部位检修你知道吗

坐着高铁去旅游，最开心的事情就是窗户很干净、景色很美丽。那么你知道，作为颜值担当的"复兴号"，多久洗一次澡吗？这是位于雄安新区的北京动车段雄安动车运用所，每天奔跑在线路上的"复兴号"，要在这里进行检修和清洗，每48小时进行一次外表清洗。

动车组列车朝发夕至，让旅途更便捷，你是否了解过高铁动车的"肠胃"，是否听说过"吸污工"这个工种。动车集便器就像人的肠胃，必须每天清空，才能正常运行。动车吸污工就是专门为动车清理"肠胃"的人。动车基本都是白天跑线，晚上检修，所以吸污工就需要在晚上进行作业，拿到当晚吸污计划后，车辆段动车吸污工正在做进库前的准备工作。动车吸污是靠吸污管，利用真空负压将污水污物，吸入地下排污管道，再将污物通过地下管道，输送到污水处理场。

每组动车有8节车厢，其中7节有集便器，清理一节污物箱，大概需要3分钟，清洁一组车一般需要21分钟，吸污1.75吨。吸污是团队作业，平常每晚作业分3轮，十几组车连续进出库为一轮，其间隔约半个小时左右，然后继续下一轮。一般第一轮在10点半左右结束，动车组都是陆续入库，清污间隙可以到食堂吃东西补充体力，但春运期间根本没时间停下来，对讲机里不断在呼叫，只能赶忙吃上几口，就继续作业。

但清污作业并不是每次都很顺利，有时会有乘客把方便面残渣，饮料瓶盖、烟头等扔到车厢马桶里，这些异物极易导致污物箱发生堵塞，这时，吸污工必须用手伸进污物箱排污口，这些异物抠出来。

司机驾驶"复兴号"按指定线路运行至洗车场外等候，与自动清洗机操作人员联控后，以每小时3至5公里的速度通过设备，可带电进行清洗。经过冲、刷、烘等环节，一列8节车厢的"复兴号"，完成全车外表的自动清洗大概需要5分钟。

在雄安动车运用所投入使用的列车外表自动清洗机，室外部分由喷水管、洗涤管，侧刷组、大斜刷、底裙刷等组成，室内设有电控系统、软化水装置，水泵、水池、空压机等设备设施。

清洗使用的水，需要经过软化处理，同时使用专用的清洗剂，可减少对动车组外表的损伤。冲洗完"复兴号"的水，被洗车设备底部的水池回收，经过过滤等特殊处理后，与清洁的软化水按照4∶1的比例进行循环使用。

"复兴号"的车头等部位需要人工二次清洗，在检修库内断电的情况下，作业人员用专用水和清洁剂对车头各个部位进行深度刷洗。同时，还要擦拭车窗玻璃上的水印，确保"复兴号"干净整洁地迎接每一位旅客。如图6.4所示。

图6.4 "复兴号"进行清洗作业

"复兴号"带电进行清洗，就像在雨中运行一样安全，与传统的自动洗车方式相比，无需司机在中途换弓，大大提升了洗车效率。"复兴号"出库后，奔驰在祖国广袤的大地上，

48小时后,"复兴号"回家后的,第一件事情就是"洗澡",限时速3至5公里。

另外,从作业人员工作看,车辆检修需要有以下几个关键环节:

作业人员检查"复兴号"头罩状态,两侧作业,检修人员兵分两路,车下检修员要检查每一个侧面部件,一晚上下来,走2万步那是分分钟的事儿每一个部位都要手到眼到车顶作业,车上检修员给"复兴号",做"背部按摩",仔细查看受电弓和车顶状态车下作业。还有一组车底检修人员负责给"复兴号"做"足底按摩",检查列车走行部转向架是高铁动车组的关键部件之一。

结构复杂,有上千个螺栓、几百个部件,每一个螺栓都必须确认状态良好。车内检修人员从司机室开始检修试验,确保各项功能状态良好车内服务设施也是检查项目之一因为白天运行任务繁重。

"复兴号"回库检修,绝大多数都在夜晚,这里里外外、上上下下,"全身保养"之后,往往已是夜色深沉除了日常的一级修之外。"复兴号"还要定期进行二级修、升弓拉力测试、空心轴探伤车钩检修作业。

12. "动车医生"们是如何给高铁列车"清肺"的

动车组列车车厢是一个密闭空间,依靠空调与外界进行空气流通,空调滤网就相当于列车的"肺"。如果空调滤网清洁不及时,很容易造成车厢通风不畅。

入夏以来,如何及时给动车组"清肺",让每列车厢"呼吸通畅",确保旅客清凉乘车、舒适出行呢?动车组检修库里的"动车医生"们是如何给高铁列车"清肺"的?

(1)定位"清肺"标识。列车空调使用久了,空调设备会吸入灰尘,如果不及时清理,就会把空调机组的风道堵住,影响车厢内空气流通,造成空调机组制冷效果差。为保证空调正常工作,在夏季需要对空调滤尘网,定期进行清理和保养,地勤机械师就是负责给"复兴号"动车组。

(2)"清肺"的"医生"。"复兴号"动车组来到检修库后,进入无电状态,地勤机械师开始标记清理目标,标记出牵引变压器、牵引变流器、牵引电机冷却风机,这些"散热大户"、这些设备的外面都有一块块滤网,把这些滤网清洗干净,就是此次"清肺"的目的。

（3）为列车"开胸"。地勤机械师使用扳手，打开沉重的列车裙板，并拆下设备防尘滤网。拆卸的过程中，防尘滤网上挂满的厚厚灰尘，会扑面而来，让人透不过气，地勤机械师瞬间变成"小花猫"。

（4）"清肺"正式开始。地勤机械师取下滤尘网，首先使用尼龙刷，清除滤网表面絮状物，然后使用高压风，吹散附着在滤网上的灰尘。对于顽固污渍，还要用专用清洗剂，配合专用工具，细细擦拭、消毒。如果滤尘网网面破损，还要及时修复或更换。

（5）滤网复位。这个环节要求非常细致，如果滤尘网安装时没有准确入槽，或者是错装都会造成脱槽。地勤机械师需要一直高举着手臂，忍着酸痛完成安装。

（6）"医生"核验"清肺"效果。最后由地勤机械师，对安装好的列车裙板进行检查，然后对列车空调，进行模拟测试，确保空调运转正常制冷效果达标。

一次工作下来，地勤机械师常常忙得汗流浃背，脸上布满尘土和汗水。

第二节　外部环境

1. 大雨黄色预警该去哪儿

汛情就是命令，责任重于泰山，为了每一位旅客的平安，铁路人在行动。针对极端天气可能带来的危害，铁路部门有一系列完整的预警防控措施。

（1）路地联防，及时获取天气信息。立体防洪云防系统集雨量采集、位移观测、异物侵限系统于一体，针对路堑、山体溜坍落石区段，实行24小时监控。铁路部门通过与属地气象站、防汛部门建立实时、畅通、有效的联络机制，及时掌握管内雨情、水情及周边地质灾害情况。

（2）强化人防、物防和技防手段，避免日常雨情引发山体落石。对于山区铁路来说，山体塌方落石是主要安全隐患。在人防方面，除了常规的人员巡视外，捅山工们会在百米高的悬崖峭壁间小心地挪移，寻找隐藏在悬崖上的危石，用手中的钢钎敲击危石，清理这些隐形的"炸弹"。在物防方面，采用铺设主动防护网和被动防护网。主动防护网主要由锚杆、支撑绳和钢丝绳网等构成坡面网状覆盖设施，尽可能地阻止坡面崩坍落石、风化剥落以及浅层溜坍、塌落的发生。被动防护网主要由钢柱、支撑绳、拉锚系统、减压环和钢丝绳网等构成的栅栏式拦挡结构，它能有效拦挡坡面落石。在技防方面，铁路沿线的雨量计、桥下的水位监测自动报警系统，可以进行实时的雨量监控，达到警戒值自动报警。此外，还有无人机航拍巡查，可对高路堑防洪风险地段，加强监控，提高科技防洪能力。

（3）高度警戒，及时采取相应措施。根据气象云图，在可能出现雨情和水情前夕，铁路部门会及时发布降雨预警通知，启动相应等级应急预案，严格执行雨量警戒值制度。出现雨情、水情后，包保人员及时到岗到位，采取雨中巡查、添乘检查等措施，加强防范。封锁之后，出动本务机车（卓机）对线路进行检查。线路封锁后，除了不间断巡查线路外，工务单位会申请单机或轨道车出动，由专业技术人员添乘对线路进行检查，发现问题立即启动应急预案及时处置。

（4）日常应急演练怎么做？针对汛期可能出现的险情灾情，铁路部门工务、供电、电务等各系统定期组织开展防洪防汛应急演练，真实模拟突发降雨水害可能造成的晃车、线路（涵洞）边坡溜塌等险情中的各种故障及其应急处置办法，进一步提升各单位应急处理能力，积累实战经验。

（5）发现汛期险情怎么报警？遇铁路沿线塌方、落石、水害、山体滑坡以及其他危及铁路运输安全等紧急情况，广大人民群众可及时拨打"110"报警。

在具体防洪过程中，铁路部门所做的工作如下：

一是大雨未至，预警先行。根据天气预报，在多地区启动大雨黄色预警，各单位立即响应，迅速启动相关应急预案。从站车一线到设备一线，各系统备足人员和防汛用品，检查机具状态、密切关注天气，动态掌握雨情雨量，时刻准备以雨为令闻"汛"而动。

二是细心护送，平安出行，各火车站在进出站口，和站内通道铺设防滑垫，在站台上、电梯旁等重点处所，安排专人引导、帮扶旅客，车站、列车工作人员加强联动，确保旅客安全进出站、上下车。如，北京站在进出站口、出站地道等重点部位增设专人进行现场疏导，在安检大厅等处铺设防滑垫等备品，确保旅客进站、候车、乘降安全。在广场和进站口做好路面防滑措施，在候车室及站台加大安全广播提示力度，组织人员加强引导巡视，防止旅客滑倒、摔伤以及因降雨导致设备异常情况发生。各中间站加人加岗，及时清理旅客进出站通道和路面积水，加强站台安全宣传，做好雨中旅客乘降服务。加强旅客引导，照顾重点旅客乘降，避免造成拥堵或发生危险。

三是以雨为令，积极应对。铁路工务人员采用徒步、随车添乘等方式，在沿线各处巡视检查、排除隐患，确保线路设备运行状态良好。当出现短时强降雨、雷暴大风等强对流天气后，立即启动应急预案，工务部门安排专人看守管内重点处所，组织人员进行雨中巡检，认真检查线桥设备、护网护栏状态；同时，对线桥设备、防洪工程、排水沟、护坡等进行全面检查，并对发现的路肩陷坑及雨水冲刷隐患处所进行回填整修，确保设备状态完好。

四是铁路电务、供电等设备单位组织人员冒雨巡视检修设备，保障铁路信号畅通、供电正常。组织人员对高路基设备基础、高柱信号机、长大桥梁外挂电缆及电缆径路等信号设备进行细致检查，并增加机械室、电缆井巡视次数，全力保障信号设备稳定运行。

五是降雨暂停，巡检未止。为了铁路运输持续安全稳定，大雨过后，巡检仍在继续。如工作人员驻守在各处重点防洪地段盯守，发现问题及时上报和处理。

2. 应对台风的处理措施

以2021年第6号台风"烟花"（强台风级）为例加以说明。台风来临前，长三角铁路及时启动防台应急响应，加强铁路线路外部环境、站房、设备设施等检查和清理，做好防洪物资、机具、人员等准备工作，提前制定旅客列车停运、折返、加开等运行调整方案，全力做好台风防范工作，确保铁路运输安全。

本次台风强度大、降雨量大，对浙江沿海等地形成正面冲击，给长三角铁路正常运营带来严重影响。为做好安全防范，把保障人民群众生命财产安全放在第一位，下发台风及强降雨防洪Ⅱ级预警，严阵以待战台风。

在运输组织上，视台风"烟花"影响的范围和程度，适时采取停运、停售、限速、迂回、折返、加开、恢复开行等措施，动态调整列车开行方案，确保旅客安全出行需要，如沪宁高铁、沪杭高铁、京沪高铁上海虹桥至南京南区间、金山铁路、宁启铁路动车组列车停运……第一时间发出指令，要求枕戈待旦，严阵以待，全力以赴做好抗台保安全工作。同时，细抓实各项防台风应急措施，严格执行防洪工作主要领导负责制和现场干部值班包保制，加强台风及汛期行车调度指挥，加强机车添乘检查及防洪地点看守。

铁路工务单位加强对有影响的高铁和普速线路桥梁、隧道等设备设施检查巡视，对铁路沿线危树、声屏障、广告牌、防抛网以及紧临线路房屋采取清理、加固等措施及时处置，还利用无人机航拍功能，提前制作了杭深铁路浙江段、金温铁路等共36处防洪重点地段3D模型，通过模型推演、研判防洪重点地段地形、地貌、排水系统走向等情况，有针对性地做好各项准备。此外，对沿线铁路的隧道、路堑、排水设施、线桥结合部等进行专项检查，清理疏通铁路沿线水沟、涵洞等，同时做好重点地段的看守；并对部分线路共粉砂土立交、防洪单元、防洪地点的桥梁钢盖板、防抛网等各类轨旁设施及周边环境进行地毯式检查，及时加固处置防洪隐患。

同时，加强客运站站名牌、灯箱、导向牌、显示屏、广告牌等的检查加固，疏通站房区域排水系统，完善客运列车停运停售应急预案，加强对站区停留车辆防溜措施的检查；供电段、电务段加强对供电、电务关键设备的安全巡视检查，做好防洪、防雷击、防异物侵限等应急处置准备；客运段做好列车备品、餐料、商品的配足。相关单位还加强与辖区防汛、气象、水利部门密切联系，随时掌握台风信息，动态实时跟进调整抗台防灾措施。

3. 暴雪天气，高铁列车为什么大面积晚点停运

以作者亲身经历组织扫雪过程为例。2018年年初，京沪高速铁路地区迎来大雪，部分地区12小时内积雪厚度达300毫米，此次降雪导致京沪、合宁、合武、郑徐高速铁路等主要干线列车大面积晚点，尤其是对京沪和沪汉蓉高速铁路影响较大，部分列车晚点时间较长，部分车站旅客滞留现象严重，此种情况十年一遇。按照无砟轨道区段轨枕板积雪厚度大于10厘米、有砟轨道区段道砟面积雪厚度大于5厘米的Ⅰ级风险暴雪预警，铁路部门迅速启动扫雪除冰Ⅰ级响应，为超级不可接受风险，列车调度员组织客运、机务、车辆、供电和电务等系统协同作战，加强列车运行监控，果断处置各类突发事件，合理调整到发线运用，组织列车限速运行，维护运输秩序。同时，考虑积雪对道岔转换的影响，将部分高速铁路线路固定侧线接发列车，办客列车和侧线通过列车，但调度CTC系统无法实现自动开放侧线通过列车信号，需列车调度员人工手动操作，此时，列车调度员须认真核对运

行时刻表，防止错开门或错误办理办客列车侧线通过。对京沪高速铁路滁州、定远、蚌埠、宿州等站，实施列车固定进路接车，以减少现场因道岔清扫作业等对运输带来的影响。同时接到接触网导线结冰受电弓取流不畅风险信息，列车调度员组织开行除冰列车，对接触网进行除冰作业。如图 6.5 所示。

图 6.5　扫雪的铁路人

4. 遭遇雨雪天会打滑吗？原来高铁也会"撒砂"

受洪水、台风等自然灾害影响，为了保证旅客人身安全，行驶中的列车，在遭遇以上情况时，会采取停运、折返等方案。人民生命高于一切，铁路部门的所思所想、所作所为，都是为了安全，在遭遇极端天气时，共度风雨，静待云开。

暴雨影响司机视线，由于列车行驶速度快。当遭遇暴雨天气时，雨水会严重影响火车司机的视线。当司机瞭望距离低于规定值，列车就需要降速运行，以保证行车安全。

暴雨影响线路安全。在狂风暴雨天气下，降雨量达到一定值后，会引发水漫线路、设备淹水的情况，同时路基和周边岩土吸水饱和后，可能出现塌方、泥石流等危害，都会影响行车安全。这时列车就需要限速运行，严重时，铁路部门要对区间进行封锁，待工务人员巡查后，确认线路安全，才能恢复列车正常运行。

异物影响供电安全。动车组、电力机车都需要电来驱动，给万里铁道线安全供电的，正是钢轨上方的铁路接触网设备。当铁路线旁的树枝、塑料袋等异物，因风雨飘挂到接触网设备上，将会迫使列车停车，异物被清除后才能继续运行。

动车组在铁路轨道上运行，遇到恶劣雨雪天气是否也会出现轮对空转或打滑呢？答案是肯定的。动车组轮对空转和打滑不仅会对轮对和轨道造成严重损伤，甚至涉及动车组行车安全。有什么办法能够抑制空转和打滑？答案就是：砂子。在轮对和轨道中间撒下砂子，增加轮对踏面和钢轨间的黏着力，可有效抑制轮对打滑和抱死。可是在高速行驶的动车组上怎么实现撒砂呢？

其实，在长编组"复兴号"这列豪华动车组上，已经隐藏了一个能够实现该功能的黑科技产品——由中车四方所自主研制的动车组撒砂系统。动车组撒砂系统主要包括撒砂控制箱、砂箱及撒砂单元集成和撒砂喷口三部分。砂箱及撒砂单元集成是撒砂功能的主要执行部件，安装在砂箱底部的撒砂单元通过气流作用使砂箱中的砂子松散、流化，在气流的推动下砂子从撒砂单元底部喷出。撒砂喷口用于将流出撒砂单元的砂子引流并喷洒至轮轨之间。由于动车组运行时速变化，单位时间内车轮在轨道上的滚动轨迹长度存在差异，对撒砂量的需求也相应不同。采用不同压力的输入气流可以对撒砂量进行调节，输入气流压力控制由撒砂控制箱实现。

撒砂系统可有效提高恶劣工况下动车组牵引和制动可靠性。拿制动距离举个例子。相关试验表明，当恶劣工况下轮轨间黏着条件降低时，撒砂系统的介入可以缩短20%以上的制动距离，即如果没有撒砂时制动距离为1000米，撒砂时制动距离将降低到800米以下，可不要小看缩短的这一点制动距离，在遇到紧急情况时，如果不能保证在规定的制动距离内停车，甚至可能会出现列车相撞的重大事故，后果不堪设想。

在动车组加装撒砂系统项目中，由于安装空间受限，需要将撒砂装置安装在振动冲击工况非常恶劣的车轴部位，中车四方所通过不断优化产品结构，反复进行比对试验，最终成功为用户提供了满意的解决方案。目前国内既有动车组近半数采用中车四方所撒砂系统，其中在"复兴号"动车组上这一占比超过八成以上。

5. 高铁接触网为何这么怕大风、怕"异物"侵扰

高铁列车运行，电是唯一的动力。高铁接触网又是动车组动力来源重要组成部分，正常工作时，接触网带电设备对地电压27500伏。高铁的运行用电，都来自高铁线路上方的接触网。塑料布等"轻飘垃圾"一旦缠绕在高铁的接触网线上，就有可能影响列车受电弓的

正常取电，导致列车突然停车，甚至可能引发更大的事故。

从材料类型来说，对于接触网造成影响对异物分为两种：一种是导电型异物，比如锡箔纸、含金属丝的风筝线等，如果一端接触到供电线路另一端接地，就会造成接触网短路跳闸，从而导致动车组失去动力；另一种是绝缘型异物，虽然不导电，但是一旦侵入高速行驶动车组的受电弓动态包络线，也能瞬间造成受电弓故障，从而导致动车组无法从接触网获得电流，导致动车组没电。

一旦这些异物侵入，一般有两种办法解决。对于个头较大的异物，需要首先将线路上列车停车，接触网设备停电，牵引供电专业人员进入铁路护网，在做好相应安全措施后人工进行清理，特别大的异物往往还需要调动接触网作业车辅助操作。这类操作耗时可能稍长些，影响也较大。对于比较小的轻飘物，专业人员也可以通过登乘动车组的方式，反向乘坐至故障点进行人工操作，这类故障处理较快。此外，一些特别小的异物，如果对运行影响不是很大，也会采取受电弓降弓运行，通过异物点位后再升弓取流的方式，减小对运营造成的影响。

接触网真的很"脆弱"吗？实际上，接触网设备本身稳定性比较强，目前存在的问题是外来风险因素太多且不稳定。供电段负责沿线"潜伏"轻飘物的治理，这些轻飘物包括工地防尘网、农村塑料大棚、菜市场的塑料包装袋，甚至每年都会处理很多风筝线。这些外来物动态性极强，特别不好控制。毕竟铁路除了部分隧道区段，都是露天开放式环境，经过城区、村庄就会存在各种隐患。2021 年 7 月 5 日 17 点 38 分，上海火车站指挥中心接到了车站值班员报告，上海站附近的接触网突然停电，导致列车无法运行，造成上海站列车到达晚点 51 列，始发晚点 44 列，共造成晚点列车旅客退票 635 张。部分列车刚从上海站出发，突发事故后滞留在线路上，盛夏酷暑，停电后的列车空调停止运转，车厢内的温度持续上升、酷热难熬。很快确认了发生事故的区段及原因。在距离上海站不远的线路上，一条棉被包裹着晾衣竿（金属）缠在已被烧断的接触网上面，晾衣竿引起的短路导致接触网停电。最终，上海火车站安全科随同当地派出所的民警在其中一幢楼的 11 楼，找到了这床"燃烧"的棉被主人刘女士。经调查，当天下午，刘女士把棉被拿出去晾晒，然后下楼买菜。没想到，被子连同晾衣竿，都被大风给吹跑了，落在了铁路的接触网上。

再以技防设备加以说明。通常以"锐眼"命名的监控系统是针对铁路接触网 2C 检测的需求与特点，定制研发的一款集接触网 2C 图像大数据管理，鸟巢、异物、吊弦缺陷、危树、斜号牌等异常目标精准检测，检测结果自动定位，分析报表自动生成为一体的智能化产品。它采用了专业的图像大数据管理技术、高性能计算技术、一键式自动化批量检测模式，以及先进的精准快速检测算法，拥有极高检测速度与检测精度，有效保障铁路接触网供电安全。

6. 一根风筝线"挡"了动车40分钟

春意盎然的季节，正是放风筝的好时候，每年3、4月间，苏州上空都能看到各式各样的风筝。每到周末的时候，就有不少市民选择放风筝，感受春天气息的同时还能够强身健体。到户外去野餐、放风筝，举着气球游园的渐渐增多。可是，这些看起来"岁月静好"的活动，也可能带来安全隐患。

风筝曾多次致高铁晚点，为何分量不大却伤害性极强？高速运行的列车，会产生强大的空气吸力；在铁路沿线放风筝、孔明灯、气球等，很容易被"吸"进去；铁路线路上的高压接触网一旦碰触风筝、孔明灯、气球等异物，极容易造成接触网短路，影响列车正常供电，继而影响列车运行安全。如今的列车速度都很快，在铁路和地铁沿线附近放风筝，容易导致列车紧急刹车，甚至造成接触网的起火，从而导致列车因紧急停车而车体损伤，还有可能导致列车发生脱轨、颠覆，使旅客和货主的生命财产安全遭受威胁。而且，放风筝的人也有可能被接触网的高压电击伤，造成不可挽回的损失。由于高速铁路运行速度快、技术条件要求高，它比一般的普通铁路要"娇气"得多，更容易受到外界的影响。接触网故障算影响很大的事了。产生的原因有很多，比如孔明灯触碰引发短路。所以铁路沿线不能燃放孔明灯之类的物品，还有可能被吹飞的屋顶都要拆除。这种事不能说经常有，但是防不胜防。高铁都是高架的。在高架上，如果在接触网上需要进行作业，连作业车进去也是需要时间的。技术人员的反应还是很快的，实际问题出在管理上。

当你牵着风筝奔跑嬉戏，享受欢愉时光的同时，有没有想留心，放风筝也会带来安全隐患？风筝线细易断，一旦飘落到动车电力传输弓上，动车运输就会受到严重影响。白洋湾街道辖区铁路长4.7公里，平均5分钟，就有一辆时速高达250公里/小时的动车经过。铁路苏州站苏西区段曾经接警的警组工作人员立即赶赴现场进行勘查，发现接触网上挂着放飞的风筝。后由专业维修人员到达现场，切断电源，进行异物清理才解决问题，影响一列动车区间停车 40 分钟，并涉及多列车停在区间，部分列车延迟发车。2021 年 4 月 4 日，沪宁城际苏州园区至阳澄湖区间，因风筝缠绕接触网引发设备故障，导致部分列车晚点。接到设备故障通知后，上海高铁基础设施段立即启动应急预案，迅速组织人员出动抢修。在苏州，京沪高铁线周围 500 米都属于风筝放飞"禁区"，切不可抱有侥幸心理。

还发生过类似现象，如孔明灯等挂上供电网。2014 年 9 月，海南东环高铁供电网出现供电电压不稳情况，造成 D7354 次、D7353 次等 6 趟动车组列车无法运行，临时停在运行区间。经专业技术人员检查，确定为供电网上挂有"孔明灯"造成电压不稳。8 月 10 日是农历七月十五，即中国传统的中元节，节日前后海南百姓有燃放"孔明灯"的习俗。但是"孔明灯"这类漂浮物对列车运行影响极大，若被风吹到轨道接触网和受电弓，则极易引发短路等故障，危及动车组运行安全。另外，还发生过气球悬挂在接触网上导致线路封锁等待处理而造成动车晚点、弹弓打鸟逼停高铁动车、自制航模逼停高铁列车等风险事件。

警方建议：一是请勿在铁路线路 500 米内升放风筝、无人机、航模等飘浮物、飞行器；二是一旦风筝挂到铁路接触网上，需立即松手，不要用力扯拉风筝线，以免被风筝线传导的接触网上的高压电击伤；三是人与高压线之间至少保持 3 米以外，特别是不能自己用竹竿、树枝去挑取风筝，以免高压线放电导致触电。

7. 大风天气吹扬地膜引起动车接触网故障

2021 年 5 月 1 日，京广高铁定州市境内因大风天气吹扬地膜，致接触网故障，造成京广高铁动车晚点到达北京西站，旅客因等候始发车底积压。铁路部门、铁路公安和北京市三家积极组织旅客进站上车和疏解，客流积压才逐步得到缓解。故障原因系京广高铁定州市境内因大风天气吹扬地膜造成。受接触网挂异物影响，北京西站 5 月 1 日始发 16 趟列车停运；5 月 2 日始发 8 趟列车停运，北京西站 1 日预计旅客发送量超 22 万人。这次是给应急管理敲响警钟。春季北方风大，地膜固是引发故障直接原因，预防此类事件发生，需要进一步推进路地联合进行高铁沿线环境整治。按照应急预案要求，现场应及时疏散人群，按照发车时间的先后、紧急程度安排旅客分批进入车站。但是由于等候人员过多，难以实现这一理想的路径。再如，2018 年 8 月 12 日，京沪高铁廊坊至北京南区间，遭遇6级大风刮来的六块彩钢板撞击，造成途经杭州东开往北京南站的G40次高铁列车紧急停车。

为什么大风天气里频繁有异物侵扰铁路接触网？铁路部门有着明确的"安全红线"要求，根据交通运输部等七部门联合印发的《高速铁路安全防护管理办法》，在高速铁路线路两侧各500米范围内，不得升放风筝、气球、孔明灯等飘浮物体，不得使用弓弩、弹弓、气枪等攻击性器械从事可能危害高速铁路安全的行为。同时，在这个500米范围内，线路两侧的塑料大棚、彩钢棚、广告牌、防尘网等轻质建筑物、构筑物，其所有权人或者实际控制人应当采取加固防护措施，并对塑料薄膜、锡箔纸、彩钢瓦、铁皮等建造、构造材料及时清理，防止大风天气条件下危害高速铁路安全。

下面再说说接触网挂异物的应急处置方法。司机在运行中发现本线或邻线接触网上挂有异物时，应立即采取措施并向车站值班员（列车调度员）汇报异物情况和故障地点，车站值班员（列车调度员）及时通知供电部门检查处理，并报告列车调度员，列车调度员转报供电调度员。本线挂有异物时，如异物情况不影响行车，司机按正常行车方式通过。本线降弓可以通过时，司机按降弓方式通过该地点，列车调度员向该线后续列车发布降弓通过故障地点的调度命令，降弓位置原则上按司机汇报故障地点前后各200米确定。不能降弓通过时司机应立即停车并报告，车站值班员（列车调度员）应立即通知本线后续列车停车，不得再向该区间放行列车。

对于异物来扰，铁路部门主要靠人防，通过定期安排人员沿线巡视、登乘机车巡视等对异物进行巡视检查。科研单位正在研究，通过卫星图像对比分析，确定铁路沿线周边新增"潜伏"轻飘物，从而提前研判加大提示力度。如塑料薄膜捆绑在距地面6米高的接触网线路上，工作人员决定使用激光异物拆除器，对悬挂在接触网上的塑料薄膜进行精准打击。

"黑科技"清理异物，一共分几步？步骤一：现场选点、架设设备、预热。步骤二：调试设备，锁定异物，等待清除异物命令；步骤三：发射激光束，几秒钟后，6米高空中的塑料薄膜缓缓落到线路外侧；三步清理异物，全程用时不到十分钟。"黑科技"好在哪里？激光异物拆除器能够对常见接触网异物进行远程、快速、精准打击，不仅可以减轻作业人员工作量、提高工作效率，而且有利于现场作业人员和供电设备的安全。通过这个技术手段，能够不断提升供电安全，保障电网稳定运行。

8. 高铁沿线环境整治包括哪些内容

安全是发展的前提，发展是安全的保障。如今，高铁列车越开越多，出行速度越来越快，离不开高铁沿线环境安全治理打下的根基，离不开一个个绿色生态长廊扮靓移动的风景线。

铁路沿线安全环境治理既要确保安全，又要面向发展。高铁沿线安全环境治理，涉及责任主体多、内容复杂。实现外部环境隐患治理的现代化，顶层设计、建章立制至关重要。高速铁路的成就，既在延伸的钢轨之上，也在铺展的钢轨两侧。高速铁路的智慧，既在建设运营，也在管理治理。

维护铁路沿线环境，人人有责。高铁环境安全，集中整治活动开展以来，各铁路局集团公司细化整治目标任务，责任包保到人，通过徒步巡查、添乘检查等方式，会同地方政府部门，共同组织人员进行现场实地勘察确认，逐一研究明确具体整治措施。铁路安全专项整治三年行动，取得了良好成效。数据显示，2020年全国铁路发生因环境因素导致的事故较上年下降了27.4%，路外事故死亡人数下降了14.5%。部分省（区、市）开展铁路沿线安全环境专项巡查，有效防范问题反弹复发。

在整治期间，高铁边数百间商铺被拆除，只因为铁路线路安全保护区内的违章搭建给列车运行带来严重的安全隐患；数百间违法建筑被拆除，如图6.6所示。被拆除的违法建筑都属于非法占用铁路用地，在铁路线路安全保护区内违法修建，危及高铁列车运行安全。

图6.6 违法拆除的高铁沿线建筑等

高铁环境安全治理以来，一系列强化路地合作的工作机制相继建立。在上海局集团公司安监室办公室墙上，一张五颜六色的统计表格外醒目，表上详细标注了集团公司管内"三省一市""双段长"制工作落实情况。精细化的数据管理让高铁环境安全治理的成果和努力方向一目了然。

铁路沿线周边环境影响着列车安全运行,铁路线路安全保护区是一条维护安全的地界红线在开展铁路沿线安全宣传教育时,还要注意这些方面:

(1)烧荒。农田、牧场烧荒容易引燃保护区内植被,如果燃烧面积过大,会影响列车运行安全。

(2)私搭彩钢房。彩钢板、广告牌等硬漂物容易被风吹到线路上阻挡列车,果吹落到电气化铁路接触网上,可能造成弓塌网毁,引发行车事故。

(3)堆放杂物。废旧物品要采取可靠的固定措施,尤其是编织袋、防护网等轻飘物,为列车速度快,物体飘到列车周围,可能碰撞损坏车体和沿线电路。

(4)违法占地种植农作物。在铁路桥下河道种植庄稼、树木会降低河道泄洪能力,洪水来临时容易阻塞河道抬高水位,造成水漫线路

(5)侵入铁路线路,占用铁路便道。任何单位、个人禁止非法占用铁路用地,在铁路用地范围内栽种农林作物,建造建筑物或者实施挖沙取土采石等作业会阻碍铁路正常运输,造成行车危险。

(6)铁路的围栏是封闭设施。在围栏内行走极易与火车发生碰撞,禁止路外人员进入,牛羊也不行。

9. 高铁沿线环境整治成效

铁路线路安全保护区是为防止外来因素对铁路列车运行的干扰,减少铁路运输安全隐患,保护国家的重要基础设施,在铁路沿线两侧一定范围内对影响铁路运输安全的行为进行限制而设置的特定区域。2019年10月,习近平总书记对高铁沿线环境整治工作作出重要批示,为铁路做好高铁安全工作指明了基本方向、提供了强大政治动力。京沪高铁坚持以最严的标准打造最安全的线路。立标打样、示范引领,近年来,铁路部门以"京沪高铁标准示范线建设"为抓手,制定完善外部环境安全管理办法和隐患排查整治标准,建立问题考核通报机制,不断完善日常巡查制度——全线设立巡逻点440个,并配备专职铁路巡防员;签订地方政府、京沪高铁公司和铁路局集团公司三方安全互保协议,全线283个区段全部配齐"双段长";视频监控体系在线路两侧延伸,卫星遥感技术为安全监测护航,高铁桥下

实施栅栏全封闭管理……在路内，人防、物防、技防"三位一体"的安全保障体系为京沪高铁沿线织起牢固的安全保护网。在路外，路地联动、警企联动、检企联动，各方力量被充分调动；定期通报、逐项整改、限期销号，多种措施让隐患无处遁形。

2019年以来，消除高铁沿线各类安全隐患7.4万处，全面完成高铁安全保护区划定工作。2021年1月，国务院批复建立铁路沿线安全环境治理部际联席会议制度，全国已有31个省级政府成立了领导协调机构，沿线460个地市政府与铁路部门建立工作联系机制；2月，国铁集团与国家多个部委联合下发《关于铁路沿线安全环境管理"双段长"制实施指导意见》，从制度层面确定了地方和铁路"双段长"的主要任务和工作要求。

10. 安全管理规定有哪些内容

安全是做好一切工作的前提和基础，是铁路发展必须坚守的底线。随着高铁路网的快速扩张、运输规模的持续扩大、技术装备的迭代升级，高铁安全工作面临的形势日趋严峻和复杂。为保障高速铁路安全和畅通，维护人民生命财产安全，发挥法治固根本、稳预期、利长远的保障作用，2020年7月9日，国家铁路局、公安部、住房和城乡建设部、交通运输部、农业农村部、应急管理部、国铁集团等7部门联合印发了《铁路安全生产专项整治三年行动计划实施方案》的通知（以下简称《通知》）。通知在"整治工作任务"第一项就提到，开展铁路沿线环境安全专项整治，对铁路沿线轻飘物及各种风险开展集中整治。落实铁路沿线环境安全治理各方责任，依法依规查处违法违规行为。《通知》还称，重点整治铁路两侧500米范围内的塑料大棚等轻质建筑物，防止大风天气条件下危及铁路运输安全。《通知》要求，铁路运输企业要配合地方人民政府进行全面排查，共同确定安全隐患及整治措施，由地方人民政府按标准加固轻质建筑物等设施。多个省区市相继出台铁路安全法规规章，多部门协同共治，建立机制，开展排查整治工作，铁路沿线安全环境治理取得良好成效。从高铁线路安全防护、高铁设施安全防护、高铁运营安全防护、高铁监督管理等方面，着力推进高铁安全防护"四个体系"建设，织密高铁安全防护网。如，建立政府部门依法监管、企业实施主动防范、社会力量共同参与的高铁安全责任体系，努力形成综合施策、多方发力、齐抓共管、通力协作的高铁安全防护综合治理格局；建立协调配合、齐抓共管、联防联控的高铁沿线安全环境综合治理体系,推进铁路沿线安全环境综合治理常态化、规范化、制度化;建立技防、物防、人防三位一体的高铁安全保障体系,共同筑起高铁安全畅通的大屏障;建立预防为主、依法管理、综合治理的高铁安全风险防控体系,把工作着力点更多放在事前预防和源头治理上,不断增强高铁安全防护工作的主动权。

11. 关于驱鸟问题的难点和解决方案

每年春夏之交,都是鸟害频发的时段。高铁线路两旁的鸟儿以及鸟窝不仅对高铁供电设备会造成危害,严重的甚至会造成线路断线!别拿小鸟不当回事儿,一旦它们疯狂起来,可是个很大的祸害。在草长莺飞的季节,小鸟们常常到高铁接触网钢构架上。一个个"违章建筑"腾空而起。由此,拉开了人与鸟之间反反复复的斗争。由于现在有很多列车是直供电,一旦列车上方接触网出现短路,列车内的空调、灯光等都将关闭,会对旅客造成很大的影响。当高铁以300公里左右的时速行驶时,一只半斤重的小鸟撞击车身,能产生500公斤的破坏力,堪比被子弹击中,列车被撞后必须立即检修。不仅如此,鸟儿筑巢时衔来的树枝、草根等杂物,鸟巢中的杂物和排泄物,极易引发铁路供电线路短路、跳闸等故障,危害铁路供电线路、设备正常运行,严重的可以逼停高铁。一些鸟类虽然不在接触网设备上造窝筑巢,但在上面栖息,其排泄物也会使绝缘子发生闪络故障,从而引起高铁线路供电中断。例如,长三角地区线路高架桥较多,沿线开阔,水源丰富,阳光充足,非常适合鸟类筑巢。再如在京广高铁线路上,一般3、4、5三个月是搭建鸟巢的高峰期,每3到5分钟就会驶过一趟车,发车密度极高,若一趟车停运,会造成后续整个列车群的大面积晚点。

在这些鸟巢中,其中有一部分是灰喜鹊的鸟巢。灰喜鹊已被列入《国家保护的有益的或者有重要经济、科学研究价值的陆生野生动物名录》中,即为"三有"保护动物。虽然,灰喜鹊们在高铁接触网钢构架上安了家,正享受着片刻的"安宁"时,却不知道,它们建造的房屋属于违章建筑,该建筑给人类安全造成了很大的隐患。有时还会发现,在高铁沿线往往有一些建筑工地,为了取材方便,铁丝、焊条也成了灰喜鹊们建房的材料,而这样的材质如果放在接触网上,导电性能更好,会更加危险。

为了保护灰喜鹊,工作人员将接触网上的鸟巢清理干净后,会将原鸟巢内的鸟蛋和幼鸟放进人工制作的鸟巢中，再在将人工鸟巢放置到铁路线围栏之外的树上，整个处理过程都有严格的流程监控。但灰喜鹊很固执，它搭建的窝被接触网工移走后，会在同一个地点再搭建。甚至有些顽固的灰喜鹊，曾经在同一个地点搭建超过 5 次，这可能是史上最牛的"钉子户"！对于这些灰喜鹊来说，起初还有点害怕，高速列车通过时产生的强烈气流和巨大噪声，让它们心惊胆战，甚至有不少小伙伴在飞越列车时，不幸遭遇车祸身亡。不过它们适应能力极强，很快就与恶劣环境相安无事，最危险的地方也就是最安全的地方，它们似乎在不断迁徙中，也悟出了这个道理。经常有一对灰喜鹊夫妻，飞落在了高铁接触网上的钢结构顶部，一个去找树枝、干草，甚至是铁丝、焊条，一个在钢结构上，嘴脚并用地建房，大约 40 分钟左右，一个直径七八十厘米的鸟巢便搭建而成。关于灰喜鹊的建房周期，如今已经呈现出规律性。比如，每年 1 月，灰喜鹊们就开始在高铁沿线搭建房屋；2 月开始增多，建房高峰是在 3、4、5 月这三个月，这三个月搭建房屋的数量占全年的 87%。

如何科学地移除鸟巢，而不伤害小鸟，铁路部门除了安装一些必要的驱鸟手段之外，还考虑由专业救助部门协助来一起处理。供电段里却有这么一群人，他们手拿望远镜和照明工具，在高铁线路两旁忙着驱鸟。这些驱鸟人为了确保运输安全，为鸟儿重新选择树木安巢，他们的工作场景如图 6.7 所示。

图 6.7 鸟窝对接触网的危害

关于驱鸟问题的解决方案如下：

（1）利用人工巡查 +C2 接触网安全巡检装置，通过视频监控，GPS 定位，清楚地记录鸟窝的位置等情况。接触网工 24 小时待命的。发现鸟巢，白天 15 分钟出动、夜间 20 分钟出动，即时清除鸟巢。驱鸟要"技防+人防"，铁路部门每日安排人员进行线下巡视，对关键设备定点观测，秉承"鸟窝不过夜"的原则，在第一时间把隐患处理掉。铁路部门处理鸟巢的原则是——鸟儿无恙、高铁无忧。

为了保障供电设备安全稳定，打赢这场"人鸟大战"，供电段综合分析室动起了脑筋。以前发现鸟害问题主要依靠6C分析员人工对2C数据进行专项分析，但这种分析方式存在3个问题：一是分析任务量巨大。供电段的管辖范围大，供电设备多且复杂，而鸟害的发生时间通常相对集中，造成了6C分析员的分析量巨大；二是人工分析容易出错。工作量大、分析长时间、工作强度高等因素，严重的影响分析员的效率和准确率。即使是分析完成了，存在遗漏的可能；三是时效性无法保证。设备数量多，任务量大，造成视频分析存在滞后性，甚至现场事故已发生，分析室还未分析完视频，导致错过缺陷处理的最佳时期。

计算机图像视觉分析技术是通过将场景中背景和目标分离进而分析并追踪在摄像机场景内出现的目标。通过2C拍摄的视频内容进行分析，系统自动识别鸟窝、异物等，并后台保存异常情况截图，供电分析员通过点击异常信息，就可以详细辨别和审核智能分析所发现的问题，这样能及时便捷的发现鸟窝异物问题，从源头发现问题及时下发车间工区，确保"鸟窝不过夜"的要求有效落实。通过寻找鸟害规律与特点，"接触网缺陷智能分析系统"应运而生。为提高分析的效率，分析速度根据RTX22G显存的显卡测试得出：1小时能分析300公里2C数据，唐源2C设备1公里有1200帧（张）左右（根据车速不同，帧数会有变动）的图片，1小时能分析9万帧左右。例如：某线上下行共150公里，智能分析大约需要1个小时左右。原本五、六个人分析一天的数据，现在通过智能软件可以在一个半小时完成分析，这样就大大提升鸟害异物专项分析的效率和进度。除鸟窝以外，对鸟刺及其它异物也能发现并截图，经过后期分析员二次审核和校对后，鸟窝分析精准度为100%。可见，智能视频分析技术不仅为供电安全带来了更加智能、便捷、精确的检测方式。

（2）关于高铁"斗鸟神器"

① 化学驱鸟。应用驱鸟剂、化学驱鸟器等手法驱鸟。驱鸟剂直接涂抹使用，通过刺激性气味驱鸟，对设备无腐蚀性，绿色环保，对人畜无害。但由于功效期较短，目前基本不用。

② 视觉驱鸟。主要通过风叶与反光镜快速不同的旋转能够产生对鸟类视觉的干扰和惊

吓，达到驱鸟效果。

③ 声音驱鸟。通过安装声音、超声波等驱鸟器，达到目的。超声波驱鸟器的原理主要是通过定频和扫频的随机变化，发出适量的噪声及超声波，恶化鸟类生存环境，可避免鸟类在驱鸟器附近筑巢。

④ 侦测型智能驱鸟器。集超声波、光、声音、转动于一体，节能环保，利用太阳能和蓄电池供电，利用红外线感应控制，无鸟的情况下不动作，当感应到鸟飞近时工作。夜晚工作模式：超声波和灯光闪烁；白天工作模式：超声波和枪声。一座高压铁塔只要安装一台就可保证不受鸟侵害。

⑤ 斗鸟神器终极版。驱鸟工作除了"堵"，还要"疏"。在一些支柱的低处，即距离现网较远的地方，也会有鸟窝。而这样的鸟窝，对接触网不会产生影响。因此，"蜘蛛侠"们不会处理这样的鸟窝。因为一旦处理了，鸟儿有可能会飞到有影响的地方去搭巢，反而不好。鸟巢处理，"蜘蛛侠"们还自制了一些人工鸟窝，挂到附近大树上，把此前简单粗的"捅"鸟窝，变成为"建"鸟窝，实现了人类与鸟类的和谐相处。

另外，针对铁路接触网异常自动监测，还利用人工智能和深度学习等先进技术，研发了"接触网鸟巢（异物）图像智能识别分析系统"，解决了传统人工巡检方式效率低周期长、检测成本高等问题。智能分析终端应用在全段各高铁车间，为及时发现并善处置接触网鸟、异物、各类缺陷提供了很大帮助。

12. 加强路地协作加强综合安全控制的建议

当前，与大部分车站一样，除了客运应急处置外，地方政府在设备故障处置、外部环境管控、隐患排查整治等方面参与较少。主要问题体现在以下几个方面：

（1）缺乏统一的政策支持。铁路外部环境整治，铁路部门在与地方政府协调解决问题时，地方综治办、乡镇街道等等具体参与单位由于没有统一的执行标准，面对违章侵占行为常常各自为战，导致部分高铁沿线环境整治效果。铁路各单位往往不能形成统一的声音。

（2）构建专门的平台。受制于专业局限性，铁路部门很多信息无法有效传递给地方，需要有专门的应急信息平台，各家单位可利用子模块及时建立、共享信息，实时提供预警，协调处理，可提升应急处置效率。以铁路线路里程为例，当区间发生铁路交通路外安全事故时，车站得到的里程信息，"120"急救中心并不能够直接前往相关地点，而是需要工务部门居中"翻译"，势必会耽误急救时间。再例如汛期水害封锁断道，工务部门虽然有桥梁工区实时检测水流信息，但是对整个上下游信息并不能掌握，更无法预测后期情况。

有关建议措施如下：

（1）建立专业化信息平台。健全应急管理指挥体系，将自然灾害防治、隐患排查与安全预防控制、事故报警、应急物资保障等体系纳入全网管理，通过互联网、大数据技术优化信息整合能力，使各家单位信息开放共享，打通信息堵塞与滞后；并分级分层建立联防预警机制，建议站段对地市、车间对区县、中间站对乡镇的模式，扩大预警网络覆盖面，将信息触角延伸至基层，发挥群防作用。

（2）引用社会力量参与交通救援。建议利用北斗定位、物联网技术等对铁路车、线、站等各个系统"万物互联"，一旦发生交通事故、灾害事故能迅速准确判断并定位信息，在条件允许的情况下规划最优抢险路线，方便地方救援设备进入协助。并且在发生自然灾害抢险时需要专业力量支持，防止铁路人员抢险救援只顾着设备、线路开通，而忽视了次生灾害出现，影响到人身安全。

第三节　出行规范

1. 在高铁上抽根烟有多大事儿

为啥动车组列车内不能吸烟？在动车组列车内吸烟不仅会让其他旅客感到不适，更重要的是：吸烟可以引发烟雾报警，此时，高速运行的动车组就会自动减速甚至停车，紧急停车会严重破坏，高速铁路原有的运行秩序就会打破。

国务院颁布的《铁路安全管理条例》规定：禁止在动车组列车上吸烟或者在其他列车

的禁烟区域吸烟，违者将被处以 500 元以上，2000 元以下的罚款。国家发改委等部门联合下发的《关于在一定期限内适当限制特定严重失信人乘坐火车推动社会信用体系建设的意见》中规定：在动车组列车或其他列车的禁烟区域内吸烟的乘客将被处 180 天内禁乘。

在动车组列车上，还有认清这些标识标牌——禁烟标志。动车组列车全车禁止吸烟，部分普速列车禁止吸烟（电子烟也是不可以的），吸烟会触发烟雾报警器，造成列车降速运行或紧急停车。为什么会忍不住想吸烟呢？可能有人会说："吸烟可以减肥""吸烟可以放松情绪"。坐高铁，短途能忍住，长途忍不住想吸烟怎么办？现给烟民们支以下几招：尽可能做些别的事转移注意力；站直进行深呼吸，几分钟后烟瘾就会减弱；尽量远离身上带烟味儿的老烟民；喝一大杯水；吃一点高蛋白食物；嚼一片不含糖分的口香糖；想一下吸烟的种种害处；提醒自己，世界上有成千上万的人已经成功戒烟，你也一定可以。

2. 盘点扰乱车站正常秩序事件

（1）扰乱进站秩序和"高铁扒门"拦截列车。2018 年 1 月 5 日，G1747 次列车合肥站准备开车时，旅客罗某（女）以等丈夫为由，用身体强行扒阻车门关闭，不听劝阻，造成该次列车延迟发车。2019 年 1 月 12 日，一名女子急匆匆地赶到，贵港站 1 楼候车室检票口处，此时，该名旅客计划乘坐的 D3751 次列车已经关闭车门，即将发车。按照铁路部门相关规定，如未赶上火车，旅客可以在车票票面所在车站，改签当日其他列车，但是这名女子不听工作人员劝阻，行冲过闸机，车站工作人员立刻将其拉住。冲卡失败，女子竟拿起手机直播，情绪十分激动，扰乱现场乘车秩序。

（2）不守规矩酿成惨祸。2017 年 3 月 26 日 15 时，南京南站发生了一幕惨剧，一男子在 D3026 次动车进站时横越股道试图翻上站台未果，被夹在列车和站台之间，经过全力救援，该男子最终因伤势过重不幸身亡。责任应该如何界定？有律师表示，按照《合同法》规定，当乘客拿到车票时，其与铁路部门之间就存在了生效的客运合同关系，火车站应在合理的限度内保护乘客的人身、财产安全。乘客和铁路部门之间建立了旅客运输合同关系，乘客如果在站内受伤，可要求车站赔偿。还有律师认为，该男子的责任更大。从目前铁路客运换乘的常规办法看,乘客无论怎样换乘,都不应该采取这种穿行在高速列车轨道间走捷径的方式。该男子翻越站台的行为本身就存在自身主观上的重大过失。按照《合同法》规定,在运输过程中发生旅客伤亡的赔偿责任,如果承运人能证明伤亡是旅客故意或重大过失造成的,承运人无须承担责任。如图 6.8 所示。

图 6.8　南京南站 21 号站台

规则如何才能深入人心,事故的当事人作为成年人,应该能预见到跳下高速列车站台的危险,其自身肯定是有责任的。而火车站作为一个高危作业企业,在事发时段若能提前发现状况并及时制止或准备救援工作,或许能够避免悲剧的发生。如何能将安全规则深入人心值得重视,对于一些人来说,规则的存在就是妨碍了他们的自由,只有真正遇到危险时,才知道规则其实是一种保护。遵守基本的安全准则是对生命应有的敬畏。公共部门制定了一系列安全管理规则,需要人人遵守,如果不遵守规则,再多的安全预防措施也防止不了悲剧的发生。只有让规则深入人心,才能让安全文明成为自觉。

3. 高铁车站为何没装屏蔽门

根据技术标准和设计规范,所有站台和列车均必须保留一定安全距离缝隙,以利于列车平稳顺利进站。列车在运行时,会有轻微摇摆,车厢和站台有缝隙,也是为了防止车厢摩擦到站台。目前海南高铁环线是全线加装了屏蔽门的,且海南环线只有庞巴迪的一种车型,且海南存在正线站台。海南高铁环线屏蔽门如图 6.9 所示。那么该不该加装屏蔽门以确保安全?

图6.9　广珠线高铁动车屏蔽门

有市民认为，站台应该加装屏蔽门，列车以极快速度通过站台，强大的惯性会将人卷入车底，加装屏蔽门肯定会更加安全。有业内人士认为，目前国内站台设计还是相对安全的，不需要加装屏蔽门。而且，目前整个世界范围内都少有国家装高铁屏蔽门。我国高铁目前在跑的车型是多样的，和谐号和"复兴号"都有，而且不同类型内车型就有很多种，动车组门的位置也有所不同。考虑到列车到发线长度和屏蔽门需要的空间都是固定的，但目前国内运行的车型有很多种，屏蔽门很难同时满足所有车型车门位置的要求。另外，有业内人士认为装了屏蔽门也不能预防死亡，反而可能会产生更大事故，"地铁上屏蔽门夹死人也发生过，所以不能一概而论。""另外，列车极快速度通过时，产生的风洞效应，也可能瞬间冲破屏蔽门而对旅客造成伤害。"

4. 高铁需要文明乘车

高铁属于你和我，生活离不开文明，温馨舒适你我他，文明让生活更幸福，车厢里轻声细语，公共场所遵守秩序，环境卫生共同爱护，让我们文明出行。乘车请勿踩踏座椅、行李摆放整齐、观看音视频请佩戴耳机、文明乘车、不乱扔杂物。同时，车厢里要保持安静，以免影响他人休息，公共场合要注意行为举止，不在车内食用异味较重的食品，请节约使用列车服务用品。还有一些烟民旅客在高铁动车停车时候，在客运站台吸烟，常常将烟头丢在非指定的地方，而是乱扔在站台，甚至有人还将烟头扔在股道上，给铁路保洁人员清扫工作带来一定的麻烦,应该做到文明乘车,保护我们共同的乘车环境。

以上行为等等,需要从身边小事做起,让我们共同行动起来,做文明出行的践行者和倡导者,积沙成塔、涓滴成河,汇聚成强大的社会正能量,促进社会更加文明和谐。

尽管有越来越多的人外出时会优先选择高铁,越来越多的人开始关注应该怎样乘坐高铁这个基本问题。我国高铁文化的培育需要关注,需要呼吁人们文化素质的提高。例如,高铁到站后,许多人离座下车,可是,他们却没有把刚才躺倒的座椅椅背恢复原位;列车行驶期间,不少旅客听任孩子在车厢内奔跑、喧闹;车内打电话的声音也此起彼伏,热闹无比,甚至有些涉及企业机密的商务谈判内容也居然成为其他乘客的被动收听内容;2018年,还爆料出一桩奇葩事件:一男子在高铁霸着别人的座位赖着不动,竟振振有词道,"要不坐我那个票号的座位,要么站着,要么给我弄个轮椅,我站不起来",这样耍无赖行为引起了公众的愤怒;还有一对小夫妻乘高铁泡了一碗方便面,引起邻座妇女不满上前理论,气势汹汹的质问被当事人拍下过程,持续数十分钟的对小夫妻痛骂,字字珠玑满嘴脏话,指责小夫妻没有公德心等等,类似这样的不文明行为,希望能引起公众的共鸣。

经常坐高铁的朋友应该会看到高铁站台上也有一条将站台与列车割裂开的"三八线"。2021年12月15日,男子张某在江苏淮安东站站台上等候高铁,当列车距离他10米左右时,张某突然跨越站台上的安全线,走到站台边去吐痰。该行为致使列车紧急制动并导致列车晚点5分钟发车。后张某被铁路民警口头教育,并被处以行政罚款200元。因为当高铁列车经过站台时,会带动人和车之间的空气流动速度,速度加快,压强更小;此时人外侧的空气流动速度慢,压强较大,会产生一个向内侧的压强差,将人推向火车,易出现危险。

这里就要提到一个伯努利原理:流体速度加快时,物体与流体接触的界面上的压力会减小,反之压力会增加。不同站台的安全线距离站台边缘的宽度是不一样的,这是根据列车通过时的最高时速决定的。如图6.10所示。在安全黄线内行走直接阻挡了站台工作人员、列车长、司机的视线,也容易给视频监控留下盲区。一旦有人因滑倒误陷车辆与站台的缝隙,而工作人员未能第一时间发现也容易错过黄金救援时机。所以,大家在站台候车时,一定要站在安全线以内候车,切勿越线;不要推搡,按顺序上下车。

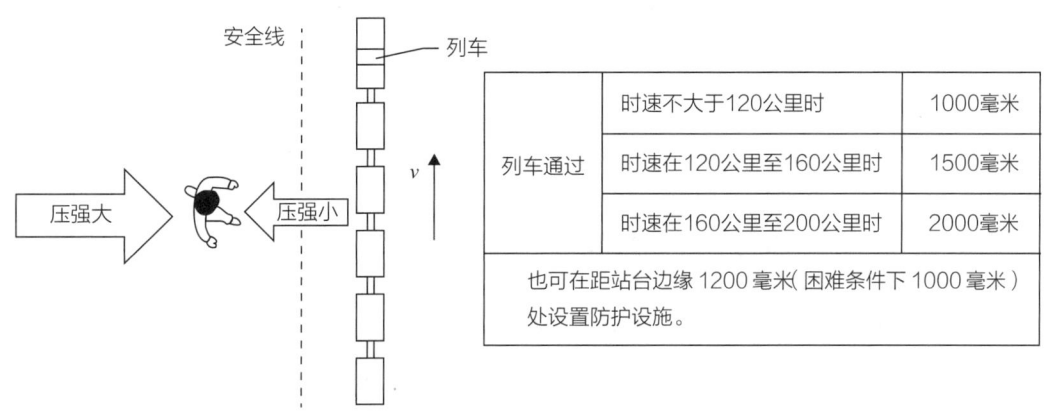

图 6.10 伯努利原理示意图

2021年10月，国家铁路局就《铁路旅客运输规程（征求意见稿）》公开征求意见，对存在应该实施隔离管理等7类情形的旅客，铁路可"拒载"：无票乘车、在车票到站不下车继续乘车、持低等级席位的车票乘坐高等级席位，或者持不符合优惠、优待条件车票乘车等情况下，拒不支付应补票款的；不接受安全检查的；车票所记载身份信息与所持身份证件或者真实身份不符的；按照传染病防治的法律、行政法规和国家有关规定，应当实施隔离管理的；严重精神障碍和醉酒等不适宜单独乘车且无人看护的；扰乱车站、列车秩序，危及列车安全或者其他旅客以及铁路运输企业工作人员人身安全的；国家规定的其他情况。

旅客不听从铁路运输企业工作人员劝阻，坚持携带或者夹带危险物品的，铁路运输企业应当拒绝运输，并通知公安机关。铁路运输企业发现下列情形之一的，应当补收票款：主动补票或者经车站、旅客列车同意上车补票的；应买票而未买票的儿童。应买全价票的儿童使用儿童优惠票乘车的，补收票面区间应补票价差额。同时，铁路运输企业发现下列违反规定的情形之一的，应当补收票款并加收50%已乘区间应补票款：无票乘车未主动补票的；在车票到站不下车继续乘车的；持低等级席位的车票乘坐高等级席位的；持不符合减价条件的优惠、优待车票乘车的。需要收取手续费的，按照国家有关铁路运输杂费的规定办理。另外，铁路运输企业发现涂改、伪造车票或者证件乘车，恶意逃票或霸座的，应当及时通知公安机关。铁路运输企业应当为老幼病残孕旅客提供优先购票、优先进站、优先检票上车等服务，为老年人及脱网旅客提供线下服务。此外，经过特殊训练用于辅助视力残疾人工作、生活的服务犬，按照国家有关规定可以随视力残疾旅客进站乘车。

5. 突发事件信息发布和舆论引导的常用策略与方法

每当高铁遇有接触网挂异物、动车组故障等突发事件发生时，且易造成大面积旅客滞留，形成舆情事件，如何做好突发事件的信息发布和舆论引导工作不可忽视。

（1）主动发声正确应对。坚持"快"字领先，在信息发布上，突出第一时间、第一媒体、第一口径。第一时间即在事发后，要在尽可能短的时间内，及时回应社会、媒体、网民关切，让事实真相"跑"在网络舆论甚至网络谣言的前面。这就需要建立完备的与运输、客运、调度等各部门联动协调机制，以"快发声"赢得时间的优势和应急处置的主动；第一媒体即要优先选择铁路自己的平台，以确保信息发布的可控性；第一口径即事发后第一条信息的发布，要坚持"快报事实、慎报原因、重报态度"的原则，简述事件的时间、地点、影响等情况，以及铁路部门采取的措施等基本事实。

（2）有序引导信息传递。公众特别是受到影响的旅客，特别希望马上就知道事实真相，但真相焦虑和信息遮蔽是公众在突发事件中最不能承受的两种情绪。铁路部门在发出第一声音后，要密切加强与业务部门的联系，及时掌握事件的进展和处置情况，加大信息发布频次，坚持主动发声、持续发声。同时，可借助外力，重点协调权威媒体发布消息，并掌握有序引导，迅速、准确、持续发布信息，把握舆论引导的主动权，防止负面情绪蔓延，还要及时跟进后续情况，以正面信息的投入量确保舆论场导向的主动权。

（3）做好深度融合工作。在信息传递上，坚持确保有效性、针对性，加强线上与线下、现代与传统、移动与固定、铁路与地方的融合。同时，指导现场工作人员，通过车站视频广播、候车厅显示屏、传统标牌等多种方式，及时发布列车晚点信息和后续安排。还要发挥"12306"官网和手机客户端的合力作用，及时推送相关服务消息，提前告知旅客延误时间和后续流程，方便晚点的旅客办理退改签业务。另外，还要加强与地铁、公交等部门的联系，及时在来往车站的地铁、公交上预告、通知，减少晚点列车旅客继续前往车站，多管齐下削峰分流，避免旅客聚集滞留。

（4）做好专业处置工作。完善突发舆情应对处置相关工作流程，充实并完善舆情发现、报告、处置全过程工作内容，对引导口径拟定、信息发布等关键环节认真分解细化，增强舆论引导工作的专业性、权威性和有效性。

参考文献

[1] 曲思源. 高速铁路运营安全保障体系及应用[M]. 北京：中国铁道出版社，2018.

[2] 曲思源. 铁路运输组织管理与优化[M]. 北京：中国铁道出版社，2016.

[3] 曲思源. 城际铁路运营组织与管理[M]. 北京：中国铁道出版社，2017.

[4] 佟立本. 高速铁路概论[M]. 第5版. 北京：中国铁道出版社，2017.

[5] 曲思源. 铁路运营组织与管理系统分析[M]. 北京：北京交通大学出版社，2019.

[6] 曲思源. 时代脉动——高速铁路发展简史[M]. 成都：西南交通大学出版社，2021.

[7] 曲思源. 高速铁路运营管理纵横[M]. 成都：西南交通大学出版社，2018.

[8] 曲思源. 大国重器——高速铁路技术发展纵横[M]. 成都：西南交通大学出版社，2021.

[9] 沈志云."中国高速转向架技术的发展"专题演讲，2021年1月24日，"轨道车辆走行部技术云论坛"第二期.

[10] 胡名正. 高铁不神秘高铁科普120问[M]. 北京：中国铁道出版社有限公司，2020.

[11] 刘林芽，钟自锋. 高速铁路导论[M]. 成都：西南交通大学出版社，2020.

[12] 曲思源. 长三角高速铁路运营管理创新与应用[M]. 成都：西南交通大学出版社，2019.

[13] 卢春房. 中国铁路发展论坛——更高速度轮轨高铁技术探讨，2019.11

[14] 胡启洲，李香红. 高铁问答[M]. 成都：西南交通大学出版社，2018.

[15] 徐飞. 中国高速铁路的全球战略价值[J]. 新华文摘，2016.10.

[16] 王麟，李政. 高铁的前世今生[M]. 北京：中国铁道出版社，2016.

[17] 王勇. 列车运行指挥工作问答[M]. 北京：中国铁道出版社，2017.

[18] 高铁见闻. 大国速度——中国高速铁路崛起之路[M]. 长沙：湖南科学技术出版社，2016.

[19] 见闻君. 中国轨道[M]. 长沙：湖南文艺出版社，2021.

[20] 卢春房等. 中国高速铁路[J]. 北京：中国铁道出版社，2017.

[21]曲思源.高速铁路运营组织与管理[M].上海:同济大学出版社,2022.

[22]路风.新火[M].北京:中国人民大学出版社,2020.

[23]胡启洲,李香红,曲思源.高铁简史[M].成都:西南交通大学出版社,2018.

[24]曲思源.高速铁路运营安全风险管控[M].上海:科学技术文献出版社,2021.

[25]曲思源.智能高速铁路技术应用纵横[M].成都:西南交通大学出版社,2021.

[26]曲思源.中国自主创新范例——百年京张路[M].成都:西南交通大学出版社,2022.

[27]曲思源,王连生.铁路行车工作沟通与协调[M].北京:北京交通大学出版社,2022.

[28]曲思源.高速铁路运输组织优化与前沿[M].北京:北京交通大学出版社,2022.